통일이
평화를
만나다

김병로 지음

K-PEACE

한반도發
평화학

發

박영사

책을 펴내며

북한·통일 연구를 30년 하는 동안 마음 한구석에 평화연구를 어떻게 접목해야 하나 하는 고민이 늘 있었다. 그런데 운좋게도 내가 근무하는 서울대학교 통일평화연구원이 한국연구재단으로부터 10년 프로젝트를 받아 평화연구를 할 수 있는 기회가 주어졌다. 2010년 12월 "21세기 녹색한반도를 위한 평화인문학"이라는 주제로 시작한 연구프로젝트가 2020년 8월로 일단락되고 보니, 평화연구를 시작한 지가 엊그제 같은데 벌써 10년이란 세월이 훌쩍 지났다. 시작할 때만 해도 평화연구를 10년 하고 나면 평화의 이론이 정리되고 분단 한반도에 필요한 실천적 묘안도 얼마든지 나올 수 있을 것으로 생각하였다. 평화학의 흐름을 한 눈에 볼 수 있는 '세계 평화학 동향'이나 '평화학의 주제와 방법론' 같은 손에 잡히는 책들을 당연히 출간할 수 있을 것으로 기대하였다.

그러나 10년이 지난 오늘 눈앞에 놓인 성과는 정말 초라하고 보잘 것 없다. 평화학이 무엇을 하는 학문인지 어렴풋이 짐작하는 정도일 뿐 평화학에 관한 수많은 서적들을 따라잡기가 여간 어렵지 않다. 물론 출판물로는 가시적 성과가 없는 것은 아니다. 『평화인문학이란 무엇인가』, 『폭력이란 무엇인가』, 『녹색평화란 무엇인가』, 『재난과 평화』, 『분단폭력』, 『한국인의 평화사상』 등 연구진이 함께 집필한 여러 책자는 평화학 연구의 텍스트로 활용하기에 훌륭하다. 그럼에도 여전히 갈등하며 다투고 있는 한반도 현실을 생각하면 유럽의 평화연구를 어떻게 한반도 상황에 접맥할 수 있는지, 보편과 특수를 어떻게 융합해야 하는 것인지 채워지지 않는 갈망이 존재한다.

유럽과 세계 여러 나라는 그들이 역사적으로 깊이 고민하며 갈등하던 평화연구의 고유한 주제들을 갖고 있다. 그런 시각에서 한반도에서 평화를 깨뜨리는 주된 원인이 무엇인지 깊이 생각하게 되는데, 그것은 아마도 남과 북의 분단일 것이며 한반도 평화연구는 분단 현실을 벗어날 수가 없다. 한반도發 평화학은 이 분단을 극복하고 대립의 근원을 해소하며 평화로운 공존이 가능한가를 묻는 데서 출발한다. 수백만의 살상을 초래한 전쟁을 겪은 두 집단이 화해하며 협력하여 하나의 통합된 국가공동체를 형성할 수 있는가를 묻는 것이다. 한반도의 통일은 이런 점에서 평화를 갈망하는 인류에게 그 희망을 어디까지 품을 수 있는가를 보여주는 실험장이다.

탈냉전 30년 동안 남한이 추진한 경험과 여러 실험은 평화를 향한 도전과 가능성을 열어주었다. 경제성장 모델을 보여주었고 정치민주화의 가능성을 열었으며, 세계적 한류를 창출하며 음악, 예술, 스포츠 등 문화 분야에서 두각을 나타냈다. 남북갈등의 현장에서도 관광과 공단 건설과 화상면회소 등 다양하고 창의적인 방법을 동원하여 문제 해결을 시도하여 깊은 인상을 남겼다. 특히 개성공단과 금강산관광은 폭력적 분쟁을 겪은 사람들이 어떻게 서로 화해하며 평화롭게 살아갈 수 있는가의 궁금증을 풀어주는 흥미로운 실험이었다. 아쉽게도 지금은 중단되고 말았지만 유럽과 세계의 많은 사람들은 개성과 금강산에서의 실험이 서구인들로서는 도무지 상상조차 할 수 없는 기발하고도 대담한 프로젝트라며 찬사를 아끼지 않았다. 통일을 향한 한반도의 이런 실험은 비록 작은 걸음이지만 세계인들에게 평화를 향한 의미 있는 행보가 되고 있다. 한반도가 보여주는 평화의 다양하고도 창의적인 공간기획은 세계로 발신하는 한반도발 평화학의 주제로 손색이 없다.

한반도에서 세계로 발신하는 독창적인 평화의 주제를 분석하기 위해 책을 크게 세 부분으로 구성했다. 제1부에서는 평화학의 동향과 이론을 개괄적으로 살펴보았다. 평화학이라는 이름으로, 평화연구라는 이름으로 사람들은 무엇을 하고 있는지, 어느 대학, 어느 연구소에서 그러한 연구들을 수행하고 있는지, 그 연구를 주로 하는 사람들은 누구인지 등을 소개한다. 동시에 갈등해결과 평화학 이론 중 한반도 상황에 적용할 수 있는 핵심적인 내용을 검토하고, 이러한 평화를 가능하게 하는 가장 기본적인 가치와 정신으로서의 화해 문제를 살펴본다. 일상에서 사람들 간의 평화를 실현하려면 갈등의 당사자가 서로 진심으로 화해하는 과정을 거쳐야 한다. 평화를 거듭 약속하면서도 왜 평화가 이 땅에 실현되지 않는지를 되짚어 보며 화해의 중요성을 살펴본다.

제2부는 한반도 평화연구의 현장인 분단과 장벽이라는 주제를 다룬다. 갈등과 분쟁은 끊임없이 선을 긋고 담을 쌓는다. 최소한의 평화를 보장한다는 명분을 앞세워 그렇게 한다. 일시적인 필요 때문에 선을 긋고 담을 쌓지만, 그 담은 금방 굳어져 좀처럼 걷어내기 어렵게 된다. 한반도 분단도 마찬가지다. 미국과 소련이 임시방책으로 그었던 38도선이 이렇게 75년이나 지속될 줄 누가 알았겠는가! 분단장벽의 나비효

과는 상상하기 힘들만큼 엄청난 결과를 낳는다. 남과 북의 대조적인 국가발전의 수준이 그것을 뚜렷이 보여주지 않는가! 장벽을 설치하고 그 안에 갇혀서 외부와 소통하지 않을 때 어떤 결과가 초래되는지 북한의 역사가 또렷이 보여주고 있다. 불편하더라도 담을 낮추고 또 허물어서 다른 사람들과 교류하고 소통할 때 우리 자신이 성장하고 배운다는 역사의 진리를 한반도의 경험에서도 고스란히 보게 된다. 때문에 분단을 관리하는 소극적 평화로 만족하지 않고 힘들더라도 적극적인 통일평화로 나아가는 것이 우리 자신을 위하는 길일 터이다.

　　마지막 제3부는 한반도에서 평화를 구체적으로 어떻게 실현해 나가야 하는가의 주제를 다룬다. 즉 한반도에서 발신하는 평화학을 어떻게 구성해야 하는가를 살펴본다. 제7장에서 한반도發 평화학의 키워드를 남북화해의 통일평화, 탈위험 녹색지향의 비핵평화, 생활세계의 호혜적 공간평화로 정리하고 이후의 장에서는 각각의 주제에 대해 설명한다. 제8장은 평화학의 이론을 활용하여 한반도의 통일평화를 구체적으로 어떻게 실현할 수 있는지, 제9장은 비핵평화를 실현하는 방안으로 한반도의 복합 평합 평화체제를 제안한다. 제10장은 경제, 사회, 문화 등 생활세계의 여러 영역에서 공간평화의 기획을 통해 생활세계에서 실질적으로 평화를 구축해 나가는 한국의 경험을 소개한다.

　　제3부에서 이 책이 강조하는 것은 세 영역의 평화활동이 동시 병행적으로 진행되어야 한다는 점이다. 통일평화는 남북 간의 적대적 대립을 해소하고 건설적이며 협력적인 관계로 발전시켜 나가는 평화조성의 기능을 하는 반면, 비핵평화는 한반도에서 힘의 균형을 유지하여 물리적 폭력에 대응하는 평화유지 기능을 하고, 공간평화는 지속가능한 평화의 조건을 만들어가는 평화구축 기능을 수행한다. 평화가 실현되지 않는 대부분의 이유는 평화를 힘으로 지켜야 한다는 안보불안 쏠림 현상 때문이다. 평화를 유지하기 위해 물리적 힘이 필요하지만, 군사적

균형을 유지하는 동안 지체하지 않고 관계개선을 위한 대화와 협상을 시도해야 한다. 동시에 경제협력과 여러 사회문화 및 인도주의 교류를 추진하면서 호혜적 공간을 만들고 이렇게 형성된 평화의 공간을 활용하여 통일평화와 비핵평화의 축을 움직일 수 있는 기회의 창을 열어가야 한다. 이들의 구체적 내용과 상호관련성에 대한 탐구는 한반도형 통일실험을 통해 앞으로 지속적으로 최적점을 찾아가야 한다.

한반도 평화의 미래는 무엇보다 분단장벽을 넘어서려는 의지가 있는가, 그리고 어떻게 그 장벽을 넘어 소통과 교류를 시작하느냐에 달려 있다. 장벽은 초기에는 안전과 보호를 위해 필요하지만 시간이 흐를수록 효용성은 현저히 떨어진다. 한반도에서도 분단장벽을 속히 거두고 화해와 협력을 시작해야만 미래를 희망적으로 내다볼 수 있다. 분단으로 폐허가 된 휴전선 비무장지대에, 그 황량한 벌판에서 생명이 자라나듯, 켜켜이 쌓인 분단과 대립으로 해법이 보이지 않는 이 척박한 한반도에 기발하고 창의력 넘치는 새로운 세대가 자라고 있다는 것이 우리에게 무한한 가능성과 희망을 열어준다.

코로나19바이러스로 온 세계가 불안해하고 사회적 거리두기로 모든 일상이 멈춰 있는 시간에 그나마 책을 집필할 수 있는 시간을 갖게 되어 다행이다. 코로나가 아니었으면 10년 연구를 마무리도 못한 채 어디론가 무한정 휩쓸려 갔을 것이다. 평화학 프로젝트 책임자로 헌신적 노력을 아끼지 않은 박명규 교수님께, 그리고 연구에 함께 참여한 여러 동료들과 연구원들에게 깊은 감사를 드린다. 이들과 함께하는 시간이 없었다면 오늘의 이 책은 결코 나올 수 없었을 것이다.

끝으로 코로나19로 집에서 밥 먹는 횟수가 잦은 나를 꼬박꼬박 챙겨주느라 고생한 아내 현란, 통일조국의 법조인과 학자가 되겠다고 준비하고 있는 딸 미진이와 아들 동진이, 그리고 필자를 위해 평생 기도해 오신 어머니와 아버지께 사랑과 고마움과 존경의 마음을 전하고 싶다. 이들은 존재만으로도 내게 큰 기쁨과 활력을 준다. 코로나바이러스로 한반도와 온 세계가 몸살을 앓고 있는 불안한 때이지만, 한국의 의료대 응이 방역한국으로 갈채를 받듯, 이 책을 통해 우리의 분단극복과 통일 실험이 한반도에서 세계로 발신하는 평화와 희망으로 전해질 수 있기를 기대한다.

2021년 11월
시흥캠퍼스 연구실에서
김병로

차 례

한반도發 평화학

표 목차

그림 목차

서장

한반도發 평화학의
출발을 위하여

서장
한반도發 평화학의 출발을 위하여

1. 담장 안의 절규

다카우, 부헨발트, 베르겐-벨젠, 작센하우젠, 아우슈비츠… 제2차 세계대전 당시 악랄하기로 유명한 집단수용소들 이름이다. 나치 독일은 다카우(Dachau) 수용소를 첫 시작으로 부헨발트, 작센하우젠 등 독일 내 여러 곳과 폴란드 아우슈비츠까지 수많은 곳에 강제수용소를 운영하였다. 이곳에서 인종청소라는 명목으로 6백만 명에 이르는 유태인과 수많은 집시, 사회주의자, 동성연애자들을 무참하게 유린하고 학살했다. 이 집단수용소들은 인간의 폭력과 잔인성, 광기가 어디까지 갈 수 있는지 극단적으로 보여준 20세기 인류 최대 치욕의 흔적으로 남아 있다.

나치의 강제수용소는 우리 삶의 본질과 인간성을 생각하게 하는 장소다. 처참하고 참담하기 이를 데 없는 현장, 뭐라 말로 표현할 길이 없는 감정, 그런 상황에서 악랄하게 사람들을 괴롭히고 유린하는 사람들이 있는가 하면, 죽어가면서도 타인을 위해 자기의 음식을 나눠주는 고귀한 희생의 사람들도 있었다. 공포와 두려움, 자신을 보호하기 위해 저지른 끝없는 잔인함과 타인을 위해 베푼 무한한 사랑이 같은 시간, 같은 장소에 존재할 수 있다는 것이 수용소, 아니 우리가 살고 있는 삶의 현장이 아닐까.

수 년 전, 뮌헨 인근에 위치한 다카우수용소와 베를린 근교의 작센하우젠 등 몇몇 수용소를 둘러볼 기회가 있었다. 수용소 담장 안쪽을 걸으며 당시 여기 수용되었던 사람들의 심정을 헤아려 보았다. 저 담장 바깥으로는 자유가 주어져 있는데 담장 하나를 사이에 두고 한 치의 거리도 안 되는 여기에서는 언제 죽을지 모르는 두려움과 공포가 깊게 스며든다. 앙상한 몰골에도 살기 위해 애쓰는 모습, 살려달라는 애절한 구걸과 비굴함, 자신이 이곳에 있음을 가족들에게 알리려는 간절한 마음, 죽음보다 견디기 힘든 외로움, 바깥세상으로부터 잊혀져 간다는 고독과 절망, 그들의 절규가 들리는 듯하였다.

수용소 경내를 걷는 동안 지나간 한반도의 몇 장면이 떠올랐다. 보안사 남영동 대공분실에서 공포에 질렸을 한 대학생의 울부짖음, 중앙정보부 남산 지하실에서 들려오는 혹독한 고문과 신음소리, 담장 하나를 사이에 두고 벌어지는 엄청난 생명 유린과 인간존엄성 말살의 현장들이다. 내가 군장교로 입대하여 훈련을 받던 연병장과 막사, 담벼락이 어쩌면 이렇게 이곳 다카우 수용소와 비슷하던지. 담장의 높이도 그렇고 스산한 회색 분위기까지. 그때 문득 나뭇가지에 앉아 지저귀는 새들이 보였다. 수십 년 전 군훈련장의 데자뷔다. 저 새들은 얼마나 자유로울까, 저 새들에게는 담장이 필요 없구나, 자유에 대한 끝없는 그리움과 그 자유를 갈망하며 몸부림치던 시절을 떠올리며 이런저런 사색에 잠겼다.

생각이 휴전선 북쪽에 닿으면 마음은 더 착잡해진다. 세계가 지구촌으로 완연히 달라진 정보화 시대에도 주민들의 인터넷 접속이 차단되어 있고 해외여행의 자유가 없을 뿐 아니라 나라 안에서도 허가를 받지 않으면 이동이 자유롭지 못하다. 사상과 종교 때문에 수십만의 사람들이 통제구역에 갇혀있고 정부정책과 다른 발언이나 정치적 비판은 엄두조차 낼 수 없다. 먹을 것이 없어 수백만의 사람들이 목숨을 잃고 남은 가족들이 생존을 위해 국경을 넘는데도 그들에게 미안한 마음을 표하지는 못할망정 혹독하게 인권을 유린하여 국제사회로부터 갖은 질타를 받고 있다. 휴전선 북쪽의 이러한 현실이 하나의 거대한 수용소처럼 느껴진다. 여러 착잡한 생각이 오버랩되면서 이 담장 안에서 한없이 절망하며 고통의 나날을 보냈을 이곳 다카우 수용소 사람들의 아픈 마음이 영혼 깊숙이 다가왔다.

'악의 평범성' - 내 안의 작센하우젠, 내 안의 아우슈비츠

도대체 이런 야만적인 잔인한 범죄가 어떻게 가능할까. 누가 저들을 저 담장 안에 가두고 자유와 생명을 이처럼 짓밟고 빼앗았을까. 전쟁이 끝나고 2차 세계대전 중 나치가 저지른 악행을 단죄하기 위해 나치의 주범들을 법정에 세웠을 때다. 어떤 인간성을 가진 사람이기에 그처럼 잔인할 수 있는 것인가 세간의 관심이 이들에게 쏠리던 당시 한나 아렌트(Hannah Arendt)는 『예루살렘의 아이히만』에서 인간의 폭력성에 관한 문제를 집중적으로 다룬다. 16년에 걸친 추적 끝에 법정에 서게 된 홀로코스트의 주범 아돌프 아이히만(Karl Adolf Eichmann)의 재판을 지켜본 한나 아렌트는 아이히만이 너무나 평범한 사람이라는 데 큰 충격에 빠진다. 세계를 경악하게 했던 그 잔악한 범죄가 너무나 평범한 사람들에 의해 저질러졌다는 사실 때문이다. 그리고 그녀가 내린 결론은 '악의 평범성'이다. 일상을 살아가는 우리와 똑같은 사람들이 그러한 끔찍한 악행을 저지를 수 있다는 것이다.

지극히 평범한 사람이 어떻게 그처럼 잔인한 행동을 할 수 있는가의 질문에 대한 대답은 그리 멀리 있지 않다. 다카우, 작센하우젠 등의 강제수용소를 방문하면서 놀랍게도 그와 똑같은 집단수용소가 내 안에 깊이 자리 잡고 있음을 보게 되었다. 사람들은 자기 안에 거대한 포로수용소를 갖고 있다. 내가 싫어하는 사람들, 내 생각을 지지하지 않는 사람들은 사정없이 난도질하여 수용소에 처넣는다. 그들은 모조리 척결의 대상이고 가스실로 보내버려야 할 대상으로 치부한다. 나와 생각이 다른 사람들에게 조금의 여유를 주는 공간이 없다. 수용소에서 보았던 무지막지하고 잔인하기 그지없는 그 살인적 폭력성이 바로 내 안에 고스란히 자리 잡고 있음을 본다.

오늘날에도 그러한 담장은 거대한 장벽으로 곳곳에 세워지고 있다. 『장벽의 시대』를 쓴 팀 마샬(Tim Marshall)은 세계에 국경을 따라 세워진 수많은 장벽 가운데 절반 이상이 21세기에 들어 세워졌다고 말한다. 2017년 1월 취임한 트럼프 미국 대통령은 미국–멕시코 국경에 장벽을 건설하겠다고 선언하여 많은 논란을 일으켰다. 내부의 여러 논란과 재정지출 등의 문제로 아직 구체적으로 진행되지는 않고 있으나, 이미 2006년 9월 '안전울타리법'의 시행으로 국경선에 울타리가 조성되어 있어 이를 대체할 콘크리트 장벽이 들어설 가능성도 없지 않다.

문화적 차이와 갈등으로 형성되는 민족주의와 인종차별, 종교갈등과 문화적 상대주의 등 여러 감정과 논리들이 담과 장벽을 쌓고 분리와 차별을 관행화하고 있다. 민족과 지역, 문화와 종교의 갈등이 다양한 폭력과 증오를 끊임없이 만들어 내고 있으며 이를 억제하고 관리하기 위해 세계 곳곳에 장벽이 설치되어 있다. 뿐만 아니라 테러의 위협은 국가 간 전쟁과는 그 유형을 달리하는 엄청난 폭력과 불안, 갈등을 촉발하며 장벽을 필요로 한다. 최근에는 코로나19와 같은 전염병의 위험으로부터 차단하기 위해 국가 및 지역 간 이동을 봉쇄하는 현상이 생겨나고 있어 이 또한 보이지 않는 장벽이 되고 있다.

2. 전쟁과 폭력이 낳은 분단과 장벽

싸움과 전쟁 뒤에는 언제나 흔적이 남는다. 까닭 없는 싸움이 없듯 모든 싸움과 전쟁에는 나름의 이유가 있다. 그러나 그 정당한 싸움의 끝에 남는 것은 정의와 승리가 아니라 또 다른 분단의 선과 장벽이다. 나름 정당하고 타당한 이유가 있어서 싸움도 하고 전쟁을 했을 텐데 한번 일어난 전쟁은 끝이 없다. 전쟁을 해결하기 위해 대화와 협상을 하지만 갈등을 해결하거나 정의를 세우는 것이 아니라 언제나 문제는 더 꼬이고 만다.

그 이유는 일단 싸움이 시작되면 무엇을 위해 우리가 싸우는가를 잊어버리고 그 싸움 자체에 파묻히게 되기 때문이다. 정의를 위해 시작한 전쟁인데 일단 싸움이 시작되면 누가 잘못했는가를 따질 겨를이 없이 각자 자기편에 유리한 진지를 구축한다. 진지전으로 들어가면 전쟁은 곧 진흙탕 싸움이 된다. 자기편에 유리한 것은 수단과 방법을 가리지 않고 동원한다. 온갖 거짓말과 상대를 넘어뜨리기 위한 심리전, 모든 악한 방법을 사용한다. 결코 사용해서는 안 되는 무기까지도 거침없이 꺼내든다. 진지전에서는 타협이란 있을 수 없다. 지는 것은 곧 죽음이므로 무조건 이겨야 한다는 논리가 지배한다.

한반도의 분단과 장벽도 싸움의 결과로 생겨났다. 2차 세계대전을 끝내기 위해 미국과 소련이 그은 38선으로 시작되었다. 미·소 강대국 결정으로 그어진 38선은 한국과 조선의 정치적 분단을 초래했고 한국전쟁 이후 심리적 분단으로 고착되었다. 두 차례의 세계전쟁이 결국 한반도의 분단선을 그음으로 남북분단이 초래되고 그것은 연쇄적으로 남한 내부의 분열을 낳았다는 점에서 한반도 분단은 중층적이다. 또 38

선의 지리적 분단으로 시작하여 남북 정부수립으로 정치적 분단이, 그리고 한국전쟁이 심리적 분단으로 강화되었다는 점에서도 그렇다. 전쟁과 폭력으로 생겨난 분단선은 2중, 3중의 장벽을 만들었다.

무엇보다 먼저, 한반도 분단을 야기한 근본원인은 제국주의 세계전쟁이다. 한반도 분단이 자본주의와 공산주의 진영의 경쟁과 대립의 각축장이 된 역사적 배경은 당시 미국과 소련의 국제관계와 관련이 깊다. 1945년 8월 9일 소련군이 일본에 선전포고를 하며 참전하기 전까지는 한반도 분단이 논의되지 않았다. 1943년 12월, 카이로선언에서 조선의 독립을 보장한다고 결의했고 1945년 7월에 개최된 포츠담선언에서도 공식적으로 한반도 문제는 논의되지 않았다. 그러나 딘 러스크(D. Rusk)는 포츠담회담에서 미·소 실무자 간에 한반도 분단에 대한 묵시적인 양해가 있었던 것으로 회고했다(국방일보 2013.4.23.). 소련이 1945년 8월 9일 대일전 참전을 선언하고 한반도 영내로 진공하자 일본은 곧바로 항복의사를 표시했고, 소련군 제25군이 파죽지세로 남하해 오는 것을 저지하기 위해 미국은 38도선 분할을 제시했다. 몇 차례의 회의 끝에 최종적으로 8월 15일 미·소 분계선으로 38도선이 확정되었다.

남북분단은 이처럼 식민지 전쟁을 치른 1차, 2차 세계대전의 결과물이다. 한반도의 의지와는 전혀 상관없이 한반도는 일제 식민지로 전락하였다. 제국주의 세계전쟁에서 미국과 소련 등 연합국이 패배한 추축국을 응징하기 위해 분단을 단행하였다. 독일을 분할 점령한 것과 같은 맥락에서 일본이 식민지로 삼았던 조선반도를 미국과 소련이 전리품으로 챙긴 것이다. 조선이 스스로 통치할 능력이 없다고 판단하여 미국과 소련이 군사적으로 점령하는 것을 묵인하였고 신탁통치까지 받아들이는 결정을 하였다. 한반도 분단은 이런 점에서 20세기 제국주의 식민통치의 역사를 그 유산으로 고스란히 담고 있다. 그런데 전쟁을 일으킨 일본을 응징하려면 독일을 분할 통치하였듯이 일본 영토를 남북으로 분할하여 점령했음이 마땅할 터이나, 그렇게 하지는 못할지언정, 응당 돌려주어야 할 나라를 조선에 돌려주지 않고 미국과 소련이 전리품 챙기듯 나눠 가졌다는 것은 두고두고 비판받아야 할 부분이다.

둘째로, 강대국에 의한 분단은 한국과 조선의 체제 분단으로 이어졌다. 미국과 영국, 소련 3국 외상은 1945년 12월 모스크바에서 회동하고 한반도를 5년간 신탁통치할 것을 합의하였다. 이에 대해 남한은 반탁운동을, 북한은 찬탁으로 돌아섬으로써 정치적 혼란이 조성되었다. 이 문제를 해결하기 위해 두 차례 미소공동위원회가 개최되었으나 실패로 끝났고 1947년 11월 열린 유엔총회에서 유엔 임시 한국위원단을 구성하여 위원단의 감시 아래 남북한 총선거를 실시하기로 결의하였다. 그러나 북한을 점령하고 있던 소련군사령관은 유엔위원단의 입북을 거절하여, 1948년 5월 10일 남한만의 선거가 치러졌고, 7월 17일 제정한 헌법절차에 따라 이승만이 대통령으로 선출되었으며, 8월 15일에는 대한민국(한국)이 수립되었다. 북한도 1948년 8월 25일 최고인민회의 선거를 치렀고 이어 헌법을 채택하였으며 9월 9일에는 김일성을 수상으로 하는 조선민주주의인민공화국(조선) 수립을 선포함으로써 한반도 분단은 체제의 분단으로 굳어졌다. 1948년 8월과 9월, 남북한 정권이 각각 '정부'를 수립함으로써 체제와 제도의 분단이 시작되었다.

체제의 분단은 남북한에 '한국'과 '조선'의 정치체제가 들어섬으로써 형성된 제도의 분리를 의미한다. 정치와 경제, 법, 문화 등 모든 부분에서 미국과 소련의 제도가 이식됨으로써 자본주의와 사회주의 체제가 형성되었다, 남과 북에 '한국'과 '조선'의 단독 정부가 수립된 뒤 남북의 갈등은 더 격화되었다. 자본주의—사회주의, 자유민주주의—인민민주주의 또는 공산주의라는 이념과 체제 대결의 현장으로서 분단이다. 일제 식민통치로부터 해방된 한반도는 미국과 소련에 의해 38선으로 분단되었고 남한과 북한 지역에서 미군과 소련의 군사통치가 실시되었다. 남한은 미국식 자유민주주의와 자본주의를, 북한은 소련식 공산주의와 사회주의를 채택함으로써 전면적이고도 급진적인 발전전략이 수립되었다. 남한과 북한이 자유민주주의와 공산주의, 자본주의와 사회주의라는 극단적으로 대립된 서구의 이념과 제도를 도입함으로써 한국의 발전모델은 북한 공산주의·사회주의 발전모델과의 경쟁관계 속에서 출발하였다. 즉 이념적으로 공산주의와 대립된 제도와 전략으로서 자유민주주의와 자본주의를 한반도에 시도한 것이었다. 남북한의 상반된 제도와 전략은 미·소 군정이라는 구조 속에 놓여 있었으므로 당시 미국과 소련이 추구하는 이념과 제도를 답습할 수밖에 없었다.

셋째로, 한국전쟁은 심리적 분단과 민족분단의 장벽을 쌓으며 이념과 체제의 분단을 공고히 하는 계기가 되었다. 200만 명의 생명이 살육을 당하고 수백만의 부상자, 수십만의 고아들을 양산하며 한반도 전역을 폭력으로 휩쓸었다. 낙동강 전선만을 남기고 온 나라가 공산세력의 폭압에 점령을 당하며 두려움에 떨던 과거를 역사를 통해 기억하고 있다. 언젠가 영국 BBC 방송이 촬영하여 내보낸 부산 피난민 시절 아침 화장실을 사용하기 위해 기다리는 긴 행렬은 많은 것을 생각하게 하였다. 거기에 서 있는 사람들은 그나마 최소한의 인간 존엄을 지키기 위한 몸부림이었을 것이고, 대부분의 사람들은 생존을 위해 먹고 자고 용변을 보는 삶의 기초적인 문제들을 어떻게든 해결해야만 하는 또 다른 전쟁을 벌여야 했다.

싸움과 전쟁은 서로에게 깊은 마음의 상처를 남기며 이중, 삼중의 담을 쌓도록 만든다. 특히 폭력이 사용된 싸움은 더욱 그렇다. 폭력을 경험한 사람에게는 상처가 깊이 패인다. 그 상처는 감정을 지배하고 논리를 지배하고 신체를 지배한다. 독일의 통일과정을 보면서 한반도 분단의 장벽이 이처럼 강고한 이유가 뭘까 생각해보면 역시 전쟁의 경험이 차이를 만들어낸 것이 아닐까 하는 생각이 든다. 독일과 한반도의 여러 역사·문화적 차이에도 불구하고 민족상잔의 전쟁을 겪지 않은 동서독은 이념의 영향력이 사라졌을 때 민족으로 통합할 수 있는 힘이 작동할 수 있었다. 그러나 한반도는 전쟁과 폭력의 처참한 경험이 사람들의 마음에 깊은 상처를 남기며 더 높고 단단한 장벽을 쌓도록 만들었다. 마음의 분단과 장벽이 단단하게 쌓여 있어 휴전선 장벽은 좀처럼 허물기 쉽지 않은 상황이 되었다.

넷째, 분단은 또한 국내적으로 진보와 보수의 치열한 갈등을 야기하여 작금에 이르러 도저히 해결할 수 없는 구조적 문제를 낳았다. 해방 당시 이승만은 미국 프린스턴 대학 박사학위 소지자로 미국에서 독립활동을 한 경력을 갖고 있었고 상해 '임시정부'의 법통을 잇는 정치세력으로 정통성까지 갖추고 있어 미국식 자유민주주의와 자본주의를 한반도에 이식시킬 적합한 인물이었다. 사실 당시 이승만은 민족세력보다 국민적 지지를 많이 받지는 못했다. 1945년 12월 선구회라는 단체의 설문조사를 보면 이승만(20%)은 김구(18%)나 박헌영(17%)보다는 약간 높은 국민적 지지를 받았으나 여운형(36%)보다 크게 낮은 지지를 받는 정도였다.[1] 또한 당시 한국의 사회적 분위기는 공산주의 7%, 사회주의 70%를 포함하여 77%가 좌익이념을 선호하던 터여서 미국의 적극적인 선택이 아니고서는 이승만의 집권이 쉽지 않았다.[2] 북한지역에서도 연안파와 소련파, 국내파 등 몇 세력으

---

1 전국역사교사모임, 『살아있는 한국사 교과서 2권: 20세기를 넘어 새로운 미래로』(서울: 휴머니스트, 2002), p. 170.
2 1946년 8월 미군정청 여론국이 실시한 8,453명에 대한 여론조사는 자본주의 14%(1,189), 사회주의 70%(6,037), 공산주의 7%(574), 모른다 8%(653)로 일반시민 77%가 좌익이념을 선호한 것으로 나타났다(<동아일보> 1946.8.13).

로 나뉘어 있던 상황에서 해방 직전 연해주에서 항일운동을 하던 김일성은 소련의 입장에서는 소련식 공산주의와 사회주의를 한반도에 실행할 수 있는 적임자로 간주되었다.

한반도 분단의 국내갈등 구조는 분단 75년이 지난 현시점에서 진보―보수의 극렬한 대립으로 맞서 있다. 촛불세력과 태극기세력이 한 치의 양보도 없이 극단적 대치를 지속하고 있는 것이 분단이 만들어낸 오늘날 한반도 남쪽의 실상이다. 장벽의 북쪽에는 주체라는 이름으로 다른 나라들과 극단적인 단절을 고집하며 빈곤과 자유박탈의 삶을 살고 있다. 장벽의 남쪽에서는 그나마 바깥장벽의 장애를 극복하고 풍요와 자유를 구가하고 있으나 진보와 보수의 내부 장벽이 거대한 대립의 벽으로 우리 앞에 다가와 있다.

3. 장벽을 넘어

중층적으로 형성되어 있는 한반도의 분단과 장벽은 그 안에 사는 사람들의 생각과 정서와 육체의 모든 부분을 겹겹으로 지배한다. 때문에 중층적으로 쌓인 분단과 장벽을 넘는 일은 간단하지 않다. 여러 겹의 장벽을 없애야 하고 여러 갈래의 길을 만들어 나가야 하기 때문이다. 또 시간이 흐르면서 사람들은 설치된 장벽에 금방 익숙해진다. 폭력을 멈추게 하고 안전과 편안함을 주는 장벽에 기댄다. 다음 세대가 들어서면 장벽은 더 자연스러워진다. 장벽을 넘으려는 사람들도 있지만 편안함에 안주하는 사람들이 훨씬 많아진다. 평화를 향한 열망은 한결같으나 여러 이유로 분단과 장벽을 없애는 일은 쉽지 않다.

이스라엘―팔레스타인 간의 기나긴 협상과정은 이러한 어려움의 진수를 보여준다. 이츠하크 라빈 이스라엘 총리는 빌 클린턴 미국 대통령의 중재로 1993년 이스라엘과 팔레스타인 사이에 평화협정을 맺었다.

오슬로 평화협정으로 불리는 이 평화협정 체결의 공로로 라빈 총리는 팔레스타인 해방기구 야세르 아라파트 의장과 시몬 페레스 외무장관과 함께 1994년 노벨평화상을 수상했다. 그러나 1995년 11월 라빈 총리는 텔아비브에서 유태인 우파 청년의 총에 암살되고 말았다. 그로 인해 1996년 하마스의 자살폭탄 테러 등으로 이어지면서 평화협정 이행은 난항을 겪고 있다. 1988년 이후 2010년까지 전 세계적으로 이와 같은 평화협정이 49지역에서 체결되었으나 그 협정이 이행되거나 평화가 실질적으로 정착된 곳은 거의 없다. 이러한 현실이 보여주듯 전쟁과 폭력이 낳은 분단과 장벽을 거두는 일은 결코 쉽지 않다.

그럼에도 세계 도처에서 장벽을 넘기 위한 평화의 노력은 계속되어 왔다. 동서냉전을 상징하던 거대한 베를린 장벽이 무너졌고 북아일랜드에서도 평화가 조금씩 진전되고 있다. 30년 동안 단단하게 유지되던 베를린 장벽은 장벽을 넘기 위한 수많은 노력이 양쪽에서 있어 왔다. 서독은 동독과 시민차원의 왕래 및 교류를 쉼 없이 지속하였고 동독은 내부에서 민주화 운동을 꾸준히 전개하여 마침내 동서를 가르던 장벽을 무너뜨렸다. 동서 양쪽에서 장벽 붕괴의 힘이 함께 작용한 결과였다. 장벽의 붕괴는 갈라졌던 땅과 사람과 제도를 하나로 연결하는 통일의 출발점이 되었고, 세계적 냉전체제를 해체시키며 세계를 하나로 통합하는 역사적 쾌거를 이룩했다.

독일은 어떻게 이러한 엄청난 일을 해낼 수 있었을까? 작센하우젠 수용소를 방문하고 그 의문이 조금 풀렸다. 그것은 바로 시민교육과 시민정신이었다. 작센하우젠 수용소는 냉전시기 동독에 위치한 곳으로 소련이 지배했던 곳이어서 소련은 이곳을 공산주의자들에 대한 나치의 학살과 만행을 폭로하는 대중교육용 박물관으로 사용하였다. 공산주의 시기 동안 공산주의자들이 나치의 만행을 폭로하기 위해 시민교육을 하였는데, 흥미롭게도 그 시민교육이 결과적으로 공산주의 체제를 비판하는 힘으로 발전하였고 공산주의 체제를 붕괴시키는 데 결정적 역할을 한 것이다. 독일의 이 엄청난 저력은 바로 자신들이 저지른 나치의 학살만행을 기억하고 다시는 되풀이 하지 않기 위해 자성하며 기울인 시민교육에 기인한다 할 수 있다. 그 시민교육의 저력이 공산주의의 독재와 억압을 비판하는 힘으로 분출하였고, 그 시민의식이 분단의 장벽을 무너뜨리는 원동력이 된 것이다.

북아일랜드도 1998년 성금요일협정을 통해 분단과 장벽을 넘는 노력을 기울여 왔다. 1972년 발생한 '피의 일요일 사건'으로 아일랜드계 주민 14명이 영국군의 총격을 받아 죽었고, 평화협정이 체결되기까지 3천7백여 명이 목숨을 잃었으며, 5만여 명이 부상을 당하는 등 수많은 생명이 희생되었다. 그러나 평화협정 이후 1999년 자치정부를 수립하고 2005년에는 아일랜드공화국군(IRA)이 무장투쟁 포기를 선언하는가 하면 2007년에는 공동정부를 출범하였다. 그러한 배경에는 양쪽 시민사회의 여러 영역에서 화해와 평화를 향한 꾸준한 헌신과 노력이 있었다. 2019년 12월 서울평화회의에 참석했던 조 베리(Jo Berry)는 영국의 평화운동가로 북아일랜드 평화실현에 실질적이며 구체적인 자신의 경험을 들려주었다. '평화를 위한 다리건설'의 창립자인 조 베리는 자신의 부친을 살해한 북아일랜드 청년을 직접 만나 대화를 통해 개인적으로 친구가 되어 함께 북아일랜드 평화를 위해 일하고 있다고 소개하였다. 개인적 차원의 노력에서부터 가톨릭계 주민과 개신교 주민 사이에 각급 학교의 오케스트라 음악교류와 통합실험학교, 지역주민 간 교류가 소통과 협력에 큰 역할을 하고 있다.

붕괴된 베를린 장벽과 북아일랜드 평화협정을 생각하며 여전히 건재한 한반도의 휴전선을 돌아보면 독일과 영국, 한반도의 여러 대조적인 모습이 떠오른다. 수용소를 해체하고 그것들을 박물관으로 만들어 과거를 기억하고 반성하는 노력을 기울이고 있는 독일, 받아들일 수 없는 것까지도 포용하려는 의지와 결단을 내린 영국, 아일랜드가 부러울 따름이다. 베를린 장벽의 붕괴로 분단되었던 독일민족을 하나로 연합하고 공동체를 건설하여 번영을 구가하고 있는 모습은 실로 감동적이다. 그 안에는 당연히 수많은 문제와 갈등이 없을 리 없음에도 그 모든 어려움 가운데서도 통합공동체를 향하여 뚜벅뚜벅 전진하는 모습이 경이롭다. 한반도에서도 분단의 장벽이 거두어지고 체제 내부의 억압시설들이 박물관으로 변하여 과거를 기억하며 통합된 나라의 미래를 위해 남(한국)과 북(조선)이, 진보와 보수가 협력하는 날이 올 수 있을까. 우리의 경험을 바탕으로 세계를 감동시키고 울림을 주는 한반도발 평화의 메시지는 불가능한 것인가.

4. 한반도發 평화학의 비전

모든 사회는 그 사회를 가르고 분리하는 높고 단단한 장벽이 존재하며 그 장벽이 야기하는 갈등과 분쟁을 해결해야 하는 숙제를 안고 있다. 북아일랜드나 이스라엘－팔레스타인 지역의 평화는 종교분쟁을 해결하는 것이고, 과거 르완다나 수단, 유고, 보스니아의 경우에는 인종·민족 분규가 그 핵심을 차지한다. 또 다른 경우에는 수자원과 같은 경제이익이나 환경문제가 갈등을 촉발하는 주된 원인이 되기도 한다. 이처럼 각 나라와 사회는 나름의 고유한 평화의 주제를 갖고 있다.

이런 의미에서 한반도發 평화학은 한반도의 고유한 갈등과 평화의 주제가 무엇인가를 묻는 질문에서 출발한다. 한반도가 주되게 갈등하는 고민은 무엇이며 무엇이 한반도 갈등의 중심적 이슈인가. 한반도가 세계에 던지는 평화의 화두는 무엇이 될 수 있는가. 한반도에서 세계로 발신할 수 있는 평화연구의 독창적인 주제는 무엇인가. 그리고 그 내용을 어떻게 구성할 수 있을까. 이 물음에 답하는 것이 이 책의 목적이다.

한반도에서 발신하는 평화학의 주제는 그리 간단하지 않다. 분단문제가 중층적으로 형성된 것처럼 평화의 문제도 중층적이고 복합적이기 때문이다. 한반도발 평화학의 주제는 20세기적 과제와 21세기적 문제가 결합되어 있고 민족사적 쟁점과 동북아적 이해, 전지구적 관심이 맞물려 있다. 우선, 한반도발 평화학은 20세기까지의 역사적 경험에 대한 분석에 바탕하되 21세기 미래를 바람직한 방향으로 이끌어가려는 가치지향적 전망을 포괄하는 융합적 연구다. 전쟁방지나 분쟁해결에 주목했던 초기 평화학이 현실과학적 분석과 예측에 주력했던 것과는 달리 시간이 흐를수록 인간의 심성, 가치와 정서, 담론과 습관의 차원까지 포괄하는 인간활동의 전영역에서 평화를 탐구하는 평화학이 요구되고 있다. 평화를 주로 전쟁억지의 관점에서 바라보던 전통적 시각이 국가 간 관계에 주목한데 비해 오늘날의 평화학은 평화를 모든 형태의 폭력과 위험과 연관시켜 광범위하게 검토하며, 국가 이외의 개인과 공동체, 문명과 담론질서까지 연구의 대상에 포괄한다. 당연히 평화를 구체화하기 위한 제도적 장치 못지않게 그것을 가능케 할 철학적 사유, 예술적 상상력, 종교적 가치에도 깊은 관심을 기울인다.

　　뿐만 아니라 한반도의 갈등과 폭력은 근대적인 특징과 탈근대적인 특징을 공유하고 있다. 따라서 서구적인 시각과 이론을 적극 수용하면서도 한반도 특유의 문제에 직면할 새로운 개념과 시각을 창안하지 않으면 안 된다. 전세계에서 진행되는 평화 연구의 흐름과 한반도의 특수한 조건을 연결하는 방식으로 구성해야 한다. 평화는 기본적으로 지구보편적 가치이고 이미 유럽을 비롯한 전세계에서 많은 연구와 논의들이 진행되고 있는 주제이지만 그 논의 속에 현재 한반도가 겪고 있는 조건들이 충분히 녹아있지는 못하다. 따라서 그러한 논의들을 적극적으로 수용하되 이를 한반도 상황에 적용하기 위한 창조적 변형작업이 불가피하다. 한반도에 필요한 평화는 남북 분단의 구조와 이와 연관된 한반도 주민들의 삶의 조건과 결합되어야만 비로소 구체성을 획득할 수 있기 때문이다. 나아가 한반도의 특수한 조건을 통해 강대국 중심이 아닌 중간규모 국가의 차원에서 논의되는 새로운 평화론의 세계화를 추구할 가능성을 담아야 한다. 이를 위해 남북한의 지배 이데올로기, 대결구조, 평화체제 논의 등을 이해함과 동시에 우리 사회의 문화와 생활양식, 습관과 사유의 틀 등에 대한 깊이 있는 성찰을 담아내야 한다.

끝으로 한반도발 평화학은 현실사회에 기여할 수 있는 정책학적 함의와 중장기적인 가치형성의 상호연관성에 주목함으로써 사회과학적 분석과 인문학적 상상력의 창조적 결합을 이루어야 한다. 한반도 현실에서 평화론은 불가피하게 통일, 안보, 군축, 비핵화 등 정치적이고 군사적인 차원과 떨어질 수 없으며 따라서 현실과학적 성격을 부정하기는 어렵다. 하지만 그 차원에만 머물러서는 평화학의 발전에도 한계가 있을뿐더러 실천적 차원에서도 단기적인 대응론에 한정될 우려가 있다. 우리에게 필요한 평화학은 보다 장기적인 전망과 종합적 구상, 문명론적 실천까지 포용할 수 있는 역사적 비전이며 이는 인간의 제조건을 고려하는 인문학적 상상력에 바탕을 두어야만 얻어지는 큰 그림이다.3 인권을 존중하는 문화, 다른 정체성에 대한 관용, 생태적인 평화형성, 젠더 평화 등은 물론이고 기후변화나 신종전염병 등에 적극적으로 대처하기 위한 문명적 대안형성도 염두에 두어야 한다. 이런 종합적 평화연구를 통해 핵위험과 생태환경의 위기, 기술합리성의 부작용 등이 커지고 있는 시대적 조건 속에서 한반도에 새로이 요청되는 21세기형 평화학의 창출에 기여해야 할 것이다.

---

3 박명규, "지금 왜 평화인문학인가," 서울대학교 평화인문학연구단, 『평화인문학이란 무엇인가』(서울: 아카넷, 2013), 서장.

제1부

평화학 동향과 이론

01

세계 평화학 동향

1. 평화학 어떻게 발전되어 왔나

안보 중심의 평화연구

평화는 전쟁의 또 다른 이름이라 하듯 인류문명사에서 평화는 전쟁과 함께 탐구된 주제라 할 수 있다. 오늘날 관심을 갖는 현대의 평화연구도 1차, 2차 세계대전을 거치면서 그 관심이 싹트기 시작했다. 두 차례의 세계전쟁이 진행되는 동안 전쟁에 관한 문제가 관심을 끌었고 갈등해결과 평화가 학술적 연구의 주제로 발전하였다. 분쟁해결과 평화연구 분야가 원래 역사학자나 변호사들이 관심을 많이 갖는 영역이었으나, 1차 세계대전을 겪으며 국제관계(IR) 분야 학자들에게로 관심이 집중되었다. 어떻게 이 세계적인 재앙을 방지할 수 있는지 지대한 관심이 쏠렸기 때문이다. 국제정치학자들은 칸트의 영구평화론을 근거로 국제연합 창설을 고안했다. 하지만 1930년대 세계적인 경제 침체기를 겪고 또다시 2차 세계대전이 발발하자 국가 간 관계를 어떻게 맺어야 하는지가 다시금 혼란스럽게 되었다.

평화에 관한 연구가 본격적으로 관심을 모으게 된 계기는 두 차례 세계대전을 치르고 난 이후다. 그것은 전쟁으로 너무나 많은 사람들이 죽어나갔기 때문이다. 1차 세계대전으로 최소 853만 명이 목숨을 잃었고, 2차 세계대전은 5,646만이라는 어마어마한 인명살상을 초래하였다. 공식통계가 이 정도이며 실제로는 2차 세계대전의 인명피해가 7천만 명이 넘을 것으로 추산하기도 한다. 가장 피해가 컸던 소련만 해도 최소 1,800만 명, 최대 2,500만 명의 인명 손실을 입었고, 중국도 공식통계로는 131만 명이 사망한 것으로 알려졌지만 실제로는 1천만 명 이상의 사망자가 발생했을 것으로 추산한다.[1] 거기에 부상자와 물적 피해, 그 기간에 행해진 약탈과 강간 등 헤아릴 수 없는 참극이 있었다. 두 차례의 세계전쟁은 유럽과 전세계에 인간과 문명에 대한 깊은 성찰을 불러일으켰다.

무엇보다 독일과 일본이 조직적으로 저지른 집단수용소와 대량학살은 인간으로서 도저히 상상할 수 없는 잔인한 유린으로 수많은 사람들에게 깊은 아픔과 절망을 안겨주었다. 2차 세계 대전의 끝무렵에는 나라와 나라의 공권력이 싸우는 것이 아니라 온 유럽에서 국가와 국가가, 시민과 시민이 끝없는 살육전을 펼치며 그야말로 만인에 대한 만인의 학살이 자행되었다. 그즈음에 이르자 유럽시민들은 더 이상의 살상이 자행되어서는 안 된다는 절박감이 확산되었다. 싸우는 이유가 무엇이든, 그것이 어떤 소중한 정치이념이든, 종교적 신앙이든, 무엇이든 상관없이 더 이상 생명을 유린하여서는 안 된다는 공감대가 전 유럽으로 확산된 것이다.

평화연구는 바로 여기서 시작되었다. 이처럼 무자비한 학살과 전쟁

---

1 https://namu.wiki/w/%EC%A0%9C2%EC%B0%A8%20%EC%84%B8%EA%B3%84%20%EB%8C%80%EC%A0%84#s−7.1

을 다시는 반복해서는 안 된다는 생각, 전쟁을 억제하고 평화로운 공존의 방법을 찾아야 한다는 현실적인 목표가 분명해졌다. 평화가 고상하고 숭고한 가치라서 관심을 가진 것이 아니라, 도저히 해결할 수 없는 전쟁과 폭력의 현실에 부닥쳐 생존하기 위한 몸부림으로 평화연구는 출발한 것이다.

특히 2차 세계대전 종식을 위해 미국이 사용한 핵무기에 지대한 관심을 갖고 여러 국가들이 핵무기 개발에 열을 올렸다. 강대국을 중심으로 핵무기 실험이 진행됨에 따라 국가 간 조화로운 관계 모색이 더 이상 이루어지지 못하고, 대신 현실주의(Realism)가 국제관계에서 중심 사상으로 자리하게 되었다. 이때 등장한 현실주의는 1960년대까지 국제관계를 이해하는 중심적 틀로 자리하게 되었다.

이러한 상황에서 파괴적 양상의 갈등을 건설적인 방법으로 해결하려는 노력이 진행되었다. 2차 세계대전 후 1952년 미국, 1953년 구소련이 차례로 수소폭탄을 개발함에 따라, 다시금 국가 간 전쟁을 어떻게 예방할 수 있는지에 대해 관심을 갖게 되었다. 하지만 이때부터는 미국과 소련이라는 양극(bipolar) 체제가 대부분의 국제관계를 지배하게 되었다. 이후 냉전시기 내내 갈등의 중심은 국가 간 무력갈등과 분쟁에 초점이 맞추어졌고 갈등·평화연구도 현실적으로 국가 간 갈등과 분쟁이 주류를 이룬다.

전쟁예방에서 구조문제에 집중하는 비판적 평화학으로

이러한 현실주의 인식이 지배하는 상황에서 전쟁과 관련한 연구들을 바탕으로 1950년대 유럽에서 평화연구가 시작되었다. 1957년 미국 미시건대학이 학제 간 학술지인 갈등해결저널(Journal of Conflict Resolution)을 발간하였고, 이어 갈등해결센터(Center for Research on Conflict Resolution, CRCR)를 설립하여 유럽보다 앞섰다. 그러나 여기에는 노르웨이에서 건너간 엘리스 볼딩(Elise Boulding)과 그녀의 남편 케네스 볼딩(Kenneth Boulding)의 역할이 컸다는 점에서 초기 미국의 평화연구는 유럽에서 건너간 수많은 학자들에 의해 도움을 받았다. 이들은 주로 국가 혹은 민족 간 전쟁을 예방하거나 평화적으로 종결하는 문제에 관심을 집중하였다.

1966년 설립된 스웨덴의 스톡홀름평화연구소(Stockholm International Peace Research Institute, SIPRI)는 군비통제와 군축 분야의 연구를 시작함으로써 평화의 실현에 군비통제와 군축의 중요성을 강조하였다. 이러한 현실주의 이론이 1960년대에 우세하여 국제정치적 시각에서 갈등해결을 추구하는 연구기관들이 많이 생겨났다. 1970년에는 헤세 주정부 주관으로 프랑크푸르트평화연구소(PRIF)가 창립하여 국가 간 무력분쟁과 국제이슈를 다루며 독일에서 가장 큰 연구기관으로 성장하였다.

이러한 상황에서 평화연구를 새로운 국면으로 전환하는 계기가 있었다. 1959는 오슬로국제평화연구소(Peace Research Institute of Oslo, PRIO)의 설립이다. 현실주의 이론이 지배하던 당시 상황에서 당면한 전쟁갈등 해결이 연구의 중심 주제가 되었는데, PRIO는 '평화'를 독자적인 연구 분야로 강조한 것이다.[2] 1964년 『평화연구저널』(Journal of Peace Research)을 발행하고 사회갈등 시각에서 물리적 폭력만이 아니라 구조적이며 문화적인 폭력의 위험성을 지적하여 평화연구의 지평을 확장하였다. 또한 1964년 PRIO를 중심으로 국제평화학회(International Peace Research Association, IPRA)를 창립하여, 평화 및 분쟁해결연구를 주제로 한 격년 모임을 시작하였다. 국제평화학회는 2년마다 학회를 개최하며 지난 2014년 8월 이스탄불에서 50주년 기념 학회를 개최한 바 있다. 이런 점에서 PRIO의 설립은 유럽평화연구의 시작이며 세계평

---

2 정주진, "갈등해결, 지향해야 할 가치와 철학," (평화갈등연구소),
   https://peaceconflict.or.kr/234

화학의 출발로 평가된다.

표 1-1 세계 평화연구 기관 설립

연도	평화연구 기관 설립
1957	미시건대학 갈등해결센터(CRCR)
1958	국제전략문제연구소(IISS)
1959	오슬로국제평화연구소(PRIO)
1964	국제평화학회(IPRA)
1966	스톡홀름평화연구소(SIPRI)
1970	프랑크푸르트평화연구소
1971	웁살라대학 평화및갈등학과
1974	브래드포드대학 평화학과
1980	아시아평화학회(APRA) → 아태평화학회(APPRA, 1992)
1980	유엔평화대학(코스타리카)
1981	조지메이슨대학 갈등해결센터(CCR)
1984	미국평화연구소(USIP)
1985	코펜하겐평화연구소(COPRI)
1986	노트르담대학 국제평화연구소Kroc Institute
1995	이스턴메노나이트대학 정의평화구축센터(CJP)
2001	평화정의연구학회(PJSA)

대학의 분과학문으로

1970년대에는 베트남 전쟁을 둘러싼 반전운동과 제3세계의 개발·빈곤·불평등 문제가 부상하여 비판적 평화연구가 진행되었다. 전쟁의 원인과 특성에 대한 연구에서 벗어나 점차 다양한 형태의 폭력과 구조적 갈등의 문제를 다루기 시작하였다. 에드워드 아자르(Edward Azar)는 사회갈등의 지속적이고 구조적인 측면을 강조하고 요한 갈퉁(Johan Galtung)도 평화구축을 위해 장기적인 발전과 제도개혁을 강조하였다. 이러한 구조적 갈등을 해결하기 위해 아담 컬(Adam Curle)은 중재의 기술을 강조하고 협상이론에서 대안적 분쟁해결 방안으로 불리는 ADR(Alternative Dispute Resolution)이 관심을 끌었다. 비적대적이면서 상호이익을 증진하는 방법, 분석적인 문제해결 워크샵에 기초한 당사자들의 참여 유도, 갈등이 파괴적이라기보다는 오히려 창조적일 수 있다는 점, 훈련받은 제3자의 도움과 현지인들의 역량 형성 등 구체적인 논의가 진행되면서 평화연구가 대학과 시민사회에 확산하는 계기를 마련하였다.

이러한 변화에는 1971년에 설립한 스웨덴 읍살라대학의 평화·갈등학과와 1974년에 창립된 영국 브래드포드대학 평화학과(Department of Peace Studies)의 역할이 컸다. 읍살라대학은 학과 창설 이래 갈등의 원인과 역동성 및 갈등해결에 교육·연구를 주력해 왔으며, 무력갈등과 국제안보 분야에서 독보적인 역할을 수행하고 있다. 브래드포드대학은 읍살라대학보다 조금 늦게 평화학 전공학과를 창설했지만, 순수한 평화학이라는 이름으로는 처음으로 대학에 학과를 창설한 대학으로 인정받고 있다. 브래드포드대학은 1966년 학제 간 연구소 평화학 연구가 필요함을 강조한 이래 꾸준한 논의를 바탕으로 1973년 평화학 교수직을 신설하고 1974년에 학과를 설립하였다.

1980년 코스타리카에 유엔평화대학이 설립된 것을 계기로 미국 대학에 평화학 연구가 급물살을 탔다. 1980년대는 냉전 막바지에 군비경쟁이 더 치열해짐에 따라 핵무기와 관련한 평화연구가 재점화되었다. 미소의 핵무기 경쟁을 비판하고 핵전쟁반대, 반핵운동 그리고 핵전쟁 방지가 현실적인 주제가 되었다. 또 빈곤과 개발 등 제3세계 문제에도 지속적인 관심을 가졌으며, 구조적 갈등해결을 위해 논의된 제3자의 중재와 개입에 관심이 확대되었다. 이러한 흐름을 타고 1981년 조지메이슨대학에 갈등연구 관련 석사과정이 시작되었고 갈등분석및해결학부(S-CAR)의 전신인 갈등해결센터(CCR)가 설립되었으며, 1984년에는 의회의 결정으로 정부출연 형태인 미국평화연구소(USIP)가 설립되었다. 1986년에는 가톨릭을 배경으로 한 노틀담대학에 국제평화연구소인 크락(Kroc)연구소가 창립되었다. 이러한 배경에는 퀘이커(Quaker)나 메노나이트(Mennonite) 그리고 형제회(Brethren)와 같이 역사적으로 형성된 평화관련 교회들의 적극적인 참여가 있었다.

냉전해체와 내전갈등 후 재건

1990년대는 세계적 냉전체제가 해체되고 혼란을 겪으면서 민족분규와 인종청소와 같은 새로운 형태의 갈등과 분쟁이 대두했다. 소련 및 동유럽 공산정권이 붕괴하고 구체제가 급격히 해체되자 냉전시기 동안 이데올로기의 힘 때문에 잠복했던 민족갈등과 종교문제가 폭발하였다. 특히 유고슬라비아 연방의 해체 과정에서 발생한 민족·인종·종교 간 끝없는 전쟁과 학살은 인종청소를 방불케 하였다. 2차 세계대전 때의 대량학살과 인간의 잔인성이 또다시 분출하는 순간이었다. 그런가하면 르완다에서 종족 간 싸움으로 수백만 명이 학살되는 폭력이 자행되고 수백만의 난민이 발생하였다. 대량난민의 발생과 이들에 대한 처리 문제는 1990년대의 새로운 국제적 이슈로 부상하였다.

탈냉전 이후 민족과 종교 분쟁으로 대량살상과 학살이 자행되어 유엔 개입의 필요성이 제기되면서 평화유지와 평화조성 이후 질서와 회복과 지속가능한 제도발전의 방법으로서 평화구축에 대한 관심이 높아졌다. 이른바 갈등 후 재건(post-conflict reconstruction)이라는 개념으로 장기적이며 포괄적인 사회변혁으로서의 평화구축에 관심이 집중된 것이다. 평화구축에 대한 이러한 개념은 1990년대에 부트로스 갈리(B. Boutros-Ghali) 유엔사무총장이 *An Agenda for Peace*에서 차용함으로써 널리 사용되기 시작하였다.[3] 유엔은 1995년 총회 산하에 평화구축위원회(Peacebuilding Commission, PBC)를 설치하고 1997년에는 갈등방지 및 재건단(Conflict Prevention and Reconstruction Unit)을 설립하였

---

3 Boutros Boutros-Ghali, *An Agenda for Peace*. (New York: United Nations, 1995).

으며 2008년에는 국가 및 평화구축 기금(State and Peacebuilding Fund, SPF)을 통합·제정하는 등 국제적인 평화구축 활동 노력을 구체화하였다.

갈등에서 위험으로

2000년대에는 9.11테러로 국가나 집단이 아닌 불특정 다수를 대상으로 저지르는 테러의 문제가 평화의 새로운 주제로 떠올랐다. 정치적 목적을 달성하기 위해 불특정 다수를 대상으로 폭력을 행사함으로써 사회적 공포를 일으키는 테러 행위는 이전과는 다른 차원에서 단순한 개인적 공포가 아닌 집단적 공포 내지 위험으로 인식되었다. 이러한 테러의 위험에 어떻게 대처해야 하는가의 정책적 관심이 높아졌다. 9.11 테러는 이후 '테러와의 전쟁'을 선언한 미국에 의해 아프간 전쟁, 이라크 전쟁으로 이어지며 또 다른 인권문제를 낳기도 하였다.

2010년대에는 기후변화와 생태 문제의 관심이 높아진 가운데 후쿠시마 원전폭발 사건(2011.3.11.)을 계기로 환경과 재난 문제가 긴박한 주제로 부상하여 평화연구가 새로운 국면으로 발전하였다. 또 북한의 핵실험으로 대량살상무기와 안전에 대한 우려가 높아졌고, 중국발 코로나바이러스 문제로 신종전염병에 의한 위험이 인류의 안전과 평화를 저해하는 심각한 위험으로 등장하였다. 기후변화로 인한 환경파괴와 신종질병, 핵의 방사능 오염과 대량살상의 위험에 대처하는 연구의 필요성이 생겨났다. 이러한 위험요소들이 인간안보와 '신흥'안보의 필요로 이어지고 평화연구도 지구적 이슈로 관심범위가 확장되었다.

그 결과 최근에는 기존 접근 및 관점들에 대한 성찰이 동시에 이루어졌다. 갈등전환과 아래로부터의 평화건설, 다양화된 행위자와 전략, 분쟁해결 실천가의 역할을 강조하는 경향으로 발전하고 있다. 평화연구의 주제도 2차 세계대전 이후 대량학살과 핵무기 등을 중심으로 진행되었고, 탈냉전 이후 종교·민족·인종 간 폭력 문제, 테러, 위험, 재난 등 새로운 영역으로 확장되고 있다. 정의와 불평등, 사회변화와 인권 등 광범위한 주제를 다룸과 동시에 오늘날 전지구적으로 벌어지고 있는 기후변화와 신종전염병 등에 공동으로 대처해야 하는 실천적이고 정책적 문제에 관심이 쏠리고 있다.

한편 국가와 시민사회로 분리된 평화연구에서 어떻게 조화와 균형을 이룰 것인가 하는 논의도 꾸준히 제기되고 있다. 주민들의 역량강화와 시민사회의 역할을 강조하는 아래로부터의 평화구축 연구와 국가역할과 국제규범을 강조하는 연구를 연결하려는 노력이 시도되었다. 위로부터의 국가역할과 국제규범을 아래로부터의 평화연구에 결합시키는 이른바 세계모델(cosmopolitan model)에 대한 관심이 생겨났다.[4] 또 평화연구가 보다 경험적이고 과학적 토대에 근거하여 현실을 분석하고 정책을 수립해야 한다고 주장하는 경제학 주도의 평화학(Peace Science)도 생겨났다.

2. 유럽의 평화연구

전 세계적으로 평화교육 및 연구를 담당하고 있는 대학과 연구소는 약 400여 개로 파악된다. 국제평화학회(IPRA)와 평화정의학회(PJSA)가 2006년 공동으로 출간한 *Global Directory of Peace Studies and Conflict Resolution Programs*에는 세계 350여 곳의 평화학 관련 대학과 연구소의 이름, 주소 및 간략한 프로그램이 소개되어 있다. 평화학을 연구하고자 하는 사람들은 이 책자를 참조하면 많은 도움이 될 것이다.

---

4 Oliver Ramsbotham, Tom Woodhouse, Hugh Miall, *Contemporary Conflict Resolution*. 3rd edition, (Cambridge: Polity Press, 2011), p. 236.

이 책자에 의하면 평화학을 공부할 수 있는 세계의 350여 개 대학과 연구소 가운데, 미국 211개(60.8%), 캐나다 20개(5.8%)로 북미주가 가장 많고, 유럽 74개(21.3%), 아시아 32개(9.2%), 아프리카 9개(2.6%), 중남미 1개 등으로 분포되어 있다. 이 책자에 포함되어 있지 않은 교육기관이 다수 있을 것이므로 전체를 망라한 수치는 아니나 평화학 연구가 미국과 유럽을 중심으로 편중되어 있는 현실은 단적으로 드러난다. 유럽에서는 독일이 15개 기관으로 가장 많고, 영국이 10개, 아일랜드(6)와 북아일랜드(4), 오스트리아(5), 스웨덴(4), 노르웨이(4), 네델란드(3) 등의 순이다.

오슬로국제평화연구소(PRIO) https://www.prio.org/

오슬로국제평화연구소(PRIO)는 갈등·평화연구의 대표적 학자인 요한 갈퉁이 창립한 평화연구 기관이다. 1959년 창립당시에는 오슬로사회연구소의 한 분과로 출발하였다가 1966년에 독립연구소로 분립하였다. 2019년 창립 60주년을 맞은 프리오(PRIO)는 세계 최초의 평화연구센터 중 하나로 인정받고 있으며, 정치학, 사회학, 인류학, 심리학, 지리학, 사학, 종교 및 철학 등 여러 분야에서 다각적으로 연구하고 있다. PRIO는 창립 당시부터 평화학이 무엇을 연구해야 하는가의 방향과 주제를 선도해가는 역할을 하고 있어서 PRO에서 진행하는 연구는 세계적으로 관심이 많다. 폭력적 갈등의 주된 원인을 찾고 평화를 구축·확산하는 방법을 찾는 데 연구를 할애하고 있으며, 이론개발과 경험연구만이 아니라 실제 사례에 참여하여 정책활동도 활발히 하고 있다.

PRIO는 매년 6주간의 국제써머스쿨(ISS)을 운영한다. 오슬로대학에서 운영하는 써머스쿨은 1969년부터 운영해 왔으며, 6주 동안 매일 3시간씩 총 26회 강의로 진행한다. 강의는 크게 갈등의 원인, 갈등의 역학, 갈등해결과 평화구축 등 세 범주로 구성되며, 강의 주제는 갈등해결, 무력충돌의 원인, 젠더, 정체성과 인권문제, 인도주의 개입, 평화유지, 평화구축 등 다양하며, 각 주제에 관한 강의만이 아니라 실제 대화와 협상기술을 활용하는 집단실습과 현장 방문, 이틀간의 워크숍을 통해 현장성을 강조하는 것이 특징이다. 정규강좌와 동일하게 시험도 치르고 성적을 평가하는 등 학사관리도 철저히 한다.

2005년부터는 키프로스 문제에 관심을 갖고 현지에 키프로스센터(PRIO Cyprus Center)를 설립하여 운영하고 있다. 키프로스 문제에 실제로 관여하고 연구와 정책 활동을 강화하기 위해 키프로스에 연구센터를 설립한 것이다. 여기에서는 그리스와 터키의 갈등·분규 문제를 집중적으로 다루며 키프로스의 현장성을 활용하여 현장과 정책, 이론을 연결하는 활동으로 PRIO의 장점을 부각하고 있다. 그 중 '협력을 위한 홈' 프로젝트로 「니코시아완충지대」(Nicosia Buffer Zone) 연구를 진행하며 키프로스 내 그리스계와 터키계의 협력을 촉진하고, 터키와 그리스의 NGO와 연결하며 트빌리시, 조지아, 이스탄불, 니코시아 간 지역협력을 증진함으로써 실질적인 평화구축을 시도하고 있다. 이러한 현장성을 활용하여 키프로스에서도 국제여름강좌 집중코스를 운영하고 있다.

웁살라대학 https://www.pcr.uu.se/

스웨덴 웁살라대학의 평화·갈등학과(Department of Peace and Conflict Research)는 1971년 설립된 세계 최초의 대학교육기관이다. 수도 스톡홀름에서 자동차로 50분 정도 떨어진 거리에 있으며 세계 최초의 분과학문으로 대학에 자리를 잡았다는 자부심이 강하다. 학부에서 이 학과에서 개설한 과목을 1년만 공부하면 평화학 석사로 입학할 자격이 주어지며, 대학원에서는 정치학이나 법학, 역사 혹은 평화갈등연구 전공으로 공부할 수 있다. 박사과정은 갈등이론과 갈등해결, 전쟁의 원인,

지구적 체제의 구조, 사회과학방법론 등의 과목을 1년 6개월 정도 수강하고, 2년 6개월 정도 논문을 쓰면 된다. 앞서도 잠깐 설명했듯이 웁살라대학의 평화갈등학과는 갈등과 평화 연구의 여러 주제 가운데 무력분쟁과 국제안보 등 국가 간 혹은 민족 간 조직적인 대규모의 폭력적 갈등 분석과 해결에 주력하고 있다.

학과에서는 연구원들을 별도로 모집하여 연구를 진행하는데 사회학, 심리학, 정치학 등 관련 전공자들이 함께 일하도록 한다. 1985년 갈등평화학 교수직이 확보된 이후 평화교육 프로그램이 잘 갖추어져 있다. 현재 학과에서 일하는 교수와 직원이 70명 정도이며, 학부와 석사, 박사 과정에서 공부하는 학생들은 약 300명 정도로 규모가 제법 크다. 1988년부터는 갈등해결고급국제강좌(PACS)를 6주 과정으로 운영하고 있는데, 제3세계의 여러 대학과 연구소에서 학자와 전문가들이 참여한다. 이 프로그램에서는 국가 간 혹은 국내에서 대규모의 조직적인 갈등을 어떻게 관리하는가 하는 이론과 실제적 문제를 주제로 다룬다.

프랑크푸르트평화연구소 www.hsfk.de

프랑크푸르트평화연구소(PRIF)는 1970년 헤세 주정부에 의해 설립되어 헤센평화연구소로도 불리며 50년의 역사를 자랑하는 독일에서 가장 규모가 큰 연구소다. 평화연구소로는 독일에서 가장 먼저 세워진 연구소이며, 헤세 주정부의 재정으로 운영된다. 현재 약 90명의 연구자와 지원인력이 근무하고 있다. PRIF는 교육프로그램도 운영하고 있으나, 기본적으로 대학제도와는 다른 연구소로 되어 있어서 독일의 비대학 연구기관 연합체인 라이프니츠과학협회(Leibniz Association)에 속하여 활동하고 있다. 2017년 5월에는 라이프니츠과학협회 본부 건물 안에 PRIF 베를린사무소를 개설하여 연구를 확장하였다.

PRIF는 국가 간 충돌과 국제적 이슈에 집중하여 그 원인을 분석하고 해결방법을 찾는 데 주력하고 있다. 연구소는 국제안보, 국제제도, 초국가적 정치, 국가간 갈등, 글로컬 교합 등 5개의 분과로 나누어져 있으며, 군비통제와 군축, 국제규범, 레짐과 조직, 군사적 및 비군사적 개입, 평화구축, 민주화, 정치적 폭력 등 굵고 큼직한 문제들을 다루고 있다. 지난 20년 동안 특히 '민주평화의 모순', '정의로운 평화' 등 평화학의 핫이슈인 민주주의와 평화, 정의와 평화의 상호 연관성에 관해 기존 트렌드를 답습하지 않고 성찰적이며 현실적인 연구를 진행하였다. 2018년부터 '강제와 평화'를 주제로 새로운 연구를 시작하였는데, 강압이 평화구축에 어느 정도 기여하는가라는 깊이 있는 주제를 다루고 있다. 평화학의 철학과 이론을 끊임없이 성찰하는 독일다움의 면모를 볼 수 있는 연구소다.

국제평화학회(IPRA) https://www.iprapeace.org/

국제평화학회(IPRA)는 전쟁과 폭력의 원인 그리고 평화의 조건을 연구하기 위해 유럽과 미국의 학자들이 1964년 12월 3일 창립한 세계 최초의 평화학회이다. 평화연구자들과 교육자가 함께 모여 평화연구와 평화교육을 증진할 수 있는 방법을 모색하고 출판물과 정보를 교류함으로써 세계평화를 위한 교육·연구를 도우려는 목적으로 활동하고 있다. 국제평화학회를 창립한 엘리스 볼딩(Elise M. Boulding)과 요한 갈퉁(Johan Galtung)은 노르웨이 국적 출신으로 PRIO와도 깊은 인연을 맺고 있다. 영국의 저명한 경제학자인 케네스 볼딩(Kenneth Boulding)의 부인인 엘리스 볼딩은 사회학자로서 반전평화운동을 펴면서 퀘이커 교도로 개종한 경력을 갖고 있다.[5]

---

5 미시건대학에서 사회학 박사학위를 받고 다트머스(Dartmouth College)의 교수로 초청을 받아 그곳에서 사회학 학과장을 맡으며 미국 최초의 평화학 프로그램을 개발하였다. 평화자유국제여성연맹(WILPF) 의장을 맡고, 국제평화

세계 90개국 1,300명의 회원을 보유한 이프라(IPRA)는 200개 이상의 연구기관과 협력하고 있으며, 1989년에는 국제평화 증진에 기여한 공로로 유네스코(UNESCO)로부터 평화교육상을 수상하였다. IPRA는 유럽평화학회(EUPRA), 북미주평화학회인 평화정의학회(PJSA), 아태평화학회(APPRA), 라틴아메리카평화학회(CLAIP), 아프리카평화학회(AFPREA) 등 유럽, 북미, 남미, 아시아, 아프리카에 5개의 지역학회를 두고 있다. 유럽, 미주, 아시아 등 세계 각 나라를 순회하며 2년마다 국제학술회의를 진행하고 있으며 매 회의에 90개의 패널 세션에 50개국 이상의 학자들이 대거 참여한다. 최근 회의는 호주, 남아공, 핀란드, 한국, 헝가리, 터키, 시에라리온, 인도 등에서 학회가 열렸다. 2021년에는 케냐 나이로비에서 개최 예정이다. 2014년에는 창립 50주년 맞아 터키에서 기념학술회의를 개최하였으며 세계평화학의 권위 있는 학자와 전문가들이 대거 참석하여 축제 분위기에서 진행되었다.

IPRA와 PRIO에서 중심을 이루는 인물은 요한 갈퉁이다. 그는 1930년 노르웨이 오슬로 출생으로 1959년 오슬로에 국제평화연구소인 PRIO를 창립하고, 1964년에는 평화연구저널(The Journal of Peace Research)을 창간하였으며, 1964년 볼딩 부부와 함께 IPRA를 창립하였다. 컬럼비아, 프린스턴, 하와이 대학 등에서 교수를 역임하고 현재 유럽평화대학과 국제평화네트워크인 트렌센드네트워크 소장으로 활동하고 있다. 그의 책과 논문은 평화학 연구에서 기본 교과서로 사용되고 있으며 한국에도 『평화를 위한 선택』, 『평화적 수단에 의한 평화』 등 갈퉁의 책들이 번역·출간되었다.

학회를 창립하였으며, 유네스코와 유엔대학 등 유엔과도 평화관련 활동을 하였다. 20세기의 가장 영향력 있는 평화연구자요 활동가로 평가를 받는 인물이다. 2000년 6월 평화수도원으로부터 평화와 정의를 위해 헌신한 '양심의 용기상'(Courage of Conscience Award)을 수상하였다.

그림 1-1 국제평화학회 50주년 기념학술회의에서 강연하는 요한 갈퉁, 2014.8

그 외에도 유럽에는 군축문제를 전문적으로 연구하는 스톡홀름국제
평화연구소(SIPRI), 1971년 창립하여 오랜 역사를 갖고 있는 함부르크
대학 평화·안보정책연구소, 1982년 창립한 오스트리아평화갈등센터
(ASPR), 1988년 창립한 유럽평화대학(EPU) 등 많은 교육기관과 연구기
관들이 있다.

3. 영국의 평화연구

영국은 브래드포드대, 랭카스터대, 런던정경대, 켄트대, 서섹스대, 에
섹스대, 요크대, 코벤트리대, 킹스칼리지 등 10여 개의 대학을 중심으
로 평화학 교육과 연구가 진행되고 있다. 그 가운데 영국뿐 아니라 유
럽에서 평화학 교육기관으로 유명한 브래드포드대학을 중심으로 평화
학의 주제들을 살펴본다.

브래드포드(Bradford)대학
https://www.brad.ac.uk/acad/confres/

브래드포드대학은 대학(학부)에서 평화학을 전공할 수 있는 대표적인 곳이다. 1974년 브래드포드대학에 평화학과를 창설한 사람은 아담 컬(Adam Curle) 교수인데, 그는 하버드대학의 교수로 재직하던 중 브래드포드대학의 요청을 받고 영국으로 건너와서 평화학과를 창설하였다. 컬 교수는 1973년 브래드포드대학의 평화학 교수로 임용되었고 1974년에 평화학과를 만들었다. 그는 평화를 위한 중재의 역할을 강조한 것으로 유명하다.

브래드포드대학에서 평화학 전공을 한눈에 볼 수 있는 홈페이지가 없다. 그만큼 여러 영역에서 다양한 프로그램이 산재해 있다는 의미다. 위에 기재한 홈페이지는 갈등해결센터의 주소로 평화연구 관련 프로그램은 학부, 석사, 박사 과정에 따라 각각 다르다. 학부와 대학원에 평화학 전공이 개설되어 있는데, 학부에서는 사회·국제학부에서 평화학을 공부하도록 되어 있다. 사회·국제학부 안에는 평화학, 개발학, 경제학, 심리학, 범죄학, 사회복지 등 6개 전공으로 구분되어 있다. 대학원의 평화학 전공 역시 6개 전공으로 나눠져 있는데 각 전공별로 홈페이지가 구축되어 있으며 수강해야 하는 세부 과목명으로 대략의 연구내용을 짐작할 수 있다.

표 1-2 브래드포드대학 평화학 석사과정 프로그램

석사과정 세부 전공	과목명
평화연구	• 인권 • 민족주의와 평화, 갈등 • 민주주의: 이론과 실제 • 기독교와 정치

갈등해결	• 갈등해결이론 1, 2 • 평화구축과 갈등 후 재건 • 라틴아메리카의 갈등·변화 • 갈등지역 중동 • 이슬람과 서구 • 갈등해결과 평화유지, 평화구축
국제정치와 안보	• 국제정치와 안보연구 • 군축과 확산 • 유럽지역안보 • 글로벌환경정치 • 동아시아지역안보
아프리카 평화·갈등연구	• 아프리카연구입문 • 갈등해결·평화구축의 아프리카접근법 • 아프리카안보연구 • 아프리카 탈식민 위기
정치와 참여	• 참여: 이론과 가치 및 방법과 실제
갈등·안보·개발	• 비판적 안보연구

평화학과 내에는 갈등해결센터, 아프리카평화·갈등연구센터, 국제참여연구센터, 국제협력·안보센터, 군축연구센터 등 5개의 연구센터가있다. 평화학과 건물 안으로 들어가면 "진정한 평화는 지시하여 이루어질 수 없고 사람들 사이의 협력으로만 이루어진다"라는 문구가 눈에띄게 쓰여 있다. 이 문구는 1943년 연례모임에서 인용한 내용이라는표시가 되어 있다. 또 "두려움을 줄이기 위해 내딛는 걸음이 바로 평화를 향한 걸음"이라는 문구와 "협력이 갈등보다 낫다"라는 표어가 걸려있다. 브래드포드대학의 평화학의 심장을 느낄 수 있는 대목이다.

평화학과의 톰 우드하우스(Tom Woodhouse) 교수는 아담 컬 교수의이름을 딴 교수직을 갖고 있는 석좌교수다. 평화학의 교과서로 널리 사용되고 있는 『현대갈등해결』(Contemporary Conflict Resolution)의 저자이기도 한 그는 갈등해결센터의 센터장을 맡고 있다. 우드하우스 교수는 북아일랜드 평화협정이 체결되는 과정에서 외교적 노력만이 아니

그림 1-2 브래드포드대학 평화학과 우드하우스 교수(오른쪽)와 휘트먼 교수(왼쪽)

라 전국민이 참여하는 시민적 노력이 있었음을 강조하였다. 특히 학급 학교와 지역 단위에서 이루어진 오케스트라 음악 협력이 결정적인 역할을 하였다고 평가하였다. 그는 또한 유럽프로축구가 유럽통합 증진에 미치고 있는 영향이 대단하면서 현재 유럽프로축구의 평화구축에의 역할에 대해 연구를 진행하고 있다고 소개하였다. 그와 함께 연구를 하고 있는 짐 휘트먼 교수는 음악이 평화에 기여하는 바에 대해 관심을 갖고 연구를 하고 있다.

브래드포드대학의 평화학은 보편적으로 다루는 주제들을 포괄하여 다룬다. 안보문제, 발전문제, 지역사회 참여 등 여러 주제들이 있는데 모든 분과들이 평화구축에 초점을 맞추고 있다. 그러나 한 가지 다르다고 하면 브래드포드대학에서 평화학을 하는 사람들은 탈이데올로기를 지향한다는 점에서는 의식을 공유한다. 정치적 이데올로기에 휘둘리게 되면 갈등이 고조되기 쉽기 때문에 정치이데올로기를 초월하려고 노력하고 있음을 강조한다.

또 평화연구가 안보문제나 인권문제 등과 자칫 대립할 수 있는 소지에 대해서도 포용적 입장을 취한다. 브래드포드에서도 초기에는 이 연구들 간에 갈등이 있었으나 이러한 갈등을 회피하지 않고 창조적 긴장으로 받아들여 더 역동적인 연구를 할 수 있게 되었음을 자부한다. 이러한 긴장과 갈등은 어디에나 존재함을 인정하고 20년 동안의 경험을 바탕으로 학술토론과 연구에서 '평화'를 유지하고 있다고 한다. 서로 다른 의견과 관점을 용납하고 관용하는 태도가 유럽의 문화적 자산이 아닌가 생각한다. 이러한 문화적 전통과 역사적 경험이 평화연구의 자산으로 활용되기까지는 적어도 20년 이상이 걸렸음을 알 수 있다.

특히 군축이나 안보문제는 평화연구와 갈등관계에 높이기 쉽다. 안보문제를 연구하는 사람들은 평화를 얘기하면 안보를 포기하는 사람, 비현실적인 얘기를 하는 사람으로 치부하는 경향이 없지 않다. 그러나 군인들 중에도 진정한 안보를 유지하는 길은 평화를 만드는 과정이라는 사실을 매우 중요하게 인식하는 사람들이 분명히 있다. 실제로 영국의 군대에서는 평화학 프로그램을 교육과정으로 도입하여 가르치고 있다. 평화학이 가장 필요한 곳은 아이러니하게도 군대다. 군대에서 가장 필요로 하는 주제여서 안보와 평화는 뗄 수 없는 관계에 놓여 있다. 그들은 서로 다른 배경을 갖고 다양한 연구를 하고 있으나 같은 최종 목표를 마음에 갖고 있으므로 서로 협력할 수 있다.

4. 미국의 평화연구

미국은 1950년대에 유럽의 영향을 받아 평화·갈등연구를 시작하였으며 1980년대에 본격적으로 교육과 연구가 이루어졌다. 가톨릭, 퀘이

커, 메노나이트, 개신교 등 종교를 배경으로 설립된 대학에서 평화연구와 교육이 발전하였다. 대표적인 평화교육기관으로 알려져 있는 이스턴메노나이트대학(EMU)과 조지메이슨대학, 노틀담대학의 프로그램을 중심으로 평화학이 다루는 주제와 연구동향을 살펴본다.

이스턴메노나이트대학 https://emu.edu/cjp/

이스턴메노나이트대학(EMU)은 1994년 평화학 석사과정을 시작하였고 1995년 정의평화구축센터(CJP)를 설립하여 운영하고 있다. 학부과정에서는 '평화구축과 개발' 전공으로 평화학 학사를 수여하고, 대학원에서는 '갈등변환', '회복적 정의' 두 전공으로 석사과정을 공부한다. 갈등변환 전공은 조직리더십, 미디어, 지역개발, 트라우마, 정치로비, 정부리더십, NGO리더십, 공공행정, 대화, 중재, 역량강화 등 매우 실용적이며 구체적인 방법론 위주로 공부하는 것이 특징이다. '회복적 정의' 전공에서도 범죄, 회복적 정의 과정, 학교에서의 회복적 정의, 순환과정, 피해자권리, 인종화해, 트라우마, 이행기 정의, 성경적 정의, 성범죄자의 재통합 등 구체적이며 실질적인 주제들을 공부한다.

EMU는 정의평화구축센터(CJP)를 통해 평화구축의 전략과 방법을 심도 있게 연구하고 있다. 정의평화구축센터가 개발한 스타(STAR)와 저스트브리지(JustBridges)는 평화활동가들과 학자들에게 널리 알려져 있다. 스타(STAR)는 Strategies for Trauma Awareness and Resilience의 약자로 '트라우마 인지와 회복'을 의미한다. 폭력은 트라우마를 낳고 이 트라우마를 해결하지 못하면 또 다른 폭력을 낳기 때문에 트라우마 치유는 매우 중요하다. 그럼에도 많은 사람들은 폭력의 외상을 제대로 다루지 않아 문제가 크다. STAR는 트라우마와 회복, 회복적 정의, 갈등변환, 인간안보, 영성 등 트라우마 이론과 관련한 강좌를 듣고 치유훈련프로그램에 참여하도록 돕는다. EMU는 제어연구소(Zehr Institute)

그림 1-3 이스턴메노나이트대학 정의평화구축센터 방문(2012)

를 통해 회복적 정의를 깊이 있게 다룬다. 칼 스토퍼(Carl Stauffer) 교수가 소장을 맡고 있는데 그는 회복적 정의 연구로 유명한 학자다. 2012년 5월 EMU를 방문하여 그를 만났을 때 회복적 정의 이론의 핵심은 피해자 시각에서 접근하는 것이며 상대입장을 경청함으로 시작된다는 설명에 큰 깨달음을 얻었다.

정의평화구축센터가 주관하는 평화구축여름강좌(SPI)는 7일 일정으로 진행하는데 매우 집약적이며 밀도 있는 강좌로 운영한다. 국제적으로 학자들만이 아니라 세계 곳곳에서 실무로 일하는 현장활동가들과 정책담당자들이 함께 참여하여 평화연구가 생동감 있고 실제로 필요한 많은 부분에서 도움을 받는다. 한 주제 강좌에 두 명 이상의 교수가 들어와 서로 다른 관점에서 강의와 토론을 보완하는 방식으로 진행하는 것도 특기할만하다.

EMU의 평화학 과정은 강의하는 모든 주제를 소책자로 만들어 간략하면서도 핵심적인 내용들을 손쉽게 습득할 수 있도록 한다. 회복적 정의를 주제로 9권, 갈등변환을 주제로 3권, 구체적 기술과 방법에 관하여 7권, 트라우마 힐링, 조직론, 성경적 정의, 화해 등 광범위한 주제를 담고 있다. 소책자시리즈(The Little Book Series)로 알려져 있는 얇은 책자는 여러 가지 주제로 아주 간략한 개념과 이론, 방법론을 소개하고 있어서 평화학 입문서로 매우 유용하다.

미국의 이스턴메노나이트대학의 정의평화구축센터(Center for Justice and Peacebuilding, CJP)에서 중추적 역할을 하고 있는 제인 도처티 (Jayne Docherty) 교수는 유엔에서 평화구축을 갈등 후 재건 과정만으로 좁혀서 사용하고 있는데 대해 신랄하게 비판한다.6 주로 비정부조직의 연구자들과 시민사회, 아래로부터의 평화구축을 주장하는 사람들은 평화구축의 개념을 평화유지와 평화조성과 별개의 개념으로 편의적으로 조작화하여 사용하는 것을 반대한다. 이들은 평화구축을 평화유지와 평화조성을 아우르는 포괄적인 용어로 사용한다. 즉 평화구축을 장기적인 변혁적 노력을 포함하며 평화유지와 평화조성보다 상위개념으로 간주한다. 이러한 시각에서 바라보는 평화구축은 조기경보와 폭력예방, 각종 캠페인, 군사적 개입, 시민적/군사적 평화유지, 인도주의 지원, 휴전협정, 평화지대의 설치 등 평화창출의 조건과 과정을 진단하고 처방하는 포괄적인 과정이다. 시민사회와 NGO를 중심으로 논의되고 있는 이와 같은 아래로부터의 평화구축은 최근 이것이 평화구축의 본래의 개념이라는 점을 부각시키며 다시 새로운 관심을 얻고 있다.

조지메이슨(George Mason)대학
www.gmu.edu/departments/ICAR

워싱턴 DC에 소재한 조지메이슨대학의 갈등연구소(Institute for

---

6 Jayne Docherty 교수와의 면담(미국 버지니아 Eastern Mennonite University, 2012년 5월 19일)

Conflict Analysis and Resolution, ICAR)는 갈등연구 분야에서 미국에서는 처음으로 학위과정을 시작한 학교로 알려져 있다. 1981년에 갈등연구 석사 프로그램을 시작했고, 박사과정은 1988년부터 시작하였다. 현재 대학에 '갈등분석및해결학부'(S-CAR)가 독립적으로 존재하며 폭력에 관한 연구와 교육에 집중해 왔으며, 1997년 버지니아 주의회로부터 연방우수기관으로 인정받았다. 석사과정은 갈등해결 이론과 방법 및 실제적 기법들을 통합하여 갈등해결을 종합적으로 다루도록 교육을 한다. 이렇게 배운 이론과 방법을 현장실습을 통해 적용할 수 있도록 훈련한다. 따라서 석사학위를 마친 학생들은 자신들의 실무현장에서 배운 지식을 유용하게 활동한다. 실제로 석사학위 졸업생들은 워싱턴 DC에 있는 기업과 노조, 관료, 종교단체, 법조계, 국제구호기관, 컨설팅 회사 등 여러 영역에서 갈등해결의 전문가로 활동하고 있다.

1988년에 시작된 박사과정은 갈등분석과 갈등해결 분야에서는 미국에서 처음으로 시도되었다. 미국에서 처음으로 갈등해결 분야로 전문적인 박사학위를 수여한 만큼 평화학 분야에서 활동하는 대학교수와 전문가들 중에는 조지메이슨 출신들이 압도적이어서 이들을 학계에서는 조지메이슨 마피아라 부르기도 한다. 정규 학위과정 외에 대학원에서 15학점을 이수하면 갈등해결분야의 수료증을 수여하는 제도도 있다. 파트타임 학생들을 위해 마련한 이 제도는 4개 분야 중 하나의 분야를 선택하여 15학점을 이수하면 된다. 이 프로그램은 주말을 이용하여 집중강좌로도 진행되며 온라인으로도 운영하여 많은 사람들이 참여하고 있다.

노틀담대학 국제평화연구소 https://kroc.nd.edu/

노틀담대학은 시카고에서 동쪽으로 자동차로 두 시간 거리에 있는 가톨릭 종교를 배경으로 설립한 대학이다. 이 대학 안에 국제평화연구를 전담하여 가르치고 연구하는 크락연구소(Kroc Institute)가 있다. 이 연구소는 세계적인 패스트푸드 업체 맥도날드 회장 미망인 조앤 크락(Joan Kroc)의 자선기금으로 1986년에 세워진 연유로 크락 여사의 이름을 따서 크락국제평화연구소(Joan B. Kroc Institute for International Peace Studies)로 공식명칭을 사용하고 있다. 또 이 대학의 국제문제를 전공하는 전문대학원도 코카콜라 키오(Keough) 회장 부부가 기금을 후원하여 설립한 연유로 대학원 명칭을 키오스쿨(Keough School)로 불린다.

크락연구소는 학부, 석사 및 박사 과정에서 평화교육과 연구를 진행하고 있다. 크락연구소의 특징은 평화학을 별개로 하는 것이 아니라 다른 분과학문과 연계전공을 강화하고 있는 것이다. 즉 각 전공별로 자기 전공의 기본이론을 공부하고 그 이론과 평화연구를 접목하는 방식으로 평화학을 공부한다. 따라서 철학, 역사학, 신학, 법학, 정치학, 사회학, 인류학, 심리학 등 다양한 전공자들은 자기 전공과 크락연구소에서 개설하는 평화학 관련 과목을 연계전공으로 수강함으로써 평화학 학위를 받는다. 사회학 전공자를 예로 들면, 사회학 전공과목으로 사회학 이론과 조사방법론, 통계학을 기본적으로 이수함과 동시에 평화연구, 국제정치와 평화구축, 종교·문화와 평화구축, 갈등변환과 전략적 평화구축, 전쟁·평화·개발의 정치경제학, 민족갈등과 평화프로세스 등 평화학 관련 과목들을 수강함으로써 평화학 연계전공 학위를 받는 방식이다.

크락연구소는 크게 6가지 주제로 평화연구를 진행한다. 제재와 안보, 평화프로세스와 평화협정, 전략적 평화구축, 종교와 갈등 및 평화구축, 사회변화와 사회운동, 정치적 억압과 폭력 등이다. 크락연구소(Kroc Institute)는 매년 6월 5일 간의 국제여름집중강좌(ISI)를 진행한다. 여름집중강좌는 평화학에 관심을 가진 학자와 전문가들을 대상으로 하며, 특히 평화학 강좌를 도입하려는 대학에 도움을 주려는 목적도 있어서 한 기관에서 두세 사람이 함께 오는 것을 권장한다.

크락연구소를 대표하는 학자로는 존 레더라크(John Paul Lederach)와 조지 로페즈(George A. Lopez), 데이비드 코트라이트(David Cortright) 교수를 들 수 있다. 사회학자인 레더라크는 갈퉁의 구조적 관점, 즉 경제사회적 발전과 재건을 통한 평화구축의 관점과는 달리 평화유지나 평화조성에서 요구되는 갈등변환이라는 행위자의 관점에서 평화구축을 정의한다. 즉 레더라크의 표현에 의하면 평화의 구조와 문화 창출(갈퉁의 적극적 평화의 개념과 같은)이 평화구축의 목표이며 따라서 폭력의 억압과 비참함으로부터 지역공동체의 해방을 지향한다.7 조지 로페즈 교수는 국가 간 갈등이나 제재와 관련한 거시적인 주제들을 연구한다. 제재 문제로는 세계적인 권위자로 알려져 있으며, 유엔의 대북제재 위원으로도 활동하여 북한과 관련한 제재 문제에도 해박하다. 미국평화연구소(USIP) 부소장으로도 활동하여 정부와 유엔 관련한 네트워크도 활발하다. 데이비트 코트라이트 교수는 반전평화운동가로 한국문제도 관심을 갖고 있다.

---

7 John Paul Lederach, *Building Peace: Sustainable Reconciliation in Divided Societies.* (Washington, D.C.: USIP, 1997), 김동진 옮김, 『평화는 어떻게 만들어지는가』(서울: 후마니타스, 2012). 이러한 아래로부터의 평화구축을 실현하기 위해서는 갈등과 관련된 수준별 행위자들, 즉 풀뿌리 지도자들과 중간수준 지도자들 및 고위층 지도자들이 관계의 성격을 전환시켜 나가야 한다. 레더라크에게 평화구축의 중심적 활동은 갈등 전환(conflict transformation)이며, 구조, 관계, 개인, 문화 등 네 수준에서 발생하는 갈등을 비폭력적인 메카니즘을 통해 평화적 변화를 확산시키고 창의적 대응을 시도하는 과정이다. 김동진, 『평화는 어떻게 만들어지는가』, p. 124. 레이놀드 레비(Reynolds Levy)는 레더라크의 평화구축 이론을 발전시켜 아래로부터의 평화구축에 관한 분석틀을 제시하였다. Oliver Ramsbotham, Tom Woodhouse, Hugh Miall, *Contemporary Conflict Resolution.* 3rd edition(Cambridge: Polity Press, 2011), p. 232.

그림 1-4 노틀담대학 크락연구소의 조지 로페즈 교수(가운데) 및 서울대 백지운
　　　　　교수(왼쪽)와 함께(2017.6)

　　크락연구소(Kroc Institute)는 전략적 평화구축(strategic peacebuilding)
이라는 개념을 발전시키고 있다. 이스턴메노나이트(EMU)도 나름의 전
략적 평화구축이라는 개념을 개발하여 사용하고 있는데, 크락연구소도
마찬가지다. 갈등해결, 특히 폭력적 갈등을 다루는 경우에는 시민사회
와 정부가 함께 노력해야 하며, 정부와 유엔 등 정책결정자나 권력자
들, 그리고 기업과 은행 등 실질적인 도움을 줄 수 있는 국내외 행위자
들을 지역 풀뿌리 활동가와 단체들에게 연결시킴으로써 문제를 실질적
으로 해결하도록 하는 전략적 평화구축을 새로운 평화구축 모델로 제
시한다.8

　　조지 로페즈 교수의 설명을 들으면 '전략적'이라는 말의 의미는 종합
적이라는 의미도 있지만 미래를 예측하고 거기에 따라 준비해 나가는
것을 의미하기도 한다. 예를 들어, 북한의 핵문제나 한반도 통일문제처

___

8 http://kroc.nd.edu/about−us/what−peace−studies/what−strategic
　−peacebuilding (검색일: 2014.2.10).

럼 향후 30년이 걸린다고 하면 그에 맞는 로드맵을 작성하고, 그것을 실현하기 위한 노력을 5년, 10년 등의 시간표를 예상하여 단계적으로 접근해 나가는 방식을 말한다. 향후 5년, 10년 동안 무엇을 해야 할 것인가를 예상하고 계획적으로 일을 추진하는 방식을 '전략적'이라고 표현할 수 있다는 것이다. 2010년 옥스퍼드출판사에서 전략적 평화구축 관련 단행본을 출간하였으며, 2005년부터 평화구축과 개발 저널 *(Journal of Peacebuilding and Development)*도 발간하였다. 미국평화연구소(USIP)와 공동으로 국제여름학교를 운영하며 교육프로그램도 공동으로 운영한다. USIP는 미국 의회의 결정으로 미국 정부가 운영하는 평화연구소로 온라인 교육프로그램이 잘 되어 있다. 평화학을 처음 공부하는 학생들은 USIP 홈페이지에 있는 교육프로그램을 활용하면 큰 도움을 받을 수 있다.

평화정의학회(PJSA) https://www.peacejusticestudies.org/

평화정의학회(Peace and Justice Studies Association, PJSA)는 워싱턴 DC 소재 조지타운대학에 본부를 두고 있는 학회다. 평화정의학회는 2001년 평화연구·교육·개발컨소시엄(COPRED)과 평화연구회(Peace Studies Association)가 결합하여 만들었다. PJSA에는 학자들 외에도 평화학을 가르치는 교사들과 지역사회 내에서 평화운동을 하고 있는 풀뿌리 운동가들이 대거 참여하여 단순한 학술적 모임이라기보다는 실천적 측면이 강한 학회이다. 국제평화학회의 북미지역분과에 해당하는 학회다.

평화정의학회에는 2010년 캐나다 위니펙대학, 메노사이먼칼리지, 캐나다메노나이트대학 등이 참여하는 캐나다위니펙회의를 개최한 이후 캐나다가 적극적으로 참여하고 있다. 연례회의로 3년마다 캐나다에서 개최하기로 되어 있고 집행이사회나 회원들 중 캐나다의 참여가 매우 활발하다. 다른 여느 학회와는 달리 교수와 전문가뿐 아니라 현장 활동가와 대학원생들도 폭넓게 학회활동에 참여하고 있는 것이 특징이다. 아래의 <표 1-3>에서 평화정의학회가 2002년부터 2019년까지 진행한 회의 주제들을 보면 평화학의 동향과 흐름을 파악할 수 있다.

표 1-3 평화정의학회(PJSA) 연례학술회의 주제

연도	학술회의 주제
2002	불의에 도전, 전쟁 종식: 9.11 이후 평화교육가 및 활동가의 역할
2003	폭력의 대안 모색
2004	지구화의 도전: 평화, 정의, 인권의 융합
2005	연대성: 활동과 교육, 공동체 전략의 개입
2006	누가 공공선을 말하는가?
2007	대중문화시대의 문화정체성
2008	평화문화구축
2009	비폭력의 힘 탐색
2010	사이 연결과 경계 건너기: 평화를 향한 젠더, 정체성, 안보
2011	살아 있는 운동: 평화, 연대, 정의의 세계를 향하여
2012	기후단절을 기대하며: 지속가능한 정의와 녹색평화
2013	전통과 혁신 사이에서의 평화연구
2014	용감한 현장참여: 스토리 전환과 평화의 실천
2015	정의롭고 평화로운 자아의 개발: 연구와 실천에서 설득적 변혁과 변혁적 이해
2016	낡은 것을 막을 것인가, 새로운 것을 건설할 것인가? 우리가 원하는 세계 건설의 긴장 받아들이기
2017	시민권으로부터 인권으로
2018	폭력시대의 혁명적 비폭력: 1968년 이후 50년
2019	로컬 제휴, 글로벌 격변: 평화, 정체성, 사법, 권위의 재구상

5. 아시아의 평화연구

앞서 언급한 평화교육기관 주소록(2006년 발간)에 의하면 아시아 지역에는 32개 평화학 교육 기관이 있으며, 그 가운데 가장 많은 나라는

호주(11개)와 일본(5개), 이스라엘(5개) 등이다. 그 외 인도 3, 필리핀 2, 한국 2 등이며, 대만과 홍콩, 팔레스타인에 각각 1개 기관이 있다. 중국에는 아직 평화에 관한 교육기관이 없고 정부가 주도하는 관변 평화연구가 진행되고 있다. 아시아 지역은 미국·캐나다나 유럽에 비하면 적으나, 아프리카나 중남미에 비해서는 평화연구가 활발한 편이다. 아프리카 지역에서는 남아프리카공화국 7개, 나이지리아 1개, 우간다 1개 기관 등이며 중남미에는 코스타리카에 유엔평화대학이 있는 것을 제외하고는 전무하다.

아시아에서 평화학이 가장 먼저 발달한 나라는 호주와 일본이다. 호주는 영국의 영향권에 있으므로 영국과 함께 평화학 연구가 발달하였다. 일본은 2차 세계대전 당시 히로시마와 나가사키에 투하된 핵폭탄으로 일찍이 평화운동과 평화연구를 시작하였다. 1973년 창립한 일본평화학회가 원폭피해와 관련하여 연구를 진행하였고 이를 평화문제와 연결시키면서 평화학을 이끌고 있다. 1988년에는 히로시마시립대에 히로시마평화연구소(Hiroshima Peace Institute)가 창립되어 연구와 학술교류를 주도하고 있다. 일본은 원폭피해와 관련한 문제에 집중하고 있어서 전쟁의 책임이나 식민통치의 문제, 역사문제 등 일본이 야기한 전쟁과 학살 문제를 다루지 않고 있다. 국제평화학회가 일본 요코하마에서 아시아평화에 관한 회의를 개최한 것을 계기로 1980년 12월 5일 아시아평화학회를 창립하였는데, 1992년 뉴질랜드 캔터베리대학에서 개최된 평화학술회의에서 아시아태평양평화학회(APPRA)로 명칭을 변경하였다.

태국과 말레이시아 등 동남아 국가들도 평화에 관한 관심을 갖고 연구를 진행하고 있다. 여기에는 유럽이나 미국의 도움을 받아 프로그램을 만들고 공동연구와 강좌를 진행하는 방식으로 운영한다. 유럽이나 미국에서 평화학을 공부하고 귀국한 학생들이 자기들이 공부했던 학교와 연결하여 그 대학의 도움을 받아 관련 연구분야를 확립해 가고 있다. 태국의 출라롱콘대학의 평화학 커리큘럼 개설에는 브래드포드대학이 많은 도움을 주었다. 평화교육과 평화학 프로그램은 각 나라의 고유한 문화와 특성에 맞게 도입하고 운영해야 하므로 두 대학이 협업을 하는 방식으로 평화학 커리큘럼을 제도화하고 있다. 로터리클럽 같은 곳에서 재정적인 지원도 하여 학생들에게 장학금을 주고 프로그램을 만들어 운영하도록 돕고 있다.

중국은 평화연구가 활발하지 않다. 평화학 교육이나 연구를 이끌고 있는 대학이나 연구소가 아직 없다. 평화의 주제는 국가나 정부의 영역으로 인식하고 있어서 대학이나 시민사회가 다루는 데 한계가 있는 것 같다. 2012년부터 칭화대 주도로 '세계평화포럼'(World Peace Forum, WPF)을 개최하고 있는데 중국에서 평화의 명칭으로 활동하는 유일한 국제회의다. 포럼이 스스로 국제안보이슈를 논의하는 플랫폼으로 그 성격과 역할을 규정하고 있듯이 평화를 안보로 인식하고 있는 중국의 시각을 볼 수 있다.

한국에서는 민주화 및 통일 운동과 관련하여 평화운동과 연구가 시작되었고, 이 과정에서 유엔 등 국제기구와 영국·미국 등 선진국과의 활발한 교류를 통해 평화연구를 이어가고 있다. 서울대, 우석대, 선문대 등 한국의 여러 대학과 기관에서 세계적인 평화학자 요한 갈퉁을 초청하여 한국에서 평화연구를 어떻게 해야 하는지 배움의 기회를 가졌다. 갈퉁은 한반도 문제에도 많은 관심을 갖고 있어서 1970년대 이후 남북한을 수십 회 방문한 유럽 내 한반도 전문가로 통하기도 한다. 1972년 7·4남북공동성명이 나온 직후 판문점에 남북 공동의 '평화연구지역'을 만들 것을 제안했을 정도로 오랫동안 한반도 평화문제에 관여하였다. 남북한 통일은 한, 중, 일 동아시아 3개국 통합을 통해서 이루어야 한다는 주장을 하고 있다. 2008년 3월 18일 서울대학교를 방문

하여 '글로벌 시대 평화학의 과제와 한반도 통일전망'을 주제로 강의하
였다.

한국 평화학 정립을 위해 그동안 여러 저작을 출간한 서보혁은 최근 그의
저서 『한국 평화학의 탐구』에서 한국 평화학이 2000년대 이후 본격화되었다
고 평가한다.[9] 그러한 배경에는 『평화적 수단에 의한 평화』(갈퉁 지음, 이재봉
외 옮김, 2000), 『21세기 평화학』(하영선 편, 2002), 『환경학과 평화학』(토다 키
요시, 김원식 옮김, 2003), 『비판적 평화연구와 한반도』(구갑우, 2007), 『평화
학』(박신배, 2011), 『평화학 입문』(손주철, 2012), 『평화인문학이란 무엇
인가』(서울대 통일평화연구원, 2013) 등의 연구가 기틀을 제공하였고, 평
화교육 활동 및 국가주의·민족주의 비판적 탐구도 한국의 평화학 진흥
에 기여한 바가 크다. 이 외에 국제정치와 외교, 안보, 역사 분야에

그림 1-5 서울대학교에서 강연 중인 요한 갈퉁, 2008.3.18.

---

9 서보혁, 『한국 평화학의 탐구』(박영사, 2019), pp. 55-56.

서도 평화학의 시각에서 연구가 이루어지고 있다. 이러한 바탕 위에서 사회학, 문학, 종교학, 건축, 문학 등 다양한 분과학문에서 연구에 참여함으로써 평화학의 지평이 확장되고 있다.

아시아의 다른 나라와 마찬가지로 한국에서도 미국과 영국 등 외국에서 평화학을 공부하고 돌아온 학자들이 국내에서 평화학 연구의 한 축을 형성하고 있다. 영국 브래드포드대학에서 평화학을 공부하고 귀국한 학생들이 많은데, 브래포드 출신 중 한국에서 평화학 연구의 선두에 서 있는 이대훈, 정주진, 허미연 교수 등이 그들이다. 아일랜드 트리니티대학에서 강의하고 있는 김동진 박사는『평화는 어떻게 만들어지는가』등의 레더라크 교수 책을 번역하여 평화학 공부에 도움을 주고 있다. 미국의 이스턴메노나이트대학에서 평화신학을 공부한 김홍석은 부인 권세라와 함께 평화교육과 여러 실천적 활동을 하고 있다. 노틀담대학 크락연구소 출신들은 현재 미국에서 활동하고 있어서 앞으로 이 대학 출신들이 한국의 평화연구에서 큰 기여를 할 것으로 기대된다.

국내대학에서는 강원대, 경희대, 성공회대, 가톨릭대, 서울대에서 평화학 전공개설과 학과신설을 통해 평화학 기반 조성을 위해 힘쓰고 있다. 서울대학교 통일평화연구원은 한국연구재단의 재정지원으로 평화인문학에 관한 10년(2010~2020) 연구프로젝트를 진행하며 많은 업적을 남겼다. 그간『평화인문학이란 무엇인가』,『녹색평화란 무엇인가』,『폭력이란 무엇인가』를 비롯하여 재난과 평화, 분단폭력 등의 주제별 분석서와 10여권의「평화교실」시리즈, 평화를 만든 사람들－노벨평화상 21, 한국인의 평화사상, 평화읽기 텍스트 등 평화연구에 초석이 되는 여러 책자들을 발간하였다. 무엇보다 아시아 최초의 평화연구 저널인 *Asian Journal of Peacebuilding*은 Scopus에 등재된 국제학술지로 성장하였다. 이 평화인문학 연구에 함께 참여한 박명규 교수를 비롯한 김성철, 백지운, 이문영, 김학재, 한모니까, 서보혁, 이동기, 송영훈, 이찬

수, 김태우 등 10여 명의 동료 학자들이 한반도발 평화학을 정립하기 위해 집합적 노력을 기울였다. 서울대학교 통일평화연구원의 이러한 연구는 한국의 평화학 진흥에 적지 않은 기여를 한 것으로 생각한다.

평화의 주제는 각 나라마다 고유한 문제와 씨름하며 발전하고 있고, 그 범주에서도 차이가 난다. 유럽평화학은 국가 간의 분쟁과 갈등, 난민 등 조금 더 범주가 큰 국제적 이슈에 집중하는 반면, 미국의 평화학은 트라우마 치유 등 기술적이고 방법론에 치우치는 경향이 있다. 종합기획과 논리적 체계로 이 둘을 연결시키면서 갈등해법을 추구하는 전략적 평화구축 연구도 진행하고 있다. 여기에 한국적 이슈를 집중적으로 연구하고 그것을 세계와 소통할 수 있는 언어와 담론으로 바꾸어 교류한다면 한국의 평화연구가 세계에 크게 기여할 것이다. 유럽과 미국 등 서구이론을 배우고 한국적 상황과 주제들을 접목하는 한국형 평화연구가 진행 중이다.

요한 갈퉁이 2008년 서울대학에 강의를 하러 왔을 때 에피소드 하나가 기억이 난다. 그가 강의를 마치고 일본으로 가야하는데 명함이 떨어져 궁색해 하였다. 그가 강의를 하는 두 시간 동안 인쇄소에 연락하여 명함을 만들어 강의를 끝내고 나온 갈퉁 교수에게 전달하자 그는 한국의 스피드에 감탄하였다. 한국적 평화연구는 주제도 주제려니와 이러한 민첩성과 역량, 방법론이 한국적 평화연구를 세계적으로 자리매김하는데 크게 기여할 것으로 기대된다.

02
평화학 이론

1. 평화학이란?

개념정의

폭력과 분쟁이 있는 곳에는 언제나 해결하기 힘든 갈등이 존재한다. 사회에 폭력(violence)과 분쟁(dispute)이 생겨나는 것은 사람과 집단 간에 해소되지 않은 갈등(conflict)이 존재한다는 것을 의미한다. 해소되지 않는 갈등이 존재하는 이유는 관련 당사자들 간의 이해가 서로 상충하기 때문이다. 우리가 만약 갈등을 해소하고 폭력을 피하려면 두 가지 방법이 가능하다. 하나는 갈등관계에 있는 상대를 없애버리는 것이다. 그런데 상대를 완전히 없앤다는 것은 불가능할 뿐 아니라, 없앤다고 해도 갈등은 여전히 남게 된다. 그렇다면 다른 한 가지 방법은 중재나 협상의 방법으로 상충하는 갈등을 해결하는 것이며, 나아가 폭력적 갈등을 야기하는 보다 근원적인 문제들을 찾아내고 개선하여 지속가능한 평화를 만들어야 한다.

평화학은 바로 폭력적 갈등을 야기하는 원인을 찾아내고 그 갈등을 해결하는 가능한 방법을 활용하여 평화 증진에 기여하는 학문이다. 이런 점에서 20세기의 평화연구를 전체적으로 리뷰한 스테픈슨은 평화학을 "전쟁과 폭력의 원인 및 평화의 조건들에 대해 체계적으로 연구하고 가르치는 다학제적 영역"이라고 정의한다.[1] 갈퉁(Galtung)은 평화학을 국가 간 또는 그룹 간 폭력을 방지하고, 서로 조화로운 관계를 촉발하는 조건을 이해하는 연구라 정의한다. 이러한 정의에서 짐작할 수 있듯이 평화학은 크게 두 부분으로 구성된다. 즉 당장의 싸움과 갈등의 원인을 분석하고 해결하는 연구가 하나이고, 장기적으로 지속가능한 평화의 조건을 어떻게 만들어 갈 것인가 하는 것이 또 다른 부분이다.

평화학의 이러한 정의는 몇 가지 의미를 함축적으로 내포한다. 첫째, 갈등해결(Conflict Resolution, CR)은 평화학에서 그 비중이 다른 이슈들에 비해 매우 크다. 평화연구의 발전과정에서 살펴보았듯이 평화연구의 입장이 갈등 자체를 부정하지 않고, 파괴적 양상의 갈등을 건설적인 방식으로 해결하는 것을 중시하기 때문에 평화연구에서 갈등해결이 차지하는 비중이 그만큼 큰 것이다. 평화학을 연구하는 대부분의 대학이 갈등해결과 평화연구를 동시에 표방하고 있는 것도 평화학 연구에서 갈등해결이 차지하는 비중이 그만큼 크다는 사실을 의미한다.

둘째, 평화학은 우리 사회 문제에 대해 특정한 해결책을 제시하는 것으로 그치지 않고, 기존 사회구조의 근본적 전환을 위해 필요한 정치적 변화를 비폭력적으로 이끌어내는 데 기여하는 연구라는 점이다. 로저스(Rogers)와 람스보탐(Ramsbotham)이 주장하듯 평화연구의 핵심은 현재의 구조적 상황을 비판적으로 분석하고 평화의 의미를 확장함으로써 보다 정의롭고 평화로운 세계에 기여하는 것이다. 평화연구는 정의

---

1 Stephenson, C. M., "Peace studies, overview," L. R. Kurtz (Ed.), *Encyclopedia of violence, peace, & conflict.* 2nd edition (London: Elsevier, 2008).

롭지 못하고 폭력적인 세계를 비폭력적이고 평화로운 방법으로 전환시키는 한편 평화의 의미를 확장하는 데 목적을 둔 제학문적 성격을 갖는 연구 분야라 할 수 있다.

이런 의미를 담아 좀더 실용적으로 평화학을 정의하는 곳도 있다. 크락연구소는 평화학을 ① 무장갈등의 원인을 이해하고, ② 전쟁과 대량학살, 테러, 인권침해 등을 예방하고 해결하는 방안을 개발하며, ③ 평화롭고 공정한 체제와 사회를 조성하는 학문적 분야로 정치학과 사회학, 역사학, 인류학, 신학, 심리학, 철학 등의 제 분야에서 간학문적으로 접근하는 복합적 학문분야로 정의한다.2 유엔에서 발간한 *An Agenda for Peace*에 의하면, 평화학의 적극적 의미인 평화구축은 역량강화(capacity building)와 화해(reconciliation) 그리고 사회변혁(societal transformation)과 관련된 광범위한 활동으로 정의된다.3

이처럼 평화학의 내용이 광범위하고 접근방법이 다양하다는 점은 끊임없이 변화하는 상황에서 '평화'의 의미를 확장하는 데 도움이 된다. 평화는 "전쟁이나 갈등이 없이 평온함," "갈등과 폭력이 없는 상태"(국어사전)를 의미한다. 그러나 전쟁이나 폭력이 무엇인가를 따지고 들어가면 각자 어떤 시각과 관점으로 바라보는가에 따라 그 의미 해석은 다르다. 정치학의 관점에서 보면 폭력은 '물리적 힘의 사용, 혹은 국가의 군대나 경찰의 물리적 힘의 사용'으로 보겠지만, 법학은 '부당하거나 불법적인 힘의 사용'으로 정의할 것이다. 또 평화를 보는 시각도 정치영역에서는 '전쟁이 없는 상태로서의 질서유지(pax Romana)'라고 보겠지만, 사회영역에서는 '평등한 권력 배분과 재화의 공유, 생활보장, 개

---

2 http://kroc.nd.edu/about－us/what－peace－studies/what－strate gic－peacebuilding (검색일: 2014.2.10).
3 Boutros Boutros－Ghali, *An Agenda for Peace*. (New York: United Nations, 1995).

인의 재능을 충분히 발휘할 수 있는 사회'를 의미할 것이다. 그런가 하면 심리적 영역에서는 '마음의 편안함을 목표로 하는 내향적, 비정치적인 태도'로 간주할 것이다. 공간적 영역으로 구분하면 국가 간 혹은 국제적 평화와 국가 내 평화로 구분될 것이며, 전자는 국가 간의 갈등과 분쟁, 전쟁이 없는 상태를, 후자는 사회정의 실현을 통한 국민들의 정치·경제·사회의 안정을 의미할 것이다.

요약하면 평화의 의미는 세 가지로 정리할 수 있다. 첫째는 내면적 평온함이다. 외부의 조건이 아무리 달라진다 해도 마음의 평정, 내면적 평온함이 있는 상태를 평화로 이해할 수 있다. 그런가 하면, 둘째로 사전에서 정의한 것과 같이 전쟁이나 갈등이 없는 상태. 갈퉁이 말하는 소극적 의미의 평화인 것이다. 셋째로 구성원들 사이에 상호이익에 기반한 공감과 조화가 이루어진 상태이다. 적극적 의미의 평화다. 유대교의 샬롬(sālom), 그리스의 에이레네(eirēnē), 로마의 팍스(pax), 중국의 화평(和平), 인도의 샹티(śānti) 등 평화를 지칭하는 용어들은 대부분 이러한 적극적 의미를 담고 있다.

평화학에서 말하는 평화는 단순히 전쟁이 없는 상태를 의미하는 것이 아니라 보다 적극적으로 지속가능한 평화의 조건들이 구비된 상태를 의미한다. 즉 단순히 생명의 위협과 신체적 상해로부터 안전이 담보될 뿐 아니라 식량과 깨끗한 물, 교육과 인권이 보장되어야 평화라 말할 수 있는 것이다. 불공정한 정치사회적 조건이 개선되어야만 공정한 평화를 보장할 수 있는 것이다. 그렇지만 전쟁이 없어야 한다는 소극적 의미가 간과되어서는 안 된다. 전쟁이 없어야 한다는 의미는 생명을 죽이지 않는 것을 의미한다는 점에서 평화의 중요한 시작으로 보아야 한다. 살인하지 말아야 한다는 생각, 그것이 정치적 신념이든, 종교적 신앙이든, 혹은 감정적으로 자존심을 건드렸든 무엇이든 관계없이 생명을 해쳐서는 안 된다는 생명존중의 가치가 평화의 시작일 것이다.

그렇다고 하여 평화학이 평화절대주의(pacifism)를 주장하는 것은 아니다. 어떤 상황에서도 군사력 사용을 반대하는 평화절대주의와는 다르게 접근한다. 평화연구는 군사력 사용을 무조건 반대하지 않는다. 그러한 이념을 붙들고 그것을 견지하는 것이 중요한 것이 아니라, 정의에 입각하여 비폭력적 해결책을 찾기 위해 노력하는 것이 더 중요하다.

평화학이 하나의 분과학문으로 자리잡았는가는 여전히 논쟁적이다. 지역연구 정도에 지나지 않은 것이 아닌가하는 비판도 존재한다. 한국의 경우는 특히 그렇다. 평화학을 분과학문으로 인정하지 않는다. 정치학이나 경제학, 사회학 등 기존의 분과학문에서 융합적으로 접근해야 하는 정도로 이해하고 있다.

이러한 관점의 차이에도 불구하고 평화학의 중심과제는 분쟁이 더 이상의 새로운 폭력과 전쟁으로 확대되지 않도록 하는 사회역량을 강화하는 일, 즉 적극적 평화를 창조하는 평화구축 활동이 핵심을 구성한다는 데 대해 큰 이견이 없다.[4] 지속가능한 평화는 물리적·직접적 폭력이 없고 구조적 폭력이 없는 상태를 말하며 차별을 제거하고 자생력을 높이는 것이기 때문이다.[5] 이런 측면에서 평화학은 문제해결이나 갈등관리를 넘어서는 차원의 활동으로 갈등의 기저에 깔려 있는 핵심적인 문제를 다루며 관련 당사자 간의 상호작용 패턴 자체를 변화시키는 매우 근본적인 활동에 관심을 둔다. 그 안에서 구성원들이 취약하고 극단적으로 의존되어 있는 상태로부터 자생력을 갖고 웰빙을 누릴 수 있

---

4 Henning Haugerudbraaten, "Peacebuilding: Six Dimensions and Two Concepts," Institute for Security Studies. http://www.iss.co.za/Pubs /ASR/7No6/Peacebuilding.html (검색일: 2011.11.3).

5 Luc Reychler, "From Conflict to Sustainable Peacebuilding: Concepts and Analytical Tools," Luc Reychler and Thania Paffenholz, eds., *Peacebuilding: A Field Guide* (Boulder, CO: Lynne Rienner Publishers, Inc., 2001).

는 상태로 역량을 강화하는 일도 당연히 포함된다.

평화학의 주제

갈퉁(Johan Galtung)은 평화학의 주제를 갈등, 개발, 문명, 평화 등 크게 네 묶음으로 나눈다. 우선 갈등이 평화학의 주제라고 하는 것은 무력분쟁과 경제적 이권 등 현실적인 갈등문제가 우리 생활에 직접적으로 영향을 주기 때문이다. 폭력과 분쟁이 우리의 주변에서 끊임없이 터져 나오는 것은 그 기저에 갈등이 존재하고 있음을 의미한다. 그 갈등은 직접적으로 분출하는 폭력이나 분쟁보다 훨씬 크고 깊다. 그 갈등의 이면에는 희소한 가치를 두고 같은 목적을 추구하므로 서로 대립과 모순이 존재한다. 이 대립과 모순은 자칫 상대파괴의 행동이나 자기 파괴의 행동으로 표출되는 경향이 있다.6 소극적 측면에서 보면 당장에 발생하는 갈등을 어떻게 처리할 것인가 하는 문제가 평화연구의 기본이라 할 수 있다. 앞장에서 살펴보았듯이 역사적으로 평화연구가 당장의 갈등과 분쟁을 어떻게 처리할 것인가라는 현실문제에서 시작된 것도 그러한 때문일 것이며, 갈등해결(CR)이 평화연구에서 가장 크고 활발한 분야를 차지하고 있는 것도 그러한 이유일 것이다. 더 적극적으로는 갈등이 생성하는 엄청난 에너지를 어떻게 건설적으로 활용할 것인가 하는 주제를 포함하여 갈등논의가 평화학의 큰 첫 번째 주제에 포함된다.

두 번째 큰 주제는 개발이다. 사실 앞에서 언급한 현실적 갈등의 핵심에는 대부분 사람들의 경제생활과 관련된 개발과 발전의 문제가 존재한다. 경제적 이익을 둘러싸고 국가 간, 계층 간, 민족 간, 지역 간에 끝없는 갈등과 충돌이 일어나기 때문이다. 서로 자기 집단과 지역에 이

---

6 요한 갈퉁, 『평화적 수단에 의한 평화』(들녘, 2000), p. 165.

익을 끌어오기 위해 논쟁과 대립을 하므로 개발과 발전의 문제는 첨예한 갈등을 야기한다. 공정한 성장과 분배를 어떻게 하는 것이 가장 좋은가에 대해 서로 다른 경제적 관점과 시각이 존재하여 절충점을 찾기가 쉽지 않다. 이런 점에서 개발과 발전은 평화학이 다루어야 하는 두 번째 주제이다.

세 번째 주제로 제시한 문명 혹은 문화는 갈등과 분쟁의 기저에 존재하는 문화와 가치의 문제가 중요함을 의미한다. 눈에 보이게 드러나는 갈등과 분쟁은 개인과 집단의 잠재의식 속에 깔려 있는 가치와 태도를 반영하는 것이기 때문이다. 오랫동안 존재하여 차별이나 억압을 당연시하는 관행이나 습관, 제도가 폭력적으로 작용하고 있는 부분은 없는지, 그러한 관행을 반복하고 있는 문화와 구조에 관심을 갖는 것이다.

표 2-1 갈퉁(Galtung)의 평화연구 주제

평화이론 진단-예측-처방 6공간과 내적체계 신체-마음-구조-문화	갈등이론 행위-구조, 주기(순환) 갈등전환 4접근 갈등개입 11접근
개발이론 6학파, 15명제 외부효과 절충개발 10명제	문명이론 문화폭력 6우주론 평화-전쟁-갈등-개발

마지막으로 이러한 분석을 바탕으로 평화를 이루는 조건을 어떻게 구축할 것인가 하는 것이 평화학의 주제로 중요하다. 평화학은 의학처럼 왜 갈등과 폭력이 발생하는가를 진단하고 그 진행과정을 예측함으

로써 폭력으로 비화하지 않고 평화적으로 풀 수 있는 처방을 제시하는 역할을 한다. 평화를 위해서는 한편으로 폭력을 줄이고 예방하도록 하면서, 보다 적극적으로 평화의 조건을 만들어 가야 한다. 자연－사람－사회－세계－문화－시간의 6공간과 폭력과 평화가 움직이는 내적 체계 그리고 개인을 신체와 마음으로 나누듯 집단을 구조와 문화로 구분하여 보는 방식 등 유용한 평화이론을 제시한다. 갈퉁은 정치, 군사, 경제, 문화의 네 영역에서 평화의 조건을 만들어 가야한다며 이 네 영역에서 소극적 대안과 적극적 대안을 만드는 방식으로 평화의 길을 '여덟 겹의 통로'로 제시한다.7

디터 젱하스는 현실세계에서 보다 구체적이고 실질적으로 갈등과 분쟁을 해결하기 위해서는 문명사회의 '육각구도모델'로 제시한 여섯 가지 조건이 갖추어져야 함을 강조한다. 국가권력의 정당한 독점, 법치국가성(법의 지배), 상호의존성으로부터 생겨나는 정서적 조절, 민주적 참여, 사회정의 및 기회와 분배정의, 건설적인 갈등조정의 문화 등 여섯 가지 주제를 제시한다.8 젱하스의 입장에서는 이 여섯 가지 주제가 평화학이 다루어야 하는 주요 범주라 할 수 있다.

---

7 요한 갈퉁, 위의 책, pp. 21－31.
8 디터 젱하스, 김민혜 옮김, 임홍배 감수, 『지상의 평화를 위하여: 인식과 추측』 (서울: 아카넷, 2016), pp. 36－49.

그림 2-1 젱하스의 문명사회적 육각구도모델

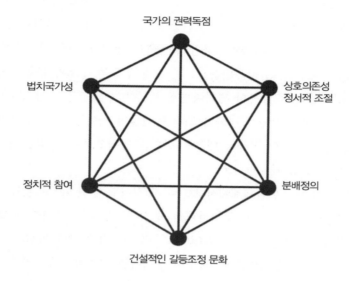

자료: 디터 젱하스, 『지상의 평화를 위하여』(서울: 아카넷, 2016), 46쪽.

이렇게 보면 평화학의 주제는 정치, 군사, 경제, 사회, 문화 등 삶의 모든 영역이 해당된다. 정치적 주제로는 테러와 민족주의, 민주주의, 국제관계 등이 될 수 있고, 군사적 주제로는 전쟁과 핵문제 등 안보이슈가 포함될 것이다. 경제적 주제로는 빈곤과 개발, 불평등, 환경, 기술 문제 등이 해당될 것이고, 사회적 주제로는 인권과 교육, 복지, 재난, 위험 등이 열거될 수 있고, 문화적 주제로는 종교, 예술, 미디어 등 가치를 다루는 내용이 포함될 것이다. 또 각 주제영역마다 사상과 철학, 역사 등을 거시적으로 다루는 부분과 민주평화, 시장평화 등 이론과 구조를 다루는 부분 그리고 구체적인 실천과 방법론을 다루는 부분 등 여러 측면의 논의가 평화학의 주제가 될 것이다. 또 이러한 주제들을 단순화하여 개발－인권－평화라는 세 주제로 제시하기도 한다.

2. 평화를 바라보는 두 시선: 이상주의 대 현실주의

평화는 위에서 설명한대로 "폭력이나 전쟁이 없는 평온한 상태"로 정의한다. 그러나 이 정의의 의미를 더 파고 들어가면 어디까지를 폭력이나 전쟁이라 할 수 있는지, 왜 그러한 폭력과 전쟁이 벌어지는지, 그것을 막으려면 어떻게 해야 하는지 등의 복잡한 문제에 봉착한다.[9] 역사에서도 정치이념에 따라 평화를 다르게 인식하고 진단과 처방을 다르게 내렸다. 크게 보면 이상주의(idealism)와 현실주의(realism)로 대별해 볼 수 있다.

플라톤과 같은 귀족정치를 주장하는 사람이나 아우구스투스 같은 신국을 주창한 이상주의자들은 인간사회가 조화롭게 구성되어 있고 그 질서를 깨뜨리지 않는 것이 평화라고 주장했다. 이후 유토피아를 추구하는 사상가들이나 원대한 미래를 꿈꾸는 공상가들이 이러한 주장을 펼쳤다. 이러한 이상적인 평화를 깨뜨리는 원인은 인간 내면에 있는 폭력적 성향, 끝없는 불안과 초조, 혹은 모험주의나 영웅심리가 작동하기 때문이다. 따라서 전쟁과 폭력의 일차적 원인이 되는 인간 내면의 본능적 공격성을 건설적으로 조정해 나가야만 평화가 실현된다고 주장한다.[10]

따라서 이상주의자들에게 평화는 다분히 개인의 정신적 상태를 지칭한다. 즉 집단보다는 개인적 수준에서 평화를 인식한다. 평화를 개인 내면의 정신적 평온함으로 보는 경우에는 인간과 인간, 혹은 인간과 재화의 조화로운 관계를 의미한다. 스토아학파의 주장처럼 객관적인 무

---

9 이찬수, 『평화와 평화들: 평화다원주의와 평화인문학』(서울: 모시는사람들, 2016), p. 33.
10 Irving Louis Horowitz, *The Idea of War and Peace: The Experience of Western Civilization*. Third Edition (New Brunswick, NJ: Transaction Publishers, 2009), pp. 19–24.

63
02 평화학 이론

질서 상황에서도 정서적으로 최고의 평온을 유지하는 것이 평화임은 분명하다. 이를 조금 확장하면 분쟁과 다툼이 한 국가 안에 국한되고 다른 나라에까지 영향을 미치지 않는 국내적 수준의 평화문제가 있을 수 있고, 국가 간 분쟁과 갈등은 국가와 국가가 해결해야 하는 국제평화 문제로 다룰 수 있다. 세계평화가 성취된 순간에도 개인적 수준의 평화가 느껴지지 않는다면 참 평화가 실현되었다고 보기 어려울 것이다.11

반면, 현실주의자들은 평화를 조화로운 사회질서나 내면적 평온함으로 이해하지 않고 경제사회적 구조로 인식한다. 평화를 깨뜨리는 일차적 원인은 인간 내면에 존재하는 공격적 본능 때문이 아니라, 공격적 행동을 유발하는 사회경제적 조건 때문이라고 본다. 즉 경제적 격차와 물질적 이익 쟁취가 물리적 분쟁의 근본적인 원인이 된다는 것이다. 따라서 평화는 적대적이며 갈등하는 사회경제적 구조를 타파하고 공평한 사회경제적 질서를 수립해야만 실현되는 것이라고 주장한다.

현실주의자에게 평화는 사회의 여러 집단 안에 갈등이 없는 상태를 말한다. 즉 개인의 내면적 평온함을 넘어서 가족이나 공동체, 종교집단, 국가 등의 단위에서 분쟁이나 다툼이 없음을 의미한다. 여기서 평화는 외재화한 형태로 이해된다. 개인의 수준을 넘어서 사회구조로 이동한다. 가족이나 인종, 종교의 수준에서는 매우 다양한 문화양식이 존재하고 조화로움보다는 갈등이 더 발생하는 것이 사실이다. 이 경우 평화는 서로 개별적인 차이를 유지하면서 전체적인 조화로움을 유지하는 이른바 '다양성 속의 통일성'(unity in diversity)으로 표현된다. 서로의 차이를 어떻게 인식하느냐가 현실주의 평화의 핵심이다. 파시스트가 저질렀던 잘못처럼 완전히 동질적인 조화로움을 추구하는 것은 실현

---

11 *Ibid.*, p. 35.

가능하지 않으며 이질적 공존과 그의 조화로움을 추구하는 것이 현실주의가 보는 평화의 개념이다. 호르위츠(I. L. Horowitz)는 이러한 평화를 사회적 평화(social peace)로 개념화한다.[12]

또 하나의 쟁점은 평화가 역사적으로 진보(progress)한다고 보느냐 그렇지 않느냐, 평화를 실현하기 위해 무엇을 어떻게 해야 하는가 등의 문제다. 산업이 발달하면 평화가 실현될 수 있다고 확고하게 믿었던 꽁트(A. Comte)와 달리 마르크스는 산업의 발달이 보편적 조화를 깨뜨릴 것으로 주장한 경우가 대표적이다. 평화를 절대 선으로, 폭력을 절대 악으로 보는 이상론적 시각에서는 인간이 합리적 수단과 대안을 마련하면 평화가 올 수 있다는 믿음을 갖는다. 경쟁보다는 협력을 장려하고 시기심과 집단적대성을 줄여나간다면 잠정적으로 평화가 가능할 것이다. 반면, 인간이 평화를 위해 자신의 재산과 정치적 자유를 양보하지 않을 것이라는 현실주의 시각에서는 평화의 가치는 경제적, 사회적, 문화적 이익과 불가분의 관계에 놓여 있는 것이어서, 역사의 발전은 제한적이며 평화는 조건적으로 형성된다.

이러한 이상주의와 현실주의는 모든 사회에 공존하고 있으며 어느 한쪽이 강조되기도 하고 때로는 융합되어 나타나기도 한다. 자본주의나 사회주의를 막론하고 이상주의를 추구하면서도 실제로는 현실주의 정책들을 채택하는 모습을 보여준다. 사회주의 국가에서는 공산주의 이론이 말하는 평화 개념을 따르고 있다. 마르크스는 평화에 관해 직접적으로 내용이 많지는 않지만, 자본주의 사회를 비판하며 노동자 계급에 의한 혁명으로 공산주의가 들어서면 이상사회, 즉 평화가 실현될 것으로 보았다. 마르크스는 인간관계의 기본은 경제관계이며 이 경제관계는 역사적으로 축적되고 진화되어 왔다고 분석한다. 생산양식과 경

---

12 *Ibid.*, pp. 36-37.

제관계의 특징은 궁극적으로 심리적, 윤리적, 종교적, 정치적 영역까지도 결정한다. 자본주의 제도 하에서는 계급 간의 억압과 착취만이 존재하며 참 평화는 불가능하다. 참된 평화는 계급 간 억압과 착취가 사라지고 계급투쟁이 없는 공산주의 사회에서만 가능하다. 역사발전 과정에서 공산주의가 추구하는 사회가 도래해야만 평화가 실현된다고 보고, 마르크스주의는 공산주의 자체를 평화로 해석한다.

사회주의 이론에서 공산주의는 인류역사에 선행하는 어떤 단계와 다른 항구적 평화의 단계이며 구성원 모두에게 평화가 도래하는 인류문명의 새로운 발전단계이다.13 즉 마르크스가 바라보는 평화의 최고 상태는 공산주의 도래라 할 수 있다. 공산주의 사회에서는 계급투쟁이 없고 모든 사람이 능력에 따라 일하고 필요에 따라 공급받는 이상사회이며 그 자체가 평화다. 이런 의미에서 평화는 자본주의가 해체되고 사회주의, 공산주의로 발전하는 역사적 유물론의 관점에서 실현되는 것으로, 마르크스 평화는 이상주의나 관념에 그치지 않고 역사 속에서 실현 가능한 현실주의의 관점에서 바라본다.

그러나 이 평화는 저절로 오는 것이 아니며 부르주아와 프롤레타리아의 계급투쟁으로 성취된다. 그 과정에서는 폭력의 사용이 불가피하다. 현대 사회민주주의자는 폭력사용을 반대하며 입법절차를 통해 변화를 추구해야 한다고 주장하는 반면, 대부분의 마르크스주의자는 기존 자본주의 체제를 타도하기 위해서는 폭력사용이 불가피하다고 믿는다.14 마르크스와 달리 레닌은 폭력적이며 유혈적인 수단을 통해 공산주의를 추구하는 방법을 선호하지 않았다는 평가가 있기는 하다.15

---

13 김승국, 『마르크스의 「전쟁·평화」론』(파주: 한국학술정보, 2008), pp. 189－197.
14 Roger Eatwell and Anthony Wright, eds., *Contemporary Political Ideologies*. (Bolder, CO: Westview Presss, 1993), p. 15.
15 김승국, 위의 책, pp. 189－197.

공산주의 자체가 평화이므로 '지고의 평화상태'인 공산주의를 실현하는 과정이 평화적 수단이 아닌 폭력적 방법으로 추구할 수 없다는 것이다. 그러나 마르크스주의는 "전쟁은 정치의 도구로서 정치행위의 연장"이라는 클라우제비츠의 입장에 서 있으며, 평화실현의 방법으로 정의로운 전쟁 혹은 불의한 전쟁으로 구분하는 기독교적 개념과도 맥이 통하는 관념을 갖고 있어 정의를 위해서는 폭력을 사용할 수 있다는 현실주의 관점을 지지한다.[16]

3. 갈등해결이론

갈등 · 폭력의 삼각모델: 행위-구조-문화

요한 갈퉁은 갈등과 폭력, 평화의 문제를 다루기 위해 삼각모델을 제시한다.[17] 아래의 갈등모델 그림에서 볼 수 있듯이, 어떤 갈등이 행위로 드러났다고 할 때, 그것은 갈등의 극히 일부분에 지나지 않는다. 그 갈등을 야기하는 기저에는 태도와 가치의 문제가 있고, 다른 차원에서 심각한 모순이 깔려 있음을 암시한다. 드러나는 행위는 전체의 갈등 구조에서 보면 빙산의 일각일 뿐이다. 따라서 어떤 문제로 갈등이 표출되는 사건을 다룰 때 그 사건의 이면에는 그 사건을 바라보는 서로 다른 입장과 견해가 대립·충돌하는 태도와 가치의 문제를 살펴보아야 한다. 나아가 그 안에 심각한 구조적 모순이 존재하고 있음도 아울러 보아야 한다.

---

16 Horowitz, *The Idea of War and Peace: The Experience of Western Civilization*, p. 145; Karl Von Clausewitz 저, 맹은빈 역, 『戰爭論(Vom Kriege)』(서울: 일신서적출판사, 1990), pp. 22−43.
17 요한 갈퉁, 『평화적 수단에 의한 평화』, p. 19.

그림 2-2 갈퉁(Galtung)의 갈등·폭력 삼각모델

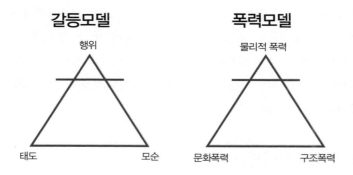

갈등모델

행위

태도　　　　　　모순

폭력모델

물리적 폭력

문화폭력　　　　　　구조폭력

　폭력도 마찬가지다. 어떤 물리적 폭력이 발생할 때 그것은 문제의 전체 그림에서 빙산의 일각에 지나지 않음을 알아야 한다. 물리적·직접적 폭력 아래에는 그 폭력을 야기하는 억압과 차별과 같은 구조적 폭력이 존재하며, 또 그것을 정당화하는 담론과 기제로서 문화적 폭력이 존재한다. 직접적, 물리적 폭력이란 사람의 몸과 마음에 가하는 육체적, 정신적 폭력을 가리킨다. 아래의 <표 2-2>에 나와 있듯이 갈퉁은 직접적 폭력의 형태를 살인(killing), 근절(extermination), 대학살(holocaust), 대량학살(genocide), 부상(casualties) 등의 행위와 조용한 학살을 초래하는 곤궁, 정신적 죽음을 초래하는 소외, 강제노동수용소에 의한 억압, 구금, 추방 및 불구화(maiming), 즉 포위(siege), 봉쇄(blockade)와 제재(sanction) 등을 망라한 광범위한 행위로 규정한다.

　그런가 하면, 구조적 폭력은 정치적 억압과 경제적 착취의 경우처럼 인간사회에 존재하는 간접적이고 의도하지 않은 폭력을 말한다. 착취, 주변인화, 분할, 분열 등 구조적 폭력은 직접적·물리적 폭력처럼 피해자의 몸과 마음에 작용하지만 반드시 의도된 것은 아니다. 그러나 피해

표 2-2 폭력의 유형

	생존의 욕구	복지의 욕구	정체성의 욕구	자유의 욕구
직접적 폭력	살인	불구화 포위, 제재 곤궁	탈사회화 재사회화 이류시민	억압 구금 추방
구조적 폭력	착취A (강력함)	착취B (약함)	침투 분할	주변인화 분열

자료: 요한 갈퉁, 『평화적 수단에 의한 평화』, 414쪽.

자에게 큰 해악으로 작용하는 것은 분명하다. 그런 점에서 구조적 폭력
이라 말할 수 있다.

문화적 폭력은 물리적 폭력과 구조적 폭력을 정당화해주는 상징적
기제로서 작동하는 폭력을 의미한다. 종교와 사상, 언어와 예술, 과학
과 법, 대중매체와 교육과 같은 활동을 통해 물리적으로 행사된 폭력과
구조적 폭력을 정당화한다. 정치적 차별과 경제적 착취 행위를 관행이
나 습관으로 받아들이도록 만드는 담론과 종교, 철학 같은 것들이 문화
적 폭력에 해당한다.

이처럼 갈등과 폭력은 행위와 구조, 문화의 세 차원에서 구성되어
있음을 이해하는 것은 문제를 해결하려는 평화의 관점에서 매우 중요
하다. 갈등은 행위와 태도, 구조적 모순으로 구성되고, 폭력은 물리적
폭력 외에 구조적 폭력과 문화적 폭력이 작동하고 있으므로 평화를 위
해서는 이 세 가지 차원을 함께 다루어야만 평화실현이 가능함을 알
수 있다. 행동으로 드러나는 갈등과 물리적 폭력을 다루기 위해서는 무
력과 같은 직접적이고 물리적인 힘을 작동시켜야 할 것이고, 착취와 억
압의 구조적 폭력을 개선하기 위해서는 보상이라는 당근정책으로 경제
적 힘을 작동시켜야 할 것이다. 또한 문화적 폭력을 개선하기 위해서는
무엇이 옳고 그른지 설득하는 문화적 힘을 작동시켜야 가능할 것이다.

이러한 문제들을 해결하는 데서 정책결정이라는 정치적 힘을 사용하여 행위자를 움직이는 종합적인 대안마련이 필요할 것이다. 갈등과 폭력의 삼각모델을 이해하는 것은 갈등을 해결하고 평화를 실현하는 데서 중요하다.

구조-관계-개인: 평화구축의 세 차원

갈등해결이론에서 활용할 수 있는 또 하나의 개념은 구조-관계-개인의 세 차원으로 문제를 접근하는 것이다. 갈등해결의 측면에서 보면 평화구축은 구조와 관계, 개인이라는 세 차원에서 진행된다.18 첫째 구조적 차원의 평화구축은 폭력적 갈등의 근본적 원인을 찾고 그 문제를 해결하는 것을 말한다. 구조적 차원의 평화구축은 폭력적 갈등을 조장하는 사회적 상황에 초점을 맞춘다. 안정된 평화는 사회 구성원들의 필요를 위해 기여하는 정치적, 경제적, 사회적 기반 위에 형성되어야 한다. 근원적인 갈등을 야기하는 원인들은 대체로 불균등한 토지분배, 환경문제, 불평등한 권력의 배분 등을 포함한다. 이러한 근본적인 사회 문제들을 다루지 않으면 평화의 지속은 불가능하다. 지속가능한 평화를 구축하기 위해서는 관련 당사자가 갈등의 구조적 원인을 분석하고 사회구조의 변화를 시작해야 한다. 제도구축과 시민사회 강화 등의 활동이 이러한 구조적 차원의 평화를 만들기 위해 전형적으로 활용하는 수단들이다. 제도구축과 시민사회 강화 등 시민들에게 기초적인 서비스를 제공하기 위해서 국가는 입법, 사법, 행정 분야에서 강력한 제도를 필요로 하는데, 이러한 내용들을 한마디로 '민주화'라 할 수 있다. 민주화는 평화의 구조를 형성하는 중추적 수단이다.

관계적 차원의 평화구축은 상호 소통과 이해를 증진하는 활동을 말

---

18 Michelle Maiese, "Peacebuilding," (September, 2003).

한다. 갈등과 전쟁으로 파괴된 관계를 회복시킴으로써 상호간에 형성된 적대감을 줄이는 것이 핵심적인 부분이다. 상호 소통과 이해를 증진시키기 위한 수단으로 화해, 용서, 신뢰구축(trust building), 미래상상의 방법을 사용한다. 화해는 관계를 변화시키고 파괴적인 갈등을 방지하는 가장 효과적인 방법이다. 화해의 핵심은 갈등하는 당사자가 자신의 책임과 잘못을 자발적으로 인정하도록 하는 것이다. 관련 당사자가 자기의 역할과 행동을 반성함으로써 자기 쪽이 행했던 책임을 인정하고 이러한 경험을 서로 나눔으로써 새로운 시각을 학습하고 서로 '적'이라는 관념을 바꾸는 것이다. 상호간에 진지한 유감을 표시하고 관련 당사자는 더 이상 서로 분노를 갖지 않고 상처주는 행동을 하지 않겠다는 결심을 하도록 한다. 서로 행했던 것들을 용서하도록 하는 것이다. 그런 후에는 과거의 분노를 교정하는 진지한 노력을 기울이며 손해를 끼친 부분에 대해 보상하는 진지한 노력이 뒤따르게 된다.

소통과 대화의 핵심적인 방법으로 미래상상을 종종 활용한다. 즉 서로가 미래에 공유할 수 있는 비전을 형성하는 것이다. 갈등하는 당사자들은 폭력적인 과거를 회상하는 대신 미래의 비전을 공유하는 것이다. 서로가 미래에 지향할 수 있는 공감대가 형성되면 문제해결이 수월해질 수 있다. 미래를 함께 공유할 수 있는 방법으로 갈등의 핵심 이슈와는 관련이 없으면서 공동의 이해를 갖는 부분에 대해 공동프로젝트를 추진하는 것도 좋은 방법이 될 수 있다. 이와는 반대로 과거의 잘못을 해결하는 것도 평화구축에서 중요하다. 진실위원회와 사실확인(fact-finding) 사절단, 전범재판소 설치 등을 통해 과거의 인권침해나 학살 등의 문제를 해결하는 조치도 필요하다. 그러나 이러한 방식은 대개 법제도가 발달한 서구사회에서 만들어진 개념으로 한국과 같은 동양 문화권에서는 종종 상처를 더 악화시키는 경우가 있기 때문에 과거문제의 해결 방식에 있어서는 신중한 접근이 필요하다. 중요한 것은 가해자와 피해자의 관계를 중시해야 하며 미래지향적으로 문제를 해결해야 한다는 점이다.

개인적 차원의 평화구축도 매우 중요하다. 개인적 차원에서 치유의 과정이 없으면 더 큰 사회적, 경제적, 정치적 부작용이 발생하는 경우가 종종 있기 때문이다. 트라우마 상황에서 개인은 무기력해지고 죽음과 상해의 위협에 직면하게 된다. 트라우마적 사건이란 가족이나 친구에 대한 심대한 위협, 가정과 공동체의 급작스런 파괴, 그리고 자신의 육체적 존재에 대한 위협을 포함한다. 전형적인 정서적 결과는 우울증과 외상후 스트레스 장애를 포함한다. 폭력을 경험한 후 개인은 약해지고 무기력해지며 자신에 대해 매우 부정적 감정을 형성하게 되고 예측불가능한 세계에서 절제를 잃는 경향이 있다.

이러한 트라우마는 국가적 레벨과 공동체 레벨, 그리고 개인적 수준에서 치유를 받아야 한다. 국제적 수준에서는 진실을 밝히고 범법자 문제를 다루는 진실과 화해위원회 같은 방법을 통해 광범위한 개인적 치유를 실현할 수 있다. 공동체 수준에서는 다양한 기념행사와 기념비 건축 등을 통해 과거의 고통을 보상하는 활동을 할 수 있다. 가족가치를 회복함으로써 공동체를 재건하는 것도 중요한 접근법이다. 개인적 수준에서는 일대일 상담을 통해 치유할 수 있는데, 사람들이 많은 경우에는 정신건강을 다루는 전문가를 확보하고 적절한 훈련을 받도록 하는 것도 좋은 방법이다.

국제정치학에서 설명하는 평화연구는 구조적 차원의 갈등을 다룬다. 군사적 대결과 집단간의 갈등이 구조화되어 있는 경우가 여기에 해당된다. 전통적으로 다루어 온 평화문제는 대부분 이러한 구조적 평화구축과 관련된 활동들이다. 반면, 관계적 차원의 평화구축은 주로 비정부기구나 평화활동가들 사이에서 주로 연구되고 있는 부분이다. 평화구축은 또한 개인적 차원에서도 동시에 진행되어야 하는 부분이 있다.

갈등나무(Conflict Tree) 모델

갈등을 쉽게 설명하는 방식으로 '갈등나무'의 예를 종종 사용한다. 버밍햄 갈등해결 프로그램으로 불리는 이 갈등나무는 갈등의 구조를 쉽게 설명한다. 아래의 <그림 2-3>에서 볼 수 있듯이, 나무의 위쪽에 있는 가지와 잎사귀는 갈등이 실제로 표출되어 드러나는 형태를 말한다. 행동으로 나타난 갈등의 결과는 맨 아래에 있는 뿌리에서 연유한다. 나무의 뿌리에 해당하는 부분은 행동으로 나타난 갈등의 근원이고 갈등의 원인이다. 중간에 있는 나무줄기는 핵심적 갈등을 의미한다. 여러 원인과 근원적인 이유로부터 시작하여 나무 위쪽에 수많은 갈등이 표출되지만 그 여러 갈등을 촉발하는 요인 가운데 가장 중요하고 핵심적인 갈등사안이 있다는 것이다. 그것을 나무줄기로 표현하고 있다.

아래의 갈등나무 그림은 케냐의 사례를 예로 든 것이다. 나무의 맨위쪽에는 약탈과 살해, 침략, 증오와 불신, 두려움, 불공정한 참여 등이 행동으로 나타난 갈등이 존재한다. 이러한 갈등을 야기하는 중요하고도 핵심적인 쟁점은 토지점유 문제였다. 땅의 분배와 사용을 둘러싸고 이처럼 여러 형태의 분쟁과 폭력이 발생한 것이다. 토지문제가 왜 이렇게 심각한 갈등의 쟁점이 되었는가를 따져보면 근본적인 원인인 뿌리로 내려간다. 뿌리에는 식민지 경계문제가 아직 해결되지 않은 채 존재하며, 현재 헌법이나 법률도 미비하다. 또 자유와 형평성 문제, 불평등한 개발, 정치인의 부패 등이 근본적인 원인을 제공한다.

이런 방식으로 어떤 구체적인 갈등과 분쟁, 폭력이 발생하면 그것을 이와 같은 갈등나무 그림으로 그려가며 갈등의 실태를 분석하고 그 갈등을 해결하기 위한 대책을 강구하면 큰 도움을 얻을 수 있다. 갈등해결 훈련프로그램은 물론 개발협력 교육프로그램에서 가장 널리 사용하는 방법이기도 하다.

그림 2-3 갈등나무 그림

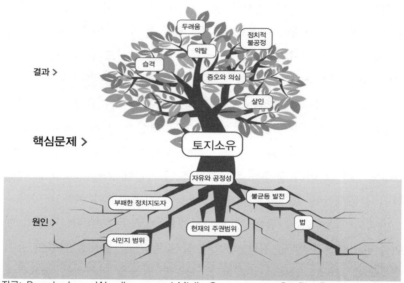

자료: Ramsborham, Woodhouse and Miall, *Contemporary Conflict Resolution*, p. 15.

모래시계 모델

요한 갈퉁의 갈등과 폭력 모델을 기초로 그 갈등과 폭력이 고조되거
나 해소되는 단계에 따라 아래의 <표 2-3>과 같은 도표를 구성할
수 있다. 갈등의 발생하고 해소되는 과정을 9단계로 나누면 중간 5번
째에 있는 '전쟁'을 기준으로 위와 아래로 크게 대비된다. 위쪽 절반에
해당하는 차이-모순-양극화-폭력은 갈등이 점점 상승하는 단계를
설명한 것이며, 아래쪽 절반은 전쟁으로 갈등이 폭발한 이후 그 갈등이
해소되는 단계를 설명한다. 휴전-협정-정상화-화해로 진행되는 갈
등해결의 과정이 여기에 해당한다. 이 모델에서 흥미로운 것은 갈등의

관점에서 보면 전쟁을 정점으로 하여 위쪽과 아래쪽이 정확히 대칭을
이룬다는 사실이다.

그림 2-4 갈등해결의 모레시계 모델

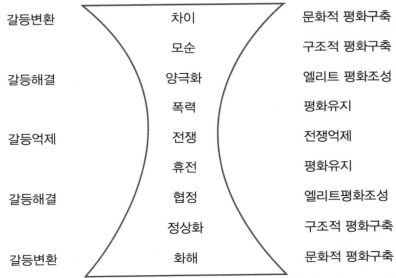

갈등변환	차이	문화적 평화구축
갈등해결	모순	구조적 평화구축
갈등해결	양극화	엘리트 평화조성
갈등억제	폭력	평화유지
갈등억제	전쟁	전쟁억제
갈등해결	휴전	평화유지
갈등해결	협정	엘리트평화조성
갈등변환	정상화	구조적 평화구축
갈등변환	화해	문화적 평화구축

자료: Ramsborham, Woodhouse and Miall, *Contemporary Conflict Resolution*, p. 16.

대부분의 폭력적 갈등은 사회적, 문화적 차이에서 시작된다. 그 차
이는 넓게 퍼져 있는 문화적 인식과 관련된 부분이라 문화적 평화구
축을 필요로 하는 영역이다. 그 차이가 좀 더 심각한 갈등으로 발전
하면 행위자가 대립하는 모순으로 발전하고, 그것은 구조적 평화구축
을 필요로 한다. 차이와 모순이 누적되면 양극화로 비화되고 폭력으
로 발전한다. 양극화는 엘리트 간의 평화조성으로 해결해야 하며, 폭
력이 발생하면 두 집단을 떼어놓는 평화유지가 이루어져야 한다. 폭
력이 심화되면 전쟁으로 발전한다. 전쟁이 발생하면 일단 최대한 전

쟁의 범위를 제한해야 하며 예방적 평화유지를 포함하여 갈등집단을 떼어놓는 일이 중요하다. 전쟁의 범위를 제한한다는 의미는 싸움의 당사자들을 지리적으로 분리하는 조치, 싸움의 강도를 완화하는 작업, 가능한 한 전쟁을 조기에 종식하는 대책을 포함한다.

표 2-3 갈등단계에 따른 전략적 대응과 방안

갈등단계	전략적 대응	대응과 역량의 예
차이	문화적 평화구축	문제해결 내부분쟁해결제도 지원 및 갈등해결 훈련 사실확인 사절단 및 평화위원회 인내와 존경의 문화 포용적 정체성, 다원정체성
모순	구조적 평화구축	개발지원 시민사회육성 거버넌스 훈련과 제도구축 인권훈련 트랙II 중재와 문제해결 제도 역량 헌법적, 법적 제공 정당성 및 사회정의
양극화	엘리트 평화조성	특별대표단 및 공식 중재 협상 강압외교 예방적 평화유지
폭력	평화유지	개입 위기관리 및 분리 관여
전쟁	전쟁억제	평화집행 평화지원 및 안정화
휴전	평화유지	예방적 평화유지 군축과 안보부분개혁 신뢰구축 및 안보증진조치 경찰훈련을 통한 지역사회 안정
협정	엘리트 평화조성	선거 및 헌법 개혁 권력분점 및 권력의 분산 문제해결
정상화	구조적 평화구축	집단안보와 협력 기구 경제협력 및 개발 대안적 국방

		조사단, 진실정의위원회
화해	문화적 평화구축	평화미디어개발 평화갈등인식 교육과 훈련 화해를 위한 문화교류 및 스포츠 교류 미래상상을 통한 문제해결

자료: Ramsborham, Woodhouse and Miall, Contemporary Conflict Resolution, p. 16.

전쟁 이후 갈등을 해소하려면 마찬가지로 휴전을 통해 평화유지를 해야 하고, 두 집단이 더 이상 싸우지 않기로 약속하는 협정을 맺도록 해야 한다. 협정을 체결하는 데는 양 집단 엘리트의 역할이 중요하다. 협상과 중재를 통해 갈등을 야기하는 주도세력이 서로 받아들일 수 있도록 해야 한다. 그리고 나면 관계의 정상화를 도모해야 하는데 이를 위해서는 구조적 평화구축이 필요하다. 마지막으로 화해를 통해 평화를 실현해야 하며 거기에는 문화적 평화구축 노력이 수반되어야 한다.

이 모델에서 특히 중요하게 보아야 하는 부분은 엘리트 간의 평화조성을 위한 노력과 구조적 차원에서 갈등을 해소하고 평화조성을 위해 기울이는 작업을 구분한다는 점이다. 일차적으로 폭력적 갈등을 해결하려면 갈등을 주도하는 엘리트 세력들 간 평화조성 노력이 필요하다. 이 지도층 세력 간의 협상과 대화가 없이는 갈등해소와 평화실현이 거의 불가하기 때문이다. 그러나 이러한 갈등해소가 화해증진과 평화교육 등 더 깊은 레벨에서 인식의 전환과 문화적 평화구축이 이루어져야만 평화가 안정적으로 지속될 수 있음을 강조한다.

실질적 이익갈등과 감정: 갈등·평화의 본질적 두 영역

갈등이론과 평화연구는 수없이 많은 갈등분석과 평화구축의 방법을 제시한다. 그러나 그것을 핵심적으로 정리하면 크게 두 가지다. 하나는 실질적으로 대립하며 싸우는 이익갈등의 영역이고, 다른 하나는 그 밑에 깔려 있는 감정의 영역이다. 갈등이 이처럼 두 영역에서 발생하므로 그 해결방법도 실질적 이익갈등 문제를 해소하는 부분과 감정적이고 정서적인 부분을 해결하는 부분에서 진행되어야 한다. 실질적 이익갈 등의 대립 문제가 더 심각한지, 아니면 감정적이고 정서적인 문제가 더 심각한 것인지는 상황과 사건에 따라 다를 것이다.

실질적 갈등과 감정이라는 두 차원으로 갈등을 분석하고 해결방안을 제시하는 것은 매우 유용한 접근법이다. 위에서 설명한대로 갈등분석 과 갈등해결, 평화구축을 위해 동원할 자원과 방법은 실질적 갈등의 해 결과 감정의 해소라는 두 묶음으로 크게 나누어 볼 수 있다.

첫 번째 묶음인 실질적 문제를 해결하기 위해서는 갈등해결 연구에 서 거론되는 여러 수단들을 유력한 방법으로 동원할 수 있다. 갈등해결 을 다루는 연구자들은 갈등해결의 방법으로 갈등을 비폭력적으로 유지 하는 활동과 직접적인 폭력을 줄이는 활동, 그리고 갈등과 폭력을 근원 적으로 줄이기 위한 제도개혁 등 다각적인 방법을 제안한다. 구조적, 제도적 개선을 위해서는 정치, 안보, 법률 분야의 개혁 추진과 인권개 선 활동, 문화예술을 통한 갈등 해결 방안을 제시한다.

뿐만 아니라 현존하는 갈등을 상호이익을 창출하는 방식으로 해결하 기 위한 활동으로 중재와 협상 등 보다 직접적인 해결방법을 사용한다. 갈퉁은 갈등해결 방법으로 자신이 불교의 정신에 근거하고 있다고 한 트렌센드(transcend)라는 초월 해법을 제안하며, 보다 구체적인 중재 (mediation)의 방법을 권장한다. 갈퉁이 제안하는 중재는 협상이나 타 협과 다르며 훈련되고 숙련된 대화의 기술이며 예술에 가까운 활동이 다.19 갈등해결은 공존할 수 없는 이해관계를 공존하도록 만드는 활동

---

19 중재는 갈등에 관련된 행위자와 목표를 전체적으로 파악하는 단계(Mapping), 법과 인권, 인간의 기본적 필요 등을 근거로 서로의 이해와 요구를 따져보는 단계(Legitimizing), 그리고 이러한 요구와 이해를 연결하는 단계(Bridging)

이므로 트렌센드나 예술의 경지에 이르지 않으면 어려울 것이다.

다른 한 묶음으로 정서·감정을 다루는 다양한 방법론을 활용할 수 있다. 최근 갈등해결을 저해하는 트라우마를 어떻게 해결할 것인가 하는 문제에 대해 많은 관심이 모아지고 있고 다양한 방법이 제안되고 있다. 이 정서적이고 감정적인 부분을 해결하기 위해 화해와 용서, 트라우마 치유 등 심리적 방법으로부터 시작하여, 앞에서 언급한 바 있는 신뢰구축, 미래상상, 회복적 정의 등 관계개선에 초점을 맞추는 방법까지 다양한 방식을 활용하고 있다.[20]

또한 국제적 수준에서는 진실을 밝히고 범법자 문제를 다루는 진실과 화해위원회 같은 방법, 공동체 수준에서 다양한 기념행사와 기념비 건축 등을 통해 과거의 고통을 보상하고 가족가치를 회복함으로써 공동체를 재건하는 방법, 개인적 수준에서는 일대일 상담을 통한 치유, 정신건강을 다루는 전문가를 확보하고 적절한 훈련을 통해 개인의 역량강화(empowering)를 시도하는 등 여러 방법을 활용하고 있다.

무엇보다 평화구축의 방법으로 사회적 역량을 강화하는 역량개발 프로그램이 제안되고 있다. 갈등을 해소하고 평화적 관계를 만들기 위해서는 갈등의 핵심 내용(substance)이 무엇인가를 정확히 파악하고 상황과 관계의 패턴을 분석하여 이를 통합적으로 제시하는 분석역량이 필요하다. 동시에 복합적 갈등상황에서 "상대를 적으로 만들지 않고 친구로 만드는 능력"을 발휘하고 상호 간의 정체성과 관계에 대한 이해와

로 진행된다. http://www.youtube.com/watch?v=16YiL qftppo (검색일: 2013.12.16).

20 화해는 관련 당사자가 자신의 책임과 잘못을 자발적으로 인정하도록 서로 분노를 더 이상 갖지 않고 용서하는 것이다. 진실위원회와 사실확인(fact-finding) 사절단, 전범재판소 설치 등을 통해 과거의 인권침해나 학살 등의 문제를 해결하는 조치도 필요하다. 미래상상은 서로 미래에 공유할 수 있는 비전을 형성하는 것으로 공동프로젝트 같은 실제적인 협력을 통해 효과가 크게 나타날 수 있다.

공감을 이끌어 내는 문제해결 능력을 함양해야 한다. 관계를 깨뜨리지 않고 실질적인 문제를 다루어 나가는 역량을 강화하기 위해 성찰의 기술, 적극적 경청 기술, 외교적 화술, 주장의 기술, 사려 깊은 질문의 기법, 창조적 문제해결 기술, 대화기법, 협상기술, 중재기술 등 여러 관계의 기법과 기술이 연구되고 있다.

갈등해결의 최신 모형

갈등해결의 새로운 유형으로 아래의 <그림 2-5>와 같은 모형이 관심을 얻고 있다. 이 모형에 의하면 갈등은 사회가 구조적으로 변동하는 과정에서 발생하며, 그 갈등은 폭력으로 비화되기도 하고 비폭력적 분쟁으로 발전하기도 한다. 이러한 갈등은 그 과정에서 소외되고 차별받은 집단과 개인이 자신들의 경제적 이익을 확보하고 정치구조를 바꿈으로써 재차 사회변동을 일으킨다. 이렇게 사회변동-갈등형성-폭력갈등-갈등변환-사회변동으로 순환하는 구조가 보편적인 갈등의 발전구조라 할 수 있다.

그러나 이러한 갈등의 순환구조가 최근에 이르러 그 양상이 복잡해졌다. 형성된 갈등이 폭력갈등으로 비화되지 않고 곧바로 갈등변환으로 발전하는 사회변동으로 이어지는 경우도 있고, 형성된 갈등이 폭력갈등으로 비화되었다가 사회변혁을 촉발하기도 하고 또 다른 갈등을 생성하기도 한다. 이렇게 갈등의 순환구조가 복잡해진 이유는 이 갈등순환구조에 제3자가 개입하여 중대한 영향을 미치기 때문이다. 제3자의 개입은 단순히 화해나 중재의 역할을 넘어서 또 다른 행위자로 역할을 하거나 심지어 그 갈등의 가장 중심적인 행위당사자로 고착되는 경우도 있다. 레더라크가 제시하는 중간집단의 역할처럼 제3자의 역할은 다양하지만 제3자의 개입이 결과적으로 그 갈등구조 안에서 중요한 행위자로 굳어지는 현상이 보편화되고 있다.

그림 2-5 갈등과 갈등해결의 역동성

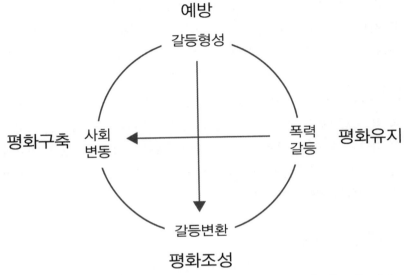

예방

갈등형성

평화구축 사회 ← 폭력 평화유지
변동 갈등

갈등변환

평화조성

자료: Ramsborham, Woodhouse and Miall, *Contemporary Conflict Resolution*, p.26.

4. 평화구축 이론

평화의 증진요소와 저해요소

요한 갈퉁은 평화를 구성하는 네 가지 요소를 언급하며 평화구축의 전략을 설명한다. 그는 수학전공자답게 평화=(형평성×공감)/(트라우마×갈등)의 수식으로 표현한다. 즉 평화는 형평성 및 공감과 비례로 증진되며, 트라우마와 갈등과는 반비례한다.[21] 수식으로만 보면 평화실현은 정말 간단하다. 평화는 사람들 사이의 형평성과 공감을 높이고 트라우마와 갈등을 줄이면 된다. 이 수식은 간단하면서도 평화학의 요체

---

21 http://www.youtube.com/watch?v=JcqPOlqdRrg (검색일: 2013.12.20).

를 한눈에 보여준다.

　형평성은 상호이익 또는 공정한 이익을 위해 서로 협력하는 활동으로 갈퉁은 "남에게 대접을 받고자 하는 대로 남을 대접하라"라는 황금률의 원칙과 상통한다고 말한다. 공감은 다른 사람들의 고통을 내 고통으로 느끼고 다른 사람의 기쁨을 함께 누리는 상태를 말하며 도교(Taoism)의 정신에 가까운 정서적 개념으로 설명한다. 트라우마는 물리적 혹은 언어폭력이 남긴 상흔을 의미하며 트라우마가 쌓이면 폭력으로 나타날 수 있다. 갈등은 폭력의 위협(threat of violence)으로, 갈등과 폭력은 다르지만 갈등이 사이를 벌어지게 만들고 점점 고조되면 폭력으로 비화될 가능성이 있다.

표 2-4 갈퉁의 평화이론

$$\text{평화(Peace)} = \frac{\text{형평(Equality)} \times \text{공감(Empathy)}}{\text{갈등(Conflict)} \times \text{트라우마(Trauma)}}$$

　　　　　　　↑　　　　　　↑
　　　해결(Solution)　화해(Conciliation)

　위의 수식에서 볼 수 있듯이 수식의 위쪽은 평화를 증진하는 요인으로, 아래쪽은 평화를 저해하는 요인으로 작용한다. 따라서 평화구축의 전략은 크게 두 방향으로 전개된다. 수식에서 분자는 늘리고 분모는 줄이면 된다. 즉 한편으로는 서로의 이익을 공유하며 협력을 증진하고 구성원들 사이의 공감을 유지해 나가며, 다른 한편으로 갈등과 트라우마를 줄여 나가야 한다. 이익을 서로 공유하며 협력하고 정서적으로 공감과 조화를 유지하는 일은 평화를 증진하는 핵심 요소다. 또한 평화를 저해하는 갈등을 해소하고 트라우마를 치유하는 것은 결과적으로 평화를 증진하는 길이 된다. 요컨대 평화구축의 전략은 평화의 증진요소를 더 강화하고 평화의 저해요소를 제거하고 개선해야 함을 의미한다.

평화저해 두 요소 해결: 갈등해결과 트라우마 화해

위의 수식을 좌우로 구분하면 왼쪽의 내용은 실질적 문제로 구성되고 오른쪽은 정서적 문제로 크게 구분된다. 앞에서 갈등과 폭력도 이 두 차원이 있음을 설명하였다. 갈등이 실질적 문제와 감정의 두 차원에서 야기되듯 평화도 이 두 차원에서 다루어야 한다. 평화를 이루기 위해서는 당사자들 간의 실질적 갈등의 내용을 해결해야 한다. 요한 갈퉁은 이런 점에서 갈등은 해결해야 하는 주제라고 강조한다. 서로 충돌하는 이해관계를 상호이익을 창출할 수 있는 프레임으로 전환하고 서로 협력하는 방법을 제안함으로써 갈등을 해결해 나가는 것이다.

다른 한편으로는 갈등의 기저에 깔려 있는 트라우마와 정서, 감정의 문제를 해소해야 한다. 트라우마는 개인적 수준만이 아니라 폭력적 상황이 다수의 사람들에게 영향을 미치는 사회적 혹은 집단적 트라우마(societal or collective trauma), 대규모 집단 트라우마가 세대 간에 축적된 감정과 심리적 상처로 형성된 역사적 트라우마(historical trauma), 재난구호 활동가나 인도주의 활동가들에게 종종 나타나는 '2차적 혹은 상상적 트라우마'(secondary or vicarious trauma) 등 여러 차원으로 형성된다. 이러한 트라우마는 직접적인 경험을 통해 형성될 수도 있고 끔찍한 사건을 보도하는 TV 등을 통해 간접적으로 형성되기도 한다.[22]

---

22 Carolyn Yoder, *The Little Book of Trauma Healing: When Violence Strikes and Community Security Is Threatened.* (Intercourse, PA: Good Books, 2005).

실제적인 갈등문제가 상호이익을 창출하는 해법을 찾아 일단락되었다고 하더라도 관련 당사자 사이에 존재하는 트라우마와 정서, 감정의 패인 골을 해결하지 않으면 진정한 조화와 공감, 평화는 구축되기 어렵다. 반대로 정서와 감정은 풀렸지만 어떤 실질적인 문제가 갈등요소로 남아 있다면 이 갈등은 언제든지 정서와 감정을 자극하여 폭력적 갈등으로 비화되고 평화를 해칠 가능성이 높다. 따라서 평화구축은 실질적인 갈등내용의 해결과 정서·감정의 해소라는 두 차원에서 함께 이루어져야 한다.

이러한 두 차원의 구분은 간단하면서도 갈등과 평화 연구에서 매우 중요하다. 갈등에는 실질적인 내용(substance)의 부분과 그러한 구체적인 내용과는 상관없는 감정의 영역으로 구성된다. 갈등연구와 평화학을 가장 단순하면서도 핵심적으로 요약하면 바로 실질적 내용과 감정의 두 요소의 중요성이라 할 수 있다. 국가 간의 갈등도 그렇고 개인 간의 갈등도 마찬가지다. 양자 사이에 중재와 협상으로, 혹은 창의적 방법으로 해결해야 하는 실질적인 갈등내용의 영역이 있음과 동시에 과거의 경험으로부터 차곡차곡 쌓여온 부정적 감정의 영역이 있다. 이 두 주제를 어떻게 다루어야 하는가 하는 것이 갈등해결과 평화형성의 요체라 할 수 있다.

실질적 갈등을 어떻게 해결해야 하는가는 앞에서 언급한 바 있다. 실제적 갈등을 해소하기 위해서는 서로의 이익을 원원의 방식으로 해결해야 한다. 치열하게 다투는 갈등의 당사자 모두를 만족시키려면 적당한 협상이나 타협의 방법만으로는 문제를 해결하기 어렵다. 갈퉁이 주장하는 트렌센드라는 초월적 해법을 강구하거나 보다 구체적인 중재의 방법이 동원되어야 한다. 갈등해결은 양립할 수 없는 이해관계를 공존하도록 만드는 작업이므로 트렌센드와 같은 예술이나 종교의 경지에 이르지 않으면 갈등은 해결되기 어렵다.

마찬가지로 트라우마 치유의 문제도 중요하다. 갈퉁은 트라우마는 해결하는 것이 아니고 '화해'해야 한다고 주장한다. 화해에 관해서는 다음 장에서 상세히 설명하겠지만, 과거의 부정적 경험과 감정인 트라우마는 평화를 깨뜨리는 주된 원인이다. 갈퉁의 주장처럼 과거의 폭력적 경험으로 형성된 부정적 감정이 평화를 방해하므로 이 부정적 경험과 감정을 제대로 다루지 않으면 평화가 불가능하다. 그렇지만 우리가 늘 경험하듯 그 감정은 실질적 이익을 제공할 때 해소되기도 하므로 경제적 이익과 감정의 해소를 어느 정도의 비중으로 다루어야 할지는 판단하기 쉽지 않다. 실질적 이익갈등의 해결과 심리적·정서적 트라우마 화해를 어떤 순서로, 또 어느 정도의 비중으로 풀어야 평화증진에 도움이 되는지는 상황과 조건에 따라 다를 것이기 때문이다.

평화의 3축모델 – 평화유지, 평화조성, 평화구축

평화구축이라는 용어는 평화학의 세계적 권위자인 노르웨이 사회학자 요한 갈퉁이 1975년에 처음 창안한 개념으로 "지속가능한 평화를 창출함으로써 폭력적 갈등의 재발을 방지하기 위해 개입하는 활동"을 의미한다.[23] 지속가능한 평화를 만들기 위해서는 폭력의 원인을 규명하고 갈등의 평화적 해결에 대한 사회적 기대감을 조성하며 정치경제적으로 사회를 안정화해야 함을 강조한 것이다. 요한 갈퉁이 1975년 평화구축에 관한 제안을 하기 전까지는 평화구축이 갈등해소나 지속가능한 평화를 위한 구체적인 방법으로 개념화되지 못했다. 갈퉁은 기존에 논의되던 평화유지나 평화조성과는 다른 개념으로 피스빌딩, 즉 평화구축의 개념을 제시함으로써 새로운 관심을 얻기 시작하였다.

---

23 "Peacebuilding is a term describing interventions that are designed to prevent the start or resumption of violent conflict by creating a sustainable peace." http://en.wikipedia.org/wiki/Peacebuilding (검색일: 2011.11.3).

갈퉁에 의하면 평화유지(peacekeeping)는 일차적으로 파괴를 줄이는 데 초점을 맞추는 활동으로 대개는 중립적인 제3자의 군사력을 사용하여 휴전을 보장하고 모니터하는 조치를 의미한다. 다시 말하면, 평화유지는 서로 싸우고 있는 당사자들을 제3자가 개입하여 당사자들을 떼어 놓고 싸움을 말리는 행위를 말하며 주로 군사적 개입을 통해 이루어진다.

반면, 평화조성(peacemaking)은 중재와 협상을 통해 관련 당사자들의 상반된 목표와 이해를 화해시키는 활동을 지칭한다. 갈등하는 당사자들간에 폭력을 중지하고 외교적 노력을 기울이도록 하는 것을 시작으로 비폭력적 대화를 하도록 독려하고 궁극적으로 평화협정을 체결하도록 하는 행위를 가리킨다.

이와는 달리 평화구축(peacemaking)은 사회 내에 존재하는 구조적 갈등을 보다 장기적이며 지속가능한 평화로 전환시켜 나가기 위해 사회경제적 재건과 발전을 통해 평화로운 사회변화를 추진하는 포괄적인 활동을 의미한다.24 즉 폭력적 갈등을 야기하는 요인들을 진단하고 처방함으로써 평화로운 구조와 관계를 만들어 가는 과정을 '피스빌딩'(peacebuilding), 즉 평화구축이라 부른다. 평화구축은 폭력적 갈등이 어느 정도 해소된 이후에 발생하는 장기적 과정이며, 특히 평화유지와 평화조성이 이루어진 이후에 진행되는 평화과정(peace process)의 단계를 지칭한다.

---

24 Johan Galtung. "Three Approaches to Peace: Peacekeeping, Peacemaking and Peacebuilding," Johan Galtung, *Peace, War and Defence: Essays in Peace Research.* Vol. 2(Copenhagen: Christian Ejlers), pp. 282–304. Hugh Miall, Oliver Ramsbotham and Tom Woodhouse. *Contemporary Conflict Resolution.* (Cambridge: Polity Press, 2003), p. 187.

그림 2-6 평화의 3축모델

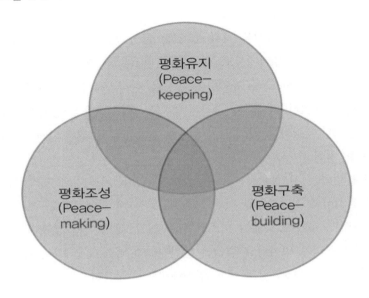

평화유지
(Peace-
keeping)

평화조성
(Peace-
making)

평화구축
(Peace-
building)

안보논리가 지배하는 세계, 약육강식과 적자생존의 원리가 지배하는
사회에서 어떻게 평화를 실현할 수 있느냐 하는 것은 평화학자들의 오
랜 고민이다. 북한처럼 무력을 앞세워 위협하는 강고한 체제를 대상으
로 어떻게 평화를 만들어 낼 수 있겠느냐 하는 것이다. 그래서 많은 평
화학자들은 이 문제를 고민해 왔다. 어떻게 강력한 힘을 가진 집단을
대상으로 화해하고 평화를 만들 수 있을까 하는 것이다. 그러한 고민
끝에 나온 결론이 바로, 평화를 실현하기 위해서는 세 차원의 노력이
필요하다는 것이다. 첫째는 평화를 유지하는 것이고, 둘째는 평화를 조
성하는 것이며, 셋째는 평화를 구축하는 것이다. 영어로 표현하면,
peace-keeping. peace-making, peace-building이다. 우리말로
풀어보면, '평화지킴, 평화만듦, 평화세움'이라 할 수 있다. 평화는 지키
고, 만들고, 세워나가야 하는 것이다.

평화는 평화유지로 시작된다. 즉 힘으로 자신을 지키고 공동체를 지키고 보호하는 데서 평화는 출발한다. 안보를 튼튼히 해야 한다는 논리가 여기에서 나온다. 자신을 지킬 수 있는 힘이 있어야 평화를 실현할 수 있다는 말이다. 유엔에서도 세계의 여러 분쟁지역에 '평화유지군'(Peace-keeping forces)을 파견하여 활동을 한다. 직접적인 폭력으로부터 피해를 줄이기 위해서는 군사적 개입을 통해 싸움을 중단시켜야 하기 때문이다. "평화를 원하거든 전쟁을 준비하라"는 말은 힘이 있어야 평화를 지킬 수 있다는 말이다.

그러나 평화는 지키는 것만으로는 한계가 있다. 지키는 것으로 시작되지만 유지하고 지키려고만 하면 그 안의 삶은 더 피폐해진다. 우리는 팔레스타인과 대치하고 있는 이스라엘, 그리고 세계 여러 분쟁지역에서, 지키는 평화가 얼마나 사람들을 불안하고 피폐하게 만드는가를 보게 된다. 학교나 직장, 삶의 어느 영역에서도 중무장한 군인들이 호위하지 않으면 살아갈 수 없는 것이 그 나라들의 현실이다. 끝없는 불안감 속에 살아가야 한다. 아무리 총칼로 자신을 지키려 해도 끝없는 불안과 두려움을 해소할 길이 없다. 진정한 평화를 누릴 수가 없는 것이다.

평화는 지키는 것만으로는 성취되지 않는다. 더 나은 평화는 보다 적극적으로 친밀한 관계 안으로 들어가야 한다. 평화를 지키는데 머무르지 않고 평화를 만들어 가야 하는 것이다. 평화를 만들려면 상대와의 관계를 회복해야 한다. 관계를 회복함으로써만 진정한 평화가 가능하기 때문이다. 지키려는 평화는 끝없는 보복의 악순환을 부른다. 유엔에서는 평화를 만든다는 평화조성의 용어를 추상적으로 사용하지 않고 좀 더 구체적인 개념으로 사용한다. 즉 싸움을 중단한 당사자가 구체적으로 조약이나 협정을 맺어 서로 싸우지 않기로 약속하는 행위를 의미한다. 서로의 목표가 다르지만, 관계를 개선하기 위해 서로 대화하고 화해하는 노력을 기울이는 과정이다.

그러나 외교적 노력으로 평화협정을 체결한다고 해서 평화가 실현되는 것은 아니다. 평화협정으로 백번 약속을 한들 그걸 지키지 않으면 휴지 조각에 불과하기 때문이다. 이런 점에서 평화는 만드는데 그치지 않고, 공고히 세워나가야 한다. peace-building, 평화세움이다. 단순한 외교적 약속이 아니라 삶의 여러 영역에서 서로 만나고 교류하고 협력함으로써 실질적인 도움을 주고받아야 한다. 이러한 교류를 통해 서로의 관계를 돈독하게 세워 나아가야 한다. 이와 함께 과거의 경험으로 맺힌 트라우마와 상처도 치유해야 한다. 이러한 트라우마와 상처를 치유하는 길은 화해하는 길밖에 없다.

평화구축 이론가들은 이 세 가지 개념을 구분하여 사용하는 데 대해 반대한다. 평화구축이 앞의 두 가지 개념을 모두 포괄하여 사용해야 한다고 주장한다. 주로 NGO활동가들과 시민사회 운동가, 아래로부터의 평화구축을 주장하는 사람들은 평화구축의 개념을 평화유지와 평화조성과 별개의 개념으로 편의적으로 조작화하여 사용하는 것을 반대한다. 이들은 평화구축을 평화유지와 평화조성을 아우르는 포괄적인 용어로 사용한다. 즉 평화구축을 장기적인 변혁적 노력을 포함하며 평화유지와 평화조성보다 상위개념으로 간주한다.

그러나 이 세 가지 개념을 구분해보는 것은 평화의 다차원적 활동을 이해하는데 큰 도움을 준다. 평화구축 개념을 협의로 사용하든 광의로 사용하든 그것은 그다지 중요하지 않다. 각 개념을 이해하는 것이 더 중요하다. 평화구축이 평화유지와 평화조성의 개념을 포함한다고 해도 이 세 영역의 활동은 그 안에서도 충분히 구분할 수 있고 대부분 그렇게 사용한다. 평화활동이 세 영역에서 진행되고 있으므로 이 세 영역의 활동이 어떻게 유기적으로 연계되며 시너지를 창출하는가 이해하고 갈등과 평화 분석에 활용하는 것이 더 중요하다.

평화유지와 안보

평화유지는 냉전시기와 탈냉전시기에 개념이 많이 달라졌다. 탈냉전시기에는 평화유지 활동이 냉전시기보다 더 필요하게 되었고 1980년대에 비해 3배가 더 많아졌다. 이러한 현상이 평화유지가 평화실현에서 얼마나 중요한 활동인가를 말해준다. 평화유지 활동은 냉전기, 탈냉전기(1995년까지), 1995년 이후 현재에 이르기까지 세 시기로 구분되며 그 성격이 지속적으로 확장되었다. 사실 냉전기 평화유지 활동은 한국전쟁 이후 필요성이 논의되기 시작하였는데 유엔 차원에서도 명확한 법적 근거는 없었다. 안전보장이사회를 중심으로 군사적 개입을 통해 물리적 충돌을 방지하거나 중재하는 역할에 치중하였다. 평화유지 활동은 탈냉전 이후에야 비로소 제 기능을 발휘하였다. 유엔이 출간한 1990년대 중반 *Agenda for Peace*에서 평화유지 활동을 위해 군사력을 사용할 수 있다는 공감대가 형성되었다. 평화유지를 위해 군사력 동원이 필요하다고 인정하는 경우는 싸우는 당사자들이 개입을 요청하는 경우에 가능하며 정치적으로 중립을 지켜야 한다는 원칙을 견지한다. 법과 원칙을 철저히 지키며 자위의 목적이 아닌 한 직접적인 군사력을 행사하지 않는다는 원칙과 유엔안보리와 사무총장에 의해 재가를 받은 정당성이 보장되어야 한다는 철저한 원칙을 고수하였다.

그러나 탈냉전 이후에는 이데올로기 분쟁이 아닌 종족과 인종 문제, 경제적 이권, 마약밀수, 생태자원 갈등 등 다양한 문제로 분쟁이 야기되었다. 때로는 인도주의 지원 활동가들에 대한 납치가 갈등의 원인이 되기도 했다. 냉전시기와 비교할 때 탈냉전 분쟁은 경제적 원인이 더 중요하게 부상하였다. 분쟁의 동기와 형태가 다양화됨에 따라 군사력에만 의존하는 평화유지 활동은 한계에 직면했다. 군사력만 아니라 민간경찰력이나 외교력까지 다양한 자원을 동원하여 평화유지 활동을 펼쳐 가고 있다. 인간성, 공정성, 중립성, 보편성이 평화유지 활동의 정당성을 지탱한다.

그러나 이러한 공정성과 보편성에 근거한 평화유지 활동이 1995년 이후 비판을 받기 시작했다. 보편성에 근거한 군사적 활동이 주로 서구의 이해와 서구의 가치를 비서구 국가들에게 강압하는 형태로 이루어지는 경향성 때문에 유엔합의로는 명확하게 판단할 수 없는 새로운 분쟁이 발생하였으며 평화유지군의 활동이 무기력하여 이에 대한 비판이 제기되었다. 무엇보다 유엔 차원의 평화유지 활동이 정당성을 잃으면서 나토와 같은 지역차원의 평화유지 활동에 대한 필요성이 증대한 시기였다. 또한 유엔 평화유지 기관과 다른 기관의 역할 간의 구분이 애매해 지면서 유엔체제에 대한 정당성이 현저히 약화되었다.

평화유지 활동의 개념과 범위가 달라지면서 평화유지 개념을 새롭게 정의할 필요가 생겨났다. 평화유지활동을 기존에 집단안보라는 개념에 근거하여 활동을 했다면 이제는 인간안보를 목적으로 매우 신축성 있는 평화유지 활동을 해야 한다는 요구와 필요성이 커지고 있다. 기존의 집단안보 위주의 군사활동이 아니라 인간안보라는 개념에 근거하여 평화유지 활동을 재정립해야 한다는 것이다.

이런 측면에서는 굳이 이러한 군사적 활동을 평화유지 활동이라고 불러야 할 것인가에 대한 회의도 든다. 안정화 활동 혹은 안정화군이라 부르는 것이 타당하지 않을까 생각한다. 안정과 안보, 이행, 재건에 필요한 군사적 지원 활동이라 해야 할 것이다. 또한 인간안보를 위해서는 군의 역할만이 아니라 민간의 역할도 충분히 활용해야 한다. 이런 점에서 현대의 평화유지 활동은 군대만이 아니라 민간의 인간안보 활동까지도 포괄하는 이른바 우주적 평화유지개념 혹은 제4세대 평화유지 개념으로 확장해야 한다.[25] 세계화로 인해 구조적 변화가 진행되면서 사회적 갈등이 커지고 있는 이 시대에는 민주적 평화유지라는 새로운 형태의 개념을 더하여 우주적 평화유지 활동을 전개해야 한다.

평화조성과 외교

평화협정 체결은 평화프로세스의 중요한 과정이나 그 실효성에 대해 많은 비판이 제기된다. 1946년부터 1989년 기간 동안 141건의 분쟁이 있었는데, 그 중 9%만이 평화협정으로 타결되었고, 1%는 평화협정이 이르지 못했지만 휴전으로 일단락되었다. 그리고 58%는 한쪽의 일방적 승리로 분쟁이 종식되었고, 32%는 다른 형태로 끝이 났다.[26] 1990－2005년 사이에는 147건의 분쟁이 종식되었는데, 18%가 평화협정으로 타결되었고 20%는 평화협정 없이 휴전으로, 14%는 한쪽의 일방적 승리로 분쟁이 종식되었다. 48%는 다른 결과로 귀결되었다.[27]

협상을 통해 분쟁이 종식된 경우는 대개 평화가 지속되지 못하고 다시 무력분쟁을 야기하는 경향이 있음을 많은 연구들이 지적하고 있다. 오히려 군사적 승리에 의해 분쟁이 종식된 경우에는 협상에 의해 해결된 경우보다 분쟁 재발 확률이 낮은 것이 사실이다. 그러나 그러한 경우에는 대량학살로 귀결되는 경향이 강했다.

표 2-5 분쟁 후 평화협정 체결 사례 1988-2000

이디오피아-소말리아 1988	이란-이라크 1988
나미비아 1988	모로코-서사하라 1989
차드-리비아 1990	니카라구아 1990
레바논 1990	캄보디아 1991
차드 1992	모잠비크 1992
엘살바도르 1992	지부티 1994
인디아, Jharkand 1994	보스니아-크로아티아 1994

25 T. Woodhouse, *Contemporary Conflict Resolution*, 2011. pp. 163－166.
26 *Ibid.*, p. 172.
27 *Ibid.*, p. 172.

말리, Air and Azawad 1995	니제르, Air and Azawad 1995
보스니아-세르비아 1995	크로아티아-동슬로베니아 1995
과테말라 1996	라이베리아 1996
필리핀, 민다나오 1996	타지키스탄 1997
중앙아프리카공화국 1997	방글라데시, Chittagong Hill Tracts 1997
북아일랜드 1998	기니-비소 1998
에쿠아도르-페루 1998	동티모르 1999
에리트리아-이디오피아 2000	

자료: T. Woodhouse, *Contemporary Conflict Resolution*, 2011, p. 172.

표 2-6 무력분쟁 후 평화협정 사례, 2000-2008

국가	연도	평화협정 내용
시에라리온	2000	Peace Agreement between Government and RUF
브룬디	2000	Arusha Peace and Reconciliation Agreement
부갱빌	2001	Bougainville Peace Agreement
마케도니아	2001	Framework Agreement
우간다	2002	Peace Agreement
아체	2002	Cessation of Hostilities Framework Agreement
앙골라	2002	Peace Agreement (Lusaka Protocol 1994)
코트디부아르	2003	Linas-Marcousis Agreement
코모로	2003	Anjouan Agreement
리베리아	2003	Comprehensive Peace Agreement
수단	2004	Comprehensive Peace Agreement
세네갈	2004	Casamance Agreement
네팔	2006	Comprehensive Peace Agreement
북아일랜드	2006	St. Andrew's Agreement
수단	2006	Darfur Peace Agreement
카메룬/나이지리아	2006	Agreement on Bakassi Peninsula
우간다	2007	Agreement on Accountability and Reconciliation
수단/차드/CAR	2007	Cannes Declaration
코트디부아르	2007	Ouagadougou Political Agreement
케냐	2008	Power-sharing deal

자료: T. Woodhouse, *Contemporary Conflict Resolution*, 2011, p. 173.

평화구축과 공간기획

평화조성이 실행력을 갖추려면 평화구축이 병행되어야 한다. 평화구축을 보다 장기적이며 지속가능한 평화라고 할 때 그것을 실현하려면 생활 속에서 구체적으로 평화의 공간을 만들고 그것을 연결시키는 것이다. 공간을 만든다는 개념은 평화구축의 핵심적 원리이다. 예술 공간, 스포츠 공간, 미디어 공간 등 우리 삶 속의 다양한 공간에서 평화를 구축하고 그 공간을 연결시킴으로써 실제로 우리가 구상한 평화가 실현된다. 생활 속에서 다양한 평화의 공간을 창조해 나감으로써 지속 가능한 평화는 구현된다.

노틀담대학 국제평화연구소는 평화구축 개념을 민족, 종교, 계급, 국가 및 인종 경계를 넘어 건설적인 개인, 그룹 및 정치적 관계의 발전으로 사용한다. 그것은 비폭력적인 방식으로 불의를 해결하고 치명적인 갈등을 일으키는 구조적 조건을 변화시키는 것을 목표로 한다. 평화 구축은 갈등예방, 갈등관리, 갈등해결과 갈등변환, 분쟁 후 화해 등의 주제를 포괄한다.

평화구축은 생명의 질과 지속성의 가치를 중시한다. 평화구축은 인간의 필요를 충족시키고 인간의 권리를 보호함으로써 인간의 존엄성을 보장하는 사회를 창조하는 것을 목표로 한다. 인간은 물질적, 사회적, 문화적 필요와 권리를 갖고 있다. 인간의 필요를 무작정 채우고 인권보호를 일방적으로 추구하는 것이 아니라 상호의존과 파트너십을 중시하면서 필요를 채우고 인권을 보호한다. 인간이 상호의존적으로 존재한다는 것을 인정한다면 필요를 채우고 권리를 보호하는 것도 조정이 필요하다는 점을 인정할 것이다. 평화구축을 위해 중요한 것은 필요를 채우고 권리를 보호하는 과정에서 상호의존과 파트너십, 폭력줄이기의 정신을 필요로 한다는 점이다. 평화는 폭력을 줄이는 과정이다. 폭력줄이기는 갈등이 발생할 수밖에 없는 상황에서 폭력을 사용하지 않도록 하는 것이다. 폭력을 사용하지 않도록 하는 것이 평화구축에서 중요한 정신이며 원리이다.

파트너십은 지배의 대안으로 제시된다. 지배하느냐 지배받느냐 라는 세계관은 다분히 폭력적이다. 파트너십은 바로 이러한 세계관의 대안으로 제시된다. 파트너십은 인간의 필요를 채우되 상호 간의 필요와 권리를 만족시키도록 사람들을 독려한다. 지배와 피지배라는 사고가 아니라 파트너십의 가치와 평등의 관계에 기초할 때 사람들은 서로 협력하게 된다.

정의, 공정한 평화, 인간안보의 개념은 평화구축 가치를 표현해 준다. 정의는 다른 사람들의 가치를 존중할 때만 보장된다. 공정한 평화는 평화가 불공정하게 유지되는 것은 지속되지 못한다는 측면에서 설명하다. 정의를 폭력적으로 추구하는 것은 또다른 불공정을 만드는데 기여할 뿐이다. 인간안보는 사람들이 직접적 폭력이나 구조적 폭력으로부터 안전할 때만 달성된다. 인간안보는 전통적인 안보의 개념, 즉 국토를 지키고 국가적 이익을 지키는 데 초점을 맞추는 전통적 안보의 개념을 바꾸는 것을 지지한다. 인간안보는 생명을 위협하는 질병, 빈곤, 범죄 및 다른 요소들로부터 위협을 줄이는 것을 목표로 한다.

5. 평화구축의 과정과 전략

7단계 혹은 4단계 과정

장기적 사회통합을 지향하는 평화구축은 다음의 7단계로 진행된다. ① 물리적 싸움의 중지 ② 평화협정·법, 합의문, 준수 모니터링 ③ 무장단체, 정당 해산 ④ 인권침해(가해자)에 대한 기소, 책임 ⑤ 경제발전 ⑥ 화해(프로세스) ⑦ 재정착 등이다. 평화구축을 하려면 가장 먼저 물

95

리적 싸움을 중단하는 데서 출발해야 한다. 싸움을 중단한 행위자들은 상호협약을 통해 싸우지 않기로 합의하고 그 합의를 이행하는지 모니터링이 필요하다. 갈등을 촉발할 수 있는 무장기구와 정치조직을 해체하고 폭력에 가담하여 피해를 입힌 당사자들의 법적 책임을 묻는다. 그리고 경제협력을 바탕으로 발전을 도모하며 국가 및 사민사회 간 화해를 추진하고 주민들의 재정작을 돕는 순서로 진행된다.

이러한 7단계의 평화구축 과정을 4단계로 압축할 수 있다. 즉 갈등의 비폭력 유지 → 직접적 폭력 줄이기 → 관계변환 → 역량조성의 네 단계가 그것이다. 첫째, 갈등을 비폭력적으로 유지하는 단계로 더 이상 분쟁이 악화되지 않도록 관리하는 과정이다. 이슈를 제기하고 관계변환에 필요한 상황을 잘 설명할 수 있도록 집단의 파워를 증대함으로써 활동가들과 옹호가들이 변화를 지지하도록 노력하는 것을 말한다.

둘째, 직접적인 폭력을 줄이는 과정이다. 폭력의 가해자를 억제하고 폭력의 희생자들의 고통을 방지하거나 완화하며, 평화구축 활동가들을 위해 안전한 공간을 만드는 것을 목표로 한다. 이러한 일들이 생겨나면 폭력의 근본적인 원인을 규명하는 다른 과정이 시작된다.

셋째, 관계의 변화 과정이다. 폭력을 평화로 대체하기 위해서는 관계가 다시 설정되어야 하는데, 거기에는 트라우마 문제를 해결하고 갈등을 변환하며 정의를 집행하는 과정이 포함된다. 이러한 과정은 사람들로 하여금 그들의 필요를 채울 수 있는 중장기적이고 지속가능한 해법을 고안하는 기회를 제공한다.

넷째, 역량강화의 과정이다. 교육과 훈련을 통한 폭력의 방지, 개발, 군대의 전환과 변환, 그리고 연구와 평가의 노력이 포함된다. 이러한 활동들은 지속가능한 평화의 문화를 지탱해주는 공정한 구조를 조성하는 것을 목표로 한다.

갈등변환

싸움을 중단하는 평화유지와 싸우지 않기로 협약을 맺는 평화협정에 관하여는 앞에서 설명을 했으므로 세 번째 단계인 갈등변환과 역량개발에 관하여 설명이 필요하다. 갈등변환이라는 개념은 갈등해결과 갈등관리 개념과는 조금 다르게 사용한다. 갈등해결이 갈등을 완전히 없애줄 수 있는 것처럼 이해되고 있는데 비해 갈등변환은 갈등은 언제나 존재할 수밖에 없고 완전히 없앤다는 것은 불가능하다는 입장이다. 갈등은 인간관계에 항시적으로 존재하며 인간관계를 역동적으로 만들어 준다. 이런 관점에서 보면 갈등은 우리의 관계를 변환시키는 동인이다. 따라서 이 갈등이 존재한다는 것은 사회적 관계가 정체되지 않고 건설적으로 발전해 나갈 수 있음을 의미한다.

갈등변환을 사람의 신체에 비유하면 머리와 가슴, 팔과 다리에 비유해 볼 수 있다. 우선 머리는 우리의 사유를 의미하며 특히 비전을 제시하는 능력과 반응하려는 의지를 중요한 요소로 본다. 가슴, 즉 심장은 인간의 신체에서 생명의 중심에 해당한다. 인간관계에서도 직접적으로 보이는 측면이 있고 중요하지만 보이지 않는 측면이 있다. 갈등을 생명을 주는 기회로 간주하면 갈등이 생명을 만들어 낸다. 손은 건설적인 활동을 의미한다. 발과 다리는 폭력을 줄이고 정의를 증진하는 활동을 말한다. 평화를 최종적인 어떤 상태로 보는 것이 아니라 관계의 질적인 측면이 끊임없이 변화해 가는 과정으로 본다.

갈등은 우리에게 개인과 관계의 영역에서만 아니라, 구조적, 문화적 영역에서도 영향을 미친다. 따라서 갈등을 해결하는 과정은 개인-관계-구조-문화 등 갈등 상황에 대한 큰 그림을 그리고 문제를 풀어나간다. 갈등 상황과 쟁점이 되는 이슈를 적고 갈등행위의 패턴을 분석하며 동시에 그 이슈의 과거 경험을 살펴본다. 그리고 미래지향적 해법을

97

모색하기 위해 행위자 간 관계와 구조를 진단하고, 개인적, 관계적, 구조적, 문화적 차원에서 종합적인 갈등해결을 도모한다.

역량개발

역량개발은 폭력적 갈등의 재발을 방지하기 위해 교육과 훈련을 통해 개인의 갈등해결 및 평화구축 역량을 개발하는 작업이다. 구체적으로 어떤 부분의 역량을 개발해야 할 것인가를 소개하면 첫 번째는 이슈를 제시하는 능력이다. 이슈를 제시할 때 두 렌즈로 갈등을 접근하는데, 하나는 콘텐츠의 핵심이 무엇인가에 대해 초점을 맞추고, 다른 하나는 그 내용을 통해서 상황(context)과 관계의 패턴(relational patterns)을 볼 수 있도록 한다. 이러한 두 렌즈의 접근은 위기의 징후적 내용과 그 배경에 고착되어 있는 정서적 과정을 구분하는 능력을 개발하는 작업이다.

두 번째 복합적 시간계획을 통합하는 역량을 개발한다. 여러 수준의 시간계획을 상정하고 그것을 종합하는 능력을 향상시키는 것이다.

세 번째는 갈등의 에너지를 딜레마로 제시하는 역량을 개발하는 것이다. 갈등은 언제나 두 가지 대립적인 딜레마의 상황에서 발생한다. 예컨대 대북 인도적 지원은 인도주의 정신이라는 관점에서는 당연히 지원해야 한다고 보지만, 지원된 물품이 수혜자에게 전달되지 않고 오히려 집권층의 권력기반을 공고히 해주는 역할을 한다는 점에서 딜레마의 상황에 빠진다. 이러한 두 가지 상반되는 갈등상황을 딜레마로 부각시키는 능력을 개발할 수 있어야 한다.

네 번째는 적으로 만들지 말고 친구로 만드는 능력을 개발하는 것이다. 아브라함 링컨의 말처럼 "적을 없애는 유일한 방법은 그를 친구로 삼는 것이다"라고 하듯 친구를 만들어 나가는 일은 대단히 중요한 평화역량이다.

다섯 번째는 경청의 능력과 정체성을 활용하는 능력을 개발한다. 인간에 대한 신뢰, 우리의 정체성과 관계에 대한 이해와 공감을 이끌어 내는 능력을 개발한다. 내가 누구인가, 우리가 누구인가에 대한 질문은 우리의 삶과 공동체를 이해하는데 기초가 된다.

평화구축 전략

평화구축을 실행하기 위해서는 자원동원을 위한 구체적인 전략이 필요하다. 평화구축은 광범위한 전사회적 자원을 동원하는 것이어서 사회 안에 존재하는 각 부분들의 역량을 파악하는 작업부터 시작해야 한다. 어느 한 부분의 역량만 강화해서는 폭력적 갈등의 문제를 해결할 수 없으며 모든 부문의 평화구축 역량이 고르게 증진되어야 하기 때문이다. 댄 스미스(Dan Smith)는 사회를 네 개 부문, 즉 안보(security), 정치(political framework), 경제사회(socio-economic foundations), 그리고 화해와 정의(reconciliation and justice) 부문으로 나누고 각 부문에서 평화구축 역량을 어떻게 제도화해 나갈 것인가를 파악하도록 제안한다.[28]

첫째로 안보부문은 무장해제와 군사력 해체 및 재통합, 안보제도개혁, 지뢰제거 등의 기능을 포괄한다. 둘째로 정치부문은 정당과 미디어, NGO의 민주화 및 민주문화교육, 책임성과 법치, 사법제도를 통한 거버넌스, 제도구축과 인권증진 등의 역량을 의미한다. 셋째로 사회경제 부문은 물리적 재건과 경제기반시설, 보건과 교육 인프라, 난민과 국내실향민의 송환, 식량안보 등의 역량을 가리킨다. 네 번째로 화해와

---

28 Dan Smith, *Towards a Strategic Framework for Peacebuilding: Getting their Act Together.* (Oslo: International Peace Research Institute, 2004), pp. 27-28; Oliver Ramsbotham, Tom Woodhouse, Hugh Miall, *Contemporary Conflict Resolution.* 3rd edition(Cambridge: Polity Press, 2011), p. 229.

정의 부분은 적대적 집단 지도자들간의 대화, 풀뿌리 차원의 대화, 기타 중재활동, 진실화해위원회, 트라우마 치유에 관한 활동을 말한다. 이러한 네 부문의 활동이 어떻게 조합되어 평화구축의 역량을 강화하는가가 중요하다.

이 네 영역에서 마치 팔레트에 물감을 섞어서 사용하듯이 각 영역의 역량을 어떻게 조합하느냐 하는 문제는 중요해진다. 이런 맥락에서 평화구축을 구조와 관계, 개인이라는 세 차원으로 나누어 보는 것은 매우 유익하다.[29] 구조적 차원의 평화구축은 폭력적 갈등의 근본적 원인을 찾고 사회구조의 변화를 시도함으로써 그 문제를 해결하는 것을 말한다. 민주화와 제도적 역량강화가 핵심전략이라 할 수 있다. 관계적 차원의 평화구축은 상호 소통과 상호이익을 증진하는 활동을 말한다. 갈등과 전쟁으로 파괴된 관계를 회복시키는 화해와 용서, 신뢰구축, 미래상상, 회복적 정의는 관계적 평화를 구축하는 효과적 전략수단이다. 개인적 차원에서 개인을 무기력하게 만들고 부정적 감성을 형성하고 있는 트라우마를 치유하는 것도 중요하다. 이러한 트라우마는 국가적 레벨과 공동체 레벨, 그리고 개인적 수준에서 치유를 받아야 한다.

화해는 다음 장에서 더 구체적으로 살펴보겠지만, 관계를 변화시키고 파괴적인 갈등을 방지하는 가장 효과적인 방법이다. 화해의 핵심은 갈등하는 당사자가 자신의 책임과 잘못을 자발적으로 인정하도록 하는 것이다. 관련 당사자가 자기의 역할과 행동을 반성함으로써 자기 쪽이 행했던 책임을 인정하고 이러한 경험을 서로 나눔으로써 새로운 시각을 학습하고 서로 '적'이라는 관념을 바꾸는 것이다. 상대방이 힘들었던 부분과 분노가 정당한 측면이 있다는 점을 인식함으로써 연민과 동정의 감정이 생겨나게 된다. 상호 간에 진지한 유감을 표시하고 서로 행

---

29 Michelle Maiese, "Peacebuilding," http://en.wikipedia.org /wiki/Peacebuilding (검색일: 2012.7.24.).

했던 것들을 용서할 준비를 하는 것이다. 관련 당사자는 서로 분노를 더 이상 갖지 않고 상처주는 행동을 하지 않겠다는 결심을 한다. 그런 후에는 과거의 분노를 교정하는 진지한 노력을 기울이며 손해를 끼친 부분에 대해 보상하는 진지한 노력이 뒤따르게 된다.

이처럼 갈등을 변환시키려면 엘리트와 일반인들 사이에 효과적인 소통과 협상이 있어야 한다. 이러한 대화의 핵심적인 부분으로 미래상상이 활용될 수 있다. 즉 서로가 미래에 공유할 수 있는 비전을 형성하는 것이다. 갈등하는 당사자들은 폭력적인 과거를 회상하는 것보다 대신에 미래의 비전을 더 많이 공유할 수 있다. 서로가 미래에 지향할 수 있는 공감대가 형성되면 문제해결이 수월해질 수 있다. 미래를 함께 공유할 수 있는 방법으로 갈등의 핵심 이슈와는 관련이 없으면서 공동의 이해를 갖는 부분에 대해 공동프로젝트를 추진하는 것도 좋은 방법이 될 수 있다.

나아가 관계의 기술을 훈련할 필요가 있다. 성찰의 기술, 적극적 경청 기술, 외교적 화술 및 주장의 기술, 사려 깊은 질문의 기술, 창조적 문제해결 기술, 대화기술, 협상기술, 중재기술 등 매우 구체적이고 정교한 방법을 배우고 훈련해야 한다. 평화구축을 위한 분석도 필요하다. 현장 맥락을 잘 이해해야 한다. 폭력을 사용하는 사람들은 언제나 정당화하는 방법을 찾는다는 사실을 유념해야 한다. 또 모든 형태의 폭력은 서로 얽혀 있고, 구조적 폭력은 종종 내전과 범죄, 자살 등 2차 폭력을 수반한다는 사실도 인지할 필요가 있다.

전략적 평화구축(strategic peacebuilding)

전략적 평화구축은 크게 두 가지 의미로 사용한다. 하나는, 갈등과 분쟁 및 평화형성에 관여하는 모든 행위자들을 망라하여 그것을 서로 연결시키는 방식으로 평화를 구축해 간다는 의미이다. 특히 평화관련 행위자 가운데 정부차원의 행위자와 민간·시민 행위자가 서로 반목하지 않고 협력하며 이 둘 사이를 연결시킴으로써 시너지 효과를 발휘하는 방법을 말한다. 다른 하나의 의미는 평화구축의 시간을 계산하여 그 과정을 단계적, 체계적으로 추진하는 방법을 말한다. 단기적으로 문제를 해결해야 하는 경우에는 그에 맞는 가장 적합한 방법을 구사해야 할 것이며, 5년 혹은 10년의 장기간 동안 추진할 수 있는 시간이 주어진다면, 단계적으로 어떻게 문제를 해결할지 계획을 세워 추진하는 것이 '전략적'이라는 용어가 함축하고 있는 뜻이다.[30]

이스턴메노나이트대학 정의평화구축센터는 '전략적'이라는 말의 의미를 평화구축에 동원되는 자원과 행위자, 접근법이 복수의 목적과 이슈를 장기적 관점에서 조정하고 실현하는 상태로 설명한다.[31] 평화구축 작업에는 필요한 수많은 과업이 있고 거기에 참여하는 행위자도 피해자, 경찰, 가해자, 여성단체, 종교단체 등 시민그룹, 학자, 정부관료 등 다양하다. 경제인들은 물질적 지원을 하고 정치인들은 정책을 만들어 집행한다. 각 집단들은 각각 다른 가치를 갖고 참여한다. 서로 다른 이론을 갖고 참여한다. 즉 어떤 사람들은 법과 질서가 중요하다고 하고, 다른 사람들은 정신적 치유가 중요하다고 하며 또 다른 사람들은 인권과 사회정의가 필요하다거나 전통적 가치의 복원, 혹은 개발과 교육이 중요하다거나 혹은 이러한 것들을 어떻게 조합하느냐가 중요하다는 등의 주장을 한다. 참여자들의 이러한 모든 필요와 요구들을 어떻게 조정하여 전체의 구조를 만드는가 하는 전략이 필요하다.

전략적 평화구축은 공간을 연결시키는 것이다. "공간을 창조한다"는 개념은 평화구축의 핵심적 원리이다. 공통적으로 해당되는 것은 가치,

---

30 노틀담대학 크락연구소의 Goerge Lopez 교수와의 인터뷰(2017.6.19.)
31 Lasa Schirch, *The Little Book of Strategic Peacebuilding*, (PA: Good Books, 2004), p. 9.

관계의 기술, 분석틀, 그리고 과정을 포함한다. 이 네 가지 개념을 잘 숙지하여 활용하는 것이 전략적 평화구축에서 중요하다. 전략적 평화구축의 관점에서 진행하는 평화연구의 방법은 이런 점에서 매우 실제적이다.

전략적 평화를 수행하려면 명확한 목표와 조정을 필요로 한다. 평화구축을 위해 "발생한 문제들에 대해 어떤 일이 진행되고 있는가"라는 질문을 던질 필요가 있다. 평화구축은 폭력을 줄이고 변형하고 폭력으로부터 사람들을 회복하는 것을 추구한다. 동시에 관계를 증진하도록 사람들은 독려한다. 평화구축은 단순히 소프트하거나 이상적인 것만은 아니다. 평화구축은 사회 모든 분야와 수준에서 관계의 개선과 발전을 돕는다.

03

화해의 이론적 고찰

1. 화해의 개념과 범주

화해는 일반적으로 과거에 갈등관계에 있던 행위자들이 관계를 개선하는 과정으로 개념을 정의할 수 있다.[1] 즉 과거의 정서적, 인식론적 혹은 실질적 경험이 만족스럽게 해결되어 미래에 더 좋은 관계가 보장될 때 우리는 그것을 화해라고 말한다. 이 개념정의에서 짐작할 수 있듯이 화해는 현재나 미래보다는 과거의 문제에 초점을 맞추고 있음을 알 수 있다. 화해의 결과는 평화롭고 공정한 미래의 관계를 의미하는 것이지만, 화해의 과정은 일반적으로 과거의 갈등과 부당한 경험에 의해 생겨난 악의적인 감정, 의심 혹은 피해 등 주로 과거의 문제를 다루는 것이 특징이다. 이런 점에서 요한 갈퉁은 화해를 갈등해결(conflict

---

1 "Reconciliation," Stanford Encyclopedia of Philosophy, (May 11, 2015), https://plato.stanford.edu/entries/reconciliation/ (검색일: 2018.11.20.), p. 1.

resolution)과는 다른 차원에서 과거의 부정적 경험인 트라우마를 해소하는 과정으로 설명한다.2 즉 실질적인 이익갈등이라는 현재의 문제를 다루는 갈등해결 과정과는 달리 과거의 폭력적 경험으로 형성된 부정적 감정과 정서의 문제를 해소하는 과정을 화해라고 말한다.

이런 개념의 화해는 사실 매우 소극적이다. 화해를 조금 더 적극적 의미로 해석하는 톰 우드하우스(Tom Woodhouse)는 화해를 적대적 관계의 회복, 근본적인 차이에도 불구하고 비폭력적으로 공존하는 방법을 배우는 것으로 정의한다.3 과거의 부정적 경험으로 형성된 적대적 감정을 극복하여 그것을 바탕으로 현재 당면한 대립적 갈등과 차이를 해결하기 위해 대화와 소통, 협력하려는 태도와 가치를 화해라는 개념으로 포괄한다. 따라서 그에 의하면 화해는 심도 있는 평화조성과 문화적 평화구축의 핵심이며, 평화구축 혹은 갈등해결 그 자체라 할 수 있을 만큼 평화의 핵심적 요소로 간주된다.

스톱(E. Staub)과 바르탈(D. Bar-Tal)은 화해를 서로에게 적대적인 혹은 이전에 적대적이었던 집단구성원에 의한 상호 수용 및 그러한 수용을 발전시키고 유지해 나가는 데 직접적으로 관여하는 사회적 구조 및 심리적 프로세스라고 정의한다.4 그에 의하면 진정한 수용이란 서로

---

2 Johan Galtung, "The Four Components of Peace," Civil Peace Lecture, The Archbishop Desmond Tutu Center for War and Peace Studies, Liverpool Hope University (2013.1.28., The Capstone Theatre). http://www.youtube.com/watch?v=JcqPOlqdRrg(검색일: 2013.12.20).

3 Oliver Ramsbotham, Tom Woodhouse and Hugh Miall, *Comtemporary Conflict Resolution* (Third Edition). (Cambridge: Polity Press, 2011), p. 246.

4 Ervin Staub and Daniel Bar-Tal, "Genocide, Massilling and Intractable Colflict: Roots, Evolution, Prevention and Reconciliation," in *The Oxford Handbook of Political Psychology*, eds., Leonie Huddy, David O. Seas and Jack S. Levy (New York: Oxford University Press, 2003) pp. 832-733. 박주화, 『한반도 평화연구(2): 평화담론과 평화인식의 간극과 함

에 대한 신뢰 및 긍정적인 태도, 그리고 상대방의 요구 및 이익에 대한 민감성 및 고려를 의미한다. 켈만(H. Kelman)은 화해를 사회에서 갈등을 경험한 후 함께 공존하며 살아가는 방법을 배우는 과정, 특히 정체성 변화 과정으로 정의한다.[5]

크로커(Crocker)는 법이 준수되고 폭력이 부재하는 상태를 낮은 수준의 화해로, 서로의 차이점이 존재하지만 존중하고 인정하며 비전을 공유하는 상태를 더 높은 수준의 화해로 정의한다. 빌라-비센치오(C. Vila-Vicencio)는 서로 상처를 입히지 않고 공존하는 상태에서 관계회복과 신뢰형성을 바탕으로 하는 더 높은 수준으로 발전해 나가는 화해의 과정을 설명한다. 로스(Ross)는 폭력이 종결되는 정도의 상태를 약한 화해로, 과거 적대 관계가 변화되어 상호교류가 건설적으로 진전되는 경우를 강한 화해로 정의한다. 독일과 폴란드의 화해를 연구한 히(He)는 집합기억과 민족서사가 어느 정도 일치하는가에 따라 화해가 얕은 단계에서 깊은 단계로 진전되는 것으로 분석한다.[6]

이처럼 화해의 의미는 소극적 개념에서 적극적 개념으로 확장되는 것으로 이해할 수 있으며, 그 과정을 네 차원으로 나누어 볼 수 있다. 첫째는 가장 소극적으로 현상을 받아들이고 인정하는 차원에서 화해의 개념을 사용하는 경우가 있다. 이상적이지 않은 현 상황을 자발적으로 받아들이는 행위로서 다소 부정적 개념이긴 하나 평화형성을 위해서는 필수적인 요소이다. 둘째는 경제적 상황을 참는다는 의미에서 화해의

의』(서울: 통일연구원, 2019)에서 재인용.

5 Herbert C. Kelman, "Reconciliation from a Social-Psychological Perspectives," Arie Nadler, Thomas E. Malloy and Jeffrey D. Fisher eds. *Social Psychology of Intergroup Reconciliation, eds.*, (New York: Oxford University Press, 2008). 박주화, 위의 책, 재인용.

6 천자현, "화해의 국제정치: 화해 이론의 발전과 중일관계에 대한 비판적 적용," 『국제정치논총』 제53집 2호(2013), pp. 11-13.

개념을 사용하는 경우가 있다. 그 상황이 치명적으로 양립 불가능하지만 않다면 그것을 인정하고 받아들이는 차원에서 화해의 개념을 사용하기도 한다. 셋째는 다양한 주체 혹은 상반되는 주체를 서로 연결하는 행위로서 화해의 개념을 사용하는 경우다. 이 경우는 서로 모순된 상황에 직면한 당사자가 공존해야 하므로 서로 변화를 도모해야 하는 어려운 상황에 도달한다. 마지막 넷째로 과거에 적대적이었던 대상들 사이의 관계개선을 의미하는 개념으로 사용하는데, 관계를 조정하고 새롭게 형성하기 위한 정서적 공간창출이 필요한 영역이다.

화해를 과거의 문제를 해결하고 이를 바탕으로 미래에 더 나은 관계로 발전해 나가는 과정으로 정의할 때, 과거의 문제를 어떻게 해결해야 미래의 건강한 관계로 나아갈 수 있는가의 문제에 이른다. 특히 과거의 잔혹한 행위를 어떻게 처리하는 것이 좋은가라는 난제에 부닥친다. 르완다나 유고슬라비아처럼 내전으로 대량학살을 경험한 나라에서 볼 수 있듯이 과거의 문제가 너무 심각하여 이 문제를 해결하지 않고 평화롭고 공정한 미래로 나아가기 어렵기 때문이다. 이행기 정의(transitional justice)는 바로 폭력적 갈등을 겪은 사회가 민주사회로 발전하는 과정에 과거의 문제를 어떻게 다루어야 하는가의 고민을 담고 있다.

화해는 이행기 정의에서 중요한 개념으로 갈등 후 평화구축이나 제도화, 또는 민주화과정에서 과거사(국가기관에 의한 폭력) 처리와 밀접하게 연관되어 있다. 화해를 논의하는데서 이행정의에 관한 기존 논의는 크게 세 가지로 정리된다. 즉 응징적(retributive) 접근과 화해적(reconciliatory) 접근, 이들을 결합한 전체론적(holistic) 접근이 그것이다. 응징주의자의 핵심 주장은 범법자가 그에 상응하는 처벌을 받아야 한다는 것이며 잘못된 행동에 대해 응당한 처벌을 가하는 것이 바로 정의라는 입장이다. 과거의 잘못을 공정하게 처리하는 과정을 제대로 다루어야만 평화롭고 공정한 미래를 설계할 수 있다는 관점을 유지한다. 그러나 화해적 접근, 회복적 정의를 강조하는 입장은 과거의 진실을 밝히되 더 나은 미래를 위해 과도한 처벌대신 화해를 중시하는 관점이다. 남아프리카공화국이 대표적인 사례로 과도기적 정의를 세우는데 있어서 화해의 중요성을 인식하여 구체적으로 진실화해위원회(TRC)를 구성, 과거의 범죄를 밝히되 미래를 위해 화해에 무게를 두는 방식으로 문제를 해결하였다.

가장 높은 수준에서의 화해는 이전에 갈등을 경험한 둘 이상의 당사자 간의 관계개선을 의미한다. 상대방과의 관계개선은 상호작용의 패턴, 상대방에 대한 태도, 상대방에 대한 기대 및 신념으로 구성된다. 화해를 주제로 다루는 연구는 관계개선의 범주를 크게 네 가지로 분류한다. 첫째, 외적 행동의 변화다. 공격적이거나 모욕적인 행동의 중단, 상대방과 긴밀한 협조 능력, 상대방과의 협력 증가, 공유된 기관 또는 관행에 대한 참여 등이 그 예다. 둘째, 신념의 변화다. 상대방이 본질적으로 악하거나 도덕적 가치가 낮다는 믿음의 버리고, 예측 가능하고 일관성이 있다는 믿음을 수용하는 것, 그리고 상대방이 더 이상 자신에게 불리한 위험을 제기할 가능성이 없다는 신념을 갖는 것이다. 셋째, 부정적 감정과 태도를 해소하는 것이다. 단순히 바꿀 수 없는 것을 받아들이는 과정이며 공포, 증오 또는 분노를 극복하고, 수치심이나 죄책감을 잘 관리하는 것이다. 넷째, 긍정적 감정과 태도의 수용이다. 상호 존경, 연민, 사랑, 정체성의 공유 또는 연대, 공동규범의 공유 또는 상호 신뢰에 대한 헌신 등의 태도를 갖게 되는 것이다.

화해는 다양한 관계 속에서 이루어지는 것이므로 기존의 관계가 어떤 것인가를 먼저 설명해야 한다. 그래야만 두 당사자 간의 관계 중 어느 것이 화해하는지를 파악할 수 있다. 예를 들어, 두 당사자가 단순히 친구관계인지, 아니면 직장관계인지, 혹은 종교집단의 일원인지를 밝혀야 어느 부분에서 화해가 일어났는지 파악할 수 있게 된다. 또 그 관계의 수준이 개인과 소그룹인지, 아니면 국제사회와 같은 큰 단위의 관계인지도 설명해야 한다. 신념과 태도 변화가 화해를 다루는 데서 중요한 역할을 하기 때문에 그 집단의 성격과 수준을 명확히 해야만 화해의 특징을 이해할 수 있게 된다.

2. 화해의 과정과 절차

화해는 다양하고 복합적인 일련의 과정으로 진행된다. 화해가 어떤 요소로 구성되는지, 어떤 절차로 진행되는 것이 바람직한지에 관한 논의가 심도 있게 진행되었다. 대체로 화해를 위해서는 몇 가지 핵심요소가 필요하다고 주장하거나 화해에 필요한 일련의 과정을 9단계 혹은 12단계로 설명한다. 레더라크(Lederach)의 경우는 화해의 핵심요소로 진실, 자비, 정의, 평화의 네 요소가 필요하다고 강조하고, 롱(W. Long) and 브레케(P. Brecke)는 화해를 위해 양측의 행위에 대한 진실 말하기(truth telling), 상대방에 대한 새로운 견해를 필요로 하는 용서, 보복에 대한 포기와 완전한 정의, 새로운 긍정적 관계 형성 등의 네 가지 요소가 필요함을 주장한다.[7] 여러 학자들이 다양한 개념으로 화해의 과정을 설명하는데, 대체로 배려, 안보, 존중과 인정, 협력 등을 기본개념으로 설명한다.

스탠포드 사전은 사과 — 추모 — 진실확인 — 사면 — 재판과 처벌 — 법적과거말소 — 배상 — 용서 — 참여 등 9단계의 과정으로 화해를 설명한다.[8] 적대적 관계에 있는 행위자 간 화해는 서로에게 피해를 입힌 부

---

7 William J. Long and Peter Brecke, *War and Reconciliation: Reason and Emotion in Conflict Resolution.* (Cambridge, MA: MIT Press, 2003); 박주화, 『한반도 평화연구(2): 평화담론과 평화인식의 간극과 함의』(서울: 통일연구원, 2019년)에서 재인용.

8 "Reconciliation," Stanford Encyclopedia of Philosophy, (May 11, 2015),

그림 3-1 화해의 9단계 과정

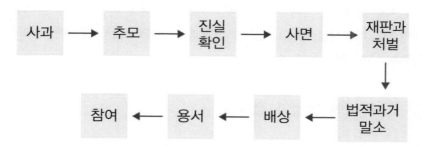

분에 대해 사과를 하는 데서 시작됨을 강조한다. 사과와 추모를 통해 어느 정도의 화해가 진전되면 진실확인 작업을 통해 화해를 더 증진시켜 나간다. 진실확인 이후 상황과 맥락에 따라 사면과 처벌, 배상 등이 적절히 이루어지도록 한다. 그리고 적극적 화해의 과정에 필수요소라 할 수 있는 용서를 통해 신뢰의 회복과 정서적 화해를 도모해 나가며, 행동으로 참여함으로써 화해가 완성되는 그림을 보여준다.

요한 갈퉁은 화해를 위해 12가지 차원에서 접근할 수 있다고 제안한다.9 1) 모든 사람(집단)이 피해자임을 강조하는 면죄부 접근, 2) 가해자가 피해자에게 유무형의 배상과 보상, 3) 가해자의 사과와 피해자의 용서, 4) 가해자의 죄책과 참회(기독교적 접근), 5) 재판과 처벌, 6) 모든 사람이 가해자임을 강조하는 불교적 접근, 7) 사실과 역사를 있는 그대로 접근하기, 8) 피해자의 주관적인 경험에 초점을 맞추는 진실과 공개 접근, 9) 많은 사람들이 슬픔을 공유할 수 있는 행사, 기념일, 기

---

https://plato.stanford.edu/entries/reconciliation/ (검색일: 2018.11.20.), pp. 5−12.

9 Johan Galtung, "After Violence, Reconstruction, Reconciliation, and Resolution," in Mohammed Abu−Nimer eds., *Reconciliation, Justice Coexistence: Theory & Practice* (New York: Lexingon Books, 2001), pp. 3−23. 박주화, 위의 책, 재인용.

념 공간 마련으로 힐링, 10) 갈등집단이 함께 재건노력, 11) 정치적 엘리트에 의한 협상과 문제 해결, 12) 복합적 접근 등을 제안하였다.

위에서 설명한 것처럼 9단계로 진행되든 12단계로 진행되든 화해가 이루어지려면 여러 복합적 과정과 절차로 진행됨을 알 수 있다. 모든 요소와 단계가 중요하지만, 화해가 무엇을 어떻게 해야 시작될 수 있는가 하는 문제가 가장 중요하다. 일반적으로 화해의 시작은 과거의 잘못을 인정하는 사과(apology)에서 출발한다는 데 동의한다. 사과는 자기의 잘못을 상대에게 인정하는 것인데, 문제는 그 사과에 얼마나 진정성이 담겨 있느냐 하는 것 때문에 다음 단계로 진전되지 못하고 사과 단계에서 맴도는 경우가 허다하다. 진정성이 담긴 사과라면 응당 자신의 어떤 부분이 잘못되었다는 점과 그에 대한 책임을 인정하고 동시에 잘못에 대한 뉘우침의 표현까지 수반되어야 한다. 우리 주변에서 흔히 접할 수 있듯이 그 실수가 무엇인지 밝히지 않은 채 단순히 "실수가 있었다"라든가, "유감을 표한다"라는 정도로는 진정한 사과로 받아들이기 어렵다.

그러나 반드시 명확하고 진실된 사과를 해야만 화해가 가능한가에 대해서는 의문을 제기하기도 한다. 문화와 정치적 상황에 따라 과거의 잘못을 구체적으로 적시하지 않고 두루뭉술 넘어가는 것도 현명한 방법일 때가 있기 때문이다. 과거를 잊고 넘어가는 것도 하나의 대안이될 수 있고, 혹은 과거를 인정하더라도 가볍게 인정하고 넘어가는 것이 때로는 화해를 위해 효과적일 수도 있다.[10] 구체적 행동을 특정하지 않더라도 '미안하다'는 한마디 말 속에 진정성 있는 사과의 마음이 담겨 있을 가능성도 있다. 무엇을 어떻게 사과해야 하는가는 문화와 상황에 따라 다를 수 있으므로 유의할 필요가 있다.

이런 점에서 갈퉁이 제안하듯 피해자의 관점에서 화해를 먼저 시작

---

[10] David P. Barash and Charles P. Webel 지음, 송승종·유재천 옮김, 『전쟁과 평화』(서울: 명인문화사, 2018), p. 575.

하는 것은 매우 유용한 접근이다. 즉 가해자가 피해자에게 미안하다고 사과한다거나 유무형의 피해보상을 하기 이전에 가해자와 피해자 모두 어떤 피해를 입었는가의 시각으로 문제를 접근하는 방법이 화해를 위해 결정적이다. '누가 가해자인가?'라는 시각보다 '누가 피해를 입었는가?'라는 시각에서 문제를 푸는 것이 화해를 위해 더 필요하고 도움이 된다. 즉 누가 범죄를 저질렀는가(who is guilty)가 아니라 누가 피해를 입었는가(who is harmed) 라고 질문하며 가해자보다는 피해자에 초점을 맞춘다.11 따라서 화해를 가능하게 하려면 피해자의 입장에서 경험한 사건을 말하는 스토리텔링(story‒telling)이 효과적이다. 서로의 경험을 말하고 듣는 데서부터 출발해야 공감도 생겨나고 사과도 할 수 있게 되기 때문이다.

추모(memorials)는 기념비, 박물관, 아카이브, 비극적 사건의 장소 보존, 행사, 교육활동 등 다양한 형태로 가능하다. 이러한 기념비와 활동은 과거의 사건을 보존하고 기억을 되살림으로써 가해자가 혹시라도 부정할 수 있는 가능성을 차단하는 역할을 하며, 과거의 집단기억을 보존함으로써 집단정체성을 재구성하는 데 도움이 된다. 이러한 기념행사는 가해자 집단에게 잘못에 대해 인정하고 피해자를 존중하며 그러한 불법 행위를 다시 반복하지 않겠다는 다짐을 하도록 돕는다. 피해자에게는 희생자들의 명예를 지켜주고 인간으로서의 존엄을 지킴으로써 자존감을 북돋워준다. 그러나 이러한 추모가 그것을 반대하는 사람들

---

11 Eastern Mennonite University의 Carl Stauffer 교수와의 면담, 2012년 5월 21일, 미국 버지니아주. 누가 책임이 있느냐 라고 질문하면 가해자와 국가 두 행위자 밖에 없지만, 누가 피해자냐 라고 질문하면 관련자(stakeholder)는 가해자와 국가, 피해자와 시민사회의 네 행위자로 늘어나기 때문에 화해의 가능성이 높아진다. 또한 책임과 처벌은 실체(특정인이나 집단)에 초점을 맞추는 경향이 있는데, 처벌을 받는 사람의 입장에 서보면 대부분 처벌이 불공평하다고 인식하여 교정효과가 발생하지 않는다. 처벌과 문책은 특정한 상황 속에서만 기능한다.

에게 불쾌감을 주거나 냉소적으로 비쳐져 또 다른 갈등을 야기하는 계기가 되기도 한다. 또한 시간이 지남에 따라 추모의 의미가 달라지고 재해석되는 경우도 있어서 추모를 한다고 하여 화해가 자동적으로 가능하다고 단정할 수는 없다.

그 다음으로 필요한 절차는 진실규명(truth-finding)이다. 과거 사실에 대한 소통과 규명은 화해를 위해 매우 중요하다. 피해자들은 과거에 발생한 중대한 사실을 제대로 파악하지 못하면 그 다음 단계로 나아가지 못한다. 때문에 희생자에게 정확히 무슨 일이 일어났으며 어떤 고통을 겪었고 누가 그러한 폭력적 행동을 저질렀는지, 누가 그러한 명령을 내렸는지, 어디에 시신이 묻혀 있는지 등 구체적 사실을 밝힐 필요가 있다. 진실규명은 그 자체만으로도 생존자의 고통을 해소할 수 있을 만큼 절대적이며 중요한 과정이다. 진실규명을 위해서는 가해자와 피해자가 자기 입장에서 진실말하기(truth-telling) 혹은 경험진술(story-telling)의 과정이 필요하다. 그러나 가해자가 자기 입장을 정당화하는 방식으로 사건을 진술할 때 피해자가 받아들이기 어려워 양측의 진술을 통한 진실규명과 책임소재(accountability)를 확인하는 작업은 쉽지 않다. 따라서 일반적으로 진실위원회(truth commission)를 설치하여 공개적인 조사를 통해 진실규명 절차를 진행한다. 그럼에도 어떻게 진실을 확보하느냐의 문제는 어려운 과제다.

진실확인 후에는 그 결과에 따라 법적 절차를 밟는 단계로 나아간다. 사면(amnesty), 재판과 처벌(trials and punishment), 법적 과거 말소(lustration), 배상(reparation) 등은 화해의 과정에서 거치는 법적 절차다. 가해자에게 법적 처벌을 면제해주는 사면은 분쟁의 종식이나 화해의 촉진을 위해 사용한다. 그러나 사면은 자칫 정의를 훼손할 우려가 있어서 가급적 마지막 수단으로 사용할 필요가 있다. 기소와 처벌은 법의 지배와 규범적 표준을 재확인해 줌으로써 사회 전체적으로 화해에 기여하며 피해자의 권리를 보호하고 존엄성을 되찾는 데 도움을 준다. 그러나 처벌이 과거의 진실확인 차원이 아닌 범죄자의 죄책감을 주는 쪽으로 초점이 맞춰지거나 사법제도가 공정하지 않은 사회에서는 화해를 촉진하는 것이 아니라 오히려 갈등을 증폭하는 경우가 있다. 법적 과거 말소는 이전의 억압 정권과 협력했는지 확인하기 위해 개인을 조사하는 것을 요구하는 법적 조치를 말한다. 배상은 분쟁으로 인한 피해를 복구하기 위한 노력을 지칭하는 것으로 물질적 보상 외에 사과나 진실 말하기와 같은 행위도 포함하여 광범위하게 사용된다. 배상은 사망이나 부상과 같이 대체가 불가능한 손실을 보전해주는 행위여서 상징적 의미가 강하다. 성의가 담긴 최소한의 물질적 배상은 진정성 있는 사과를 담보해 주며 희생자에 대한 존중을 상징적으로 표현해 준다. 그러나 소중한 인명의 손실을 돈이나 다른 물질적 상품으로 상환될 수 있는가에 대한 회의론도 존재한다.

용서는 화해의 마지막 관문이다. 화해한다는 것은 과거의 폭력으로 발생한 파괴와 상처를 치유하고 회복하는 행위이다. 파괴와 상처가 치유되지 않고 그 잘못을 행한 사람이나 집단에 대해 책임을 묻고 처벌하는 정도로 끝난다면 가해자나 피해자 모두 그 결과의 희생자로 머물고 말 것이다.[12] 화해한다는 것은 이미 일어난 피해와 상처를 용서한다는 말에 다름 아니기 때문이다. 이런 측면에서 새로운 관계의 시작을 위해 용서는 필수 요건이다. 용서는 복수하려는 마음, 되갚아 주려는 마음을 내려놓는 데서 출발한다. 이렇게 출발한 용서는 시간이 흐르면서 갈등 속에 있는 사람들의 깊은 상처와 고통을 치유하고 악순환의 굴레에서 해방시켜 새로운 미래를 함께 열어가는 반전의 기적을 내장

---

12 한나 아렌트 지음, 이진우·태정호 옮김, 『인간의 조건』(서울: 한길사, 1996). p. 301; 이승훈, "화해의 조건: 동감과 용서의 정치성," 『현상과 인식』 43(1)(2019), p. 72에서 재인용

하고 있는 능력으로 발전한다.[13]

그러나 용서와 화해는 상당히 다루기 어려운 주제다. 예를 들면, 범죄를 저지른 가해자로부터 용서를 받지 않고 화해할 수 있는지, 혹은 화해하지 않고 용서를 할 수 있는지의 문제를 생각해 볼 수 있다. 당사자들이 용서를 거부하면 화해는 불가능한 것인가? 용서를 하지 않고도 화해를 할 수 있는가? 가해자와 피해자가 용서를 하면서도 관계 회복을 거부하면 그 용서는 가짜인가? 이러한 어려움을 반영하듯 많은 사람들은 범죄자를 용서해야 한다는 주장에 대해 강력히 반대한다. 왜냐하면 만약 범죄자들을 그냥 용서해주게 되면 잔혹한 잘못을 저지르고도 뉘우치지 않는 범죄자가 많아질 수 있기 때문이다. 그러나 상황에 따라 해결하기 어려운 경우에는 용서를 하지 않고도 화해를 하는 것이 더 긍정적인 방안이 될 수도 있다.

특히 정치적 문제를 다루는 영역에서 화해와 용서의 가치는 회의론으로 귀결되는 경향이 있다. 독재자와 전쟁을 저지른 통치자들은 자신들의 공격성을 중단하지 않으면서 화해라는 가치를 종종 립서비스 정도로 사용한다. 독재자와 전쟁광들이 화해라는 말을 상투적으로 사용하기 때문에 화해의 가치에 대한 회의론이 일어난다. 비판론자들은 화해라는 이름으로 희생자들에게 부당한 요구를 강요하고 평화라는 이름으로 정의를 희생한다고 주장한다. 따라서 화해가 무엇인지 명확한 내용과 확실한 규범적 표준을 갖고 있지 않으면 화해는 무기력한 가치로 전락해버리고 만다.

화해는 끝으로 여러 관계회복 증진 활동에 관련 당사자들이 적극적으로 참여하는 과정으로 마무리된다. 지금까지 설명한 사과, 진실확인, 기념비 추모, 배상 등 모든 과정에 희생자가 적극적으로 참여함으로써

---

13 이해완, "용서와 화해, 그 불가능성에서 가능성으로 가는 길,"『용서와 화해에 대한 성찰』(서울: 명인문화사, 2018), p.49.

자신의 분노나 두려움을 털어내는 기회를 얻고 자신의 삶에 대한 자신감을 회복해야만 지역사회의 소중한 구성원으로서 함께 살아갈 수 있게 되기 때문이다. 가해자도 피해자 배상에 적극 참여할 수 있는 기회를 줌으로써 미래에 더 좋은 관계를 회복할 수 있다는 기대감과 자존감을 높일 수 있는 가능성을 열어준다. 어떤 경우는, 특히 정치적 갈등의 경우, 피해자와 가해자의 역할이 불분명한 경우도 있어서 모두가 함께 참여하는 화해의 최종 과정이 쉽지는 않다. 그러나 이러한 참여의 노력은 공동체의 미래를 위해 가치 있는 행위이며 평화롭고 공정하며 공평한 방식으로 갈등을 해결하는 실질적 규범을 수립하는 매우 중요한 과정이다.

3. 가치의 충돌 – 화해가 이루어지는 공간

앞에서 화해가 일련의 과정으로 진행된다고 설명하였지만 우리가 화해의 대상으로 다루는 현재의 갈등은 말처럼 쉽게 해결되는 것이 아니며, 또 위에서 설명하듯 순차적으로 진행되지도 않는다. 갈등의 특성에 따라 어느 부분에 멈춰서 더 이상 해결할 수 없는 난관에 봉착하는 경우가 허다하다. 화해가 이루어지는 삶의 현장은 해결하기 힘든 여러 문제들이 중층적으로 얽혀 있어서 매우 어렵고 복잡하다. 이런 점에서 화해가 이루어지는 공간과 구조는 여러 집단의 요구와 상호 모순되는 가치들이 충돌하는 현장이라 할 수 있다.

우리가 화해의 대상으로 다루는 갈등의 공간은 상당부분 인접한 집단들 간에 발생한다는 특징을 지닌다. 갈등집단은 지리적으로 근거리에 살고 있고 분쟁이나 폭력이 여러 세대에 걸쳐 축적되어 있어서 적대감과 원한의 역사가 뿌리 깊게 내려 있다.14 따라서 모든 갈등하는 집단은 역설적으로 가장 가까운 이웃으로 살아가는 '잘 아는' 사람들이다. 지리적으로 인접한 이웃들 사이에 분쟁과 폭력이 반복하면서 적대적인 상호작용의 악순환이 구조화됨으로써 상호 간에 적개심과 공포, 그리고 고정관념이 뿌리 깊게 자리 잡고 있는 것이 특징적이다.

또한 그 갈등은 실질적인 문제와 감정적인 문제라는 두 차원을 함께 갖고 있다. 갈퉁의 주장처럼 표면적으로 실질적인 이익갈등의 충돌이 일어나면서 심층에서 정서적이고 감정적인 문제가 대립하고 있는 것이다. 현실주의자들은 냉혹한 정치세계에서 권력다툼과 군사적 문제, 경제적 이익이라는 실질적 문제를 우선적으로 다루어야 한다고 주장한다. 그러나 관계를 중시하는 평화학자들은 갈등 이면에 깔려 있는 트라우마를 동시에 해결해야만 화해가 가능하다고 주장한다. 그것을 가능하게 하려면 실질적 이익갈등을 적당히 협상하는 수준을 넘어서는 창의적 아이디어와 실천의 개발, 혁신을 요구한다.[15] 트렌센드라는 초월적 방법이 아니고서는 갈등의 복합성을 풀어낼 수 없다.[16]

레더라크(J. P. Lederach)는 화해가 이루어지는 공간이 모순적인 가치들이 충돌하는 곳이라 보았다. 즉 진실과 자비가 충돌하고, 정의와 평화가 부딪히는 장소인 것이다. 아래의 <그림 3-2>에서 볼 수 있듯이 자비는 받아들임, 용서, 지지, 연민, 힐링을 말하며, 진실은 과거에 대한 열린 조사, 인정, 투명성을 의미한다. 정의는 평등, 바로잡음, 배상 등을 포괄하며, 평화는 조화, 일치, 안전, 존중, 웰빙 등을 포함한다. 이 네 가치가 만나는 곳이 화해이니 화해가 얼마나 어려운 일인가를 단적으로 보여준다. 진실은 상대가 잘못을 인정하고 자신의 고통스러

---

14 Lederach, J. P. *Building Peace: Sustainable Reconciliation in Divided Societies*. (Washington, D.C.: USIP, 1997), p. 23.; 존 폴 레더라크 지음, 김동진 옮김. 『평화는 어떻게 만들어지는가』(서울: 후마니타스, 2012), p. 48.

15 레더라크 지음, 김동진 옮김, 위의 책, p.51.

16 Johan Galtung, "Transcend: Methods and Solutions," *Alternate Focus* (2011.1.26.). https://www.youtube.com/watch?v=j0KHBhrbffQ

운 손실과 경험이 확인되기를 기대한다. 그러나 이는 수용과 초월, 새로운 시작의 필요성을 원하는 자비와 짝을 이루어야 한다. 정의는 개인과 집단의 권리, 사회의 재구성, 손해배상을 추구한다. 그러나 이는 상호 의존성, 삶의 행복과 평안, 안보의 필요성을 강조하는 평화와 연결되어야 한다. 이러한 모순된 가치들을 구약성서 시편 85편 10절을 인용하며 "긍휼과 진리가 같이 만나고 의와 화평이 서로 입 맞추는" 공간으로 승화시켜야 함을 강조하지만, 엄연한 현실은 모순된 두 가치가 충돌하는 공간이다.

그림 3-2 화해의 공간

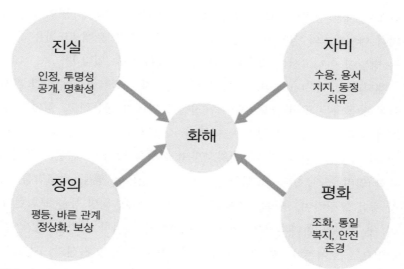

자료: J. P. Lederach, *Building Peace: Sustainable Reconciliation in Divided Societies* (Washington, D.C.: USIP, 1997), p. 30.

이처럼 화해의 현장은 역설적인 주제를 다루는 역동적인 공간이다. 화해가 전반적으로 고통스러운 과거를 털어놓는다는 하나의 측면과 상호 의존적이며 장기적인 미래를 추구한다는 다른 측면 사이의 만남이기 때문이다. 뿐만 아니라 화해는 양립하기 어려운 진실과 자비가 만날 수 있는 공간을 제공하며, 정의와 평화 모두에게 잘못을 수정하면서 동시에 서로 연결된 공동의 미래를 그릴 수 있는 시간과 공간을 제공해야 하기 때문이다. 이런 점에서 화해의 기본 패러다임은 역설을 받아들이는 것이다.

레더라크는 이 난제를 풀어내야 하는 작업이 화해임을 강조한다. 이런 점에서 매우 창의적인 방법이 아니고서는 풀기 어려운 작업이다. 따라서 현상적으로 나타난 갈등만을 보지 않고 그 갈등을 야기하는 관계에 초점을 맞춘다. 레더라크에 의하면, 갈등은 장기적으로 보면 거대한 하나의 체계이므로 그 체계 안의 관계에 초점을 맞추어야 화해가 가능하다. 그 관계 안에서 갈등하는 집단을 서로 만나게 하는 중재의 역할이 바로 화해인 것이다. 화해를 위해서는 갈등하는 두 집단이 상호 배타적 존재가 아니라 상호 의존적 존재임을 확인해야 한다. 사람들은 상실에 대한 트라우마와 그로 인한 슬픔, 불의에 대한 기억과 고통을 동반하는 분노를 서로에게 표현할 수 있는 기회와 공간을 필요로 한다. 이런 점에서 인정(acknowledge)은 화해의 역학 관계에서 결정적이다. 다른 사람의 이야기를 듣고 이를 인정하는 것은 경험과 감정을 확인하는 것이며 관계회복을 향한 첫걸음이다.[17]

PJMT실험

노틀담대학 국제평화연구소인 크락연구소(Kroc Institute)의 국제여름학교(International Summer Institute)에서 진행한 PJMT실험은 매우 흥미로웠다. 참가자들에게 분쟁과 다툼, 갈등을 해결하는 데서 가장 필요한

---

17 레더라크 지음, 김동진 옮김, 앞의 책, p. 52.

가치가 무엇인지, 무엇 때문에 갈등과 분쟁이 해결되지 않는지에 대해 물은 후, 자기가 가장 중요하다고 생각하는 가치를 선택하도록 하였다. 제시된 보기는 평화(peace), 정의(justice), 자비(mercy), 진실(truth)이었다. 나는 잠깐 생각해 보았다. 빨리 선택하고 결정해야 하는 상황이라 길게 생각할 여유가 없었다. 뭐가 가장 중요하지?, 갈등과 분쟁을 해결하기 위해 가장 필요한 것은 뭘까? 하나씩 생각해 보았다. 내가 가장 중요시하는 것은 뭐지? 그렇게 생각을 거듭하자, 평화나 정의, 자비보다는 진실이 가장 필요한 것 같았다. 사람들이 싸우면 나는 즉각적으로 싸움이 어떤 동기나 계기가 분명히 있을 것이고 누가 무엇을 잘못했는지를 따져봐야 속이 시원할 것 같은 생각이 들었다. 결국 내가 가장 중요하게 여기는 가치는 진실이었다.

그림 3-3 노틀담대학 크락연구소의 국제여름집중강좌(2017.6)

이렇게 생각하자 모든 사건에는 진실이 담겨 있고 그 진실을 아는 것이 사건 해결에 결정적인 도움을 줄 것으로 생각되었다. 그러자 다른

사람들은 뭘 선택할지 궁금했다. 내 생각 같아서는 모든 사람들이 진실을 선택할 것 같았다. 그런데 사람들이 네 그룹으로 각각 모이는 장면을 보고 깜짝 놀랐다. 큰 홀에 네 개의 테이블로 각각 모여 앉은 사람들은 어느 한쪽으로 쏠림이 없이 평화, 정의, 자비, 진실의 테이블에 골고루 앉는 모습을 발견하였다. 순간 나는 '아~'하는 탄성을 내뱉고 말았다. 바로 이거구나. 사람들 사이에 갈등이 완전히 해결될 수 없는 이유는 각자가 추구하는 가치가 이렇게 나눠져 있기 때문이구나 하는 생각이 절로 들었다. 정의를 소중히 생각하는 사람이 있는가 하면, 평화를 더 중요하다 여기는 사람이 있고, 진실을 파헤쳐야 한다고 주장하는 사람이 있는가 하면 자비를 베푸는 것이 훨씬 더 소중하다고 여기는 사람이 있음을 직감하였다.

네 그룹으로 나누어 왜 자기가 선택한 가치가 가장 중요한지를 팀별로 설명하도록 하였고, 또 가장 문제가 되는 것은 무엇인지, 즉 무엇 때문에 갈등이 해결되지 않는지 상대팀을 비판하는 경쟁도 하였다. 또 자기가 선택한 가치와 가장 가깝다고 생각되는 가치를 선택하여 지지발언을 하는 시간도 가졌다. 대체로 정의는 진실과, 평화는 자비와 같은 편이 되어 상통하였고 서로 지지발언을 하였다. 정의와 진실은 실체의 변화를 중시하는 가치인데 반해, 평화와 자비는 관계를 중시하는 가치이다. 사람들의 가치관이 이처럼 근본적으로 나누어져 있고 불완전하여 서로 이해하고 협력해야만 갈등해결과 평화가 가능하다는 평범한 진리를 깨닫는 시간이어서 PJMT실험은 여러 모로 유익하였다.

4. 중층적 화해의 구조

화해는 참여하는 행위자의 수준에 따라 개인 – 집단으로 나누어 보기도 하고, 국가 – 시민사회 차원으로 나누어 설명하기도 한다. 개인들 사이에 이루어지는 화해의 과정과 집단과 집단이 해결해야 하는 화해의 과정은 다를 수 있다. 마찬가지로 국가차원에서 진행하는 화해와 시민사회 수준에서 해결해야 하는 화해는 문제의 성격이 조금 다를 것이다.18

레더라크는 화해에 참여하는 행위자의 수준에 따라 세 층위로 구분한다.19 맨 상층에 정치·군사·종교의 고위 지도자 수준이 있다. 대체로 화해는 갈등과 분쟁을 종식하는 휴전에 초점을 맞추어 매우 인지도가 높은 지도자들 간에 고위층 협상으로 진행한다. 여기에 참여하는 행위자는 매우 소수이다. 주요 대중적 관심은 지도자에 쏠린다. 대중적 관심은 지도자의 기반과 정당성을 강화하므로 지도자는 집단의 문제를 대변하기 위한 측면과 지도자 자신의 영향력을 확보하기 위한 측면을 함께 고려한다. 이러한 대중적 지도자 외에 잘 보이지는 않지만 대중적 지도자에 못지않은 영향력 있는 지도자가 있다. 가시적 지도자 간의 협상을 통해 얻어진 평화조약이 계급구조상의 대표자들과 그들의 이행을 전제로 한다하더라도 이러한 보이지 않는 영향력 있는 지도자의 존재로 사회 내부는 상당히 복잡한 방식으로 화해가 진행된다.

그 아래로 학자·지식인·종교 분야에서 중간 수준의 지도자 간 화해가 있다. 널리 존경받는 개인, 또는 교육·상업·의료와 같은 분야의 지도적 위치를 갖고 있는 사람들, 그리고 종교집단과 학문기관, 인도주의 기관에서 일하는 사람들이 대표적이다. 때로는 유명한 시인이나 노벨

---

18 국가 간 화해는 현실주의 입장에서 보는 국가이익론적 접근, 자유주의 관점에서 보는 제도론적 접근, 구성주의적 관점의 상호인식론적 접근, 징벌적 정의를 강조하는 국제정의론적 접근, 회복적 정의를 강조하는 용서론적 접근 등 다섯 가지 화해 이론으로 설명할 수 있다. 천자현, "화해의 국제정치: 화해 이론의 발전과 중일관계에 대한 비판적 적용,"『국제정치논총』제53집 2호(2013), pp. 14-28.

19 Lederach, *Building Peace*. pp. 37-55; 레더라크 지음, 김동진 옮김, 앞의 책, pp. 66-74.

평화상 수상자 같은 인사들이 여기에 해당한다. 이 중간 수준 지도자들이 참여하는 화해는 문제해결 워크숍이나 갈등해소 트레이닝 혹은 평화위원회 등을 구성하여 참여함으로써 진행된다. 중간 수준의 지도자들은 위로는 최고위층 인사와도 연결이 되고 아래로는 풀뿌리 지도자와도 긴밀한 연결을 갖고 있는 사람들이다. 그러나 고위층 지도자들처럼 정치적 계산에 얽매일 필요가 없고, 풀뿌리 지도자들과는 달리 주민들의 생존문제에서 자유롭기 때문에 중간 수준 지도자 역할은 매우 중요하다.

맨 아래에는 지역지도자, 원주민 NGO지도자, 공동체 개발자, 지역보건공무원, 난민캠프지도자 등 풀뿌리 지도자들 사이에 진행되는 화해이다. 풀뿌리 지도자는 대중과 사회의 근간을 대표한다. 이들은 주민들과 밀접한 관계를 맺으며 때로는 음식과 물, 피난처, 안보를 직접 해결해 주어야 하는 위치에 있는 사람들이다. 이들은 지역정치에 대한 전문적 지식을 갖고 있으며 갈등 상대방을 개인적으로 잘 알고 있는 사람들이다. 최고위층 지도자나 중간 수준 지도자와는 달리 풀뿌리 지도자들은 매일의 삶을 통해 뿌리 깊은 증오와 적대감을 가장 먼저 목격한다. 이 풀뿌리 지도자들 간의 대화에는 지역평화위원회와 트라우마 치유의 전문가들이 직접 참여하며 다수의 지역주민을 대상으로 화해를 진행한다.

앞에서 설명한 화해의 과정을 구조적 차원에서 살펴보면 크게 4단계로 진행된다고 볼 수 있다.[20] 즉 폭력을 종식하는 단계, 양극화를 극복하는 단계, 대립을 관리하는 단계, 다름을 인정하는 단계로 설명할 수 있다. 먼저 폭력을 종식하기 위해서는 정치적 분리를 단행해야 한다. 패자는 승자를 용서할 마음이 없지만 달라진 상황과 빨리 타협하기를

---

20 Oliver Ramsbotham, Tom Woodhouse and Hugh Miall, *Comtemporary Conflict Resolution* (Third Edition). (Cambridge: Polity Press, 2011), pp. 258–261.

원한다. 그러나 승자는 상황과 타협하기를 원치 않고 패자에 뭔가 더 처벌이 가해지기를 바란다. 더욱이 패자가 아직 완전히 힘을 잃은 것이 아니라 잠재적 위협 요소가 여전히 남아 있다고 느끼는 경우에는 승자는 패자와 화해하기를 원치 않는다. 이 경우 당사자 간의 분리가 먼저 확보되어야 한다.

두 번째 단계에서는 당사자가 타협할 수 없는 갈등이 무엇인가를 파악하여 그것을 극복해야 한다. 양 당사자가 상대를 악마화하고 자기는 피해자라는 확신을 갖고 있는 한 더 깊은 화해의 단계로 들어가기는 어렵다. 양측이 모두 피해자라는 사실을 공감하는 것이 중요하며, 상대를 악마화하던 데서 벗어나 인간적으로 받아들일 수 있도록 해야 한다.

세 번째 단계는 양측의 갈등이 여전히 존재하지만 서로 다른 정치적, 경제적 요구와 차이를 연결시키는 과정이다. 이는 매우 복잡한 과정이지만 중요한 것은 여러 불만족스러운 점이 있음에도 불구하고 정치적 참여와 공정한 경제적 기회를 통해 기본적인 필요가 충족될 것이라는 확신을 갖도록 하는 것이다. 이 과정에서는 과거 적대적이었던 상대를 포용하거나 용서해야 한다는 의무감을 요구하는 것은 아니다.

마지막 네 번째 단계는 갈등하던 당사자 간에 차이를 이해할 뿐아니라 그것을 인정하고 더 관계가 돈독해지는 과정이다. 서로 과거의 잘못에 대해 진심으로 사과하고 문화에 따라서는 속죄와 용서가 수반되기도 한다. 상대에 대한 과거의 관념을 수정하고 상대를 인간으로 받아들이며 더 깊은 이해를 하게 된다.

5. 화해의 쟁점과 성찰적 논의

위에서 살펴본 바와 같이 화해가 이루어지려면 서로 다른 요구와 이해로 야기되는 갈등을 해소해야 하며 그 저변에 깔려 있는 감정과 정서를 제대로 다루어야만 한다. 이러한 문제들을 해결하는 데는 시간이 소요되며 일정한 과정과 절차를 거쳐야만 화해가 가능하다. 또 화해의 과정에 참여하는 여러 행위자의 수준, 즉 개인 혹은 시민사회, 국가체제나 국제기구 등 행위자의 수준에 따라 화해의 성격과 해결방법이 전혀 달라질 수 있다. 구체적으로 화해의 과정 안으로 들어가면 화해를 위해 진실규명이나 가해 책임의 확인과 처리의 주체는 누구여야 하며, 평화구축이나 민주화 같은 체제전환의 흐름에 가장 효과적으로 기여하는 최적의 방식은 무엇인가 하는 각각의 과정에서 제기되는 어려운 질문들이 존재한다. 이러한 질문은 몇 가지 보다 근본적인 쟁점과 연관되어 있다.

첫째는 분리와 융합의 문제다. 화해를 위해 당사자들의 분리가 도움이 되는지, 아니면 함께하는 것이 도움이 되는지에 관한 문제는 여전히 논쟁적이다. 좋은 이웃이 되기 위해서는 멋진 담을 쌓는 것이 도움이될 수 있듯이 갈등하는 당사자들이 서로 적당한 거리를 두고 관계를 유지하는 것이 필요한 경우가 있다. 그러나 전지구화 시대에 국가나 집단은 점점 상호의존성이 높아져 상대의 차이를 받아들이고 함께 살아가는 방향으로 변화하고 있다. 논리적으로는 초기 단계에서 분리를 통한 안정을 추구하고 시간의 진전에 따라 융합으로 나아가는 것 타당할 것이다. 이러한 점들을 고려하면 정체성의 분리와 융합 사이에서 무엇이 화해에 도움이 되는가는 갈등의 상황과 맥락, 그리고 화해의 수준에 따라 다르게 판단할 수 있을 것이다.

둘째는 실체와 관계의 문제다. 갈등과 폭력의 원인을 당사자의 본질적 문제나 존재의 문제로 보는 입장과 어그러진 관계의 문제로 보는 입장이 대립한다. 실체적 변화와 관계의 개선 사이에서 무엇을 더 중시하는가에 따라 처방이 달라진다. 레더라크는 실체의 문제, 즉 실제 갈등하는 내용을 다루는 것은 단기적 합의와 즉각적인 해결을 목표로 하는 반면, 관계의 문제를 다루는 것은 장기적으로 문제의 근원을 해결하려는 목적이 강하다.[21] 실체적 변화를 중시하는 사람들은 진실확인과 정의 실현에 더 무게를 두고 문제해결을 도모하는 반면, 관계를 중시하는 사람들은 용서와 평화실현에 더 무게를 두고 화해를 시도한다. 레더라크가 설명한 화해가 이루어지는 공간에서 가시적으로 충돌하는 정의와 평화, 진실과 자비는 바로 실체와 관계의 시각이 서로 부딪히는 곳이다. 실체(본질)의 문제를 더 중요하게 보는 정의·진실이 관계를 더 중시하는 평화·자비와 만나기 때문에 그만큼 해결하기도 어렵다.

셋째, 그렇다면 화해는 정의와 평화 사이에 어떤 관계에 놓여 있는가 하는 문제다. 정의는 과거의 잘못에 부합하는 형벌을 가하는데 초점을 맞추는 반면, 화해는 미래의 좋은 관계를 가져오는 데 관심을 둔다. 과거의 잘못을 밝히고 형벌을 가함으로써 정의를 세워야 한다는 입장과 더 나은 미래를 위해 관계개선과 화해를 우선적으로 추진해야 한다는 입장이 팽팽히 맞선다. 평화를 확보하기 위해 공동체가 처벌의 방법을 회피할 때 정의와 화해의 충돌이 일어난다. 체제전환 사회에서 과거의 잘못을 처벌하지 않고 화해를 추진하면 상당한 도덕적 비용을 감수해야 한다. 그러나 정의는 소극적 평화에서 적극적 평화로 나아가기 위해 필요한 과정이어서 정의와 화해를 한꺼번에 실현하는 일은 쉽지 않다.

표 3-1 소극적 평화와 적극적 평화 사이에 있는 정의

소극적 평화	정의	적극적 평화
폭력의 부재	법치 진실위원회, 재판 배상, 분배정의	장기적 화해

자료: Oliver Ramsbotham, Tom Woodhouse and Hugh Miall, *Comtemporary Conflict Resolution* (Third Edition). (Cambridge: Polity Press, 2011), p. 251.

---

21 O. Ramsbotham, T. Woodhouse, and H. Miall, *Contemporary Conflict Resolution*, p. 9.

'회복적 정의'(restorative justice)는 이런 점에서 의미가 크다. 즉 관계 회복과 정의를 동시에 추구하려는 시도라는 점에서 그렇다. 물론 관계를 더 중시하는 입장이기는 하나 궁극적으로 과거의 잘못을 밝히고 정의를 세우려는 목적을 갖고 있다는 점은 중요하다. 회복적 정의의 관점에서는 범죄를 단순히 가해자의 잘못으로만 보지 않고 피해자와의 관계 속에서 발생하는 것으로 보고, 범죄로 인해 깨어진 관계를 어떻게 회복할 것인가 하는데 초점을 맞추어 문제를 접근한다. 따라서 처벌 위주의 해결방법보다는 관계를 회복하기 위해 보상금지급이나 대면대화 같은 실질적인 조치를 강구하는 쪽으로 해법을 모색한다.

넷째, 트라우마 치유와 화해의 문제이다. 과거의 부정적 경험과 감정인 트라우마가 화해의 과정에 얼마나 결정적인 역할을 하는가의 문제인 것이다. 갈퉁이 주장하듯 과거의 폭력적 경험으로 형성된 부정적 경험과 감정이 화해를 방해하므로, 이 부정적 경험과 감정을 제대로 다루어야만 화해가 가능하다. 그렇지만 적극적 화해를 위해서는 실질적인 이익갈등을 해소하는 일도 중요하다. 화해를 증진하고 서로를 결속하는 힘은 경제적 이익을 서로 나누는 과정에서 생겨나기 때문이다. 헤이너(P. Hayner)는 화해증진을 위해 관련 집단이나 당사자 간에 존재하는 사회경제적 불평등을 시정하고 개발사업이나 재건사업 같은데 양 집단이 함께 참여하는 것을 권장한다.[22] 심리·정서적 트라우마 치유 못지 않게 구조적 차별 해소와 이익공유가 화해증진에 중요하게 기여함을 보여준다.

마지막으로 반드시 화해를 해야만 하는가 하는 주제다. 갈등과 분쟁

---

22 Priscilla B. Hayner 지음, 주혜경 옮김, 안병욱 해제, 『국가폭력과 세계의 진실위원회』(서울: 역사비평사, 2008), pp. 286–289; 차승주, "평화·통일교육의 핵심 내용으로서 '화해'에 대한 시론적 고찰," 『평화학연구』 제20권 3호 (2019), p. 38 재인용.

이후 화해를 하지 않고도 문제를 해결하는 경우가 종종 있기 때문이다. 과거의 잘못을 구체적으로 따져서 응당한 벌을 주고 보상을 받는 그러한 방식을 택하지 않을 수도 있다. 많은 경우, 과거의 사건을 용서하고 잊어버리자(forgive and forget)는 '기억지우기'(amnesia)가 화해를 위해 전진하는 하나의 대안이 되기도 한다. 그러나 이렇게 하는 것이 화해에 도움이 된다고 생각하는 사람들이 있는 반면, 그것을 잊지 않고 기억해야만 과거의 잘못이 되풀이 되지 않는다고 생각하며 공식적 기억사면에 대해 반대하는 사람들이 있다. 물론 진실화해위원회처럼 과거에 대한 잘못을 철저히 처벌하는 방법과 국가적 차원에서 과거를 문제 삼지 않고 사면해주는 방법 사이에 '제3의 길' 처방이 가장 합리적이라고 이해는 하지만, 상황과 문화적 맥락에 따라서는 잊어버리는 방법이 화해의 대안이 될 수 있다.

또 다른 차원에서 개인적으로 복수하는 것도 화해를 위한 하나의 방법이 될 수 있다. 적절히 보복하는 것이 화해를 위해 필요한 경우도 있다. "눈에는 눈, 이에는 이"라는 함무라비 법전의 보복의 법칙처럼, 생명에는 생명으로 보상하도록 하는 철저한 보상의 법칙을 적용하면 정의가 보장되고 사람들이 만족을 느낄 수 있다. 정의를 위해 사법적 방법에 의존하는 것은 그러한 이유에서 일 것이다. 그러나 어떤 사회와 문화에 따라 원칙이 다르게 적용될 수도 있다.23

화해가 어떻게 가능한가를 교과서처럼 보여주는 예가 독일의 경험이다. 1970년 폴란드를 찾은 빌리 브란트 총리가 폴란드인들 앞에서 무릎을 꿇고 과거에 대한 참회의 눈물을 흘리며 사과하였다. 독일과 폴란드의 화해는 바로 이 지점부터 시작됐다. 미안하다고 사과하는 행위가

---

23 Oliver Ramsbotham, Tom Woodhouse and Hugh Miall, *Comtemporary Conflict Resolution* (Third Edition). (Cambridge: Polity Press, 2011), p. 250.

화해의 시작이라는 이론이 작동하는 순간이다. 나아가 배상과 보상을 실천함으로써 사과의 진정성을 보여주었다. 전쟁으로 폴란드에 빼앗긴 땅의 반환을 요구하지 않고 그대로 인정해 주었고 재단을 만들어 피해자들에게 40억 유로를 배상했다. 지도자들의 사과는 한 번으로 끝나지 않고 지속하여 신뢰를 쌓아갔으며, 이러한 노력이 시민사회 안에서도 진행되어 과거의 잘못을 알리는 교재를 제작하여 교육하고 공동역사교과서를 만드는 작업도 추진하였다.

과거의 잘못을 어느 정도로 공개해야 화해에 도움이 되는가는 문화와 정치적 상황에 따라 다를 수 있다 하더라도 최소한의 진실을 밝히는 작업은 매우 중요하다. 진실과 정의가 화해에 얼마만큼 도움이 되는지는 여전히 논쟁적이다. 정의가 실현되지 않은 상태에서 피상적으로 진행하는 화해의 과정에 대해 우려를 표하는 사람들이 많다. 잘못에 대해 그에 상응하는 처벌을 내리지 않으면 미래에 비슷한 문제가 되풀이될 우려가 있으므로 일벌백계의 차원에서 반드시 처벌하여 폭력의 남용을 억제해야 한다는 주장도 일리가 있다. 그러나 진실을 밝히는 작업이 어느 정도 가능할 것인가는 가늠하기 어렵다. 따라서 진실화해위원회를 통해 '진실을 밝히되 용서한다'는 회복적 정의의 정신으로 진실·정의를 자비·평화와 융합하는 방식을 견지할 필요가 있다. 사람은 한편으로는 응당한 처벌을 통해 범죄에 상응하는 보복을 하기를 원하는 마음과 다른 한편으로는 용서해야 한다는 두 마음이 동시에 자리 잡고 있기 때문이다.

또 국가지도자 간의 화해와 시민사회 구성원들 간의 화해라는 두 측면을 살펴보아야 한다. 국가지도자 수준에서는 화해와 협상을 진행할 수 있으나 중간지도자 수준이나 풀뿌리 지도자 및 시민사회의 참여로 이어지는 것은 또 다른 문제다. 평화조약 체결이 국가지도자 수준에서는 타결되는 경우가 있으나, 시민사회 차원으로 내려오면 그 안에서 대립과 갈등은 훨씬 심각하다. 1989년 이후 최근까지 국제적으로 49건의 평화조약이 체결되었으나 평화가 안정적으로 구축된 경우는 거의 없다는 현실이 시민사회 내 화해의 어려움을 말해준다.24 국가수준에서는 평화조약을 체결하였으나 그것을 받아들이는 시민사회는 더 치열하게 갈등하고 분열되어 있는 현실을 반영하고 있는 것이다.

이런 점에서 화해를 실행할 수 있는 역량강화는 매우 중요하다. 국가지도자 차원에서도 그렇고 시민사회에서도 화해를 가능하게 하는 개인적, 집단적, 제도적 역량은 절대적으로 필요하다. 화해를 해야 한다는 당위성에는 공감하지만 그것을 실행할 역량이 갖추어져 있지 않으면 무용한 것이다. 실행할 역량이라는 측면에서만 보면 화해를 할 수 있는 능력이 현저히 부족한 상황에서는 비관주의로 흐르기 십상이다. 용서를 통한 화해의 증진을 위해서는 레더라크가 주장하는 도덕적 상상력, 즉 폭력의 악순환을 거듭하는 기존 관행을 타파하고 완전히 새롭고 건설적인 관계의 유형을 만드는 역량 증진이 필요하다.25

새로운 관계를 만들어가는 과정은 기존의 질서나 구조를 파괴하는 것보다 훨씬 어렵고 복잡하다. 폭력으로 사회관계가 깨뜨려지고 갈등이 증폭되는 것은 쉽지만 다시 관계를 회복하고 재건하는 화해의 과정은 매우 어렵다. 화해를 어떻게 해야 하는지, 그 과정에 폭력의 가해집단에 어느 만큼의 처벌을 해야 하는지에 대한 보편적으로 적용가능한 해결책은 없다. 그러나 화해는 필요하며 진실을 밝히는 작업과 그러한 작업을 가능하게 하는 화해의 역량은 평화로운 미래의 관계를 위해 더없이 필요하다.

---

24 Oliver Ramsbotham, Tom Woodhouse and Hugh Miall, *Comtemporary Conflict Resolution* (Third Edition). (Cambridge: Polity Press, 2011), pp. 172–173.
25 Lederach, J. P. *The Moral Imagination: The Art and Soul of Building Peace.* (New York: NY: Oxford University Press, 2005).

제2부

한반도 평화연구의
현장

04

분단폭력 대 분단평화

1. 한반도 갈등의 현장, 분단

21세기 한반도를 살아가는 시민은 끊임없이 불안과 위험, 갈등과 폭력을 경험하게 된다. 천안함과 연평도 사건과 같이 물리적인 충돌에서부터 남한에 대해 전쟁을 불사하겠다, 그리고 삐라살포 지점과 보수언론에 대해 조준타격 하겠다고 하는 북한의 위협에 이르기까지 우리 국민이 겪는 불안과 스트레스는 대단히 크다. 2013년 12월 북한 안에서 벌어졌던 장성택 사건이나 2017년 2월 벌어진 김정남 암살사건도 남한의 많은 사람들에게 엄청난 폭력으로 경험되었다. 목덜미를 잡혀 군사재판장으로 끌려 나온 장성택의 최후 모습과 신경작용제 독극물로 순식간에 죽음에 이른 김정남의 모습은 화면으로만 보아도 소름끼치는 장면이었다.

한반도에서 발생하는 갈등과 폭력은 북한에 의해서, 혹은 북한 안에서만 벌어지는 것은 아니다. 광주민주화운동의 학살이나 납북어부들에 대한 인권유린, 간첩사건의 조작, 사상범으로 낙인찍어 고문과 박해를 가한 사건 등 남한에서도 한반도의 분단 상황이 만들어 낸 비극과 아픔은 수없이 많다. '유신독재'가 가능했던 것도, 김대중에게 '내란죄'를 적용하여 사형언도를 내릴 수 있었던 것도 분단이라는 상황과 구조 하에서 가능했다.

평화롭지 못한 한반도, 한반도 비평화의 기저에는 이처럼 분단이라는 상황과 구조가 깔려 있다. 분단은 참으로 많은 갈등과 비극을 한반도에 양산하고 있다. 분단 자체가 구성원들의 의사와는 상관없이 강대국에 의해 강요된 것이어서 분단의 시작부터 평화롭지 못했다. 그뿐 아니라 분단 상황 하에 들어선 남과 북의 정권이 상호 대결과 경쟁을 시도하는 가운데 수많은 폭력적 행동을 저질렀다. 남한과 북한, 조선과 한국으로 갈라져 대립하고 경쟁하는 과정에서 남북한 구성원들을 담보로 상대를 억압하고 위협하며 상호 간에 많은 상처와 아픔을 주었다. 이렇게 볼 때 한반도를 불안하고 평화롭지 못하게 만드는 근본적 원인은 분단 상황과 구조를 지탱시키는 강한 힘, 다분히 폭력적인 힘의 작동이 불안과 비평화의 주된 원인이라 할 수 있다.

무엇이 평화를 깨뜨리는 가장 주된 갈등인가 하는 문제는 나라마다 다르다. 어떤 곳에서는 평화를 깨뜨리는 주된 원인이 종족이나 민족 분규일 수 있고, 어떤 곳에서는 종교적 신앙이 갈등과 분쟁의 주된 원인이 되기도 한다. 이런 시각에서 보면 한반도에서 갈등과 폭력을 유발하는 주된 원인은 분단문제다. 즉 남과 북으로 나뉘어 있는 이데올로기 분단이 한반도의 전쟁과 갈등을 초래하는 주요 원인인 것이다. 분단이라는 주제를 다각도로 분석하는 것은 한반도 평화의 핵심이며, 한반도發 갈등해결과 평화학의 핵심 주제는 이런 점에서 '분단'이라 할 수 있다. 분단에서 출발하여 분단갈등과 분단폭력을 근원적으로 해소하기 위한 방식으로서 화해와 통일을 모색하는 것이야말로 한반도에서 발신하는 평화의 운동과 학문의 시작이 될 것이다.

서장에서 살펴보았듯이 한반도 분단은 중층적이다. 첫째로 휴전선을 중심으로 한 남북분단이 기본이고, 둘째로 세계적 냉전을 반영하는 동북아의 신냉전 구조이며, 셋째로 진보와 보수의 치열한 갈등으로 대변되는 국내적 분단이 그것이다. 분단의 힘이 작동하는 가장 큰 범주는 한반도를 둘러싼 동북아의 질서와 국제체제다. 미국과 일본, 한국이 한 축의 동맹을 형성하고 중국, 러시아, 북한이 다른 한 축의 동맹을 구축하여 두 삼각동맹이 한반도에서 생산하는 힘의 활동을 의미한다. 그러나 실제로 한반도 구성원들이 체감으로 느끼는 폭력의 경험은 한반도 안의 남한과 북한이 쌍방 간에 자행하는 군사적 공격과 위협일 것이다. 분단체제는 기본적으로 남한과 북한이 주체적 행위자가 되어 있으므로 분단의 힘은 남북한 간에 적대적이며 공격적인 행위가 핵심을 이룬다고 할 수 있다. 그런가 하면, 분단의 힘은 남한과 북한 사회 내부에서도 발생한다. 분단을 명분으로 남북한의 각 체제가 내부 구성원들에게 정치적 억압과 경제적 착취, 정신적 고통을 가하는 행위도 심각한 결과를 낳기 때문이다.

뿐만 아니라 남북분단만 하더라도 그 자체가 다시 지리적 분단, 체제의 분단, 민족의 분단 등 3단계로 구축되었다. 지리적 분단은 1945년 8월 남과 북의 구성원들의 자유로운 왕래를 차단하였으며, 1948년 8월 15일과 9월 9일 대한민국과 조선민주주의인민공화국 정부가 수립됨으로써 정치적 분단 내지 체제의 분단이 시작되었다. 1950년~53년의 전쟁으로 남북 간 심리적 분단이 이루어져 결국 한반도는 공간적 분단, 체제의 분단, 심리적 분단으로 확대·강화되었다. 휴전 이후에는 휴전선을 사이에 두고 남과 북이 정치, 경제, 군사, 문화 모든 영역에서 분단체제를 구축하였으며 그 결과 하나였던 나라는 한국과 조선 두 개의 국가로 변하였다.

이러한 여러 겹의 분단이 만들어내는 중층적 갈등과 대립은 뿌리가 깊고 한반도 특유의 갈등이라는 점에서 분단은 우리가 살고 있는 한반도 갈등과 비평화의 근원이라 할 수 있다. 분단이 비평화의 원인이라는 데 공감하지 않는 사람은 없을 것이다. 그러나 이 분단을 어떻게 바라보느냐 하는 것은 사람마다 생각이 조금 다르다. 한반도 평화부재의 근원적 이유를 남북분단으로 보는 사람들은 분단이야말로 남북의 구성원들을 억압하고 짓누르는 폭력으로 이해한다. 남과 북이 한국과 조선으로 이념과 체제가 분단된 이후 민족상잔의 쓰라린 살육전쟁을 치르고 지금까지 적대와 배제의 투쟁을 벌이고 있으니 분단은 그야말로 폭력 그 자체라 할 수 있다. 그 무엇과 비교할 수 없는 악의 근원이 분단에서 기원하고 있기 때문이다.

그러나 어떤 사람에게는 그나마 분단을 안정적으로 관리하며 물리적 충돌이 폭발적으로 비화되지 않고 안정을 누리고 있으니 분단을 폭력이라고만 규정하기에는 과한 측면이 있다. 이런 사람들에게 분단은 최소한의 평화를 유지하기 위한 차선의 방책이다. 치열한 싸움을 하고 난 후 서로 싸우지 않고 살아가기 위해 현재와 같은 분단 외에 어떤 다른 대안을 생각할 수 없기 때문이다. 이런 측면에서 분단은 소극적이긴 하나 평화라 불러도 좋을 것이다. 분단폭력이 아니라 분단평화인 것이다. 이 두 개념의 극명한 대립은 현재 한반도 상황을 어떻게 바라보느냐 하는 질문과도 상통한다.

2. 분단은 폭력인가

분단폭력은 한반도 분단의 폭력성을 드러내고자 하는 개념이다. 문자적으로 말하면 분단폭력은 분단과 폭력의 조합어다. 폭력이란 "남을 거칠고 사납게 제압할 때에 쓰는 물리적 수단이나 힘"으로 "생명에 대해서 가해지는 피할 수 있는 상해 행위"다.[1] 남을 해치는 그러한 상해 행위는 물리적 수단만이 아니라 폭력을 행사하겠다고 위협하는 말도 포함된다. 따라서 폭력은 단지 육체적으로 해를 입히거나 상해를 가하는 행동만이 아니라 언어로 가하는 치명적이고 부당한 힘도 폭력에 해당한다. 이러한 상해 행위는 사람의 신체에만 흔적이 남는 것이 아니라 마음에도 깊은 상처를 남긴다.

이 폭력을 분단과 연결시켜 보려는 것이다. 분단을 폭력과 연결시켜 보는 것은 분단이 하나의 거대한 체제로서 이 체제가 만들어내는 물리적 강제력과 적대적 구조 및 담론이 폭력적 성격을 지니고 있음을 드러내려는 것이다. 지리적 분단 자체가 한반도 구성원들의 의사에 반하여 강대국에 의해 일방적으로 행사된 것이며 이 때문에 주민들의 자유로운 왕래와 소통이 차단되고 수백만 가족의 이산이 발생하는 불편과 고통을 겪고 있다. 자본주의와 공산주의라는 대립적인 체제의 분단은 결국 수백만의 목숨을 앗아가는 전쟁으로 귀결되었고 이후에도 무장공격과 납치, 테러 등 폭력적 행동이 그치지 않고 있으며, 적대적 대립과 갈등이 계속되고 있다.

폭력은 위에서 말한 것처럼 직접적으로 행사되는 힘만이 아니다. 물리적이고 직접적인 폭력을 넘어서 간접적이고 구조적이며 문화적인 폭력도 있다. 인권유린과 억압, 빈곤과 착취 등 제도적이며 구조적인 폭력과 이를 정당화하는 사상과 담론 등 문화적 폭력도 넓은 의미에서 폭력에 해당한다. 이런 점에서 넓은 의미에서 분단폭력은 "지리, 체제, 민족의 3중적 분단이 한반도 구성원들에게 자행하는 생명유린과 착취 및 정신적 억압 행위"로 정의해 볼 수 있겠다. 즉 분단 상황에서 자행된 수많은 인권유린과 살상, 억압, 위협적인 말과 행동, 굶주림의 방치

---

1 요한 갈퉁 지음, 강종일 외 옮김, 『평화적 수단에 의한 평화』, pp. 19, 414.

등 사람들의 몸과 마음, 생명에 상해를 입히는 행위를 분단폭력이라 할 수 있다. 요컨대 분단폭력은 분단으로 야기된 폭력적 활동과 구조, 그리고 이를 뒷받침하는 문화와 담론을 포괄적으로 지칭한다.

분단폭력의 물리적 형태

폭력을 사람에게 가하는 치명적이고 부당한 힘이라고 정의한다면 분단폭력은 분단상황이 남북한 구성원들에게 가하는 중대하고 부당한 인명 살상이라 할 수 있다. 갈퉁이 폭력모델에서 분석하였듯이 분단폭력도 직접적이며 물리적인 폭력과 구조적, 문화적 폭력의 차원을 갖고 있다(제2장 참조). 이 폭력의 3차원을 적용하면 분단폭력은 남북한 구성원들에게 가하는 중대하고 부당한 인명살상은 물론 이러한 폭력적 행동을 가능하게 하는 구조와 이를 뒷받침하는 문화와 담론까지를 포함한다.

우선, 분단폭력의 물리적 형태는 다른 일반 폭력과 마찬가지로 살인과 학살, 고문, 위협을 포함하여 억압, 구금, 추방, 불구화(maiming) 등 다양하게 행사된다.[2] 그러나 분단폭력의 어떤 부분은 포위, 봉쇄와 제재와 같은 대북정책이나 대남전략을 구사하는 간접적인 방식으로도 행사된다. 이러한 억압적 정책은 어느 정도 직접적이고 즉각적인 폭력은 회피하고 있다는 측면에서 '비폭력'이라 할 수 있으나, 희생자들에게 영양실조와 의료부족을 초래하여 결과적인 살인을 가져올 수 있기 때문에 폭력행위에 해당한다.[3] 한반도의 분단 자체가 남북한 구성원의 자발적 선택이 아니라 미국과 소련의 강제에 의해 그어진 선이니 만큼 분단자체가 폭력적인 측면도 있다.

남북한 구성원이 분단대결과 물리적 충돌로 인해 입은 인명손실은 헤아리기 쉽지 않다. 1950~53년간의 한국전쟁은 남북한 구성원에 엄

---

2 요한 갈퉁 지음, 위의 책, pp. 415–416.
3 요한 갈퉁 지음, 위의 책, p. 416.

청난 인명살상을 초래한 대표적인 물리적 폭력이다. 남한에 82~85만 명, 북한에 120만 명 등 남북한 구성원 200만 명이 직접적인 살육을 당하였다. 남북의 전쟁과정에서 사망한 200만 명의 숫자가 의미하는 바는 적지 않다. 이 수많은 살육과 집단학살의 고통을 당한 사람 자신은 물론이거니와 그 과정을 고통스럽게 경험하고 직접적이고 물리적인 고문과 협박을 당한 사람들, 이 광경을 목격하고 억압과 공포의 분위기를 겪어 내야 했던 많은 사람들은 폭력에 고스란히 노출되었다. 전쟁으로 불구가 된 사람들과 상이군인들은 분단의 물리적 폭력이 자행한 결과다.

한국전쟁 이후 분단대결 상황에서 발생한 물리적 싸움과 살상도 빈번하게 자행되었다. 휴전선 안에서의 총격전, 무장공비 남침과 청와대 습격사건, 북한의 판문점 도끼만행, KAL기 폭파, 버마 랭군사태, 연평해전과 대청해전, 금강산사건, 천안함과 연평도 사건까지 우리의 기억 속에 떠오르는 굵직한 사건들만 해도 이만큼 된다. 2010년 천안함과 연평도 사건으로 50여 명의 인명이 희생되었고, 북한도 대청해전 및 연평도 사건과 관련하여 수십 명의 인명이 목숨을 잃은 것으로 알려졌다. 분단의 체제경쟁을 두고 벌어진 납치문제, 납치냐 망명이냐를 두고 다투는 치열한 싸움과 대결 또한 분단폭력이다.

뿐만 아니라, 직접적 폭력은 남한과 북한 사회 내부적으로도 자행되는 경우가 종종 있다. 북한 안에서 자행되는 인권유린과 탈북자에 대한 폭압적 행태는 분단체제를 구실로 하여 지속되고 있다. 이미 북한에서 수십만의 주민들의 굶주림으로 목숨을 잃었고 지금도 최소 610만 명 이상이 생존의 위기에 놓여 있다. 모두 분단상황을 빌미로 안보의 필요성을 주장하며 구성원들의 인명에 살상을 가하는 물리적 폭력인 것이다. 그런가하면 남한도 과거 군사독재 시절 수많은 민주인사들을 '빨갱이' 누명을 씌워 구타와 고문으로 폭력을 행사하였고 다거나 귀환한 납북어부가족들이 귀환 40년 만에 무죄판결을 받았다는 보도들을 쉽게 접할 수 있다.**4** 그들에게 자행되었던 고문과 구타의 소식을 들으며 사람들은 엄청난 심리적 불안과 정신적 스트레스를 받게 된다. 2013년 9월 휴전선 임진강을 건너 북으로 가려던 남모 씨가 휴전선을 지키는 군인들에게 무차별 사격을 받고 사망한 사건은 또 다른 측면에서 분단이 우리에게 가하고 있는 폭력의 현장임을 보여준다.**5**

분단폭력의 구조적 형태

분단폭력은 구조적 형태의 폭력을 포함한다. 구조적 폭력이란 물리적 폭력을 직접적으로 의도한 것은 아니지만 물리적 폭력을 낳을 가능성을 높게 하는 장치들을 말한다. 직접적, 물리적 폭력은 대개 의도성을 갖고 자행되지만 구조적 폭력은 의도적이지 않은 경우가 많다. 그러나 의도하지 않았더라도 결과적으로 폭력이 가해지는 경우가 허다하다. 직접적 폭력은 또한 개인적 차원의 문제로 대부분 가해자가 명확하지만 구조적 폭력은 집단적이어서 행위자를 명확히 밝히기 어렵다. 이 구조적 차원의 폭력을 한반도 분단과 연결시켜 보면 간접적이며 집단적이고 비가시적인 구조적 차원의 분단폭력은 거대하게 형성된 군사대응체제가 아닐까 생각된다.

휴전선에 집결된 남북한의 180만 병력(남한 64만, 북한 119만)과 엄청난 규모의 화력, 북한의 미사일·핵무기 개발 등 군사적인 대립과 대결은 직접적인 분단폭력을 낳는 구조적 폭력이라 할 수 있다. 남한의 입장에서는 북한의 군사적 도발과 폭력적 행동이 한반도 분단폭력을 직접적으로 야기하는 원인이라고 하겠지만 북한의 입장에서 보면 남한과 미국의 군사력과 군사훈련이 실제적인 위협이며 직접적 폭력이라 여길 것이다. 이러한 남북한의 군사적 대결구조는 2013년 상반기와 2017년

---

4 김병로, 『한반도 분단과 평화부재의 삶』(서울: 아카넷, 2013), pp. 100－122.
5 『연합뉴스』, 2013.9.16.

하반기에 벌어졌던 무력시위처럼 직접적 폭력을 낳을 수 있는 위험한 구조적 폭력이라 할 수 있다. 미국은 북한의 핵실험 감행에 대한 보응 조치로 최첨단 무기들인 B−52와 F−22 스텔스기와 핵항공모함을 북한의 코앞에 대면서 물리적 위협을 하였다. 이러한 행동은 물론 직접적인 폭력을 야기하려고 의도한 바는 아니지만 직접적 폭력을 초래할 수 있는 위험한 구조적 문제들이라 할 수 있다.

이런 점에서 분단체제에서 비대해진 남북한의 군사력과 군사화된 정치경제는 언제든지 폭력적 갈등으로 비화될 수 있는 구조적 갈등이라 할 수 있다. 특히 북한은 '경제−국방 병진로선'과 '선군정치'를 수십년 간 추진해 온 결과 군사화된 북한의 정치체제는 비평화를 낳는 주된 원인이라 할 수 있다. 뿐만 아니라 전쟁을 대비한 지역자립체제를 유지하고 있고, 전사자·피살자 성분자들에 대한 '북한식 보훈정책'을 실시하여 전쟁의 직접적인 피해자들이 기득권 상류층을 유지하고 있다는 점에서 북한사회는 적대의식이 구조화되어 있다.[6] 선군정치와 적대의식이 구조화되어 있는 북한 사회주의 체제는 한반도의 물리적 폭력을 낳는 구조적 조건임을 부인할 수 없을 것이다.

이런 관점에서 조망해 보면 남북한이 취하고 있는 대북정책과 대남정책도 구조적 폭력의 하나로 볼 수 있다. 대북정책과 대남정책은 각기 자기 체제의 입장에서 보면 자기 체제를 유지하고 보호하기 위한 정당한 활동이라 말할 것이다. 그러나 이러한 정부의 정책들이 일방적이거나 상대를 자극하여 물리적 충돌과 직접적 폭력을 야기할 수 있는 위험성이 있다면 그것은 분명 구조적 폭력에 해당한다.

뿐만 아니라, 갈수록 심각해져 가고 있는 남북한의 경제발전 수준과

---

6 김병로, 『북한의 지역자립체제』(서울: 통일연구원, 1999); 김병로, "한국전쟁의 인적 손실과 북한 계급정책의 변화," 『통일정책연구』 제9권 1호(2000), pp. 219−242.

빈부격차는 남북간 다툼과 충돌을 야기하는 잠재적 원인이 된다는 점에서 한반도의 구조적 폭력으로 간주된다. 북한은 생산수단의 사적 소유를 인정하지 않고 또 남북간 경제력 격차가 50배 이상 되기 때문에 통합된 자산 및 소득격차가 커져 남북의 계층간 불평등은 매우 크다. 북한의 소득분포는 크게 상층부(20%), 중간층(55%), 극빈층(25%)으로 구분되며 하류층은 각종 질병과 영양실조 등으로 스스로 생계를 유지할 수 없다.[7] 이는 남북갈등의 구조적 요인으로 잠복해 있고 통일과정에서도 심각한 갈등요인으로 작용할 것이다. 이런 점에서 남북간 경제적 차이는 물리적 폭력을 낳을 수 있는 구조적인 폭력인 셈이다.

분단폭력의 문화적 형태

분단폭력은 또한 문화적 형태의 폭력을 포함한다. 문화적 폭력은 직접적 폭력과 구조적 폭력을 정당화하는 기제를 말한다. 분단 상황에서 행사하는 직접적 폭력을 합리화하고 분단대결 구조를 정당화하는 논리와 이데올로기를 제공하는 활동이다. 상대를 적으로 인식하고 적으로부터 자신을 보호하는 것을 당연시하도록 학습하고 경계하며 자기검열을 하도록 하는 논리와 담론 생산 활동을 의미한다. 상대를 타자화하여 '우리'와 '그들'을 분리하고 상대를 배제, 소외시키며 그들 집단에 물리적 폭력을 행사하는 것까지 정당화한다.

이와 같이 문화적 형태의 폭력인 이데올로기는 반공교육과 안보교육, 사상교육을 통해서 강화된다. 상대를 적으로, 자기체제를 보호해야 할 대상으로 배우는 안보교육과 사상학습은 분단폭력을 가능하게 하는

---

7 김병로, "북한의 시장화와 계층구조의 변화," 『현대북한연구』 제16권 1호 (2013), pp. 171–213; 김병로, "경제조치 이후 북한의 사회적 변화," 『7·1경제관리개선선조치 이후 북한경제와 사회: 계획에서 시장으로?』(서울: 한울, 2009), pp. 285–330.

문화적 기제다. 분단체제 하에서 남북한은 '한국'과 '조선'의 정체성과 역사적 정통성을 학습하고 교육시킴으로써 자기체제의 정당화에 기여한다. 이러한 교육과 학습과정에서 남북한 당국이 의도하지 않았지만 역사와 정체성을 서로 다르게 가르침으로써 분단과 대립의 강화에 기여하고 있는 것이 사실이다. 신라의 정통성을 강조하는 남한과 고구려의 정통성을 주장하는 북한이 서로 다른 역사와 민족 정체성을 강조함으로써 남북대결과 갈등의 이데올로기를 정당화해 준다. 한국과 조선이라는 국가정체성에 대한 인식, 미국과 중국을 어떻게 바라보고 있는가에 대한 견해, 민주주의와 자주, 세계화 같은 정치사회적 가치를 서로 다른 관점에서 해석하며 논리의 근거를 제공해 주고 있다.

분단폭력의 특징

분단폭력을 "분단이 만들어 내는 폭압적 활동과 구조, 담론"으로 규정할 때 그것은 "분단을 명분으로 가해하는 행위" 혹은 "분단의 이름으로 자행하는 수많은 인권유린과 억압의 행동"을 말한다. 한마디로 분단체제가 생산하는 생명유린 행위로 표현할 수 있을 것이다. 여기서 분단의 상황과 구조를 어떻게 해석하느냐 하는 문제가 관건이다. 분단폭력이 한반도에서 발생한 일반적인 폭력과 다른 점은 다음의 몇 가지로 설명될 수 있을 것이다.

첫째로 분단폭력은 자본주의와 공산주의라는 '이데올로기'를 폭력사용의 정당성으로 삼는다는 점에서 다른 일반 폭력과는 구분된다. 남한과 북한의 분단은 미국의 자본주의와 소련의 공산주의라는 적대적인 이데올로기로 분단되어 사상과 이념을 절대적인 가치로 추종하였다. 냉전 이데올로기의 대립과 경쟁 과정에서 자본주의와 공산주의, 자유민주주의와 사회주의라는 이념을 지켜야 한다는 목적이 강하였다. 따라서 남한과 북한이 상대방에 대해 '분단이데올로기'를 정당화하는 수단으로 어떠한 폭력을 행사했다면 그것은 분단폭력이라 할 수 있다.

이처럼 분단이데올로기를 정당화하는 명분으로 자행되는 폭력적 행동은 남한과 북한 사이에서만 아니라 체제 내부에서도 행사된다. 공산주의 혹은 제국주의라는 사상과 이념을 근거로 자기 체제에 충실하지 않은 사상과 이념의 소유자들에 대해 그들의 생명을 유린하는 폭력적 행동이 여기에 해당한다. 서북청년단 같은 조직이 상대체제와 이념에 동조하는 사람들에게 위협하고 상해를 가하는 행동을 예로 들 수 있다. 정치적 폭력이 분단이데올로기를 동원하여 폭력적 행위를 합리화하는 경우가 여기에 해당된다. 한국과 조선의 국가정체성을 구성하는 자본주의와 공산주의라는 사상과 이념을 근거로 행사된 폭력이라는 점에서 분단폭력은 다른 일반 폭력과는 차별적이다.

둘째로, 분단폭력은 '정전체제'를 명분으로 가해지는 폭력이다. 여기에서 정전체제란 한반도가 아직 전쟁이 끝나지 않은 휴전상태로 서로를 실제적인 적으로 간주하는 체제를 의미하며, 또 다른 측면에서는 분단이 지니고 있는 국제적 성격을 드러낸다. 한반도 내 행위 당사자인 남한과 북한은 실제로 전쟁을 치렀고 휴전협정을 타결한 이후에는 줄곧 법적으로 정전체제를 유지하고 있다. 정전체제 하에서는 "법적으로 말하자면 한반도는 전쟁 상황"이기 때문에 적으로 분류된 대상들에게 물리력을 사용하여 전투를 수행하는 것은 당연하며 정당한 활동으로 간주된다. 분단의 상대방을 적으로 간주하기 때문에 상대방에 대한 어떠한 폭력적 행위도 전쟁 상황이라는 명분으로 정당화된다.

이 정전체제는 또한 전쟁의 법적 당사자인 중국과 미국, 유엔이 포함되어 있는 국제체제의 성격을 띤다. 38선을 그은 지리적 분단이 소련과 미국, 일본 등 강대국과 연결되어 있듯이 정전체제 역시 국제적 행위자의 적대적 대립과 갈등 체제로 형성되어 있다. 분단의 최전선에서 남한과 북한이 싸우고 있고 그 뒤편으로 북한-중국-러시아, 남한

－미국－일본이 삼각동맹을 형성하여 전쟁과 적대적 대립을 지지해 준다. 분단폭력은 이와 같이 적대적이고 대립적인 국제적 정전체제 속에서 실행되고 국제적 정전체제의 논리로 정당화된다는 점에서 다른 폭력과 구분된다.

셋째로, 분단폭력은 더 분명하게 상대체제를 적으로 규정하는 체제 내의 법질서에 의해 정당화된다는 점에서 구별된다. 남한과 북한은 서로 '국가보안법'과 '형법'으로 상대의 체제를 반국가단체로 규정하고 있어서 상대의 체제에 대한 어떠한 동조나 지지하는 행위는 허용되지 않으며 그러한 행동에 대해서는 억압과 제재의 대상이 된다. 남한의 '국가보안법'은 북한을 "국가를 변란할 것을 목적으로 정부를 참칭하고 있는 반국가단체"(제2조)로 규정하고 있고, 북한의 형법은 '조국반역죄'(62조)와 민족반역죄(67조)에서 "조국을 배반하고 다른 나라로 도망쳤거나 투항, 변절하였거나 비밀을 넘겨준" 조국반역 행위와 "조선민족으로서 제국주의의 지배 밑에서...제국주의자들에게 조선민족의 리익을 팔아먹은" 민족반역 행위를 엄중한 죄로 규정하고 있다. 이러한 분단체제의 법질서는 때로는 분단을 극복한다는 명분으로, 때로는 자기 체제를 지키기 위한 명분으로 구성원들에게 억압적이고 폭력적 행동을 허용한다. 대립적이고 대결적인 분단체제 하에서 이러한 법규범은 이른바 반국가세력에 동조하는 불순분자들을 제거한다는 명분을 사용한다. 가해자가 물리력을 사용하지 않을 수 없는 이유는 반국가세력으로부터 우리 체제를 안전하게 보호하는 것은 권리이며 의무이기 때문으로 정당화한다. 이런 점에서 분단폭력은 법과 명분과 논리로 자기체제에 동조하지 않는 구성원들에게 자행하는 폭력이라는 점에서 차별적이다.

마지막으로, 분단폭력은 구조적이며 집단성을 띄고 있다는 점에서 차별적이다. 분단폭력이 구조적이라는 말은 직접적인 가해자가 존재하지는 않으나 폭력적 결과가 나타나는 간접적이고 우회적인 폭력을 말한다. 분단폭력은 기본적으로 남북한의 국가가 가해의 주체로 행사되는 폭력이다. 그것이 남북의 국가간 행사되는 폭력이든 국가가 각 체제 안의 구성원들에게 행사하는 폭력이든 국가나 정권이 가해의 주체가 된다. 때문에 가해의 주체가 국가 혹은 정권인 경우가 대부분이어서 가해자를 특정하기 어렵다. 최종 가해자가 개인이라 하더라도 가해의 책임은 국가나 정권, 조직인 경우가 대부분이어서 폭력이 집단성을 띠게 된다. 물론 2014년 12월 이른바 '종북척결'을 모토로 하여 한 고등학생이 저지른 '황산테러'와 같이 개별행위로 돌출되는 폭력적 행위도 나타나고 있다. 그러나 분단폭력은 대부분 국가나 조직의 이름으로, 국가에 대한 충성과 애국심을 동원하기 때문에 폭력행사가 정당화되고 집단적, 제도적으로 보장된다. 때문에 분단폭력의 가해자는 가시적으로 드러나지 않고 쉽게 은폐되며 정당화된다.

3. 분단평화는 가능한가

한반도에서 발생한 모든 폭력이 분단폭력은 아닐 것이며 분단이 항상 폭력적인 것만도 아니다. 분단이 때로는 평화의 대안으로 선택되는 경우가 있다. 서로 싸우는 당사자들이 싸우지 않도록 떼어놓는 것은 평화를 유지하기 위한 방편으로 종종 선택된다. 나라와 나라, 집단과 집단이 다투고 싸울 때 당장에 살육을 멈추도록 하기 위해서는 서로 떼어놓고 싸움을 말리는 일을 가장 우선적으로 해야 한다. 이런 점에서는 분단을 반드시 폭력적이라고 할 수는 없다.

이렇게 나누어져 형성된 분단이 평화적으로 관리된다면 그것은 '분단평화'라고 부를 수 있을 것이다. 분단평화는 서로 싸우지 않도록 분리된 상태에서 싸움과 전쟁이 없는 상태를 말한다. 적극적으로 평화를 만들어가는 노력보다는 분단된 상태에서 더 이상의 전쟁과 싸움이 없도록 관리하는 소극적 형태의 평화라 할 수 있다. 평화를 유지하는 일, 즉 피스키핑(peace-keeping)이다. 이 평화유지 활동은 바로 분단평화와 상통한다. 그러나 분단이 평화적으로 관리되지 못하고 대립과 갈등과 폭력을 낳는다면 분단을 결코 평화유지의 기능을 한다고 볼 수 없다. 분단이 고착화되면 하나의 체제로 구조화되는데 그 분단체제는 분단의 당사자들 사이에 협력과 평화를 만들어 내기보다는 대개 적대적 대립과 갈등, 폭력을 생산한다. 분리와 분단이 때로 혹은 일시적으로 평화를 위한 수단이 될 수 있지만 대부분 평화롭게 유지되는 것이 아니라 끊임없이 대립과 갈등, 폭력을 조장, 생성하는 경우가 일반적이다. 분단평화가 아니라 분단폭력이 생산되고 유지되는 것이다.

뒤에서 더 논의하겠지만 분단의 폭력적 구조를 바꾸고 개선하기 위해 통일과 통합의 노력을 기울인다 해도 그것이 구성원들의 의사에 기초하지 않고 강제적 방법으로 시도된다면 그러한 통일은 평화를 만드는 것이 아니라 또 다른 폭력을 자초하게 될 것이다. 일본과 조선의 병합을 두고 폭압적이라 말하는 것은 바로 그 때문이다. 통일이 평화적으로 진행되지 못하고 무력을 사용한다거나 구성원들의 의사에 반하여 강제로 흡수하는 방식의 시도는 '통일폭력'이 될 것이다. 이 통일폭력은 통일을 비평화적 방법으로 성취하려는 현상을 의미할 뿐만 아니라 그 결과 또한 분단보다 더 자유롭고 평화로운 상태가 되지 않는 경우를 말한다. 통일이 결과적으로 폭력을 확대한다면 분단을 선택하는 것이 오히려 더 평화로울 수 있을 것이다.

이런 점에서 분단폭력과 분단평화의 대안으로서 통일평화를 추구하는 작업은 방법과 수단에서도 평화적이어야 하며 결과도 평화와 협력을 증진해야 한다. 통일이 평화적으로 성취되고 또 그 결과가 대립과 갈등, 폭력을 종식하고 협력과 공평, 화합을 가져온다면 그것을 '통일평화'라 부를 수 있을 것이다. 통일이 물리적 폭력이나 강압에 의하지 않고 모든 구성원들이 동의하는 평화적 방법으로 이루어져야 할 뿐 아니라 통일 이후 분단의 대립과 갈등이 줄고 화합과 협력이 증진되어야 통일을 평화라 말할 수 있을 것이다. 이런 점에서 통일평화는 한반도에서 적극적 평화를 만드는 일, 즉 평화조성의 작업이며 장기적으로 평화구축의 유력한 수단이 될 것이다.

분단평화 – 분단의 일상화, 소극적 평화

앞에서 분단폭력을 "분단의 이름으로 한반도 구성원들에게 자행된 생명유린과 착취 및 정신적 억압 행위" 등으로 설명하였다. 그렇다면 분단을 명분으로 자행하는 폭력적 행위를 정당한 행위와 어떻게 구별할 것인가 하는 문제가 제기된다. 한반도 분단이 폭력적 성격을 지녔다고 해서 분단을 유지하고 지키려는 물리적 행동을 모두 폭력으로 보는 것은 옳지 않을 것이다. 분단 상황이 더 이상 폭력적으로 발전하지 않도록 관리하고 통제하는 활동은 분단폭력과는 다른 정당한 행위로 간주되어야 하기 때문이다. 싸우는 두 당사자가 서로 싸우지 않도록 힘을 행사하여 안정과 질서를 유지한다면 그것은 소극적 의미에서 평화, 즉 평화유지 활동에 해당한다. 분단구조에서 더 이상의 충돌과 폭력을 방지하고 분단을 평화적으로 유지하려는 행위, 즉 분단평화는 분단폭력과 확실히 다른 개념이다.

법적 측면에서 본다면, 분단폭력은 분단을 명분으로 사용하는 부당한 힘일 것이고, 분단평화는 분단을 유지하기 위한 정당한 힘의 행사를 의미할 것이다. 한반도의 분단을 안정적으로 관리하기 위해 물리적 힘이 필요하고 상호 간 싸움을 피하기 위해 방어적 힘으로서 군사력을 운영하고 있다는 점에서 분단을 평화적으로 유지하기 위한 노력들은 분단폭력이 아니라 분단평화인 것이 분명하다. 더욱이 남북한은 각자 유엔에 가입한 국가로서 군대의 보유와 군사 활동을 위한 합법적인 근거를 갖고 있고, 사회 내부적으로도 대부분의 경우 법적 절차를 따라 정당한 힘을 행사하고 있으므로 분단체제 하에서 많은 활동들이 폭력으로 간주되지는 않을 것이다.

물론 분단평화는 통일평화와 비교해 보면 매우 소극적이다. 통일평화가 미래의 통일을 통한 지속가능한 평화를 구축하려는 적극적인 노력인데 비해 분단평화는 분단구조 하에서 안정과 균형을 유지하려는 소극적 평화의 추구를 지향한다. 통일평화가 피스빌딩을 목표로 하는 반면, 분단평화는 싸우는 두 당사자가 더 이상 물리적 폭력을 행사하지 못하도록 떼어놓는 피스키핑(peacekeeping)에 중점을 둔다. "평화를 원하거든 전쟁을 준비하라"라는 말이나 평화를 지키기 위해서는 힘과 군사력이 필요하다는 논리가 모두 분단평화를 지칭하는 개념이다. 갈등하는 당사자를 서로 싸우지 않도록 군사적 안정과 질서유지를 도모하는 활동이 분단평화다. 분단폭력과 구분되는 정당한 힘의 행사인 것이다.

그러나 현실적으로 분단평화를 분단폭력과 구분하는 것은 쉽지 않다. 분단체제 하에서 남북한이 합법적인 힘을 행사했다고 하더라도 그것을 명백하게 따질만한 근거가 불확실하며 대개는 자기 방어적 법해석을 함으로써 형평성을 잃는 경우가 허다하다. 분단체제가 공고해지면서 자기 정당화 논리가 지배하는 현실에서 남북한은 폭력과 평화를 구분하는 객관적 기준을 못 갖고 있다. 자기가 하면 로맨스, 남이 하면 불륜이라는 말처럼 상대의 행동은 폭력적인 것이고 자기의 행동은 평화적인 것으로 간주되기 때문이다. 이런 측면에서 남북한이 분단체제를 안정적으로 관리하기 위해 기울이는 여러 활동과 정책들을 객관적이고 형평성 있게 분석하는 일은 필요하다.

이런 측면을 고려하면 분단 자체를 폭력으로 간주하여 "분단을 지속하려는 모든 행동은 폭력이다"라는 무차별적 개념으로 사용해서는 안될 것이며, 반대로 분단체제 내부에서 '합법적'으로 진행된 활동이라고 하여 그 활동은 모두 '평화적 행위'로 간주해서도 안 될 것이다. 분단폭력은 어디까지나 분단을 억압과 착취의 수단으로 활용하는 행위이며, 그것이 의도적이지 않더라도 결과적으로 분단구조와 상황 때문에 물리적, 정신적 폐해를 초래하는 행위라 할 수 있다. 따라서 분단폭력을 법적 정당성을 근거로 법의 부당한 적용까지 용인하고 합리화하는 분단평화의 허구성을 드러내는 성찰적 개념으로 사용할 필요가 있다. 분단체제 하에서 발생하는 사건과 구조가 구성원들에게 얼마나 많은 피해와 고통을 주고 있는가를 기준으로 분단의 폭력성을 객관적이며 균형있게 드러내야 할 것이다.

갈등이 잠복한 분단평화

분단평화는 갈등의 폭력적 분출을 힘으로 억제하고 있을 뿐 수면 하에는 엄청난 갈등이 잠복해 있다. 분단 대결 체제에서 갈등이 고조되면 폭력으로 비화하는 것은 시간문제다. 남북한이 현재 치열하게 다툼을 벌이고 있는 여러 갈등의 이슈들은 언제든지 폭력적 갈등으로 발전할수 있는 개연성을 지니고 있기 때문이다. 남북한이 현재 다툼을 벌이고 있는 문제들을 보면, 북한은 국가보안법 철폐를 포함하여 미군철수, NLL재설정, 평화협정체결 등을 먼저 해결할 것을 요구하고 있다. 이러한 주장에 대해 남한은 북한의 핵문제, 인권개선과 이산가족·납북자문제 해결, 경제개혁개방 등을 선결해야 할 사항으로 맞대응을 하고 있다. 이러한 문제들을 북한은 '근본문제'라고 주장하기도 하는데, 이보다는 낮은 수준에서 대립하고 있는 당면현안들도 있다. 북한이 요구하고 있는 경제지원과 협력의 확대, 금강산관광 재개, 남한이 요구하고 있는 천안함·연평도 사건에 대한 사과와 재발방지 약속 등이 여기에 속할 것이다. 이러한 당면 현안이나 근본문제는 촉발요인만 만들어지면 언제든지 폭력적 갈등으로 비화될 수 있는 위험을 지니고 있다.

갈등이 고조될 때마다 북한은 정전협정이나 불가침합의, 비핵화 공동선언 등을 백지화하거나 폐지한다고 압박하며 "조국통일대전의 절호의 기회를 절대로 놓치지 않을 것"이라고 호전적 발언을 하였다. 또 '조준타격', '처단자 명단', '거족적인 보복성전 개시' 등의 폭력적 언동을 쏟아내는 데 거침이 없다. 특히 북한의 핵무기 개발과 이를 둘러싸고 전개되고 있는 한반도의 무력갈등은 최근에 이를수록 점점 극단으로 치닫는 경향을 보인다. 북한은 미국의 핵무기 위협으로부터 체제를 수호하기 위해서는 자위적 억제력으로서 핵무기를 보유하는 것이 지극히 정당한 권리라고 주장하고 있으며, 핵실험과 인공위성 발사는 원자력과 우주를 평화적으로 이용하는 정당한 권리라고 주장한다. 북한은 2012년 12월 '인공위성'을 발사하고 2017년 9월 벌써 6차례의 핵실험을 단행하여 유엔 안보리로부터 거듭된 제재를 받고 있음에도 이에 반발하여 무력충돌의 위협과 안보불안을 고조시키고 있다.

역사와 민족 정체성 문제도 남북 간에 적지 않은 갈등요인으로 존재한다. 우리나라를 고구려-발해-고려-조선에서 공화국조선으로 이어지는 역사로 간주하고 있는 북한과 신라-고려-조선으로부터 한국으로 발전한 것으로 역사를 해석하고 있는 남한은 충돌하는 부분이 많다. 한국과 조선이라는 국호의 호칭을 놓고 국가정체성이 다르며, 미국과 중국에 대한 인식에서 견해차가 뚜렷하게 존재한다. 민주주의와 자주, 세계화 같은 정치사회적 견해에서도 입장 차이가 크다. 이와 같은 외교와 역사, 정치적 이슈에서 남북한은 치열한 싸움을 하고 있다.

남북한이 분단 때문에 상호 간의 이익을 확보하는 과정에서 발생한 다툼을 분단갈등이라 한다면 구조적 폭력과 마찬가지로 남북한에 존재하는 이데올로기 대립과 경쟁 자체가 근본적인 분단갈등을 낳는 원인이라 할 수 있다. 갈등의 근본적인 원인이 다른 나라의 경우에는 주로 경제적 이유이거나 인종, 민족, 종교 같은 것들인데 남북한은 그와는 다른 이념의 문제가 크다. 자본주의와 사회주의라는 정치체제와 이념이 본질적인 갈등을 야기하고 있다. 세계는 냉전 종식 이후 이념갈등이 사라지고 민족과 인종, 종교 등의 문제로 치열한 싸움을 하는 반면 남북한은 아직도 20세기의 이념문제로 갈등하고 있다. 이 분단갈등은 남한 안에서도 남남갈등의 형태로 존재한다. 탈냉전 이후 남북교류가 확대되고 남북관계의 환경이 달라짐으로써 냉전시기에 적용되었던 국가보안법과 탈냉전 이후 새로 제정된 남북교류협력법 및 남북관계발전법과 충돌을 빚으며 전환기적 분단갈등을 야기하고 있다.

분단평화에 내장된 불안심리

분단평화는 심각한 갈등이 폭발하지 않도록 힘으로 대응하며 균형을 유지하는 상황을 의미한다. 때문에 분단평화는 상대에 대한 배제와 적대의 문화를 기본으로 깔고 있다. 남북한이 '기본합의서'(1991년)에 상대의 체제를 인정하고 존중하기로 합의 했음에도 불구하고 남한과 북한은 상대편의 어떤 제도와 가치도 존중하지 않고 무조건적인 배제와 적대의 문화를 만들고 있다. 북한에서 중심적으로 사용하는 언어는 남한이 의도적으로 사용하지 않고 상대의 어떤 좋은 가치도 인정하지 않는다. 이러한 배제와 적대의 기저에는 아직도 아물지 않은 한국전쟁의 상처가 남아 있기 때문인 것 같다. 남북한은 전쟁으로부터 체제를 수호했고 또 해야 한다는 의식 때문에 아직도 자기체제 정체성의 상당부분을 반공(남), 반제(북)의 가치에 의존하며 상호배제와 적대의 규범을 재생산하고 있다.

이러한 극도의 대립과 배타적 상호관계의 외적 환경은 남한과 북한 안에 집단적이고 역사적인 분단트라우마로 나타나고 있다. 전쟁의 처참한 경험과 대결적이고 적대적인 남북관계의 경험을 하면서 그 속에 살고 있는 사회구성원들은 적대와 배제, 흑백논리, 극한 대결을 일상

152
한반도發 평화학

화, 내면화하였다. 자기를 선으로, 상대는 악으로 규정하며 적대와 배제의 행동을 반복한다. 자기체제를 상대화하지 못한 채 배제와 적대의 분단문화 프레임을 그대로 내면화하여 상대에 대한 맹목적인 비난과 반사적인 자기합리화에 함몰되고 만다. '한국'의 현대적, 상업적 대중문화는 퇴폐적 자본주의로, '조선'의 전통적, 주체문화는 구시대적이고 폐쇄적인 체제로 비난을 받는다.

분단평화의 기저에 깔려 있는 배제와 적대의 문화, 그리고 집단 트라우마는 상호 불신을 증폭시켜 신뢰의 상실이라는 심각한 사회문제를 야기한다. 남북한 사이의 신뢰상실은 남북한이 서로 상대방이 무력으로 도발해 올 것이라는 불안과 불신에서 확연하게 나타난다. 2019년의 경우 남한주민의 58.0%가, 북한주민의 46.3%가 상대의 무력도발 가능성을 예상하였다.[8] 천안함 사건이 발생하던 2010년의 78.3%, 61.1%과 비교하면 상당히 누그러진 상태이나 남북 간 불안과 불신은 여전히 존재한다.[9] 21세기 국가발전을 위해서는 사회적 자본인 신뢰가 중요한 자산인데, 분단평화를 유지하고는 있으나 남북한은 신뢰의 상실로 사회적 자본이 고갈된 상태에 있다.

---

8 김학재·강채연·김범수 외, 『2019통일의식조사』(서울: 서울대 통일평화연구원, 2020), p. 362; 김학재·김병로·문인철 외, 『북한주민 통일의식 2019』(서울: 서울대 통일평화연구원, 2020), p. 223.

9 김병로, "북한주민의 대남인식과 북한실태," 서울대학교 통일평화연구원, 『김정은 1년, 북한주민의의식과 사회변동: 2013 북한이탈주민의식 및 사회변동조사』(2013.8.29.), pp. 44－45.

4. 분단의 양면성과 진화

최근 30년간 한반도가 겪은 역동적 변화는 단단하게 구조화된 비평화가 조금씩 흔들리면서 적대와 평화, 갈등과 통합의 공존 혹은 모순적 양상을 띠고 있다. 적대적이던 남북관계가 포용과 협력으로 변화되면서 공고했던 분단이 허물어지고 탈분단으로 조금씩 나아가고 있기 때문이다. 탈냉전 시대에 들어 탈분단과 통일의 의지가 분출하면서 한반도는 평화부재와 창조적 평화형성의 힘이 복합적으로 상호작용하고 있다. 한반도 내 남북관계, 분단사회 내부, 그리고 북한의 폭력적 요소들이 어떻게 역동적 관계를 구성하며 구조와 제도, 담론과 이데올로기가 진화하고 있는지 살펴본다.

분단폭력의 내재화와 구조화

한반도에서 탈냉전과 민주화의 진전과 함께 물리적 분단폭력은 전반적으로 감소했다고 말할 수 있으나 폭력의 성격과 양태를 달리하며 여전히 지속되고 있다. 1950년대와 60년대에는 남북한이 치열한 체제경쟁을 시도하는 과정에서 특히 북한은 무력을 사용하여 남한을 혁명화하고자 함으로써 심각한 물리적 충돌과 인명살상을 빚었다. 특히 1960년대에는 남북한에 군사정권이 등장하여 실제적인 무력대결을 시도했던 시기였다. 1970년대에는 남북한이 직접적인 폭력을 자제하였으나 대신 수령제와 유신체제를 출범시킴으로써 분단 대결체제를 구조적으로 정착시켰고, 1980년대에는 남북한 신군부가 체제경쟁에서 이기기 위해 국내외 활동을 적극 전개했다. 그러나 1987년 6.29를 계기로 남한의 민주화 운동이 진전되는 계기를 맞아 남북 간에 화해와 협력의 분위기가 조성되었다. 물론 탈냉전 시기에도 북한 무장공비 남침과 서해교전, 천안함과 연평도 사건 등 북한의 무력행동으로 많은 인명이 희생되었으나, 냉전시기에 비하면 직접적 폭력의 행사는 크게 줄어들었다.

그러나 민주화의 진행에도 불구하고 분단폭력의 구조와 이를 지속하려는 정당화 논리는 더 정교하게 강화·발전되는 측면이 있다. 민주화가 정권교체를 성공적으로 이끌어내고 권력구조를 바꾸어 놓기는 하였으나, 분단체제를 탈피하여 통일과 평화의 이념으로 발전시키는 데는 역부족이었다. 더군다나 북한이 여전히 군사중심 독재체제를 유지하고 있는 상황에서 남한은 이에 대응하기 위한 안보체제를 더욱 강화해야 한다는 의식이 지배하고 있어서 구조적 분단폭력을 완화하는 데는 많은 한계를 갖고 있다. 민주화는 일반적으로 군사화와 반비례 관계에 있는데, 국방의 역할과 군사적 대비를 소홀히 할 수 없는 분단체제 하에서 민주화는 쉽게 이루어질 수 없는 것은 당연하다.

북한은 사회주의 국가이니 그렇다 하더라도 남한은 자율적 시민사회가 발달한 민주국가임에도 불구하고 분단과 남북문제와 관련하여서는 국가가 시민사회의 자율성을 전혀 인정하지 않는 폭압적 성격이 여전하다. 정권에 따라 조금씩 다르긴 하지만 시민사회의 영역에서 보아도 결과는 마찬가지다. 북한과 관련한 문제에 대해서는 대화와 타협이 불가능하다는 패배주의적 여론이 지배적이다. 다른 영역에서는 그렇지 않은데 유독 이념적 문제에 있어서만은 냉전시대 논리를 적용한다. 시민으로서의 자율성을 전혀 인정하지 않고 국가가 가장 올바른 이성이고 국민들은 국가의 결정에 무조건 복종하는 존재로 간주한다. 이것은 북한이 주장하는 수령제와 다를 바 없다. 이러한 사고가 지배하는 한 남한의 형식적 민주화가 이루어졌지만 분단체제는 여전히 보복적이며 대결적이고 억압적이다.

이처럼 보복적이며 대결적인 태도가 달라지지 않은 이유는 전쟁과 대결과정에서 형성된 전쟁 트라우마 때문이다. 탈권위주의와 민주화는 형식이 아닌 태도와 의식, 마음의 습관(habits of heart)까지 실제 작동이 중요하다. 형식과 제도가 잡아주는 것은 느슨한 틀일 뿐이고 우리의 현실은 일상의 삶과 생각들로 채워지는 것이기 때문에 분단 상황과 구조 하에서 남북한 구성원들의 생각과 생활방식이 어떻게 형성되어 있는가 하는 부분이 중요하다. 제도의 민주주의 진전으로 한반도의 분단 폭력은 현저히 감소하였으나, 분단구조 안에 있는 구성원들은 여전히 분단논리의 사고에 갇혀 있다. 전쟁 트라우마가 있고 내면에 불신과 적대의 아비투스가 형성되어 있기 때문일 것이다. 불신과 적대의 감정 때문에 소모적인 대결을 중단하여 분단비용을 줄이자는 제의를 선뜻 받아들이지 못하는 것이다. 적과 아를 구분하는 흑백논리, 서로를 철저히 경계하고 배제하도록 하는 사상교육, 불신과 적대의 감성 때문에 분단의 폭력성은 내재화되고 구조화되고 있다.

분단갈등의 확대와 분단폭력의 잠재성

탈냉전 이후 남북관계의 네트워크가 복잡해졌고 그에 따라 다툼의 영역도 많아졌다. 이러한 다툼과 갈등의 영역이 확대되면서 남북 간에 물리적 충돌과 폭력의 행사 가능성도 그만큼 높아졌다. 분단이 초래한 직접적이고 물리적인 폭력행동은 넓게 보면 분단갈등의 한 형태라 할 수 있으며, 이런 사안을 둘러싸고 갈등이 고조되면 폭력으로 비화하는 것은 시간문제다. 남북한이 현재 치열하게 다툼을 벌이고 있는 여러 갈등의 이슈들은 언제든지 폭력적 갈등으로 발전할 수 있는 개연성을 지니고 있기 때문이다.

나라 밖으로도 한미동맹과 중국과의 경제협력 등 분단에서 탈분단으로 전환되는 과정에서 미국과 중국을 포함한 주변국과의 외교갈등이 존재한다. 남북한은 각기 주변4국의 이해관계에 복합적으로 얽혀 있어서 외교갈등도 복합적으로 나타나고 있다. 북한이 최근 한미군사훈련을 문제를 삼으며 위협적 발언으로 긴장을 고조시키고 있는 것도 중국이 지지를 보내주고 있기 때문이다. 중국과 이어도와 방공식별구역 문제, 일본과 독도 영유권 문제 등의 사안들과 핵문제, 탈북자 문제, 한미 군사훈련 문제 등 탈냉전의 환경변화와 함께 새롭게 발생한 갈등 의제들이 분단폭력의 발생 가능성을 더 높여주고 있다.

분단폭력의 대칭성과 비대칭성

탈냉전 이후 남북한은 여러 부분에서 비대칭성이 커지고 있으나 유독 군사부분에서만은 철저한 대칭성을 유지하고 있다. 남한에서 정치 민주화가 진행되어 사회 내부적으로는 군사화가 크게 약화되어 남북 간 비대칭성이 커진 것이 사실이나, 남북관계의 측면에서는 여전히 군사적 대칭성이 강하게 작동하고 있다. 남북 간의 군사적 대결과 대응은 냉전시기에 형성된 정전체제가 탈냉전 시기에도 여전히 작동하고 있어서 군사적 측면에서는 냉전분단의 그늘이 가시지 않고 있다. 한반도 분단폭력의 문제는 근본적으로 남북한 체제의 '군사화'에서 비롯된다.

그럼에도 불구하고 분단폭력은 탈냉전 이후 북한문제로부터 주로 야기된다는 점에서 비대칭적이다. 북한은 김정은 집권 이전까지 20여 년 간 '선군정치'를 공식 슬로건으로 내걸고 군대가 혁명과 건설에서 핵심적 역할을 해야 한다고 강조하였다. 반면, 남한은 1980년대 후반 이후 군사통치를 청산하고 문민화를 이루었다. 이런 점에서 한반도 분단폭력을 해소하기 위해서는 북한 정치체제의 민주화가 선행되어야 한다. 물론 앞서 말한 대로 남한도 군사통치의 유산이 강하게 남아 있어서 여러 영역에서의 군사화가 분단폭력을 지속하는 기반을 원인이 되고 있다. 그러나 북한은 더 철저한 병영체제로 되어 있기 때문에 북한의 문민화, 민주화가 더 시급한 과제이다. 이런 점에서 한반도의 분단폭력은 비대칭성을 지닌다. 다행히 김정은 집권 이후 경제강국 건설과 2018년 4월 병진노선으로부터 경제건설 총력노선으로 선군정치가 약화되고 있는 분위기다. 북한체제의 민주화를 촉진하여 군사화 문제를 해소해야만 한반도 분단폭력의 문제가 해결될 수 있을 것이다.

분단평화의 강화

남북한 문제를 바라보는 구성원들의 시각이 통일을 점점 부담스럽게 여기고 있다는 탈냉전의 현실은 분단의 폭력과 평화를 새로운 관점에서 조명하도록 촉구한다. 냉전시기에는 분단된 남북한이 통일을 하는 것은 당연하며 숭고한 이상으로 받아들였다. 그러나 지난 30여 년간 통일을 당연한 국가목표로 인식하는 사람들은 94.2%(1994년)에서 44.3%(2021년)로 남한에서 현저히 감소하였다. 통일을 반대하며 남북한이 각기 독자적인 체제를 유지해야 한다는 이른바 '분리주의자'가 25~30%를 차지하며 20대 젊은 층은 42.8%나 되는 현실에 이르렀다. 분단 상황에 익숙해지는 분단의 적응효과(habituation effect)가 작용하기 때문이다.[10] 이러한 조건에서는 구성원들의 의사에 반하여 통일을 강행하려는 생각이 오히려 '폭력적'일 수도 있는 것이다. 이질적 요소들을 가진 남북한이 하나의 공동체 안으로 들어와 갈등하고 충돌하기 보다는 분리하는 것이 폭력을 줄이고 평화와 안정을 유지하는 방편이 될수도 있기 때문이다. 세계적으로 신생국들이 분리·독립을 선언하는 이유도 거기에 있을 것이다.

분단평화의 논리를 확대하면 남북한이 통일을 위해 무리한 경쟁이나 폭력적 갈등을 피하기 위해 현 상황을 평화적으로 관리하는 수준에서 공존하는 것이 바람직하다는 주장을 펼 수 있다. 만약 한반도가 남과

---

10 Werner Pfennig, "Germany United Since 25 Years — Korea Since 70 years Still Divided Some Questions and Critical Remarks Based on Experiences Made in Germany," 「독일의 통합경험과 한국」(서울대학교 국제문제연구소 전문가회의, 2015.1.27., 롯데호텔).

북으로 나눠지지 않았더라도 공산주의 세력과 자유민주주의 세력이 전쟁에 버금가는 갈등과 폭력으로 충돌했을 가능성이 있고, 그런 맥락에서 이념적으로 서로 다른 체제가 분단을 평화롭게 관리하고 공존한다면 더 나은 것이 아니냐는 판단을 할 수 있다. 따라서 분단을 고착화하는 힘이 때로는 폭력적으로 작용하지만 많은 경우에는 정당하고 합법적인 힘으로 존재하고 있다. 더군다나 한국과 조선의 국가 정체성이 더 강화되고 자기 체제의 수호를 위해 군사력을 동원하여 힘으로 대응하는 것은 정당하다는 인식이 지배한다.

분단 상황에서 군사적 위협과 도발은 명백이 폭력적 행동이지만 그것이 자기 체제를 지키기 위한 자위수단이라거나 정당한 방위라고 주장한다면 분단폭력과 분단평화 사이의 구분은 애매해진다. 상대에 대한 적대의식을 정치적으로 활용하는 행위를 분단폭력으로 보지만, 정작 나라를 통치하는 입장에서는 국민들의 여론을 중시한 정책이라고 합리할 수 있게 된다. 한반도에서 더 이상 폭력이 행사되는 것을 방지하기 위해서는 가장 우선적으로 해야 할 일이 분단을 평화적으로 관리해야 한다는 것인데, 이렇게 되면 분단폭력은 대부분 분단평화로 합리화되고 만다. 통일에 대해 부정적 의식이 커지고 분리주의 성향이 강화되는 탈냉전 시기에는 상대를 막연하게 동포와 형제로 여기는 의식이 약화되고 적이라는 의식이 강해져 상대에 대한 폭력적 행위도 당연한 것으로 정당화되기 쉽다. 이러한 문제가 특히 경제적 이익과 관련되어 발생하면 남북한은 폭력과 평화 사이에서 한 치의 양보도 하지 않을 것이다. 이렇게 되면 무력시위는 군사적 도발이 아니라 자국민의 재산과 생명을 지키는 훈련이며 애국적 행동으로 합리화된다.

정보화가 진전되어 개인들의 자유로운 참여가 확대되어 분단폭력과 분단평화 간의 경계가 불분명해지는 것도 문제다. SNS를 통한 개인행동의 공간이 확대되어 상대의 의견을 무차별적으로 공격하는 상황도 벌어진다. 분단폭력과 평화의 경계는 희미해지고 폭력을 지지하는 여론이 지배하면 정당화된다. 따라서 인터넷 공간을 점령하기 위한 조직적인 댓글 활동과 같은 행동을 전개하여 자기편의 담론을 정당화하고자 한다. 이러한 SNS 활동은 폭력과 평화를 판단하는 기존의 기준을 무너뜨림으로써 분단폭력의 성격을 바꾸어 놓고 있다.

5. 통일평화의 가능성

분단폭력은 한반도 분단이라는 상황과 조건에서 주로 발생하는 폭력 현상을 의미한다. 남북한이 군사적, 물리적으로 도발하거나 협악한 말로 위협, 협박하고, 분단 상황을 빙자하여 순응하지 않는 구성원들을 육체적, 정치적, 경제적으로 억압하고 착취하는 행위는 모두 분단이라는 배경에서 자라고 있는 폭력이다. 이러한 분단폭력은 구성원들에게 심대한 심리적 공포와 스트레스를 형성하며 그것을 정당화하고 내면화하도록 끊임없이 강제한다. 한반도 분단체제는 남북한의 구성원들에게 물리적 살상과 몸과 마음에 상처를 남기며 거대한 폭력으로 존재하고 있다. 냉전시기에 공고히 축적된 분단폭력은 잘 보이지 않고 인식하기 어렵지만 한반도 주민의 삶을 강력히 규제하고 있는 장악력임은 분명하다. 이를 뒷받침하는 정치적 신념과 종교적 해석은 폭력의 정당성을 부여하는 문화적 기제로 작동한다. 이런 점에서 한반도 비평화의 본질은 분단에 있으며 분단이 생산하는 폭력, 즉 분단폭력이 한반도 비평화의 근원이라 할 수 있다.

탈냉전 이후 30년 동안 흔들림과 균열이 시작되면서 한반도는 갈등과 통합, 적대와 평화가 공존하는 중층적 비평화 구조를 형성하고 있다. 남북한은 「남북기본합의서」를 타결하는 직접적인 대화와 교류체제를 형성함으로써 전쟁과 무력대결을 통한 분단폭력의 행사는 현저히 줄어들었다. 북한의 홍수피해로 심각한 식량난이 발생하자 남한은 북한돕기운동을 시작하여 북한에 대한 동포애를 보여주었고 2000년 6월 남북정상회담으로 이어지면서 남북 간 화해와 협력의 분위기는 고조되었다. 그 속에서 분단폭력도 복합적 양상을 띠고 있다. 반세기를 넘는 분단과 분단체제 하에서 식민/탈식민, 민족/탈민족, 국가/탈국가, 근대/탈근대와 같은 지구화 시대의 중층적인 모순이 고도로 집약되어 개인, 사회, 국가, 국제적 차원의 갈등을 발생시키고 있는 현장이 바로 분단 한반도이기 때문이다. 국가보안법과 남북교류협력법, 남북관계발전법이 공존하고 물적, 인적 왕래와 협력이 진행되면서도 5.24조치와 같은 정치적 대응이 여전히 작동하는 부조화를 경험하고 있다. 과거 군사적 충돌 위기 속에서도 개성공단이 지속되었고, 한때 군인들이 삼엄하게 경비를 서고 있는 해금강 비무장지대를 관광하던 현실은 한반도 분단의 중층적이고 복합적인 성격을 전형적으로 보여주고 있다.

남북교류가 없던 냉전시기에는 화해와 교류, 협력을 추진하면 분단의 폭력적 성격이 쉽게 사라질 것으로 생각했다. 그러나 한반도에서 교류와 협력은 분단을 지키려는 힘과 분단을 탈피하려는 힘의 마찰과 갈등이 함께 공존하는 방식으로 진행되고 있다. 평화적 대화와 교류도 증가했지만 군사적 도발과 위협도 함께 공존하고 있으며, 적대의식과 정치적 동원도 협력과 포용의 지향 못지않게 전개되고 있다. 경제적 영역에서 군산복합체의 거대한 구조는 열악한 복지재정에도 불구하고 유지되고 있으며 민주화의 진전에도 불구하고 군사권위주의 문화는 질긴 생명력을 유지하고 있다. 시대적 요청에 부응하여 반공안보교육을 넘어서 통일교육을 실시하고 있으나 그 내용은 반북적인 통일교육으로 채워져 있는 것이 현실이다. 평화와 인권, 인도주의의 보편가치가 강조되고 있으나, 분단의 문제로 좁혀지면 이러한 보편가치를 뒤로하고 남북관계의 특수성에 함몰되고 만다.

이런 측면에서 이 분단폭력은 분단평화 및 통일평화와 변증법적으로 공존하고 있고 앞으로도 통일 이후에도 지속될 가능성이 높다. 탈냉전의 흐름 속에 적대와 갈등, 경쟁이 협력과 포용의 관계로 발전하는 변화를 보이고 있으며 통일을 통한 지속가능한 평화, 즉 통일평화의 전망도 있어 보인다. 그러나 통일평화를 증진하는 일은 쉽지 않다. 분단폭력이 구조화되어 있고 트라우마로 내재화되어 있어서 하루아침에 해결될 수는 없는 일이다. 그렇다고 분단구조를 타파하고 통합을 추진하기 위해 강제력을 행사하는 것은 또 다른 폭력을 만드는 일일 뿐이다. 분단폭력의 힘을 줄이고 분단평화를 넘어 통일평화의 동력을 생성해 내려면 갈등·대립하고 있는 실질적인 문제들을 중재하고 응어리진 트라우마를 치유할 수 있는 통합적 리더십을 발휘해야 한다. 결코 쉽게 해결될 수 없는 일이지만 남북 간 합의서와 교류의 경험, 신포경수로와 금강산, 개성공단에서의 실패 경험들을 평화구축의 소중한 자산으로 활용한다면 분단평화를 넘어 통일평화의 희망도 내다볼 수 있게 될 것이다.

05

분단의 상호작용과 그 효과

1. 분단효과란?

분단효과(division effect)란 남북 체제의 분단이 야기한 결과를 분석하기 위해 사용한 개념이다. 분단효과는 분단과 효과의 합성어로 분단의 효과, 분단이 생성한 효과, 분단이 만들어낸 효과 등으로 풀어볼 수 있다. 분단의 구조를 형성하고 있는 행위자들이 상호 간에 미치는 영향과 결과를 파악해 보는 것이다. 한반도 분단이 가져온 역사적이고 구조적인 결과를 거시적 측면을 파악하기보다 분단의 구조에 참여하는 행위자들 간의 상호작용을 파악한다는 점에서 미시적인 접근이라 할 수 있다. 이런 점에서 분단효과는 "분단구조에 참여하는 행위자들 간의 상호작용과 그 결과"라는 의미로 사용할 수 있을 것이다.

분단효과에서 분단의 의미는 하나의 나라가 대한민국(한국, 남한)과 조선민주주의인민공화국(조선, 북한)으로 나눠진 상태를 말하며, 분단의 효과란 한국과 조선으로 나눠진 두 분단국이 상호작용을 통해 각 체제에 변화를 일으키는 영향을 지칭한다. 한국과 조선은 두 나라로 분단되었기 때문에 발생한 어떤 결과, 그리고 동시에 분단되지 않았으면 생성되지 않았을 어떤 결과를 상호 간에 갖고 있다. 분단 환경은 남북한 상호 간에 경쟁심을 유발하기도 하고 경계나 적대의 태도 및 행동을 촉발하기도 한다. 이러한 일방의 행동은 상대방에게 영향을 주어 대응과 반응을 일으키고 이는 다시 상대방의 행동을 자극하는 순환으로 이어진다.

분단효과는 '분단'을 '효과'와 연결시키고 있는데 효과라는 말의 의미에서 발생하는 오해의 소지가 존재한다. 그것은 효과라는 말이 우리의 일상생활에서 일반적으로 긍정적 의미로 통용되기 때문에 분단이라는 다소 부정적 현상과 연결시킬 경우 오해의 소지가 있을 수 있다는 점이다. 국어사전에는 효과의 의미가 "어떤 목적을 지닌 행위에 의하여 드러나는 보람이나 좋은 결과," "소리나 영상 따위로 그 장면에 알맞은 분위기를 인위적으로 만들어 실감을 자아내는 일" 등으로 정의되어 있다.[1] 이 개념정의에서 볼 수 있듯이 효과라는 말은 일상생활과 사회현상에서 '좋은 결과'라는 긍정적 의미로 가장 많이 사용된다. 그러나 물리적 작용이나 화학반응 등 자연과학에서는 '온실효과', '빛의 효과' 등으로 "화학적, 물리적 반응에 연이어 나타나는 작용과 결과"라는 의미로 사용하며, 심리학이나 사회과학에서도 '나비효과'와 같이 "결과를 가져오는 영향"이라는 중립적 개념으로 사용된다. 이런 점에서 분단효과를 "분단이 자아낸 좋은 결과"가 아니라 "어떤 반응에 연이어 나타나는 작용과 결과" 또는 "분단 일방의 반응에 연이어 나타나는 작용과 결과"라는 중립적 의미로 사용할 수 있다.

다음 장에서 설명할 분단비용은 분단이 초래한 부정적 결과에 초

---

1 국립국어원, 『표준국어대사전』. http://stdweb2.korean.go.kr/search/List_dic.jsp

점을 맞춘 것인데 반해 분단편익은 분단 때문에 얻은 추가적 이익에 초점을 맞춘 것이다. 이러한 개념과 비교하면 분단효과는 이러한 분단비용과 분단편익을 발생시키는 분단의 구조에서 그 안에 주요 행위자로 참여하는 남북한이 상호 간에 어떤 상호작용을 하고 있는가, 그리고 그 상호작용의 결과가 어떤 대응과 반응을 일으키는가에 초점을 맞추는 것이다. 이런 점에서 분단효과는 분단국체제가 생성하는 긍정적 효과와 부정적 결과를 모두 포괄하는 중립적 개념으로 사용된다. 분단비용에 대칭되는 개념을 분단편익이라고 한다면 분단효과는 이러한 개념과는 달리 중립적 의미를 지니는 것으로 해석할 수 있을 것이다. 따라서 여기에서 초점을 맞추고 있는 분단효과는 분단의 좋은 성과나 혹은 나쁜 결과 자체가 아니라, 분단국체제의 주요 행위자인 남북한 상호작용의 유형과 특성, 결과 등을 객관적으로 파악해 보자는 것이다.

분단효과 연구는 분단의 문제를 비용과 폐해, 편익이라는 차원을 넘어 보다 구체적으로 분단국의 상호작용이라는 측면에서 남북관계를 분석하고자 하는 작업이다. 남북한 분단국 체제가 발전하는 과정에서 상대와 경쟁하기도 하고 경계나 회피의 반응을 하면서 서로를 자극하고 영향을 주었던 측면도 있을 것이다. 분단효과 연구의 의미는 지금까지 분단의 폐해만을 부각시켜 왔고 분단체제를 종결시켜야 하는 당위성을 강조했다면, 분단체제의 상호작용이 어떻게 전개되어 왔으며 어떤 체제를 형성했는가를 보다 구체적이며 경험적으로 살펴본다는 점이다. 또한 남북한이 서로의 장점을 모방하기도 하고 어떤 정책이나 조직 형태를 구상할 때 상대방의 것을 모방하거나 대응하기 위한 행동을 했을 것이다.

이런 개념을 종합해 보면 한반도에서 분단효과는 "분단국체제의 상황 속에서 남북한이 상호 간에 경계심과 경쟁심 또는 적대감을 유발함으로써 상대방의 체제에 반응을 일으키고 변화를 야기하는 현상"이라 할 수 있다. 경쟁관계 내지 적대관계에 있는 '북한'의 의도와 행위는 남한에 항시적인 위협이며 위험요소이기 때문에 그에 맞는 대책과 행동으로 대응함으로써 북한발 위협요인을 제거하고자 행동하는 경향이 있다. 같은 맥락에서 '남조선'의 태도와 행위가 북한에도 마찬가지의 반응과 대응을 초래한다. 따라서 분단효과는 분단국체제로 묶여 있는 남북한이 어떠한 상호작용을 해 왔는가, 상호 간에 미친 영향의 크기는 어떠하며 그 상호작용의 유형과 특성 및 결과는 무엇인가를 함의한다. 이런 점에서 분단효과의 개념은 분단이 자아낸 긍정적 결과만이 아니라 분단 상황이 만들어낸 부정적 결과를 포함한다.

2. 분단효과의 작용방식

상호작용의 다섯 유형: 적대-경계-경쟁-협력-포용

분단체제 하에서 남북한 어느 한쪽의 행동은 다른 쪽에 일종의 전시효과 내지 시위효과(demonstration effect)를 일으키고 이를 이해하고 해석하는 방식에 따라 다양한 반응이 발생하게 된다. 상대방의 행동을 목격하거나 정보를 얻게 된 일방은 상대의 행동을 모방하려는 경향이 있다. 이 과정에서 끊임없이 상대의 말과 행동을 해석하고 그에 반응하는 대응행동을 한다. 그 결과 일방의 행동은 상대방에게 경계와 적대의 반응을 유발하기도 하고 경쟁이나 협력 또는 포용의 반응을 불러일으키기도 한다. 또한 분단체제 속에서 남북한은 끊임없는 비교의식을 갖고 있고 상대와의 차별성을 부각하거나 고의적으로 회피하는 행동을 하는 경향이 존재한다.

남북한 간의 상호작용은 적대, 경계, 경쟁, 협력, 포용(지원)의 다섯 유형으로 분류할 수 있다. 이 다섯 유형은 적대와 포용 사이의 연속적 스펙트럼으로 이해할 수 있다. 즉 가장 대립적이고 배타적인 관계를 '적대'라고 한다면 가장 포용적이며 우호적인 관계를 '포용(지원)'으로 분류할 수 있고 '경계'와 '경쟁', '협력'은 '적대'와 '포용(지원)' 사이에 놓여 있다고 할 수 있다. 회피적 반응 및 차별화와 같은 행동은 주로 경쟁적 상호작용의 하나로 볼 수 있을 것이다.

이러한 작동방식의 개념들을 활용하면 분단으로 파생된 결과들을 보다 깊이 있게 이해하고 종합적으로 파악할 수 있게 된다. 분단체제를 깊이 들여다보면 상호 간에 학습효과를 창출하면서 생존을 위한 경쟁과 협력, 적대와 포용 등 복합적 분단효과를 파생하고 있음을 볼 수 있다. 남북한은 1945년 분단 이후 상호 적대와 파괴, 견제와 경쟁, 협력과 포용의 다양한 관계를 형성해 왔다. 냉전시기에는 적대와 경쟁의 관계를 유지했다면 탈냉전 시기에는 경쟁과 견제, 나아가 협력의 관계를 맺으려는 방향으로 발전하고 있다. 물론 여전히 적대와 경쟁의 관행이 반복적으로 나타나기도 하지만, 점진적으로 건설적인 관계를 형성해 가고 있다.

직접/간접 효과 및 의도/우발 효과

분단효과를 유발하는 남북한 사이의 경쟁이 직접적이냐 간접적이냐를 구분해야 한다. 직접 분단효과는 군사적 대결과 같은 물리적인 접촉으로 인한 변화, 혹은 남북대화와 같은 공식적 접촉의 결과로 나타나는 변화를 의미한다. 간접 분단효과란 어느 한쪽에서 시행하는 중요한 정치, 사회적 변화가 상대측에 우회적으로 영향을 미쳐 변화를 가져오는 경우를 말한다. 직접 분단효과가 물리적인 접촉에 의해 나타나는 것이라면 간접 분단효과는 상대의 말과 행동이 우회적으로 미치는 심리적 결과를 의미한다고 할 수 있다. 그러나 이론적으로는 직접 분단효과와 간접 분단효과로 구분해 볼 수 있고, 분단의 물리적 효과와 심리적 효과로 구분하여 해석할 수 있을 것이다.

분단효과를 의도적으로 유발시켰는가 아니면 우발적으로 발생했는가를 따져 보는 것도 중요하다. 상대방의 변화를 유도하기 위해 의식적으로 상대방의 행위에 대응하는 경우를 의도적 효과라고 부를 수 있다. 상대의 존재를 의식하지 않았으나 결과적으로 상대의 의식과 행동에 영향을 주었다면 비의도적 효과라고 할 수 있을 것이다. 의도적 분단효과는 직접효과로 나타나는 경우가 많겠지만 비의도적인 분단효과는 간접적이며 심리적인 효과로 나타나는 경우가 많을 것이다. 그러나 우발적 행동의 경우에도 상대방의 해석 여하에 따라 진지한 반응을 야기하는 경우도 있을 것이다.

3. 분단효과의 분석[2]

시기별 작용방식 특징

분단체제의 발전과정을 10년 단위의 묶음으로 보면 분단효과의 크기와 작용방식이 시간의 흐름에 따라 다른 양상으로 나타남을 알 수 있다. 분단 직후인 1940년대(1945~1953년)에는 남북한이 이념적으로 서로 상반된 미국과 소련의 모델을 차용하면서 대립과 경쟁을 시작하였고, 1950~53년의 한국전쟁은 그야말로 양국이 전면전을 치르면서 맞부딪힌 사건으로 가장 치열하게 상대를 경험했다고 할 수 있다. 한국전쟁을 계기로 미국과 중국, 일본이 개입함으로써 남북한 사회 내부의 계급구조가 바뀌고 상호 적대의식이 강하게 자리 잡는 분단체제가 형성되었다. 전쟁을 통해 상대방을 직접적으로 살육하고 파괴함으로써

---

2 김병로, "분단체제와 분단효과: 남북관계의 상호작용 방식과 영향 분석,"『통일문제연구』제25권 1호(2013), pp. 77－112.

분단의 직접적/물리적 효과가 발휘된 시기이다. 물리적 접촉과 체험을 통해 상대체제에 대한 적대의식과 자기체제에 대한 반사적 집착의식이 형성되었다. 그러나 전반적으로 국제환경이 남북한을 압도하며 자본주의와 사회주의 국제환경이 남북한 각 체제를 지배하는 분단체제가 고착화되었다.

집중적인 분단효과가 나타난 것은 1960년대와 70년대이다. 남북한은 각 정권의 공고화와 경제발전을 상호 간 모방하고 적극적으로 대응하는 반응을 하였다. 1961년 5월 남한에 군사정권이 들어선 것을 위협으로 인식하고 북한은 이에 대응하는 행동을 취하였다. 즉 두 달 후인 1961년 7월 한미상호방위조약(1954년)과 비슷한 형태의 방위조약을 소련 및 중국과 체결하였으며, 그 해 9월 4차 당대회를 개최하여 빨치산 세력이 대거 정치무대에 등장, 남한의 군사정권에 대응하는 강력한 군부정권을 형성해 갔다. 이런 점에서 1960년대 남북한 군사정권 등장은 우발적 분단효과가 작용한 것이라 할 수 있다. 또한 한국전쟁을 계기로 일본과 중국이 남북한에 각각 개입하여 1960년대 남북한 경제발전에 결정적인 영향을 준 것도 분단의 국제환경이 남북한에 영향을 미친 분단효과라 할 수 있다.[3]

1970년대에는 남북한 간에 가장 획기적인 분단효과가 나타났다. 1972년 첫 남북대화가 시작되었고 남북한은 상대의 경제 전략을 차용하여 상대방을 따라 잡으려는 체제경쟁을 가속화했다. 즉 남한은 북한식 대중동원 전략을, 북한은 남한식 외국자본과 기술도입 전략을 각각 추진하며 이러한 체제경쟁의 명분으로 남북한은 유신체제와 수령체제를 출범시키고 무한체제 경쟁에 돌입했다.[4] 1972년 12월 27일 남북한

---

3 김병로, "南北韓 社會經濟 發展모델의 比較 (Ⅰ)," 「北韓研究」 제3권 제1호 (1992년 봄호), pp. 195-207.
4 김병로, "南北韓 社會經濟 發展모델의 比較 (Ⅱ)," 「北韓研究」 제3권 제2

은 각각 유신헌법과 사회주의헌법을 공포함으로써 권위주의 체제를 구축했다. 이 시기에 분단효과가 가시적으로 나타날 수 있었던 데에는 대결적인 국제환경이 화해 분위기로 전환됨으로써 분단체제를 압도하고 있던 대립적 국제환경이 누그러졌기 때문이었다. 이러한 국제환경의 변화로 남북한은 대화와 교류를 시작하고 그 경험을 바탕으로 자기 체제를 보완하는 정책을 추진한 것이다.

1980년대에는 남북한의 상호작용 결과로 나타나는 분단효과는 이전에 비해 크지 않았으나 여전히 강력히 작동했다. 박정희 전 대통령의 사망은 남한 내부 요인에 의해 남한이 크게 변화하는 시기였으며 남한의 신군부 등장은 북한으로 하여금 김정일 신군부의 출범을 시작하는 명분과 계기를 제공하였다. 남북한 신군부는 개혁과 개방을 앞세우며 정통성 경쟁을 추구했으며 88서울올림픽과 89년세계청년학생축전 등을 통해 국제사회에서 치열한 경쟁을 시도했다.

분단체제에서 분단국체제로 전환되는 1990년대에는 분단초기와 마찬가지로 국제환경이 남북한에 결정적으로 영향을 미치는 시기였다. 특히 북한은 사회주의권의 붕괴로 경제적, 군사적으로 치명적인 손실을 입게 된다. 반면 남한은 세계화 담론을 적극 받아들여 편승전략을 취함으로써 북한만큼 국제환경의 영향에 타격을 받지는 않았으나 1997년말 IMF 관리체제로 들어가는 충격을 받는다. 이러한 압도적인 국제환경 속에서 남북한은 「남북기본합의서」를 타결하는 직접적인 대화와 교류체제를 형성한다. 이는 1950년대 남북한이 전쟁을 통한 직접적·물리적 접촉으로 적대적인 분단체제를 형성했던 상황에 비유할 수 있을 만큼 파격적인 회담과 대화, 교류를 추진하였다. 이러한 접촉과 대화는 남북한이 유엔에 독립국으로 동시에 가입하는 결과로 이어졌으며

호 (1992년 여름호), pp. 194-207; 김병로, "남북한 사회경제 발전전략의 비교,"『남북한 정치의 구조와 전망』(서울: 한울, 1994), pp. 526-559.

국가성의 강화로 분단국 체제가 확립되었다. 그러나 이러한 변화의 시기는 짧았고 분단효과가 지속되지는 않았다.

2000년대에는 남북한 간 접촉과 교류가 확대되어 새로운 형태의 분단효과가 발생하였다. 적대와 경쟁의 분단체제적 특성이 여전히 존재하면서도 대화와 교류를 적극 추진함으로써 협력과 상호지원을 바탕으로 한 상호작용의 특성들이 확대된 것이다. 냉전기의 분단체제가 적대적 대립과 갈등을 기본 골간으로 하며 치열한 경쟁적 상호작용을 하였고, 탈냉전 후 10년 동안 협력과 포용(지원)의 상호작용을 시작했다면, 2000년대와 2010년대에는 적대와 경계, 경쟁의 상호작용이 복합적으로 표출되는 체제로 발전하였다.

전반적으로 볼 때, 냉전시기로 거슬러 올라갈수록 간접적 분단효과가 강력하게 작동한 반면, 최근에 이를수록 교류와 접촉으로 인한 직접적 분단효과가 강화되고 있다. 그러나 분단효과 자체는 감소하고 각 체제의 내적 동인이 변화의 더 중요한 요인으로 작용하게 된다. 즉 분단이 초기에는 남과 북 서로에게 긴장감을 주어 각성하도록 하는 효과도 있었고, 실제로 발전전략을 서로 답습하는 시너지 효과도 있었다. 하지만 후기에 이를수록 직접 접촉이 늘어나면서 분단구조는 적절한 긴장감을 주는 측면이나 상호 긍정적 학습효과 측면에서 효과가 현저히 떨어졌을 뿐 아니라 역효과가 더 많이 나타나고 있다.

영역별 차등효과

분단효과는 정치, 군사, 경제, 사회문화 각 영역별로 크기가 다르며 양상도 다르게 진행됨을 알 수 있다. 정치체제에서의 변화는 북한이 남한의 변화를 주시한 후에 행동을 취하고 있으며, 정치조직화의 측면에서는 남한이 북한에서 시도되었던 방법을 도입하는 형태로 반응하고 있다. 특히 1980년대 이래 남한 정치발전은 체제 내부적 요소가 보다 크게 작용하고 있지만 북한과 같이 폐쇄적이고 안정된 사회에서의 정치변화는 여전히 외부로부터 기인할 가능성이 높다. 탈냉전 이후 북한의 정치적 행보를 보면 북한이 남한의 정세변화에 적극 대응하는 방식으로 분단효과가 나타나고 있다. 하나의 예로, 과거 오랫동안 남한이 12월 대선을 치른 후 차기 정권이 결정되고 나면 북한은 그 이듬해 4월 최고인민회의를 개최하고 새로운 임기를 시작하며 9월에 정권을 출범하는 정치적 대응방식을 취하였다.[5] 이렇게 보면 정치영역에서는 철저하게 남한이 먼저 액션을 취하고 선제적 행동을 지켜본 북한이 그에 대응하는 정책과 조치를 취하는 방식으로 분단효과가 전개되었다.

군사안보 영역에서는 남북한의 군비경쟁에서 볼 수 있듯이 철저하게 대칭적 반작용으로 나타나고 있다. 1968년 북한의 청와대 습격사건인 1.21사태 이후 남한이 북한에 대한 군사적 보복을 전개했다는 주장이 있는가 하면, 북한의 침투부대에 대응하기 위한 목적으로 현재의 3사관학교를 설립하였다. 북한이 자행한 1983년 아웅산 테러사건도 남한정부의 이한영 '납치'에 대한 보복행동으로 자행되었을 가능성이 있다.[6] 남북한은 군사조직과 예비전력을 상대의 움직임에 민첩하게 대응할 수 있는 체제로 편성하고 있고, 일방의 행동에 즉각적으로 대응하

---

5 북한은 1948년 9월 북한 헌법에서 최고인민회의 임기를 3년으로 규정하였으나 실제로는 1기 9년, 2~5기 약 5년 주기를 유지했다. 1972년 12월 사회주의 헌법에서 임기를 4년으로 개정함으로써 남한의 정치적 변화에 대응하는 방식을 취하였다. 1980년 남한에서 대통령 임기가 7년으로 수정되었다가 1987년 10월 29일 헌법개정을 통해 대통령의 임기를 5년으로 조정하자, 북한은 1992년 4월 9일 최고인민회의 제9기 3차회의를 통해 정권기관의 임기를 5년으로 조정했다. 북한은 1992년과 1997년, 2002년, 2007년 남한의 대선 결과를 확인한 후 그 이듬해에 새로운 정권을 출범하는 방식으로 대응하였다.
6 성혜랑, 『등나무집』(서울: 지식나라, 2000).

도록 훈련되어 있다. 북한의 김일성주의청년동맹 산하의 붉은청년근위대와 대학생교도대에 대응하는 학도호국단을 창설한 것이라든가 북한의 인민반에 대응하는 반상회 조직 운영 등은 북한의 선제적 행동에 남한이 대응하는 방식을 취한 것이다. 남북 간에 발생하는 무력도발 사건은 그 배경이 베일에 가려져 있는 경우가 많지만 남북 상호 간에 일정한 정보를 바탕으로 대응행동을 한다고 할 수 있다.

경제 분야에서는 남북한이 1960년대와 1970년대에 발전전략을 차용하며 치열한 경쟁을 벌였으나 1980년대 이후 남북한 간 체제의 이질성과 비대칭성이 워낙 커짐으로써 분단효과가 거의 발휘되지 않았다. 탈냉전 이후 경제 분야에서의 분단효과가 전략적 차원에서는 나타나지 않고 있으나, 개성공단과 같은 직접 접촉과 교류를 통해 전술적 차원에서 미시적 효과는 나타나고 있다. 정치와 안보 영역에서는 경계와 경쟁이 주된 상호작용 유형인 반면, 경제와 문화 부문에서는 협력과 포용의 방식이 주로 작동하고 있다. 사회, 경제부분에서는 시간이 흐름에 따라 각 체제의 내적 동인에 의해 움직일 가능성이 높겠지만 정치, 군사에 있어서는 분단효과가 여전히 작동하고 있다. 가장 민감하게 반응하는 군사 분야는 시간의 경과에도 불구하고 철저한 대응체제를 유지하고 있어서 분단효과가 지속적으로 발휘되고 있다.

대칭성과 비대칭성

분단효과의 가시적인 특징 중 하나는 비대칭성이 확대되고 있다는 점이다. 냉전기에는 남북한이 모든 영역에서 철저한 대응체제를 유지하였고 강한 대칭성을 유지하였으나 남북간 접촉과 교류가 시작된 탈냉전기에는 부분적으로 협력과 포용의 일방적 상호작용이 선제적으로 시도됨으로써 커지고 있다. 비대칭성은 우선 남북한이 양적 측면에서 평형을 잃고 있다는 데서부터 발생한다. 인적 왕래와 경제교류에서 남북한이 쌍방교류가 아닌 일방적 교류를 하고 있고 인도주의 지원에서도 '대북지원'으로 통칭되는 일방적 지원 형태로 이루어지고 있다. 또한 1989년 남북교류협력법의 시행으로 남북의 직접적, 공식적 교류가 시작됨으로써 협력적 상호작용이 제도화되고 있다. 특히 2000년 남북정상회담 이후 북한에 엄청난 양의 대북지원이 제공되고 경제협력이 이루어지면서 대칭성이 깨어졌다. 문화적으로도 '한류'의 영향이 북한에 심각하게 미치고 있어서 분단체제의 대칭성은 심각하게 흔들리고 있다.[7]

이러한 대칭적 분단체제의 깨어짐을 백낙청은 『흔들리는 분단체제』로 파악하였고 김지하는 '기우뚱한 균형'으로 묘사하였다. 남북 간 교류와 왕래가 빠른 속도로 진행되고 있고 남쪽에서 북쪽으로 일방적 영향을 미치는 형태로 변화하고 있어서 남북관계는 더 이상 분단체제로 부르기에 적합하지 않은 것 같다. 아직도 정치와 군사, 법적 영역에서 적대성과 강력한 대칭성을 유지하고 있기 때문에 경제와 사회문화 영역에서 나타나고 있는 교류와 협력의 현상을 두고 남북관계 전체를 교류협력체제로 바꾸어 부르는 것이 타당한지 모르겠으나 탈냉전기에 발전하고 있는 이러한 협력적 공존의 특성은 예의 주시해야 할 부분이다. 사회주의 체제가 급속히 변환(transformation)하는 속도만큼 분단체제가 교류협력체제로 변환될 개연성이 있으므로 분단효과도 비대칭적으로 나타날 가능성이 있다.

그러나 분단체제의 비대칭성이 커진다고 하여 분단효과가 일방적으로 적용되는 것은 아니다. 분단효과의 비대칭성이 단지 규모와 크기의 문제가 아니라 상호작용과 교류의 질적인 특성이 비대칭적인 것

---

7 최근 북한 내 한류를 자주 접해본 경험이 40.2%(18년), 47.4%(19년), 43.1%(20년)로 약 40%에 이르고 있는 것으로 조사되었다. 김학재·엄현숙·문인철 외, 『북한주민 통일의식 2020』, p. 81.

을 의미하기 때문이다. 남북한은 과거보다 훨씬 국가성이 강화되어 분단국체제를 발전시켜 나가고 있다. 국가성에 있어서는 조선(북한)과 한국(남한)의 국가의식과 민족국가의 면모가 과거 어느 때보다 강화된 상태에 이르렀다. 국가성이 확고히 유지되는 분단국의 상황에서 접촉과 교류를 통해 상대방의 긍정적 측면을 받아들이려고 하는가, 아니면 자기 생각과 편견을 강화하여 자기 체제를 유지, 고수하는데 더 집착하게 될 것인가는 판단하기 어렵다. 방문자들의 경험을 통해서 보면 사람들은 자기의 기존 생각을 변화시키지 않고 오히려 기존의 편견을 강화하는 경향이 있다. 냉전시기에는 직접적인 교류와 접촉이 없었으므로 상대의 장점이 커보이고 그것을 받아들여 자기 체제를 보완하려는 노력을 심도 있게 기울였던 반면, 실제적인 접촉과 교류가 진행되는 시기에는 교류가 진행될수록 갈등과 편견이 확대되기도 한다. 때문에 분단체제의 비대칭성의 크기만큼 분단효과가 나타나지 않을 경향도 존재한다.

4. 탈냉전 이후 분단효과의 변화

정보발달과 심리전 효과

분단효과는 상대의 행동과 사건에 대한 정보를 바탕으로 하여 발생한다. 즉 남북한은 상대에 대한 정보를 바탕으로 반응하고 대응함으로써 분단효과를 창출한다. 이런 점에서 상대방의 의도와 행동에 대한 정보수집과 해석은 대단히 중요한 과정이다. 냉전시기 분단효과는 특정집단이 독점하고 있는 정보를 바탕으로 발휘되었다. 정치와 군사, 경제전략 등 여러 분야에서 남북한은 정보를 접근할 수 있는 지도층과 특수집단이 그 정보를 근거로 판단을 내리고 결정함으로써 정책에 영향을 미쳤다. 따라서 정보 수집을 독점하는 정부가 수집한 정보를 근거로 대응정책과 전략을 전개하였다.

탈냉전 이후 정부의 정보독점이 사라지고 정보개방과 공유가 보편화되면서 분단효과도 다르게 나타난다. 인터넷과 스마트폰 등 정보개방이 확대된 시대에는 상대의 정보를 쉽게 얻을 수 있고 정보의 양이 많을수록 상호 간에 영향을 더 많이 받을 수 있다. 또한 국가가 정보를 독점하지 않기 때문에 비국가 행위자도 상대의 정보를 쉽게 확보할 수 있다. 국가가 정보를 독점하는 시대가 아니라 정보개방이 이루어진 시대에 국가의 대응은 과거와 달리 일방적인 방식으로 나타나지 않고 정보를 갖고 있는 비정부 행위자에 의해 영향을 받게 된다. 2010년 발생한 천안함 사건과 같은 북한의 군사적 행동에 대해 남한정부가 그에 대응하는 정책을 추진하는데 상당한 애로에 부닥친 것도 관련 정보를 정부가 일방적으로 독점할 수 없었기 때문이었다. 이처럼 개방된 정보를 바탕으로 상호작용이 빈번하게 이루어지는 분단국체제에서는 분단효과가 다양한 영역에서 상시적으로 나타날 것으로 보인다. 냉전시기에는 중요한 정책과 특정 영역에서 분단효과가 나타났다면, 탈냉전기에는 모든 영역에서 상호 간에 영향을 주고받는 방식으로 분단효과가 나타난다.

또한 정보화의 진전으로 구체적으로 실행된 상대방의 물리적 행동과 정책이 영향을 주었다면 탈냉전 시기에는 말과 감추어진 의도까지도 영향을 미칠 수 있게 되었다. 정보가 제한된 시기에 분단효과로 분석한 내용은 남북한이 경쟁이나 견제 등의 행위를 통해 상대의 행위에 영향을 미친 내용들 가운데 가시적 결과로 나타난 것들만 살펴보았다. 그런데 가시적으로 보이지 않는 것들, 예컨대 의식의 변화와 심리의 변화와 같은 것들은 정보개방이 이루어져야만 해석이 가능한 내용들이다. 남북 간에 작용하고 있는 팽팽한 심리전은 그것이 대칭적이든 비대칭적이든 평형을 유지하기 위한 필사적인 노력을 기울이고 있다는 점에서 분단효과를 창출하는 중요한 요소다. 북한의 대남위협 발언이 남한의 대북 경계태세를 강화하는 데 영향을 미치는 것으로부터 북한에서 발생하는 조그만 사건까지도 어떻게 해석하는가에 따라 남한에 큰 영향을 미치는 상황이 되었다. 이런 점에서 정보발달이 분단효과에 미치는 영향을 주의 깊게 살펴보아야 할 것이다.

한편, 정보매체의 발달과 함께 분단효과를 의도적으로 만들어 내려는 노력도 시도되고 있다. 대북 삐라살포와 휴전선 확성기 방송과 같은 심리전이 대표적이다. 삐라살포와 휴전선의 확성기 방송은 정보유입을 통해 상대방의 생각을 바꾸려는 전략으로 의도적인 분단효과라 할 수 있다. 남북 간의 많은 사건들이 우발적 분단효과를 창출하는 데 비해 정보매체를 활용한 심리전은 분단효과를 의도적으로 만들어 내기 위한 행동들이다.

일반적으로 시간이 흐를수록 분단효과가 감소되고 체제 내적인 동력이 더 크게 작용할 것으로 예상되지만, 이처럼 정보화가 진전되어 정보에 기반한 상호교류가 증대되면 분단효과가 지속될 가능성도 있다. 뿐만 아니라 분단국체제가 통일과 통합의 방향으로 보다 적극적으로 변화하면 교류와 접촉을 통한 직접적인 분단효과는 체제 내적인 동력보다 더 강하게 나타날 수도 있다. 냉전시기에는 직접적인 접촉이 극히 제한되어 있었으므로 비의도적인 분단효과가 많이 나타날 것이며, 인적·물적 접촉과 정보교류가 활발해진 탈냉전 시기에는 직접적이며 의도적인 효과가 강하게 나타난다.

시민사회의 성장과 분단효과

분단효과 연구에서 분석의 대상으로 삼은 것은 주로 정부 행위자이며 정부의 정책과 대응에 초점을 맞추었다. 대체적으로 분단체제에서 직접적인 행위의 주체는 국가였고, 분단효과의 직접적인 행위주체도 정부 또는 넓은 의미에서 국가(state)로 간주하였다. 국가의 행위가 경제, 교육, 문화, 시민사회에 영향을 준 것으로 분석하였다. 시민사회와 개별 구성원이 행위주체로 참여하고 있으나, 북한에 국가로부터 자율적인 비정부 행위자가 없고 남북 간 교류경험도 없어 시민사회 상호 간의 영향을 분석할 수 있는 형편은 아직 아니다. 그러나 탈냉전 이후 남북의 시민사회 간 인적, 물적 교류가 증대하고 정보교류가 확대됨으로써 분단효과가 민간 차원까지 미치고 있다.

정부 차원의 이러한 상호작용이 분단효과로 나타났다면 이 효과를 시민사회 구성원들이 어떻게 인식하고 있는가를 짐작해 볼 수 있는 부분이 남북한 주민들의 상호인식일 것이다. 냉전시기에는 남북한이 적대와 경계, 경쟁의 상호작용을 위주로 하여 구성원들의 의식 속에 부정적 의식이 형성되었을 것으로 보이며, 탈냉전기에는 협력과 포용(지원) 의식이 생겨나고 있을 것으로 보인다. 서울대학교 통일평화연구원은 통일의식조사와 탈북자통일의식조사를 통해 남북한 주민들의 상호인식을 연례적으로 분석하고 있다. 이 조사에 의하면 남북한 주민 간에 상당한 의식변화가 있었음을 알 수 있다.

남북한 정부의 상호작용이 구성원들에게 어떻게 반영되어 나타나고 있는지를 살펴보자. 냉전시기 자료가 없기 때문에 1990년대 중반부터 남한주민의 의식이 어떻게 바뀌었는지 살펴보면, 1990년대 중반에는 북한을 '경계'와 '적'으로 보는 인식이 각각 44%, 16%로 강한 반면, '협력'의 대상으로 보는 인식은 25% 정도였다.[8] 이러한 상호인식이 2020년에는 남한주민의 48.2%가 북한을 '협력'대상으로 인식하며 이와 비슷하게 북한주민의 56.8%가 남한을 '협력'대상으로 바라보았다. 서로 상대를 '적' 혹은 '경계'의 시각으로 보는 비중이 남한주민들은 각각 14.8%, 21.0%이고, 북한주민은 18.3%, 7.3%로 낮아졌다.9 그러나 서로를 경쟁대상으로 보는 시각은 1~2%정도에 지나지 않아 현재는 서로를 경쟁대상으로 인식하지 않는 것으로 나타났다. 이러한 추세로 볼 때 냉전시기에는 서로를 '적'이나 '경계'의 대상으로 보는 시각이 강했을 것으로 생각된다. 남북한의 상대 존재 인식이 비슷한 양상을 띠고 있음을 알 수 있다.

이러한 상호인식 조사를 통해 알 수 있는 것은 분단국체제의 객관적 구조에서는 비대칭성이 심화되고 있으나, 구성원들의 주관적 의식은 여전히 대칭적 성격을 강하게 유지하고 있다는 사실이다. 남한이 북한을 '협력'대상으로 보는 만큼 북한은 남한을 그렇게 보고 있고, '적대' 대상이나 '경계'도 마찬가지다. 이러한 상호인식의 수렴현상은 정보화가 진전될수록 더 촉진될 것으로 예상된다. 공개된 정보를 바탕으로 시민사회가 상대의 의도와 행위를 정확하게 해석할 수 있는 공간이 가능하기 때문이다.

남북한에서 시민사회가 성장함에 따라 분단효과는 정부 대 정부, 정부 대 시민사회, 시민사회 대 시민사회 등 다면적 방식으로 나타난다. 경제와 사회문화, 인도주의 활동 등 시민사회 영역에서는 남북간 비대칭성이 심화되고 있으나, 정치와 외교, 군사, 법 등 국가영역에서는 여전히 대칭적 성격을 강하게 유지하고 있다. 시민사회의

---

8 민족통일연구원, 『1995년도 통일문제 국민여론조사 결과』(서울: 민족통일연구원, 1995) 참조.

9 김범수·김병로·김학재 외, 『2020통일의식조사』(서울: 서울대 통일평화연구원, 2021), p. 335; 김학재·엄현숙·문인철 외, 『북한주민 통일의식 2020』(서울: 서울대 통일평화연구원, 2021), p. 213.

인식은 남북한 주민들 모두 서로를 '경쟁'의 대상으로 보지 않으나 정부차원에서는 경쟁과 경계의 시각으로 바라보는 경향이 아직도 강하다. 이런 점에서 분단효과는 시민사회의 성장과 더불어 지속적으로 확장될 것으로 예상된다.

5. 분단효과의 확장성

지금까지 살펴본 분단효과 분석은 한반도에서 생성·확대된 분단체제가 매우 복합적으로 구성되었고 강한 역동성을 지니고 있음을 보여주고 있다. 남북한 발전과정에서 분단효과는 냉전기에 강력하게 작용하였으며 탈냉전기에는 분산되어 나타났다. 그것은 체제경쟁과 적대성을 지닌 남북한이 상대의 변화에 대응하고 상대체제를 압도하기 위해 국가적 힘을 집중했기 때문이다. 1960년대와 1970년대에 남북간 정치경제 영역에서 분단효과가 집중적으로 나타난 이유가 바로 여기에 있다. 치열한 대립과 적대적 위기의 상황에서 상대의 행동 하나하나를 예의주시하며 그에 대응하는 정책을 추구한 결과 분단효과가 집약적으로 발휘되었다.

반면, 탈냉전기에는 직접적인 접촉과 교류의 증대로 양적 규모와 범위에서는 상호 영향력이 확대되었으나 영역별로 미치는 영향력이 분산되어 분단효과는 반감되었다. 국가성과 이질성이 강화된 분단국체제의 등장과 사회 내적 동력의 규정력이 증대됨으로써 상호 영향력인 분단효과는 그만큼 분산되었다.

접촉과 교류가 확대되면서 분단국체제는 정치외교, 군사, 법적 영역에서 대칭성을 지속하는 가운데 경제와 사회, 문화, 인도주의 영역에서 비대칭성이 형성되었고 부문별로 차별적인 분단효과가 발휘되었다. 군사부문에서의 적대적 대응과 정치, 법 부문에서 경계의 반응, 그리고 외교 부문에서 경쟁적 태도를 견지하면서 분단효과가 강력히 작동하고 있다. 반면, 경제교류와 사회문화교류, 인도주의 영역에서는 협력과 포용적 반응이 나타나고 비대칭성이 현저하게 증대하였으나 북한이 경계의 반응으로 일관하고 있어서 한류문화의 유입을 제외하고는 분단효과가 기대만큼 발휘되지 못하고 있다. 이런 점에서 탈냉전기에는 분단효과가 적대와 포용, 경계와 협력이 복합적으로 작용하는 경향을 보인다.

분단국체제에서 분단효과가 분산적이며 복합적으로 나타나고 있으나, 정보화의 진전과 시민사회의 성장으로 집약·확장되고 있는 추세다. 상대에 대한 정보와 인식을 근거로 작동하는 분단효과가 정보의 독점과 지배가 사라지고 정보공개와 공유가 보편화되는 상황에서는 더 광범위하게, 그리고 상시적으로 작용하는 경향이 있다. 또 정부차원에 국한되었던 분단효과가 시민사회 영역까지 확장되어 나타남으로써 분단국체제에서도 약화되지 않고 지속되고 있다. 그 결과 적대와 경계, 대립의 비평화적 요소가 감소하고 협력과 포용을 바탕으로 한 평화의 상호작용이 활성화되고 있다.

앞으로 남북교류와 인적 왕래가 더 확대되고 활성화되면 분단효과는 훨씬 직접적이며 개별적 영역으로까지 확장되어 나타날 것이다. 특히 북한에서 정보통제가 완화된다면 남북간에 엄청난 속도와 규모로 개별적 상호작용이 확대될 것이다. 또 현재 나타나고 있는 비대칭성이 모든 분야로 확장된다면 북한이 남한체제의 종속적 부분으로 기능할 수도 있을 것이다. 이렇게 되면 상황에 따라서는 평화가 형성되지 않고 오히려 더 큰 갈등과 적대적 결과를 낳을 가능성도 있다.

그런가 하면 남북한이 대화와 협상을 통해 협력적 관계를 더 확대될 경우, 분단효과는 남북한 양쪽에 정치적, 법적 구속력을 지닌 형태로 영향을 미칠 가능성이 크다. 분단국체제의 성격 자체가 변화되는 상황에서는 분단효과가 어떻게 작용할지 예단하기 쉽지 않다. 단순하게 작동하던 분단체제나 비제도적으로 작동하는 분단국체제와는 달리 남북연합과 같은 체제가 형성된다면 분단효과는 남북한에 엄청난 변화를 초래할 수도 있다.

분단효과가 작동하는 환경도 정보화, 세계화의 추세와 함께 급속히 변화하고 있다. 남북한도 개별국가의 독립적인 존재로 움직이는 것이 아니라, 중국과 일본, 미국과 러시아 등 주변 4개국과 더 긴밀한 교류와 협력 네트워크 속에서 발전하고 있다. 분단국체제에서 남북한 정부가 중요한 행위자로 역할을 하고 있지만 동북아 국제환경이 남북한 정부와 시민사회를 압도하는 강력한 행위자로 등장할 가능성도 있다.

이렇게 되면 남북한간 상호작용의 결과로 제한했던 분단효과의 개념은 한반도에서 국제환경으로 확대되어야 할 것이다. 한반도의 평화를 구성하는 주요 행위자로서 주변국의 역할은 점점 커질 것이며, 동북아의 공동체 형성을 향한 협력적 작용과 역사·영토 문제를 둘러싼 분쟁·대립의 상호작용이 교차하면서 한반도 분단국체제에 중대한 변화를 몰고 올 것이다.

06

분리장벽과 나비효과

1. 나비효과

나비효과(butterfly effect)란 일반적으로 사소한 사건 하나가 연쇄 작용을 통해 결과적으로 커다란 효과를 가져오는 현상을 의미한다. 나비효과라는 용어는 미국 매사추세츠 공과대학 기상학과 교수인 에드워드 로렌즈 (Edward Lorenz)가 1972년 미국 과학부흥협회에서 한 강연 제목 '예측가능성 – 브라질에서의 한 나비의 날갯짓이 텍사스에 돌풍을 일으킬 수도 있는가?(Does the Flap of a Butterfly's Wings in Brazil Set Off a Tornado in Texas?)'에서 유래한다. 나비의 펄럭임은 극히 작은 행동이지만 그것이 꼬리를 물고 더 큰 바람을 일으키고 궁극적으로 토네이도를 지연시키거나 경로를 변경할 수도 있게 된다. 혼돈이론에서 그가 주장한 것은 초기의 미세한 차이로는 결과를 예측하기 어렵다는 점을 강조하였으나, 이후 초기값의 미세한 차이에 의해 결과가 완전히 달라진다는 의미로 대중에게 확산하였다.

이러한 나비효과는 2011년 세계 경제침체를 설명하는 논리로 동원되기도 하였다. 미국의 신용평가회사인 스탠다드앤푸어스(Standard & Poor's)는 재정적자가 해소되지 않았다는 이유로 미국의 신용등급을 AAA에서 AA+로 강등했다. 그러자 이것이 연쇄반응을 일으켜 중국, 한국, 독일 등 전 세계 주식시장을 흔들었고 경제성장률도 급락했다. 여기에 그치지 않고 유럽연합의 재정건전성 우려가 증폭되어 그리스, 스페인 등 신용등급 하락으로 이어졌다. 그 결과 그리스는 국가부도라는 최악의 사태를 맞았다. 신용평가사의 국가신용등급 강등이라는 작은 날갯짓이 그리스 국가부도와 세계경제침체라는 토네이도로 발전한 것이다.

그렇다면 우리가 주변 가까이에서 볼 수 있는 담장과 장벽도 나비효과가 있을까? 우리는 주변에서 공간과 공간을 분리해 놓은 수많은 담과 벽을 본다. 한 집의 경계를 이루는 담으로부터 시작하여 한반도의 비무장지대(DMZ)와 분단철책까지 다양하다. 과거에는 학교나 공공시설도 높은 담을 쳐놓고 맨 위에는 철조망이나 유리조각 같은 것을 붙여 놓아 그것을 넘지 못하도록 담을 쌓았다. 그러나 1990년대 이후 이웃과의 담을 낮추거나 없애자는 취지에서 공공시설과 학교 같은 곳의 경계를 허물고 바깥세상과의 소통을 증진하려는 노력을 기울였다.

만리장성의 나비효과는 매우 흥미롭다. 중국은 북쪽 흉노족의 침략으로 상당한 타격을 받았으며 가까스로 나라를 지킨 후 북쪽 오랑캐의 침략을 대비하여 만리장성이라는 긴 장벽을 쌓았다. 진시왕 때 쌓기 시작하여 한무제 때 완성하였다. 이 장벽 건축으로 흉노족의 침략을 막아냄으로써 나라의 안전과 번영을 구가하는 듯 보였다. 그러나 이후 역사는 중국이 내부적으로 분열하여 결과적으로 한나라의 붕괴를 초래하였고, 외부적으로는 흉노족이 서쪽으로 이동하여 유럽에 있던 훈족과 게르만족의 이동을 촉발하여 로마제국이 붕괴하는 결과로 이어졌다. 외부의 침략을 막기 위한 단순한 목적으로 쌓은 만리장성이 결과적으로는 중국과 세계역사에 엄청난 변화를 야기한 나비효과로 볼 수 있다.

역사적으로 세워졌던 수많은 장벽들은 오늘날까지 존재하며 그 의미를 전달한다. 여리고, 바빌론, 만리장성, 짐바브웨의 성벽, 하드리아누스의 장벽, 페루의 잉카 성벽, 콘스탄티노플 장벽 등 여러 장벽은 시간과 지역, 문화를 관통하여 현재까지 이르고 있다.[1] 외부로부터 자기를 보호하기 위해 세운 수많은 장벽들은 물리적으로 안전을 담보하기 위해 수축되었으나 앞에 열거한 여러 장벽도 그 안에서 안전을 누리고 번영하기보다 그 의도와는 달리 장벽의 내부에서 또 다른 분열을 초래하는 결과를 낳고 말았다. 기독교의 분열, 수니파와 시아파의 분열, 그리고 공산주의, 파시즘, 민주주의 간의 분열 등 또 다른 분열과 갈등을 야기하고 말았음을 본다.[2]

두려움과 탐욕: 장벽을 쌓는 이유

오늘날에도 세계 곳곳에 이러한 장벽과 담장이 국경선을 따라 세워지고 있다. 적어도 65개 나라가, 즉 전세계의 국민국가 3분의 1 이상이 국경선을 따라 장애물을 설치하고 있으며, 2차 세계대전 이후 세워진 장벽 중 절반은 2000년 이후에 생겨났다.[3] 아랍에미리트-오만, 쿠웨이트-이라크, 이란-이라크, 이란-파키스탄 국경선 등에 장벽이 세워졌다. 유럽에도 최근 그리스-마케도니아, 마케도니아-세르비아, 세르비아-헝가리, 슬로베니아-크로아티아, 오스트리아-슬로베니아, 스웨덴-덴마크 등 국경선 곳곳에 철조망을 세웠다.

---

1 팀 마샬 지음, 이병철 옮김, 『장벽의 시대: 초연결의 시대, 장벽이 세상을 바꾸고 있다』(서울: 바다출판사, 2020), p. 12.

2 팀 마샬 지음, 위의 책, p. 12.

3 팀 마샬 지음, 위의 책, p. 9.

사람들은 끊임없이 자신과 공동체의 안전을 지키기 위해 담을 쌓는다. 외부자에 경계심을 느끼고 인지된 위험에 반응을 보이는 것은 매우 인간적이다. 갈등이나 다툼으로 싸운 이후 사람들은 그 해결방법으로, 혹은 당분간 서로의 안전을 보호하기 위해 떼어 놓는다. 떼어놓음과 분리가 싸움을 한 직후에는 서로의 안전과 평화를 위해 필요한 조치이다. 감정적으로 서로 용납하기 힘들고 전후맥락을 아직 잘 이해하지 못한 상황에서는 어느 정도 기간 동안 떨어져 지내는 것이 필요하다.

그러나 장벽은 많은 경우 이동과 통행을 막고 말과 소리를 나누며 생각과 사상을 가르고 가둔다. 나와 타자를 구분하는 물리적 경계선이 폭력적 형태로 드러난 결과물이다. 벽돌과 콘크리트, 철조망으로 이루어진 장벽에는 그만큼의 차별과 배제의 논리가 숨어 있다. 생존과 보호를 위해 쌓기 시작하지만 우리는 그것을 생존을 위해서만 사용하는 것은 아니다. 내부 결속과 정치적 목적을 위해 그러한 장벽을 활용한다. 개인적으로나 지역적, 국가적, 국제적으로 행해지는 모든 분리는 우리와 그들을 나누고 자기만의 집단정체성의 발전시킴으로써 사회적 결속과 정치적 단합을 추구한다. 그렇게 함으로써 결국 다른 집단과 대립과 갈등을 빚는다.

2. 북아일랜드 평화장벽(Peace Wall)

분리장벽은 세계 도처에서 볼 수 있다. 북아일랜드와 이스라엘이 대표적이다. 북아일랜드에 세워진 분리장벽은 1969년 개신교도와 가톨릭교도 사이의 충돌을 막기 위해 일시적인 조치로 처음 세워졌으나, 1972년 1월 30일 '피의 일요일'로 불리는 유혈사건 이후 장벽설치 움직임이 본격화되었다. 1990년대 초에 40여 곳까지 늘어 총길이 20킬로미터나 되며, 이중 절반은 벨파스트에 설치되어 있다. 이른바 평화장벽

(Peace Wall)으로 불리는 이 장벽은 길이와 높이가 다른 장벽들이 여러 곳에 세워져 높은 담을 형성하고 있다. 콘크리트 장벽도 있고 철조망으로 되어 있는 곳도 있으며, 장벽이나 철조망 대신 흰색으로 표시해 둔 곳도 있어서 평화장벽이라는 말 대신 평화선(peace lines)으로 부르기도 한다. 흥미로운 점은 분리장벽 사이에 양쪽으로 오갈 수 있는 문이 있는 곳도 있는데, 낮에는 통행을 허용하지만 밤에는 통행을 차단하는 방식으로 운영한다.

북아일랜드 분쟁은 17세기로 거슬러 올라간다. 영국은 식민지가 된 아일랜드 북부에 영국 개신교도를 집중적으로 이주시키는 정책을 단행하였다. 아일랜드인들은 영국에서 이주해 온 개신교도들에게 수백년 동안 억압과 차별을 받아왔다. 1921년 영국정부가 아일랜드를 두 개의 관할권으로 나누었고 남아일랜드는 1922년 독립을 하였으나 북아일랜드는 UK의 일원으로 남았다. 그 결과 영국의 개신교도가 기존에 북아일랜드에 거주하던 가톨릭 신자들을 밀어내고 그 지역을 차지함으로써 정치와 사회 여러 분야에서 기득권을 갖게 되었다.

북아일랜드 인구는 180만 명 정도로 개신교도와 가톨릭으로 구성되어 있는데, 과거 1970년대에는 개신교도의 수가 가톨릭교도의 두 배에 달했으며 2011년에는 개신교도(41.6%)와 가톨릭교도(40.8%)의 수가 비슷해졌다. 개신교도들은 대부분 스코틀랜드 출신들이며 영국의 일부로 남아있기를 바라는 입장이다. 영국과 함께한다는 의미에서 이들을 '통일주의자'라고 부른다. 반면 대부분의 가톨릭교도는 영국으로부터 벗어나 아일랜드와 통일을 원하는 '민족주의자'이다.

이 두 공동체 간에는 일정한 증오가 있고 번번이 폭력으로 비화되었다. 아일랜드 가톨릭 교도들은 아일랜드공화국군인 IRA를 창설하여 무력으로 저항하였고, 1969년부터 30년간 투쟁을 벌이면서 여러 차례 폭력이 분출되었다. 그로 인해 3,700여 명이 목숨을 잃고 5만 명이 부상을 입었다.

그림 6-1 '평화의 장벽'(The Peace Wall)으로 불리는 북아일랜드 내 장벽

　이 장벽을 사이에 두고 개신교도와 가톨릭교도는 거주지역이 완전히 구분되어 있다. 수도인 벨파스트에만 거주지역을 구분하는 이러한 장벽이 100개 정도 설치되어 있다. 장벽으로 분리되어 있지 않은 곳에는 강과 자연적 경계가 그어져 있다. 장벽을 사이에 두고 개신교 통일주의자나 가톨릭 민족주의자들의 거주지는 확연하게 구분되어 있다.

　교육도 마찬가지다. 개신교도와 가톨릭교도의 자녀들이 다니는 학교가 거의 나누어져 있다. 대다수의 사람들이 자기 자녀들을 분리된 종교학교에서 교육을 받기를 원하며 실제로 그렇게 하고 있다. 소수의 학생들만이 다른 공동체에 섞여 학교를 다니고 있으나 다수의 학생들은 자기공동체에 속한 학교에서 분리된 교육을 받고 있다. 물리적 장벽은 교육을 통해 보이지 않는 장벽의 실제적 분열의 기능을 한다. 장벽의 이

쪽과 저쪽은 전혀 다른 세계를 산다.

물론 모든 사람들이 일상생활에서도 그렇게 분리된 채 사는 것은 아니다. 일상의 생활공간에서는 개신교도와 가톨릭교도가 서로 상호작용을 하며 중산층에서는 주거의 다양성이 보이기도 한다. 중산층 시민들 가운데는 의도적으로 거주지역을 분리하지 않으려고 노력하는 사람들이 있다. 한편에서 분리의 문화가 존재하지만 다른 한편으로 장벽을 없애고 통합을 촉진하는 정책을 추진한다. 그러나 사회 안에서 형성된 정치적, 종교적 구조는 두 집단을 구분하고 분리하며 소통을 억제하는 기능이 작동하고 있고, 두 공동체는 분리된 삶을 살도록 추동한다. 두 집단 간에는 심지어 결혼을 하지 않는 규범이 형성되어 있다. 이 자기 영속적인 분열의 장벽을 허무는 일이 여간 어려운 일이 아님을 말해준다.

1996년 6월부터 분쟁종식을 위한 평화협정 체결이 시작되어 1998년 4월 성금요일협정(Good Friday Agreement)으로 불리는 북아일랜드 평화협정이 타결되었다. IRA는 2005년 9월 무장해제를 선언하고 2007년에는 공동자치정부가 출범하는 등 평화정착을 위한 노력이 진행 중이다. 그 결과 경제성장과 실업감소 등 긍정적 효과가 나타났다. 그럼에도 북아일랜드는 두 공동체 간에 '우리'와 '그들'로 구분하는 문화가 뿌리 깊게 박혀 있고 심각한 분열을 겪고 있다.

근래에는 북아일랜드 인구변화가 장벽의 분열을 완화하는 현상도 나타난다. 1970년대 초까지는 개신교도가 가톨릭교도보다 두 배나 많았는데 2011년 인구조사에 따르면 개신교도 41.6%, 가톨릭교도 40.8%로 비슷해졌다. 출생률과 종교적 일체감이 개신교도 지역에서 급격히 낮아짐으로써 변화가 일고 있다. 물론 종교적 관행은 쇠퇴하였으나 그것이 문화적 정체성으로 남아 여전히 분리의 기능을 하고 있기는 하지만, 급속한 인구변화와 종교의 쇠퇴는 통합을 가능성을 높여주고 있다.

3. 이스라엘-팔레스타인 분리장벽

이스라엘－팔레스타인 사이에도 가자지구와 서안지구 여러 곳에 분리장벽이 세워져 있다. 팔레스타인 지방은 1차 세계대전 결과 이 지역을 점령하고 있던 오스만투르크가 패배하여 영국이 이 지역을 통치하게 되었다. 2차 세계대전 후에는 유엔이 팔레스타인 분할 안을 통해 유태인들이 이스라엘을 건국할 수 있게 되었다. 이스라엘의 건국을 계기로 팔레스타인 지역에 살고 있던 아랍인들은 터전을 잃었고 이스라엘과 팔레스타인 사이에는 전쟁이 시작되었다. 1948년 중동전쟁, 즉 아랍－이스라엘 전쟁이다.

1964년 팔레스타인에 거주하던 아랍인들은 국가를 건설하기 위해 팔레스타인 해방기구(PLO)를 창설하고 대 이스라엘 무장투쟁을 전개하였다. 1988년 팔레스타인 해방기구는 독립국가 수립을 선포하였으며 1993년 이스라엘과 평화협정을 체결하고 1994년 팔레스타인 자치정부를 수립하였다. 그러나 1995년 평화협정을 주도했던 이스라엘의 라빈 총리가 자국의 우파 청년에 의해 암살되었으며, 이스라엘과 팔레스타인 양측에서 강경파가 입지를 강화하여 두 나라 간 충돌이 계속되고 있다.

이스라엘－팔레스타인 사이의 분리장벽은 제2차 인티파타가 발생했던 2000년 이후 양국의 물리적 충돌을 막기 위해 2002년부터 설치되었다. 양국 간에는 국경선 문제로 오랫동안 격렬한 논쟁을 벌여 왔다. 1948년 중동전쟁 이후 그린라인의 형태로 휴전선이 설정되었으나, 1967년 '6일 전쟁'으로 이스라엘이 시나이반도와 골란고원을 장악하고 서안지구와 가자지구를 점령하였다. 이스라엘로부터 20년 동안 지배를 받아온 팔레스타인은 분노와 좌절이 극에 달했고 제1차 인티파타 (1987－1993)로 분출하였다. 이스라엘의 억압통치로부터 해방해야 한다는 공감대를 얻어 폭력적 봉기와 시위가 전국적으로 확산되었다. 이후 불안한 상황이 지속되다 2000년에 다시 폭력적 형태로 폭발하자 2002년부터 울타리와 철조망, 콘크리트, 도랑 등을 활용하여 높이 8미터의 장벽을 세우기 시작하였다.

이스라엘이 가자지구와 서안지구에 세운 장벽의 총 길이는 700km에 달한다. 가자지구 장벽은 1994년에 세우기 시작하였으며 길이는 65킬로미터 정도이다. 가자지구는 이집트와도 국경을 맞대고 있는데 이집트도 가자지구를 경계하고 있다. 가자지구를 장악하고 있는 하마스는 원래 이집트의 무슬림형제단에서 생겨났는데 이집트의 무슬림형제단은 2013년에 이집트를 장악했으나 군부가 무슬림형제단 정부를 축출하고 집권을 하였기 때문에 혹시라도 있을지 모르는 테러의 위험에 대해 이스라엘만큼 민감하게 주시하고 있다.[4]

2000년에 세워진 서안지구 장벽 안에는 팔레스타인 사람이 230만 명, 유태인 50만 명이 거주하고 있다. 가자지구에는 팔레스타인 사람 182만 명, 유태인 6천 명이 거주하고 있다. 정착촌으로 불리는 유대인 거주지역은 초기에는 작은 규모로 정착이 이루어졌으나 지금은 슈퍼마켓, 학교, 시청 등이 종합적으로 갖추어진 마을로 발전하였다. 이스라엘 정착촌이 발달하면서 팔레스타인 사람들은 서안지구에서 안팎으로의 이동이 어려워졌다. 1967년에 이스라엘이 합병한 동예루살렘에는 25만 명, 골란고원에는 2만 명의 유대인들이 살고 있다. 예루살렘 동쪽에 살고 있는 팔레스타인 사람들은 분리장벽 때문에 예루살렘으로 바로 들어오지 못하고 한 시간씩 길게 돌아서 이 길을 와야 한다.

---

4 팀 마샬 지음, 앞의 책, pp. 105–138.

그림 6-2 이스라엘–팔레스타인 분리장벽

　　장벽의 이쪽과 저쪽은 서로 전혀 다른 관점에서 이 장벽을 바라보고 있다. 팔레스타인은 이 장벽의 존재가 그들에게 자행된 불평등의 역사를 보여준다고 주장하는 반면, 이스라엘인은 장벽이 없으면 이스라엘 주민들이 살해될 수 있고 장벽 안쪽에 보호받아야 할 이스라엘 마을들이 존재하므로 장벽은 반드시 필요하다고 주장한다. 팔레스타인의 입장에서는 인종차별 장벽으로 부르지만 이스라엘은 팔레스타인으로부터 자국민을 보호하기 위한 치안울타리라고 주장한다. 팔레스타인 입장에서는 자기들의 땅에 이스라엘 사람들이 들어와 장벽을 세우고 영토를 빼앗으려 한다고 생각하며 분노하지만, 이스라엘 사람들은 이 장벽은 여러 면에서 긍정적인 효과를 내고 있어서 필요하다고 생각한다. 이스라엘은 장벽이 세워지기 전 3년 동안 자살폭탄테러와 공격으로 수백 명의 이스라엘인이 살해당했지만 이 장벽 건설로 직후 3년만 해도 60명 정도 밖에 살해당하지 않았다는 사실을 상기하며 장벽의 효용성을 주장한다.

이스라엘 안에서도 장벽에 반대하는 사람들은 물론 있다. 주로 정치적 좌파에 해당하는 사람들인데 그들은 이 장벽이 팔레스타인과 지속적이며 평화로운 해결책을 찾아가는 데 장애물로 작용한다고 주장한다. 그러나 대부분의 사람들은 장벽이 필요하다고 생각한다. 장벽을 설치하는 데 엄청난 비용이 들지만 분명 인명손실을 방지하는 효과는 크다.

이스라엘에 있는 장벽은 팔레스타인 접경지역 외에도 이집트와 맞대고 있는 국경을 따라 250킬로미터 길이의 장벽이 설치되어 있어 아프리카에서 오는 불법 이민자들을 막는 역할을 한다. 2000~2012년 사이에 이 국경을 넘은 아프리카 사람들이 5만 명 정도 되는데 때때로 이집트 국경순찰대에 의해 사살되기도 하였다.[5] 또 시리아의 국경을 따라서도 장벽이 세워져 있다. 시리아가 내전에 돌입하면서 불안해진 국경을 방어하기 위해 장벽을 설치한 것이다.

이스라엘에 세워진 장벽은 당장 발생할 수 있는 폭력을 감소시키고 안정을 구가하는 역할을 하고 있다. 양측의 입장이 워낙 차이가 크고 해결책이 보이지 않는다. 팔레스타인과의 경계를 어디에 설정해야 하는가, 정착민과 난민을 어떻게 대해야 하는지, 팔레스타인을 국가로 인정해야 하는가의 문제까지 양측이 모두 동의할 수 있는 해법을 찾기가 어려운 상황이다. 그렇기 때문에 빈번히 발생하는 폭력을 억제하기 위해서는 당장 이 장벽을 없앨 수는 없다. 현재로서는 이 장벽이 폭력을 관리하고 있는 측면이 분명히 존재하므로 평화를 위한 일시적인 담으로 생각할 수 있다. 그렇지만 이 장벽은 궁극적인 해결책은 아니며 더 나은 해법을 찾기까지 임시방편으로 존재한다는 데 대해서는 이론의 여지가 없다.

---

5 팀 마샬, 위의 책, p. 116.

4. 무너진 베를린 장벽

베를린 장벽은 1961년 8월 13일을 시작으로 장벽이 붕괴된 1989년 11월 9일까지 동서냉전의 상징이었다. 베를린 장벽이 설치된 배경은 이렇다. 서방 3개국이 자신들이 점령한 지역을 통합하여 단일 경제공동체로 만들고 마르크를 기축통화로 유통하기로 하였다. 그러자 소련은 1948년 6월 24일 서베를린으로 통하는 모든 육로를 봉쇄하는 이른바 베를린 봉쇄를 단행하였다. 이에 대응하여 미국은 대규모 항공수송을 통해 봉쇄를 무력화하자 1949년 5월 12일 육로 봉쇄를 해제하였다. 따라서 당시까지는 행정적으로만 분리되었지 베를린 시민들은 자유롭게 동서독 지역을 왕래하며 지냈다. 마샬플랜 등으로 동서독 간 경제력 격차가 커졌고 동독주민은 매년 20만 명, 1961년까지 이미 250만 명의 동독에서 서독으로 탈출하는 상황이 벌어졌다. 특히 전문인력의 서독으로의 유출은 동독의 심각한 문제였다.

흐루시초프는 서베를린을 독립시켜 독자적인 경제와 정부를 갖는 자유도시로 만들 것을 제안했다. 그러나 서방측이 거부하자 1961년 6월 베를린 문제를 해결하지 않으면 핵무기 사용도 불사하겠다고 위협하였다. 긴장이 고조되자 서베를린으로 탈출하는 동독주민이 늘어났다. 7월 한 달 동안만 3만 명이 동독에서 서독으로 탈출하였다. 지식인과 기술자들이 줄지어 서독으로 망명하자, 동독주민들의 지속적 탈출을 막기 위해 동독은 베를린을 동서로 가르는 장벽을 설치한 것이다.

동독 정부가 동베를린과 서베를린의 경계에 철조망과 블록으로 담장을 쌓아 올렸다. 담장은 곧 높이 5미터, 길이 165킬로미터의 장벽으로 대체되고 기관총도 설치됐다. 1961년 8월 13일 장벽을 쌓기 시작하여 베를린을 잇는 13개 도로와 80개의 통로에 설치되었다. 베를린 장벽은 지역에 따라 콘크리트벽으로 구축한 곳도 있고 철망으로 형성된 부분도 있다. 25킬로미터는 콘크리트벽으로, 55킬로미터는 단선철망으로, 66킬로미터는 이중철망으로 설치하였다.

그림 6-3 1989년 11월 9일 무너진 베를린 장벽. 장벽 너머로 독일통일의 상징이 된 브란덴부르크 문이 보인다.

장벽이 설치된 이후 많은 동독인들이 장벽을 넘다 목숨을 잃었다. 독일 정부의 공식 통계는 1961년부터 40년 간 베를린 장벽을 넘다가 109명이 사망한 것으로 기록되어 있다. 그러나 비공식적인 베를린 경찰 통계는 152명이 희생된 것으로 파악하고 있고 베를린 장벽을 연구하는 민간단체인 '8월 13일회'는 254명이 목숨을 잃었다고 주장한다.6

---

6 "베를린 장벽 사망자 숫자 논란" 『한겨레』. 2001.8.10.
http://legacy.www.hani.co.kr/section−007000000/2001/08/00700000020
0108100641036.html

이 민간단체는 국경 경비병에 의한 사살 외에 부상을 입어 나중에 병원에서 사망한 사람과 체포를 두려워하여 자살한 사람까지 포함하면 957명에 이른다고 발표하였다. 슈타지의 비밀문서에 의하면 동독 군인들 중에도 42명이 국경을 넘다가 동료군인에 의해 사살된 것으로 보고하고 있다.

장벽을 넘기 위해 많은 사람들이 희생되었으나, 사실 베를린 장벽은 다른 지역의 장벽에 비해 매우 온화하며 부드러운 편이다. 장벽이 설치되었음에도 1963년 12월 크리스마스를 계기로 베를린 장벽을 일시 개방하여 양국 간 주민왕래를 추진하였다. 장벽설치 후 2년만에 곧바로 자유왕래가 실현된 것이다. 이러한 분위기를 이어 1964년에는 부활절을 계기로 자유왕래를 실시하였다. 1964년 서독은 서독국민이 제한 없이 동독 내 어느 지역도 방문할 수 있다고 선포했고 동독은 60세 이상 연금수혜자에게 서독방문을 허용한다고 발표하였다.

베를린 장벽의 담을 낮추는 데는 빌리 브란트 서독 총리의 역할이 컸다. 브란트 총리는 1969년 10월 집권한 이후 1970년부터 동방정책을 본격적으로 추진하였다. 브란트 총리는 기존의 '할슈타인 원칙'(동독 승인국과는 외교 관계를 가지지 않겠다는 것, 단 소련은 예외)을 공식적으로 폐기하고 동유럽에 대한 접근외교를 적극적으로 전개하였다. 1972년 12월 동서독 간 기본조약을 체결하고 통행협정, 방송취재허용, 체육·보건·우편전화·문화·환경보호·과학기술 협정 체결을 진행하고, 동독 내 정치범석방과 이산가족 재결합 협상과 양독 62개 도시간 자매결연 협정 체결을 진행하였다.

냉전구도에 지각 변동을 가져오게 된 계기는 바로 1985년 소련의 공산당 서기장 고르바초프의 개혁·개방 정책이었다. 고르바초프의 개혁·개방 정책을 계기로 동구권에 민주화와 개방화의 물결이 일었고 동유럽 각국에서 반정부 시위가 확산되었다. 또한 국경을 넘는 탈출이 시작되어 헝가리의 오스트리아 국경개방과 난민이 10만 명이 될 것이라는 서독 총리의 발언으로 동독에서의 탈출이 가속화되었다.

베를린 장벽은 1989년 11월 9일 마침내 무너졌다. 장벽이 무너진 구체적 계기는 한 공보비서의 실시로 이루어졌다. 소련이 당시 동독의 혼란을 수습하기 위해 동독에 비공산정권이 들어서도 용인하겠다는 입장을 발표하였고 이에 동독정부는 동독주민의 여행자유화 정책을 통해 난국을 타개하고자 하였다. 그런데 여행자유화 발표 과정에서 혼란이 발생하였다. 동독주민이 정부의 사전 허가 없이 서독을 방문할 수 있다는 취지의 여행자유화 조치에 관한 법이었다. 당중앙위원회에서 이 법안을 준비했고 12월 1일까지 의회에 제출할 예정이었다. 그런데 동독 공산당 중앙위원회 공보 비서인 귄터 샤보브스키(Guenter Schabowski)가 크렌츠 서기장으로부터 이 문건을 건네받고 기자회견을 하던 자리에서 말실수를 한 것이 도화선이 되었다. 이 법이 언제부터 발효되느냐고 묻는 기자들의 질문에 샤보브스키는 "제가 알기로는 즉각, 지체하지 않고 발효될 것"이라고 잘못 답변하였는데 그 대답을 들은 동독방송들이 저녁뉴스로 "동독이 국경을 개방했다"는 톱뉴스를 보냈던 것이다.[7] 이 사실을 확인하기 위해 장벽으로 몰려든 동독주민들이 서독으로의 통행을 요구하자, 지침을 받지 못한 상태에서 당황한 장벽경비대가 길을 내주었고 그것으로 베를린 장벽이 무너진 것이다.

베를린 장벽은 통일의 기회로 곧 이어졌다. 처음에 콜 수상은 통일이 약 5년 정도 걸릴 것으로 예상하며 1단계로 동독 자유선거, 2단계 연합국가, 3단계 연방 정도로 구상했다.[8] 그러나 동독 공산당의 부패가

---

7 양창석, 『브란덴부르크 비망록: 독일통일 주역들의 증언』(서울: 늘품, 2011), p. 43.

8 콘돌리자 라이스 저, 김태현·유근복 옮김, 『독일통일과 유럽의 변환: 치국경세술 연구』(모음북스, 2008), p. 198.

속속 드러나면서 주민들의 분노가 치솟고 정부의 권위가 삽시간에 무너지기 시작하였다. 1990년 3월 18일 실시한 동독자유총선에서 조기 흡수통일을 주장한 기민당과 독일연합이 승리하여 통일의 발판이 마련되었다. 화폐통합(90.5.18) 추진으로 통일의 실질적 기반을 마련한 후, 1990년 10월 3일 통일조약과 서독기본법 23조에 의거, 동독은 서독에 편입되어 통일이 실현되었다.

베를린 장벽을 무너뜨린 데는 이처럼 브란트와 콜 수상의 정치적 지도력이 큰 역할을 하였지만 그 기저에는 동서독 시민사회의 소통과 교류의 역할이 있었음을 간과할 수 없다. 특히 개신교 국가로 알려진 독일 시민사회는 종교가 중심을 이루고 있다. 동독 쪽에서 장벽을 허물기 위한 민주화 운동에 동독교회가 중요한 역할을 하였을 뿐 아니라, 분리 장벽에도 불구하고 동서독은 '독일신교연합회'라는 제도적 틀을 유지하였고 2년마다 동서독을 망라하는 '종교대회'를 개최함으로써 만남을 유지하였다. 특히 신교의 디아코니아재단(Das Diakonische Werk)과 구교의 카리타스(Caritas) 구호재단은 동독교회 및 주민들에게 광범한 물질적 지원과 탈출이주자들에 대한 서독정착을 지원했으며, 정치범 석방과 이산가족 재결합을 위한 내독 간 거래창구로 활용되는 등 핵심적인 역할을 담당하였다.

통일 이후 동서독 주민 간 삶을 보면 물리적 장벽 붕괴 이후에도 갈등이 완전히 해소되지 않고 있음을 발견한다. 동독주민들은 경제적으로 과거에 비해 상당한 수준으로 향상되었음에도 불구하고 서독사람들로부터 여러 면에서 차별을 받고 있다고 여긴다. 서독사람들은 동독인들이 나태하고 게으르다는 편견을 갖고 있고, 동독인들은 서독인이 잘난 체하며 동독인을 무시한다고 생각한다. 정치적으로 통일이 이루어졌고 경제적 차별도 거의 해결되었으나 사회심리적 갈등은 여전히 해소되지 않고 있다. 물리적 장벽은 제거되었고 제도적 장벽도 사라졌으나, 문화적·심리적 장벽은 그리 쉽게 사라지지 않는 현실을 볼 수 있다.

5. 한반도의 분단철책과 비무장지대(DMZ)

위에서 설명한 각 장벽은 세워진 이유와 배경이 다르고 그 역할도 각기 다르다. 북아일랜드는 양쪽이 서로 장벽설치를 필요로 하여 설치되었고 충돌을 방지하는 역할을 어느 정도 담당하고 있다. 이스라엘－팔레스타인의 경우는 이스라엘이 팔레스타인을 우려하여 일방적으로 장벽을 세웠고 당장의 충돌을 방지하는 역할을 하고 있으나 팔레스타인 주민들에게 물리적, 심리적 어려움을 끼치고 있다. 베를린 장벽은 동독이 자국민의 탈출을 막기 위해 쌓았고 서독은 이 장벽을 허물기 위해 끊임없이 노력했다. 그 결과 30여 년 만에 장벽이 거두어졌다.

한반도의 장벽은 38선의 분단으로 시작되었다. 38선의 분단은 한반도의 의지와는 상관없이 강대국이 일방적으로 부과된 것이었다. 초기에는 그 분단선이 강고하게 구축되지는 않았다. 서로 왕래도 하고 교류도 어느 정도 가능하였다. 그러나 양쪽에 각기 다른 정부가 수립된 이후 왕래가 어려워졌고 전쟁 이후에는 완전히 차단되었다. 한국전쟁으로 비무장지대가 설치되었고 남북대립 과정에서 비무장지대를 사이에 둔 남방한계선과 북방한계선에 철책이 2중으로 설치되었다.

그림 6-4 DMZ 철책선을 따라 철원 평화의 길을 걷는 일반인들 (강원도 제공, 다음 사진, 2019. 9. 4.)

1953년 7월 27일 휴전협정에서는 남북의 군사분계선 양쪽 2km를 완충지대인 비무장지대로 설정하고 그 안에서 "어떠한 적대행위도 강행하지 못한다,"(제6항) "특별한 허가 없이는 어느 일방의 군사 통제 하에 있는 지역에도 들어감을 허가하지 않는다,"(제7항) 그리고 그 안에서의 구체적인 규정들을 합의하였음에도 불구하고 전혀 지켜지지 않고 있다. 남방한계선과 북방한계선 각 2킬로미터 안에는 남북 모두 2중 철책으로 둘러싸여 있다. 철책 외에도 쌍방의 무력침공을 막기 위한 콘크리트 장벽이 부분적으로 구축되어 있다. 남쪽은 1970년대 후반 북한군의 기갑전략을 저지하기 위해 대전차 장벽을 건축하였고 1990년에는 북한이 이와 유사한 대전차 방어용 콘크리트 장벽을 세우는 등 남북

간 여러 지역에 방어적 목적의 콘크리트 장벽도 구축되어 있다.

분단편익

휴전선 철책과 DMZ는 어떤 기능을 하는가. 얻는 것과 잃는 것이 있을 것이다. 분단장벽의 나비효과를 이해하기 위해 분단비용과 편익과의 관계를 설명할 필요가 있다. 한국사회에서 최근 많이 연구되고 있는 분단비용은 분단이 자아낸 부정적 결과에 초점을 맞춘 것이다. 지금까지 분단연구는 그 폐해와 비용을 부각하는 방식으로 진행되었다. 강대국에 의해 일방적으로 강요된 남북한의 분단은 하나의 체제요 국가였던 조선을 3.8선을 기준으로 자의적으로 절단하였으니, 그 지리적, 경제적, 사회문화적 폐해와 비용은 필연적으로 발생하였을 것이다. 분단이 초래한 삼중적 구조, 즉 공간적, 제도적, 심리적 단절은 공간적 폐쇄성과 정치경제적 불안정성, 문화심리적 적대성을 생산해 내었다. 이러한 삼중적 분단은 지속적인 적대와 경쟁을 치르면서 일종의 체제와 제도로 자리 잡았다. 그 결과 분단체제론에서와 같이 분단체제가 본질적으로 안고 있는 적대적 성격이 집중적으로 부각되었다. 분단체제 하의 남북한은 적대적 의존관계와 거울영상 효과를 통해 상호 간에 끊임없이 부정적인 효과를 미치면서 분단비용을 양산하고 있다.[9] 따라서 분단문제는 주로 분단비용과 분단폐해의 현상에 집중하여 연구가 이루어졌다.

그러나 분단비용과 상반되는 개념으로 분단편익을 생각해 볼 수 있을 것이다. 분단의 폐해를 분단비용이라고 한다면 분단으로 얻는

---

9 분단체제는 기본적으로 지역적 분열과 상이한 삶의 양식, 그리도 적대성이라는 구조를 갖는다. 남북한은 서로 상대방과 적당한 긴장과 대결국면 조성을 통해서 대내적 단결과 통합, 혹은 정권안정화에 이용하는 적대적 공존관계를 유지해 왔다. 이종석, 『현대북한의 이해: 사상 체제 지도자』(서울: 역사비평사, 1995).

이익이 있다면 그것을 분단편익이라 부를 수 있다. 분단편익은 분단되었기 때문에 발생한 이익, 즉 분단되지 않았으면 얻을 수 없었던 이익을 의미한다. 대표적인 분단편익은 양자 간 극렬한 싸움을 중지시키고 상황을 안정적으로 관리할 수 있었다는 점이다. 전쟁을 치른 남북한이 비무장지대를 설정하지 않고 명분상 통합을 유지하기 위해 장벽을 설치하지 않았다면 내부 집단 간 갈등이 폭력적으로 분출할 경우 엄청난 사회적 비용을 감당할 수 없었을 것이다. 소극적 의미에서 보면 당장 싸움을 중단하고 고조된 감정을 누그러뜨리기 위해 비무장지대와 같은 장벽은 필요하다.

양측의 직접적인 무력충돌을 피하고 서로 더 이상의 싸움을 방지하도록 '비무장지대'를 설치했다. DMZ 설치로 남북이 싸움을 중단하고 완충지대를 유지하고 있는 것은 장벽설치로 얻은 소득이다. 이 비무장지대마저 없다면 남북 간 다툼과 싸움을 안정적으로 관리하기 참으로 어려울 것이다.

또 다른 면에서 분단 상황이 장벽의 이쪽과 저쪽 구성원들을 적절히 긴장하도록 하고 각성하게 하는 효과도 있을 것이다. 전쟁을 치른 남북한 사람들이 장벽을 사이에 두고 잠시 숨고르기를 하였지만 언제 다시 무력침공을 시작할지 모르는 불안이 존재하고 그것은 서로를 긴장하도록 만들었다. 따라서 긴장과 갈등은 항상 부정적으로만 볼 수는 없다. 적절한 긴장과 갈등은 종종 창조적 에너지로 사용되기 때문이다. 분단체제의 긴장과 갈등은 '전쟁으로 다져진 민첩성'을 기반으로 남과 북에서 경제발전의 거대한 원동력으로 십분 동원되었다. 휴전선 장벽이 초래한 여러 폐해에도 불구하고 긴장과 갈등이 구성원들을 신체적으로나 정신적으로 각성하게 하는 효과를 간과할 수 없다. 이러한 측면들을 모두 고려한다면 분단편익이 남북한에는 얼마나 되는지 파악하기 쉽지 않을 것이다.

분단편익은 나아가 분단구조에 참여하는 행위자가 분단의 명분을 이용하여 얻는 추가적 이익도 있을 수 있다. 국가나 정부, 시민사회가 분단 상황을 악용하여 자기에게 유리하도록 만드는 행위와 그 결과 역시 분단편익으로 볼 수 있다. 남한에서 정부나 시민사회가 '북풍'과 같이 북한의 위협을 부각시켜 이익을 얻고자 하는 행위나 북한에서 정권에 반대하거나 불필요한 사람들 '남조선 간첩'으로 처형하는 행위가 대표적인 편익이 될 것이다. 분단 상황을 이용하여 손쉽게 자기 체제를 합리화하며 챙기는 이익인 것이다.

뿐만 아니라, DMZ 유지를 통해 결과적으로 얻은 생태자원도 분단편익이라 할 수 있을 것이다. 70년 이상 인간의 손길이 전혀 닿지 않은 생태자원의 보고 같은 곳이 비무장지대이기 때문이다. DMZ는 생태자원이 풍부한 생태계의 보고로 국제적으로도 희귀생태자원의 가치를 인정받는 지역으로 유네스코의 생물권보전지역으로 지정될 수 있는 곳이다. 반세기가 넘는 기간 동안 잘 보존된 생태자원은 세계인의 관심이 되고 있으며 관광자원으로서의 가치가 충분히 있다. 물론 그 안에 수많은 지뢰가 뿌려져 있고 비무장지대가 사실상 다른 지역과 단절되어 있어서 문제가 없는 것은 아니지만 긍정적 측면에서 보면 그나마 좁은 한반도 땅에 야생동물들이 생존할 수 있는 천혜의 공간임은 분명하다.

분단비용

그러나 장벽설치로 잃어버린 것은 훨씬 많다. 남북 간 물리적 이동이 차단된 것은 치명적이다. 남과 북에 모두 치명적인 손실과 피해를 초래하였다. 이런 점에서 분단 상황에서 현재 남북한이 치르고 있는 비용, 즉 분단비용을 깊이 성찰해 볼 필요가 있다. 특히 대한민국이 지불하고 있는 비용과 구성원들이 겪고 있는 고통을 들여다보아야 한다. 분단편익이나 통일편익을 논하기 이전에 현재 우리가 살고 있는 분단의 삶을 되돌아보면서 당장에 지불하고 있는 분단비용의 심각성을 자각할 필요가 있다.

분단된 우리나라가 분단 때문에 받고 있는 폐해는 가히 천문학적이라 할 수 있다.[10] 첫째로 분단이 초래한 지리적 폐쇄성으로부터 오는 폐해가 대단히 크다. 분단으로 말미암아 남한은 지리적 밀폐공간으로 전락하였다. 삼면이 바다이고 다른 한 면은 철조망으로 둘러쌓여 있으니 지리적으로 본다면 고립된 섬이나 다를 바 없다. 지리적인 밀폐성은 우리의 경제와 사회에 막대한 피해를 주고 있고 의식과 가치관에도 영향을 주고 있다. 사람의 의식과 가치관은 지정학적 요인에 지대한 영향을 받는데, 한국인들은 지리적으로 밀폐된 공간에 놓여 지리적으로 열린 세계에 대한 비전을 상실하고 있다. 우리사회에 고착화된 배타주의와 폐쇄성이 분단의 지리적 밀폐성에 의해 강화·재생산되고 있다.

둘째로, 분단이 끼치고 있는 경제적 손실이 막대하다.[11] 분단체제 하에서 남북한은 휴전선에 180만 병력과 엄청난 화력을 쏟아 붓고 있다. 이 엄청난 군사비용을 줄이지 않으면 지속 가능한 경제기반을 구축할 수 없다. 경제학자 조동호와 김병연에 의하면, 남북한이 40만의 병력을 유지할 경우, 즉 남한이 인구비례로 가정하여 27만 명의 병력을 유지할 경우, 국방비지출과 보유병력의 축소만을 통해 연간 평균 4－5조 원 정도의 재정을 확보할 수 있게 된다. 남북한 총군사비 연간 230억 달러 가운데 남한만 보더라도 40억 달러 이상의 재원을 절감하여 경제건설에 전환할 수 있다. 200만의 병력을 30－40만으로 축소할 경우 남북한의 국방비는 현재 44조 원에서 29조 원으로 15조 원 가량 줄어들며, 절약한 돈은 서울과 신의주 고속도로를 연간 5개 건설할 수 있는 금액이다. 여기에 남북 간 군사적 대치로 발생하는 경제사회

---

10 조용관·김병로, 『북한 한걸음 다가서기』(예수전도단, 2002), pp. 76－78.
11 신창민, 『통일은 대박이다』(매일경제신문사, 2012), pp. 47－68.

적 비용도 연 5조 원 정도 줄일 수 있을 것으로 봐서, 통일에 따른 한반도 안보 비용이 전체적으로 매년 21조3000억 원가량 줄어들게 된다.

셋째로, 분단이 끼친 사회적 폐해도 심각하다. 지리적 분단은 필연코 사회적 분단을 초래할 수밖에 없다. 지리적 분단은 사회관계를 폐쇄적, 배타적으로 만들어 버렸다. 배타적, 폐쇄적 사회관계는 현재 한국사회의 크나큰 병폐가 되고 있다. 이러한 극도의 대립과 배타적 상호관계의 외적 환경은 남북 간 사회내부에 분단구조를 내재화하여 그 속에 살고 있는 사회구성원들은 적대적 대립과 흑백논리, 극한 대결을 일상화, 내면화하였다. 이것은 분단구조가 한반도 구성원들에게 끼치고 있는 최대의 폐해다. 프랜시스 후쿠야먀(F. Fukuyama)의 주장처럼 신뢰(trust)는 사회적 자본(social capital)으로서 21세기 국가발전의 가장 중요한 자산이다. 신뢰가 없는 사회는 불신으로 인해 공직자의 부패가 만연할 뿐만 아니라 부정부패를 감시하는데 많은 비용이 소모되어 효율성이 떨어지게 된다. 오랜 분단으로 한반도는 사회적 자본인 신뢰가 파산상태에 이르렀다. 이런 점에서 분단이 빚어낸 최대의 비극은 바로 불신이다.

분단이 낳은 가족이산의 장벽

200만 명이라는 엄청난 죽음과 학살을 불러온 한국전쟁은 무참한 폭력으로 가족을 찢어놓고 인간의 육체와 정신, 마음을 무자비하게 짓밟아 놓았다. 그리고 수만 명의 고아와 수백만의 불구자를 만들어 내며 가족을 파괴하였다. 전쟁은 남북한의 많은 가족에게 크나큰 상실감과 씻을 수 없는 상처를 안겨주었다. 한반도에 사는 수많은 사람들이 바로 이러한 상실감과 상처를 가슴속에 깊이 안은 채 살고 있다.

그러나 더 가슴 아픈 일은 1천만의 가족들이 생사를 모른 채 휴전선 장벽을 사이에 두고 70년을 살아가고 있는 현실이다. 지금까지도 가족이 죽었는지 살았는지조차 모른 채 지내는 사람들이 많고 이러한 사실을 확인할 길도 없다. 분단장벽이 얼마나 잔인한 것인가를 여실히 보여주는 예다. 해방정국의 혼돈과 한국전쟁으로 양산된 이 산가족은 남북분단 역사의 비극과 고통을 대변하는 민족문제의 상 징으로 자리하고 있다. 1천만이라는 숫자에 대해서는 다소 과장된 면이 있을 수 있으나 적게 잡아 600만 명이라 하더라도 결코 적지 않은 숫자다.

분단과 전쟁은 월남, 월북, 납북, 포로, 탈북 등 여러 형태로 가족 이산을 양산하였다. 납북 귀환자들이자 간첩혐의를 받아 고문을 받 고 그 가족이 완전히 파괴되어 버린 사례는 허다하다. 목욕탕에 간 다고 나갔던 남편이 33년 동안 돌아오지 않은 가족, 이웃들로부터 빨갱이 가족으로 낙인 찍혀 고통 받던 가족, 간첩이라는 누명을 쓴 것도 억울했지만 친구나 친척까지 피해를 입힐까봐 접촉을 끊고 숨 만 쉬며 살았다는 가족들, 다행히도 민주화 이후 재심을 통해 무죄 인정을 받기는 하였으나 그것은 이미 자신과 가족이 모두 파괴되고 난 후의 일들이다.

이 많은 사람들이 가족들조차 만나지 못한 채 휴전선 장벽을 사 이에 두고 남과 북에서 살고 있다. 이 비극적 현실은 분단장벽의 강 고함이 얼마나 단단하게 쌓여 있는가를 웅변적으로 보여준다. 도대 체 그 장벽이 무엇이기에 사랑하는 가족의 만남조차 허용하지 못하게 할까. 사상과 이념이 무엇이기에 그리운 형제와 자매, 부모와 자식의 만남을 막을 수 있다는 말인가. 정말 철저하게 강포한 인간의 모습을 보게 된다. 무엇을 위해, 무엇 때문에 장벽을 유지하고 있는가. 분노, 절대로 용서할 수 없다는 원망, 정의를 세우고 불의를 바로 고치겠다는 욕망, 그런 허망한 것들이다. 사상과 이념이 만들어 낸 이 장벽, 너무나 잔인하고 비인간적인 장벽이 버젓이 존재하는데도 많은 사람들은 그저 그렇고 그런 것이려니 하며 관심을 두지 않으니 이 어찌 스스로 살아 있는 사람이라 말할 수 있을까.

분단은 우리 삶 가까이에서 사람들의 기억과 인식, 삶과 생활, 관계 맺기와 협력하기에 심대한 부정적 영향을 미치고 있다. 그럼에도 보편의 사람들은 분단체제에 동화되고 순응되어 분단을 잊고, 평화를 잊고, 무관심과 왜곡의 굴레를 더욱 크게 굴리는 삶을 살고 있다. 분단장벽이 우리를 이렇게 만들어 왔다.

분단장벽 나비효과의 결정판 북한

북한의 오늘날 상황은 분단장벽의 나비효과가 궁극적으로 어떤 것인가를 극명하게 보여주는 현장이다. 북한은 분단장벽으로 정치와 경제가 완전히 몰락했다. 분단장벽의 폐쇄성에다 그 폐쇄성을 극복하지 못하고 오히려 단절적 국가운영을 지속한 결과 참으로 참담하리만큼 피폐해졌다. 그것을 사회주의 체제나 제도의 탓으로만 돌릴 수는 없다. 사회주의 세계체제가 워낙 폐쇄적이기도 하거니와 북한 스스로 고립과 단절을 의도적으로 추구한 결과다. 이 극단적 폐쇄성의 구조와 심리가 어떻게 고착되어 있는지 『북한 조선으로 다시 읽다』(김병로, 2016)는 잘 보여주고 있다.

1970년대와 1980년대 세계적으로 종속이론과 해방신학이 남미와 아시아 등 제3세계를 휩쓸던 때 북한은 저개발국의 각광받는 발전모델로 평가되었다. 자본주의 세계체제는 워낙 불평등한 교환과 착취구조로 되어 있어 선진자본국과 교류를 하면할수록 종속이 심화되고 저발전의 늪에서 헤어날 수 없다는 이론이다. 그래서 제3세계가 발전을 구가하려면 자본주의 세계체제와 단절하여 자립적 체제를 구축해야 한다고 주장하였다. 그 대표적인 성공사례가 북한이었다. 동유럽과 아시아 사회주의 모든 나라가 닮고 싶은 발전모델이었다. 그러나 그 폐쇄체제는 결과적으로 발전하지 못했고 가난에 허덕이고 있는 것이 오늘날의 모습이다. 그 사이에 많은 설명과 이론이 가능하겠지만, 단적으로 1인당 GDP만 보아도 북한의 1,300달러는 32,000달러인 남한과 현격한 차이가 난다.

정보화가 보편화되는 21세기에는 이러한 단절이 사이버 영역까지도 해당된다. 자국민들에게 인터넷 차단이라는 높은 벽을 세워 북한의 안과 밖을 철저히 차단하고 있다. 북한보다 인터넷 접속이 조금은 더 자유로운 중국의 경우도 인터넷 검열을 통해 자국민의 해외정보 접속을 통제한다. 이 사이버 장벽이 앞으로 어떤 나비효과로 나타날지는 장담할 수 없으나 당연히 부정적 결과와 긍정적 효과가 동시에 작동할 것이다. 긍정적으로는 외부의 유해한 정보와 담론으로부터 일정한 거리를 둘 수 있어 당장 정치적 동요나 윤리적 퇴폐 같은 요소로부터 영향을 덜 받게 될 것이다. 그러나 정보접촉과 교류를 통한 지식습득과 창조적 활용에서는 역동성이 떨어질 것은 분명하다. 장기적으로 보면 중국이나 북한 사회의 역동성을 떨어뜨리는 부정적 효과가 더 크게 나타날 것은 자명하다.

남한도 북한으로부터 단절되고 폐쇄되어 분단 초기에는 상당한 어려움을 겪었다. 산업시설과 에너지가 대부분 북쪽에 있었기 때문에 경제적 타격이 특히 심각하였다. 때문에 분단초기에 경제적 침체와 정치적 불안으로 미국으로부터 종속이 심화된 측면이 있었다. 그러나 자본주의 세계체제의 개방성을 기반으로 일본과도 교류를 심도 있게 추진하였고, 탈냉전 이후에는 사회주의 국가와도 장벽을 없애고 교류와 소통을 추진함으로써 세계 10위권의 경제강국으로 성장하였다.

장벽은 갈등이 해결할 수 없을 정도로 심각하고 폭력으로 분출될 우려가 매우 클 때 완충지대의 역할을 한다. DMZ도 그렇지만 폭력적 분쟁을 당장 막을 수 있는 방법은 완충지대를 설치하는 길 밖에 없다. 하지만 그 완충지대는 시간이 지나면 점점 폐허로 변한다.

1974년 키프로스 분쟁을 해결하기 위해 바로샤(Varosha) 지역에 178킬로미터의 완충지대를 설정하였다. 주민들은 터키군의 학살이 두려워 다른 곳으로 이동하였고, 바로샤는 철조망과 감시탑으로 터키군에 의해 봉쇄되었다. 거리는 텅비었고 도로에는 잡초가 무성하며 버려진 건물들은 폐허로 있다. 강제로 분리하고 장벽을 세우는 것은 당장의 폭력을 해결할 수 없을 때 강구하는 극단적 처방이다. 그러나 이 장벽이 만들어낸 오늘의 현실은 아무도 원한 결과가 아니다. 시간이 지날수록 장벽의 효율은 떨어지고 비인간성은 커진다.

남북 간에 설치된 휴전선 장벽도 그렇다. 장벽설치가 초기에는 전쟁으로 격화된 감정을 추스르고 상대의 침략으로부터 안전을 도모함으로써 심리적 안도감과 부분적 평화를 누리도록 하는 효용성이 있었다. 또 나태하지 않고 각성하도록 촉구하는 기능을 함으로써 '전쟁으로 다져진 민첩성'이 발휘되었다. 그러나 시간이 흐를수록 소모적일 뿐이다. 탈냉전 이후에는 특히 분단장벽의 효용성은 더 이상 기능하지 않는다. 탈냉전 이후 지난 30년 간 분단철책으로 남과 북이 무엇을 얻고 있는가를 자문해 보면 알 수 있지 않은가!

냉전시기까지는 분단이 어느 정도 긍정적 효과가 있다고 주장할 수 있었다. 종속이론가들이 주장했듯이 한 나라가 발전을 구가하려면 자본주의 세계체제로부터 단절하여 자립체제를 구축해야 한다고 주장하였다. 자본주의 선진국으로부터 담을 쌓고 장벽을 쌓지 않으면 불평등을 재생산하는 악순환을 벗어나기 어렵다고 하였다. 그러한 신념으로 북한은 휴전선 장벽을 쌓은 이후 세계로부터 완전히 단절된 자립체제를 구축하였다. 그것이 오늘날 북한의 발전경로를 어떻게 이끌어 갔는가는 새삼 거론할 필요조차 없다. 북한은 세계의 최빈국이 되었고 가장 억압적인 나라가 되었다. 장벽으로 철저히 봉쇄된 나라의 최후가 어떤 결말을 초래하는가를 여실히 보여준다.

지난 30년 동안 분단과 장벽으로 인한 역동성과 편익은 현저히 저하되었고 시너지도 상실되었다. 서로에게 피해만 주고 비용을 증가시켜 결과적으로 모두의 붕괴를 재촉할 뿐이다. 이제 장벽은 아무 짝에도 쓸모없는 존재가 되었다. 하루빨리 거두는 것이 모두에게 유익일 것이다. 어떻게 이 갈등과 분쟁의 장벽을 거두고 평화와 번영을 구가할 수 있을까.

제3부

한반도發 평화학의
구성

07

한반도發 평화학의 키워드

1. 한반도에서 발신하는 평화의 주제

모든 국가와 사회는 그 지역에서 가장 고민하고 갈등하는 주제를 두고 씨름한다. 유럽에서는 인종이나 종교가 갈등의 주된 이유가 되기도 하고 다른 곳에서는 역사문제나 경제적 이익, 수자원 문제 등 각양의 독특한 요소들을 둘러싸고 갈등이 발생하고 그것을 해결하기 위한 평화의 논의들이 진행된다.

그렇다면 한반도가 주되게 갈등하는 고민은 무엇이며, 세계에 던지는 평화의 화두는 무엇인가? 무엇이 한반도 갈등의 실제적 이슈이며 세계로 발신할 수 있는 평화의 독창적 주제가 될 수 있는가? 우리 자신을 돌아보아도 그렇고 세계의 많은 사람들은 한반도를 보면서 가장 먼저 떠올리는 것이 바로 남과 북으로 갈라진 분단일 것이다. 그 분단을 극복하고 통일을 통해 대립의 근원을 해소하며 평화로운 공존이 가능한

가를 묻는다.

한반도 밖으로 그것은 인류에게 분단된 두 집단이 서로 협력하고 교류하여 하나의 통합된 국가공동체를 형성할 수 있는가의 질문을 던지는 것이다. 분단된 독일이 통일을 이루었고, 유럽의 여러 나라들이 연합을 이루어 새로운 실험을 하고 있다. 이러한 상황에서 아시아에서, 그것도 수백만의 살상을 초래한 전쟁을 겪은 두 집단이 화해하며 공존하고 나아가 하나의 정치적 공동체를 형성할 수 있는가 하는 주제는 평화를 갈망하는 인류에게 그 희망을 어디까지 품어야 하는가를 보여주는 실험장이다. 이런 점에서 한반도가 세계에 보여줄 수 있는 평화의 주제는 바로 남북화해와 통일을 통한 평화, 즉 통일평화인 것이다.

이 통일평화는 남과 북 각각에 또 다른 평화의 주제를 떠올리게 한다. 북한과 관련하여서는 핵문제가 작금의 시급하고도 중대한 주제로 떠올랐다. 핵문제는 엄청난 파괴력으로 순식간에 수많은 사람들을 죽음으로 몰아넣는 대량살상무기(WMD)다. 21세기에는 이 핵무기가 단순한 대량살상무기로서만 아니라 체르노빌 사건이나 후쿠시마 원전폭발 사건이 보여주듯 방사능 누출이 심각한 위험으로 등장했다. 핵에너지는 경제발전과도 뗄 수 없는 상황이어서 경제성장을 꿈꾸고 있는 저개발국으로서는 포기할 수 없는 자원이기도 하다. 이처럼 핵 이슈가 중요해진 상황에서 북한이 공개적이고 적극적으로 핵무기를 개발하고 위험한 핵실험을 수차례 강행하여 유엔과 세계 각국의 지탄을 받고 있다. 북한 때문에 세계적 관심사로 부상한 핵문제는 한반도가 세계로 발신하는 평화학의 중심 주제로 이미 들어와 있다. 이런 점에서 비핵평화는 한반도발 평화학의 두 번째 주제가 된다.

그런가 하면, 남한과 관련하여서도 평화의 독특한 메시지를 세계로 발신할 수 있는 부분이 있다. 분단 75년 동안, 특히 탈냉전 30년 동안 남한이 추진한 경험과 여러 실험은 평화를 향한 도전과 가능성을 열어주었다. 경제성장 모델을 보여주었고 정치민주화의 가능성을 열었으며, 세계적 한류를 창출하며 음악과 예술 분야에서 두각을 나타냈다. 스포츠에서도 남다른 재능을 보여주어 짧은 시간에 여러 면에서 인류의 가능성을 보여주는 데 성공하였다. 특히 남북갈등의 현장에서는 다양하고 창의적인 방법을 동원하여 문제 해결을 시도하였다. 이산가족 면회소를 건설하여 가족상봉과 결합을 촉진하고 또 정보기술을 활용하여 화상상봉까지 추진하였다. 관광을 통한 교류와 협력을 추진하였고 공단건설을 통해 남과 북이 경제적으로 상호이익을 추구하며 공간기획을 통해 창의적인 평화구축을 시도하고 있다. 이런 점에서 한반도가 보여주는 평화의 다양하고도 창의적인 공간기획은 세계의 많은 나라들이 관심을 가져볼만하며 세계에 발신하는 한반도발 평화학의 핵심 주제로 손색이 없다.

20세기 분단의 역사에서 통일의 역사로 나아가는 이 역사적 전환기에는 즉각적인 대응보다는 큰 흐름을 주목하는 총체적 예지를 발휘하는 일이 중요하다. 주어진 조건 하에서 기술공학적으로 계산하는 것만으로는 다가오는 미래를 준비하기 어렵다. 그동안 관성적으로 친숙한 모델을 넘어서 정말 혁신적이고 창의적인 미래가치가 무엇인지 묻게 된다. 우리 세대에 한정되지 않고 다음 세대와 그 다음 세대까지도 고려하는 감각이 요구되며 한반도의 남쪽에 국한되지 않고 한반도 전체 및 동북아와 전지구적 공간을 아우르는 사유의 폭이 필요하다. 한국적 문제의식 못지않게 세계사적 문제의식이 포괄되어야 하고 근본적으로 '인간의 미래'에 대한 깊은 고민을 담아내야 한다. 그런 근원적인 깊이를 지닌 한국적 비전이 만들어질 때 21세기 한반도를 주도적으로 만들어갈 수 있을 뿐 아니라 세계적인 공감을 불러일으킬 수 있을 것이다.

2. 남북화해의 통일평화

한반도발 평화학의 첫 번째 주제는 통일평화(unification peace), 또는 통일을 통한 평화(peace through unification)다. 평화를 열망하는 마음은 한결같다. 그러나 그토록 염원하는 평화가 우리 곁으로 쉽게 다가오지 않는가를 살펴보면, 놀랍게도 사람들이 생각하는 평화가 모두 다르다는 사실을 발견한다. 개인에게는 물론이거니와 나라와 국가마다 각기 상황과 조건이 다르기 때문에 평화가 처한 지배적인 조건과 환경을 제대로 이해하지 않으면 평화에 이르는 길을 찾기가 쉽지 않다. 민주평화, 시장평화, 연대평화, 녹색평화 등 평화에 도달하는 여러 길과 방법을 우리는 들었다. 유럽이라는 역사적 상황에서 나라마다, 국가나 사회의 형편에 따라 평화에 이르는 길을 달리 제시했다.

나치즘과 파시즘, 군국주의 등 권위주의 정치제도가 횡횡하면 국가간 폭력과 전쟁으로 이어져 평화가 깨어지는 경험을 했던 유럽은 각 나라의 정치제도가 민주화되는 것이 평화가 지속될 수 있는 길임을 민주평화론으로 제시했다. 또 경제적으로 상호의존하는 나라들 간에 평화가 지속된다거나 시민사회 구성원들의 연대의식이 발동될 때 평화가 유지된다는 주장들을 펼쳤다. 환경운동을 시작하면서 녹색을 평화와 연결하는 흐름도 생겨났다. 모든 주제들이 평화에 이르는 유력한 길을 안내해 주었다. 한반도에서도 평화를 구가하려면 이러한 노력들이 반드시 전제되어야 한다.

그러나 한반도가 평화를 누리지 못하는 주된 이유가 과연 정치적 독재와 경제적 빈곤, 연대의 부족이나 환경파괴가 이루어져서 일까? 한반도의 갈등과 평화의 부재는 '분단'문제가 근원이다. 분단이 남과 북에 끼친 해악은 이루 말할 수 없다. 분단이 남과 북의 발전에 끼친 경제적 폐해를 적시하기 위해 분단비용이라는 개념을 사용한다. 분단은 실로 남과 북에 엄청난 경제적 비용을 부과하였다. 그러나 분단을 단지 비용으로만 치부하기에는 그 폐단이 너무 크다. 분단이 야기하는 수많은 갈등과 폭력적 결과들을 볼 수 있다.

이런 맥락에서 두말할 것 없이 한반도發 평화학의 주된 과제는 남북 간 적대적 대립, 무력대치에서 오는 물리적 폭력, 전쟁의 재발 가능성에 대한 억지다. 이것은 매우 고전적인 전쟁방지의 과제인 셈인데 실제로 현재의 한반도는 극심한 무력대치상황에 정치적 불신과 사회경제적 단절구조가 맞물려 물리적 충돌과 폭력의 증폭 가능성이 매우 높다. 고전적 의미에서의 평화문제, 즉 전쟁의 방지, 안보중심의 평화론, 현실주의적 관점이 강한 힘을 발휘할 조건이 존재한다.

그런데 한반도의 이 갈등구조는 기본적으로 분단질서에서 유래하는 구조적 속성을 갖는다. 식민지로부터의 해방과 새로운 국민국가형성과정에서 분열된 한반도의 남북은 전지구적 냉전체제와 결합되어 특유의 분단질서, 분단체제를 구축하게 되었다. 현재의 분단은 단순히 남북한 당사자의 적대성에 한정되지 않고 국제적인 성격을 지닌다. 분단의 구조를 극복하는 문제는 한반도 평화체제 구축 및 남북한 통일의 과제와 연결되는 것이고 다시 한미동맹의 미래 및 북미·북일 수교와 같은 복합적인 국제정치와 결합된다. 한반도 차원을 중심으로 남북한, 북미, 북일, 미중의 다층적 갈등구조가 겹쳐있는 상황인 셈이다.

정치군사적 측면에서 통일평화를 실현하려면 평화체제와 제도구축이 중요하다. 한반도 분단을 법 제도적으로 해결하기 위해 평화협정이 필요하고 이를 뒷받침하는 제도적 평화체제 형성이 필요하다. 남북대화와 통일방안의 마련, 6자회담 등 다자안보협력 체제 등 통일평화를 실현할 수 있는 구체적인 제도와 체제의 마련이 긴요하다.

그런가하면 한반도에는 탈냉전 30년을 지나면서도 여전히 냉전적 적개심이 레토릭 차원을 넘어 정책과 집단정서의 차원에서 힘을 발휘하고 있다. 한국전쟁의 결과 다양한 형태의 원한과 분노가 자리 잡고 있고 그것을 풀어낼 기회를 갖지 못한 채 70년을 보내고 있다. 남북한 사이에는 '민족관계'라는 포용적 성격이 있지만 각 주체의 차원에서는 여전히 풀리지 않은 원한과 적개심이 존재하고 있다. 전쟁의 종식이라는 조약이나 규정의 문제 이전에 전쟁의 상처를 해소할 과정, 즉 진상규명과 용서, 그리고 화해의 과정이 필요하지만 남북한 사이에 전쟁의 성격과 책임을 둘러싸고 여전히 정반대의 관점이 부딪치고 있는 실정이다. 남북의 화해에 관해서는 다음 장에서 조금 더 설명하겠지만 한반도는 아직 화해의 시작단계에도 들어가지 못했다. 화해의 시작은 서로에게 "미안하다"라는 말을 하는 것인데 남북한은 아직 과거에 대한 문제를 한번도 진지하게 꺼내어 얘기해본 적이 없다.

뿐만 아니라 한반도의 남북에는 서로 다른 성격이긴 하지만 모두 적대적이고 갈등조장적인 문화와 논리들이 포용적이거나 관용적인 논리보다도 더 힘을 얻는 경향이 있다. 분단 70년간 지속되어온 이데올로기적 규정력의 관성 탓이 크지만 이질적인 요소들을 포용하고 관용하는 문화적 다양성을 충분히 교육하고 사회화하려는 노력이 부족한 점도 큰 이유의 하나다. 남한의 경우 자본주의적 경쟁론이 큰 이유라면 북한의 경우 사회주의적인 배타성과 자기중심주의가 큰 요인으로 작용하고 있다. 문화적 동질성을 선호하고 혼성적인 요소들을 거부하는 순수주의 내지 배타주의도 한 몫을 하고 있고 남북한이 서로에 대한 비난을 통해 스스로의 정체성을 확인하려는 정치문화도 여전히 존재한다.

바로 이런 맥락에서 한반도의 평화학은 근본적으로 분단과 통일의 문제를 제외할 수가 없다. 분단을 통해 평화를 유지하려는 '분단평화' 구상은 본질적으로 불완전할 뿐 아니라 지속가능하지도 않다. 이 불완전한 분단평화가 폭력으로 작용하는 경우가 허다하다. 제주 4.3사건에서도 그렇고, 분단을 빌미로 국가가 국민들에게 행사한 폭력은 문자 그

대로 분단폭력이다. 납북되었다가 귀환한 가족을 국가가 간첩으로 몰아 결국 일가족이 평생 회복할 수 없는 지경에 이른 사례를 보면 정말 폭력적이다. 이산가족들의 아픔과 고통에 대해서는 『한반도 분단과 평화부재의 삶 – 성찰과 치유를 위한 이산가족 이야기』에서 상세히 언급하였다. 그러나 분단이 때로는 평화의 묘책이 된다. 분단평화라 할 수 있다.

그렇다면 "분단은 폭력이다!"라는 명제와 "분단도 평화다!"라는 명제를 대립시켜볼 수 있다. 분단이 폭력적 측면도 있고, 평화를 유지하는 측면도 분명히 있다. 분단을 극복하려는 통일도 마찬가지로 폭력적일 수도 있고, 평화의 수단일 수도 있다. 통일을 평화적 수단으로 추구하지 않고 강압적으로 추구한다면 통일은 폭력이 될 것이다. 그러나 분단비용과 분단폭력을 줄이고 평화적 수단에 의해 통일을 추구한다면 통일은 평화가 될 것이며, 한반도가 고민하는 주된 갈등과 폭력을 해소하는 가장 유력한 길이 된다.

한반도의 주된 갈등과 폭력의 주제는 분단이고 분단을 해소하지 않고서는 한반도에서 진정한 평화를 누릴 수 없다. "분단은 폭력이다!"라고 할 때, 분단은 3중적이다. 지리적·경제적 분단과 정치적 체제분단, 민족의 정서적 분단이 그것이다. 분단이 구성원들에게 끼친 고통은 헤아리기 어렵다. 이 분단을 극복하기 위해서는 지경학적 차원과 정치적 차원, 정서적 심리적 차원의 노력이 함께 이루어져야 한다. 중장기적인 미래를 내다볼 때 한반도의 평화학은 통일을 통해서 구현되어야 마땅하다. 이런 의미에서 "통일은 평화"이며 통일평화는 한반도발 평화학의 키워드다. 소극적 분단평화를 넘어서 적극적인 통일평화를 지향하는 것이 한반도발 평화학의 일차적인 내용이 되어야 할 것이다.

3. 탈위험 녹색지향의 비핵평화

한반도발 평화학의 두 번째 주제는 비핵평화(Non-nuclear peace 또는 nuclear-free peace)다. 비핵은 오늘날 세계적 관심사다. 오바마 대통령이 '핵없는 세계'의 기치를 들고 나왔다. 핵무기 뿐만 아니라 원자력에너지도 폐기하겠다는 의미로 부각되었다. 독일은 메르켈 총리가 탈원전을 이미 선언한 상태다. 러시아 체르노빌 원전 사고에 이어 일본 후쿠시마 원전사고로 방사능 누출 문제는 심각하다. 핵무기는 물론 핵을 이용한 에너지 발전도 금지해야 한다는 운동이다. 신종플루와 최근 겪고 있는 코로나19 바이러스와 같은 의료, 환경 재난으로부터 안전을 지키고 지구의 평화를 지키는 것은 중요한 과제가 되었다. 북핵으로 한반도 문제는 이제 세계적으로 핵문제가 주요 이슈가 되었고 한반도는 이제 핵문제를 본격적으로 다루어야 하는 상황이 되었다. 이런 점에서 한반도발 평화학의 두 번째 주제는 위험으로부터 생태·문명을 보호하는 비핵평화다.

한반도에서 발신하는 비핵평화는 크게 두 가지 주제를 포함한다. 하나는 대량살상무기로서 위험한 핵무기를 폐기하는 것이고, 다른 하나는 생태·문명의 위험요소로서 원자력과 방사능 문제에 관한 것이다. 핵무기 폐기 문제는 한반도 문제의 심각한 주제가 되었다. 북한의 핵은 이제 꽤 유명해졌다. 김정은도 핵으로 알려졌고 북한은 실질적인 핵보유국으로 인정되고 있을 정도다. 핵문제가 한반도 갈등의 주제 의제로 자리매김된 것이다. 핵문제는 한반도에서 발신하는 평화의 핵심 주제 중 하나임이 분명하다.

현재 북한의 핵개발로 초래되는 핵무장의 위기는 국제사회에서 한반도 문제의 주된 이슈이다. 핵의 군사적 이용은 전인류가 단호하게 금지하고 있는 것이고 유럽의 평화론이 일차적으로 중시하는 과제가 비핵화라는 점에서 매우 국제적 문제로 부상하였다. 핵에 대한 두려움으로 남한주민들도 핵을 가져야 한다는 의식이 강하다. 국민들의 65% 이상이 남한도 핵을 개발해야 한다는 의견이 우세하다. 북한의 핵야욕에 직면하여 핵의 위험성을 지적하고 장기적으로 핵에너지까지도 어떻게 다루어야 하는지 묻게 된다. 분단문제를 해소하지 않는 한 북한 스스로가 체제위기를 극복할 방책으로 이 카드를 집요하게 붙들 개연성을 불식시키기는 어렵다.

이런 점에서 핵무기 위험을 관리하고 문제를 해결하기 위해 6자회담과 같은 동북아 다자협력체제의 필요성이 제기된다. 나토(NATO)나 유럽연합과 같은 다자안보체제 내지 국가 간 연합체를 어떻게 구성할 수 있는지, 그러한 다자회담체를 통해 핵무기와 대량살상무기의 위험에 성공적으로 대처할 수 있는지 등이 시험대에 올라와 있다. 동아시아에서 다자기구의 실효성을 묻는 질문이 한반도발 평화의 주제가 되는 것은 바로 북한과 남한이 연관되어 있기 때문이다. 중국과 일본, 러시아 등 함께 참여하는 나라들의 역할도 중요하지만, 한반도 갈등의 당사자인 남한과 북한이 어떤 역할을 하느냐에 따라 역내 다자안보체제나 다자기구의 성패가 좌우될 수 있다. 이런 점에서 동북아 다자안보체제의 구성과 작동은 핵문제 해결과 관련하여 한반도에서 발신하는 평화의 주요 주제라 할 수 있다.

비핵평화의 주제는 위험사회에 관한 문제로 녹색개발의 맥락과 깊은 관련이 있다. 핵문제는 경제발전을 위한 핵에너지 활용과 관련되는 주제다. 전지구적 차원에서 환경문제와 지속가능한 인간존재 양식을 모색하는 철학적 사유로 서구사회는 오래 전부터 녹색평화, 녹색가치를 강조하였다. 탈냉전 이후 새로운 위험으로 떠오른 기후변화에 공동으로 대응하기 위한 유엔 차원의 노력이 있으나 아직은 선진국과 개발도상국 사이의 이해관계를 넘어설 보편의 틀을 발전시키는데 성공하지 못하고 있다. 그럼에도 불구하고 최근의 기후협약을 둘러싼 국제적 노력에서 보듯 환경과 기술, 기후와 자원문제에 대한 대안적인 패러다임의 모색은 더 이상 선택이 아니라 필수적인 과제가 되고 있다.

한국에서도 핵에너지의 활용과 관련하여 탈원전 정책을 둘러싸고 고민이 깊다. 방사능의 위험을 줄이기 위해 원자력 발전소를 점진적으로 폐쇄해야 할 것인가, 경제발전을 위해서는 일정한 위험을 감수하고 원자력발전소를 유지해야 할 것인가, 유지한다면 규모를 어느 정도로 하는 것이 적절한가 등의 논의들이 한반도발 비핵평화와 관련된 주제들이다. 갈퉁은 한국의 발전전략을 황색전략의 사례로 꼽았는데 시장논리와 국가논리가 함께 결합된 경우로 권위주의적이면서도 시장주의적인 원리가 힘을 행사하는 사회를 의미했다. 이 바탕에는 20세기 이래 내면화했던 사회진화론적 의식, 약육강식의 경쟁론, 어떤 형태로든 살아남아야 한다는 실존주의적 조급성 등이 자리하고 있다. 따라서 한국사회 구성원이 집합적으로 추구해오면서 자연스레 내면화한 근대적 가치들 자체가 매우 강력한 경쟁논리, 공동체보다는 개인을 우선시하며 모든 잘못을 개인책임으로 돌리면서도 국가의 강력한 동원력과 통제력을 희망하는 특징을 가지게 되었다. 불균등한 발전과정에서 소외되거나 낙후된 지역과 계층의 소외와 어려움이 사회적 불안과 모순의 한 축이 되고 있다.

한국사회는 급속하고도 압축적인 성장전략의 결과 문명적 위기, 재해와 위험, 환경재난의 위기를 안고 있다. 기후변화, 생태적 위기, 환경오염 등 근대문명의 문제를 매우 전형적으로 겪고 있는 사회이기도 하다. 이런 생태위기는 북한의 경우 더욱 심해서 산림, 토지를 비롯한 모든 환경이 자생력과 복원력을 위협받을 정도로 파괴되어 있다. 더구나 한반도 허리를 관통하는 비무장지대의 무수한 무기, 지뢰, 그리고 불모의 모래땅으로 유지되고 있는 양측 경계지역 등은 생태적인 문제의 일단을 상징적으로 드러낸다. 여기에 남북한 사이의 차이와 단절은 태풍이나 홍수 피해, 수목의 병충해, 기후변화, 생태적 위기나 자연 재해의 심화에도 나타난다. 건강의 차원에서도 남북의 질병구조나 건강조건, 대응체제, 사회보건역량 등이 매우 달라 서로 간에 예기치 못한 재해를 미칠 가능성이 있다. 북한의 경제난으로 인한 영유아 발육부족, 전반적인 체력약화, 식량난이 초래하는 난민화 가능성 등은 미래 한반도공동체를 고려할 때 심각한 위험이 될 수 있다. 최근 발달한 정보화 매체환경이 남북한의 정치사회적 대립과 결합하여 사이버 테러 같은 위험을 가져올 가능성도 있다.

분단으로 인한 재난의 심화는 단순히 개별사회의 일시적 위기로 머물지 않고 다양한 차원의 위기로 증폭될 수 있는 복합재난의 성격을 지닌다. 최근 심각한 위기를 겪고 있는 코로나바이러스의 경우에도 국내는 물론 남북관계와 국제관계까지도 실질적 영향을 미치는 복합재난의 요소가 강하다. 남북관계에는 다양한 정치적, 경제적, 사회심리적 요소들이 작용하고 있고 국제적인 변수도 개입하기 때문에 순수한 인도적 지원이나 민족적 행사도 복잡한 계산과 연관효과에 대한 고려로부터 자유롭지 못하다. 또 남북한에서 야기되는 재난은 남북관계의 관성에 의해 남한 또는 북한의 문제로 한정되거나 통제되지 못한 채 예상치 못한 한반도적 위기로 치달을 개연성을 수반한다. 자연재해와 같은 단순재난의 경우에도 남북관계의 현안으로 부상함과 동시에 이런 정치적, 상황적 맥락과 연결되어 재난의 복합성이 심화될 수 있다. 한마디로 남북관계에서의 재난은 복합재난, 사회재난, 증폭형 재난의 성격이 될 개연성이 크다.

한국사회에서 비핵과 평화는 추상적으로는 중요하다고 인식되면서도 실제 사회적으로나 정치적으로는 주요한 가치로 자리 잡지 못하고 있다. 우선 한국에서 탈원전과 같은 녹색지향은 비판담론으로서의 영향력을 넘어서서 대안적 문화이론으로 받아들여지지 않는다. 성장과 발전에 대한 대중적 합의가 여전히 강한 상태에서 녹색지향의 탈핵론은 한국사회에서 인문학적 가치 내지 새로운 문명모델로 받아들여지지 못하고 있다. 최근 그린 패러다임이라든지 녹색성장론, 녹색국가론 같은 정책적 주장들도 나타나고 있지만 녹색담론이 아직 사회전체에 확산되지 못하고 있다. 생태주의 및 환경론자들의 개발주의 비판은 '운동론' 차원에 머무르고 있는 경향이 강하고, 녹색가치를 표방한 정치세력이 의미 있는 비중을 점하지도 못했다. 녹색평론같은 흐름은 농촌공동체를 예찬하는 반근대적 지향성으로 경도되는 경향을 보이고 있고, 대체로는 꿈이나 상상력, 담론 차원에 머물거나 소규모 공동체운동과 연관되면서 종합적인 미래비전으로서 철학적, 인문학적 공감대를 얻는 데까지 나가지 못하고 있다.

이런 의미에서 한반도발 평화학의 주제인 비핵평화는 환경과 생태, 녹색의 지향성과 긴밀하게 맞물리지 않을 수 없다. 위험사회를 넘어서기 위해서는 근대문명 전반에 대한 총체적이고 발본적인 대안모색이 필요할 것이고 세계적 보편평화의 담론인 녹색평화의 가치를 담고 있는 것이다. 근대문명이 추구해온 다양한 속성들, 자연을 정복하는 과학기술, 효율성과 속도를 중시하는 제도, 국가단위의 국제체제, 그리고 전체공동체보다 개인과 부분집단 중심의 경쟁구조 등을 비판하는 논의들이 비핵평화의 주제 안에 포함된다고 생각하기 때문에 녹색가치와 비핵평화 지향을 결합함으로써 위험사회를 극복할 수 있는 한반도발 평화의 여러 대안들을 모색할 수 있을 것이다.

4. 생활세계의 호혜적 공간평화

한반도발 평화학의 세 번째 주제는 공간평화(Spacial Peace), 혹은 공간을 통한 평화(peace through space)다. 공간이란 시민들의 구체적인 삶이 이루어지고 있는 현장을 말한다. 인간이 살고 있는 생활공간, 예술과 스포츠 등 문화를 향유하는 문화 공간 등 우리의 삶과 직결되어 있는 생활터전이다. 창조적 공간기획을 통해 평화를 생성하는 행위를 말한다. 이산가족들의 면회소를 만들어 이산가족의 상봉과 재결합을 도모하고, 문화활동 공간을 창출함으로써 정서적 소통과 이해를 도모할 수 있다. 스포츠로 함께 어울릴 수 있는 공간을 기획하여 평화의 정신과 가치를 증진한다. 따라서 공간평화란 생활세계에서 호혜적 공간을 창조함으로써 형성되는 평화를 말한다.

한반도발 평화학의 세 번째 주제로 제안하는 공간평화는 크게 두 주제로 세분될 수 있다. 하나는 한반도에서 실험된 평화구축의 한국형 모델을 발전시키는 연구과 관련된 주제이고, 다른 하나는 이러한 경험을 세계와 소통할 수 있는 보편담론과 관련된 주제라 할 수 있다. 전자는 평화구축을 위한 구체적 수단으로서 우리 삶의 생활세계에서 벌어지는 경제·사회·문화의 조건을 다루는 것이고, 후자는 그것이 지향하는 인간평화라는 보편담론을 다루는 주제이다.

공간평화는 평화를 만나는 희망의 공간이며 구체적인 장소다. 평화가 높고 숭고한 가치이지만 그것이 실현되는 공간은 지극히 일상적인 삶의 자리에서 일어난다. 거대한 남북의 이념갈등과 과거의 사건으로부터 상대에 대해 갖고 있는 부정적 경험들은 결국 구체적인 만남과 소통의 공간 혹은 장소에서 이루어진다. 남북의 지도자가 만나 화해를 선언하고 미래의 협력을 약속하는 국가와 정치지도자 간 평화의 공간이 있는가 하면, 음악과 예술, 스포츠로 남북의 주민들이 직접 혹은 간접으로 만나고 경험하는 시민적 공간이 있다.

평화지대를 설정하는 것은 분쟁을 해결하는 유력한 수단이다. 남북한도 휴전협정을 체결하여 완충지대인 비무장지대를 설정하였다. 개성공단은 대표적인 공간기획을 통해 만들어진 한반도형 평화다. 남과 북의 노동자들이 함께 일하며 경제를 일구고 협력하는 공간이다. 아직 구체적 논의가 없지만 개념적으로 제안된 DMZ세계평화공원 구상도 공간평화의 하나다. 문재인 정부가 추진하는 DMZ국제평화지대화는 DMZ를 명실상부한 비무장지대로 만들고 나아가 평화지대로 발전시키겠다는 국가적 과제이기도 하다. 따라서 이러한 평화지대를 만들고 활용하여 어떻게 서로에게 이익을 주고 공감을 불러일으킴으로써 평화를 실현할 수 있는가 하는 것이 관건이다.

공간평화의 창출은 한반도 분단이 지경학적, 정치군사적, 정서적으로 진행되었으므로 통일을 통한 평화실현도 이 세 차원을 고려해야 한다. 지경학적 통일, 정치군사적 통일, 정서적 통일의 순으로 진행되어야 할 것이다. 지경학적 측면에서 평화경제가 뒤따라야 한다. 지속가능한 평화는 경제발전이 없이는 불가능하다. 이런 점에서 지속가능한 개발을 추구하는 것은 한반도발 평화를 구축하는 핵심적 사안이다. 평화경제라 할 수 있다. 남북한 통일과 통합을 추동하기 위해 경제적 자원동원이 필수적이며 경제지원과 개발협력 등 경제개발을 통해 구성원들의 삶의 질을 향상해야 한다. 개발을 평화의 시각에서 다루려면 녹색평화의 개념을 발전시켜야 할 것이다. DMZ생태평화공원 조성이나 국제평화지대화, 평화벨트 개발 등 공간평화의 창출이 녹색가치를 지향해야 하는 것은 결정적으로 중요하다.

이런 맥락에서 평화는 궁극적으로 개개인의 일상생활과 내면, 사적 공간에서의 평안과 연결되어야 한다. 정치군사적 평화도 중요하고 생태적인 조화도 긴요하지만 그에 못지않게 개개인의 최소한의 경제적 삶을 보장하고 내면을 안정되고 행복하게 만들 심리적, 문화적 가치를 정립하고 사회화하는 것은 참으로 중요하다. 갈퉁은 평화를 억제하고 갈등을 조장하는 속성이 차별과 억압 등 사회구조에 장착되어 있을 수 있고, 특정한 문화나 종교, 가치체계 속에 내재할 수 있다고 주장한다. 최근 인권과 최소한의 복지제공에 대한 관심들이 높아지고 있는데 이러한 사회적 관심은 평화문화를 실현하기 위한 주요한 조건들이 될 터이다. 이런 면에서 문화와 평화의 이론적 모델을 기본으로 하고, 남북 스포츠, 학술, 예술 등 문화교류를 통한 평화, 통일의 문제를 다루어야 한다. 경제와 사회, 문화의 구체적 삶의 공간에서 도움을 주고 불안을 해소하며 공존을 추구함으로써 평화를 창조하는 공간평화는 더없이 소중하다.

한반도발 평화학은 거대 담론이나 구조와 제도 중심의 통일평화와 비핵평화 연구를 보완하면서 인간의 생활세계와 내면 영역에 대한 심층적 분석을 수행해야 한다. 공간평화의 문제는 분단체제에 살고 있는 한반도 주민의 구체적 삶에서 발현되고 있기에 항상 구체적이다. 분단과 이념의 적대를 극복하는 상생과 화해의 가치와 비핵평화를 위한 위험에의 대처는 추상적 평화 담론이나 제도적 접근에 의한 통일논의로 곧장 창출되는 것이 아니다. 국토의 분단과 분단극복의 과정 모두 생태적이며 사회적 존재로서의 사람들의 삶에 대한 이야기(서사)에서 시작할 수밖에 없고 다시 궁극에는 그것으로 귀결될 수밖에 없다. 특히 이데올로기적 적대의 과잉을 특징으로 하는 한반도 남북한의 정치현실에서 상생과 소통의 평화공간 창출을 위해서는 국가 너머의 시민세계에 대한 신뢰와 관심이 제고되어야 할 것이다.

분단과 체제경쟁에 의해 강화된 성장지향 사고와 다양한 주민 집단들 및 분단 극복의 민간 주체들에 대한 미시적, 경험사적 연구를 통해서 분단과 체제경쟁에 관련된 그들의 생활사적 굴절과 고통 또는 다기한 실천적 현장으로 파고 들어가 거기서부터 평화를 끌어와야 할 것이다. 또 북한문제를 둘러싸고 갈등하는 안보와 평화의 적대적 대결을 해결하고 비핵평화가 지니고 있는 생태·문명적 녹색가치를 확보하기 위해서는 정치적 동원 너머의 다양한 시민집단의 심성과 정체성에 대한 연구도 필수적이다. 경험과 기억, 가치와 아비투스, 정체성과 심성을 다루는 다양한 미시적 사회과학 방법론과 경험사, 구술사 등의 인류학적, 역사학적 방법론을 통해 분단 한반도의 다양한 인간 주체들에 대해 접근할 필요가 있다.

그런 의미에서 호혜적 공간평화는 남북분단의 갈등과 대립구조를 완화하고 원대한 통일평화로 가는 길에 만들어야 하는 구체적 생활공간이다. 비핵평화도 마찬가지로 시민들의 경제활동과 인적 교류, 문화 영역의 평화적 기획을 통해 호혜적이며 소통가능한 공간을 만들지 않으면 한반도에 내재된 위험을 줄일 수 없다. 아울러 바로 이와 같은 구조적이면서 현재적인 경험세계와 교류의 공간분석을 통해 분단을 가로질러 생겨나는 새로운 가치와 가능성의 여지들도 찾아낼 수 있다. 경제와 사회, 문화의 다양한 생활세계의 공간을 매개로 하여 한반도발 평화 서사의 실마리들을 학문적으로 제공할 수 있을 것이며 한반도 미래가치 형성을 위한 평화학의 구체성을 확보할 수 있을 것이다.

5. 한반도發 평화학의 복합구성

지금까지 살펴본 통일평화, 비핵평화, 공간평화는 한국적 상황에서 세계로 발신할 수 있는 독창적인 평화의 주제이고 각각이 의미를 갖고 있지만, 중요한 것은 이 세 영역의 평화가 독립적으로 존재하는 것은 불가능하다는 점이다. 앞의 이론에 대입해 보면 통일평화는 남북 간의 적대적 대립을 해소하고 건설적이며 협력적인 관계로 발전시켜 나가는 평화조성(peacemaking)의 기능을 하는 반면, 비핵평화는 한반도에서 힘의 균형을 유지하여 물리적 폭력에 대응하는 평화유지(peace-keeping) 기능을 하고, 공간평화는 지속가능한 평화의 조건을 만들어 가는 평화

구축(peace-building) 기능을 수행한다. 따라서 이 세 영역의 평화활동
은 이론적 논의에서도 강조하였듯이 동시 병행적으로 진행되어야만 시
너지 효과를 창출할 수 있다.

통일평화는 한반도 상황에서 남북대화와 평화체제, 통일방안의 마련,
6자회담과 다자안보협력 체제 등 남북관계 개선과 안정적 제도 구축을
위해 기울이는 활동이 주를 이룬다. 보편적 평화로 연결시켜 보면 소극
적인 분단평화를 넘어서 화해와 협력, 협상과 타협의 기술 등 적극적
평화조성을 위해 필요한 가치 및 방법과 상통한다. 비핵평화는 당장 북
한의 무력에 대응해야 하는 안보로부터 대량살상무기를 폐기하는 조치
가 주를 이루지만, 보편적 평화가치로 확장하면 생태문명의 위험요소
로서 원자력과 방사능 문제와 탈위험 생태문명적 녹색가치를 지향하는
가치 및 활동과 연결된다. 공간평화는 한반도의 독창적 실험이 진행되
는 생활세계의 현장으로서 한국형 모델을 만들어가는 창조적 활동영역
이다. 이 공간평화는 삶 속에서의 평화를 지향하는 의미에서 인간평화,
사회평화라는 보편가치로 확장·연결된다.

한반도발 평화학은 21세기 한반도의 평화와 통일이 세계사적 의미를
지니는 과제라는 전제 하에 세계적 경험과 보편이론의 시각에서 탐구
해야 한다. 분단된 한반도의 조건에서 형성된 삶의 방식과 의식구조,
집합적 아비투스가 지닌 문제점을 해명하고 이를 근본적으로 재구성하
려는 성찰적 지식생산 활동으로 진행되어야 한다. 이것은 지난 반세기
동안 추구되어온 한국형 근대성의 틀을 넘어서는 것이면서 동시에 서
구적 탈근대론이나 다원주의의 틀로 포착될 수 없는 한반도적 미래가
치이다. 그런 점에서 평화와 통일의 구축은 근대성과 탈근대성을 함께
아우르면서 새로운 문명사적 비전을 구성해내는 종합적 연구과제이다.
그러나 이러한 보편적 평화의 주제가 한반도의 고유한 평화의 주제인
분단과 결합되어 있지 않으면 추상적 수준에 머물기 쉽다. 한국전쟁으

로 2백만이 살상을 당하고 정신적, 심리적 두려움과 원한이 높은 상태에서 휴전선 철조망을 2중으로 치고 있는 현실과 동떨어져 평화의 문제를 논할 수는 없을 것이다. 지금도 북한의 핵문제가 가장 중요한 쟁점으로 부상하여 있고 전쟁억지와 안보 문제, 정전협정을 평화협정으로 바꾸는 문제가 한반도 평화의 중요한 과제로 간주되고 있다. 분단갈등을 둘러싼 대립구조에 발을 딛고 평화의 길을 찾아나가야 하는 것은 필요하고도 당연한 일이다.

따라서 한반도발 평화학은 평화형성과 통일문제의 상호연관성에 대해 창의적인 접근을 수행한다. 평화형성은 보다 세계사적이고 보편적 지향을 갖는다면 통일은 보다 한반도 특수적 과제라고 할 수 있다. 하지만 한반도적 상황은 평화를 포괄적으로 구상하지 않는 통일이나 통일을 적극적으로 사고하지 않는 평화 모두 적실성을 얻기 어렵다. 해외에서 이루어지고 있는 세계 보편적인 평화학이 한반도에 접맥되기 위해서는 매우 지혜로운 통일학과의 결합이 필수적이다. 이런 점에서 본다면 한반도발 평화학은 평화학과 통일학을 접목하는 작업이며 한반도적 상황을 경험적 자원으로 하여 창조적인 21세기 문명적 비전을 인류 앞에 내놓는 지적 실험이기도 하다.

한반도발 평화학은 또한 구조적인 제도의 차원과 생활사적 삶의 영역을 동시적으로 포착하는 통합적, 복합적 접근으로만 가능하다. 인간의 삶과 생활세계의 공간을 배제한 구조분석도 곤란하고 제도적 변수를 무시한 인간론적 접근도 불충분하다. 구조와 의식, 제도와 문화를 함께 아우르는 통합적이고 복합적인 관점으로 한반도발 평화학을 수행해야 한다. 이를 위해 체제나 구조가 부여하는 조건과 그 속에서 삶을 영위하는 사람들의 심성이나 의식이 함께 결합하여 형성되는 역사적 '복합구성(configuration)'을 주목한다. 한반도발 평화학은 단일한 구조나 제도를 달성하는 문제가 아니라 새로운 가치와 삶의 양식, 집합적 아비투스의 전면적 전환을 동반하는 복합적 상호작용이자 상승적 교호 과정의 문제이기에 그것의 '복합구성'을 포착하고 사유해야 하는 것이다.

그림 7-1 한반도발 평화학의 복합구성

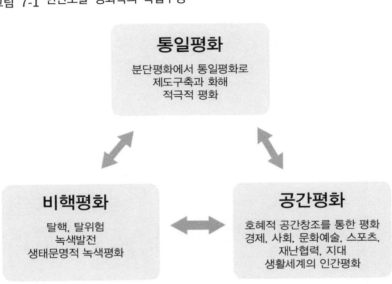

지금까지의 통일평화론이나 비핵평화론, 공간평화론은 대체로 학제적 주제로 발전하지 못했다. 비핵과 통일, 비핵과 평화가 중요하다고 인식되면서도 실제 사회적으로나 정치적으로 주요한 가치로 자리 잡지 못하였고, 이들 간의 밀접한 연관성에 대한 이해도 크지 않다. 이런 점에서 비핵과 통일, 평화의 가치를 여러 학문영역에서 간학제적으로 접근하고 담론과 제도를 연결시킴으로써 통합적 학문으로 정립해야 할 과제를 안고 있다. 또 통일 이후에도 구성원들의 구체적인 삶에 기반을 둔 화해와 상생의 문화 형성의 중요성을 고려하면 생활세계의 경험과 가치 및 아비투스에 대한 연구가 더욱 필요하다. 냉전과 분단이 단순히 이데올로기나 구조의 문제만이 아니라 끊임없이 분단 사회 간 그리고 두 분단 사회 내 구성원 간의 이질화와 적대성을 강화하는 삶의 문제이기에 분단극복과 평화형성의 연구는 사회과학적 분석을 넘어 인문학적 인간 연구에 기초한 근원적 성찰과 새로운 담론을 필요로 한다.

08

통일평화론 - 3축모델과 화해

1. 통일은 왜 평화인가

한국사회는 현재 지속적 성장 동력의 확보, 청년실업 문제, 고령화 사회와 다문화 상황에 대한 준비, 기후변화와 신종 전염병에의 대처, 북핵문제 해결, 남북관계의 안정적 관리, 동북아 지역화에의 적응 등 수많은 문제들을 안고 있다. 이러한 많은 문제들은 어느 하나를 잘 대응한다고 해서 풀리는 문제가 아니다. 서로 복잡하게 연결되어 있어서 당면한 여러 문제영역들을 종합적으로 사고하고 미래의 방향을 설정하는 큰 전략적 지혜가 필요하다. 20세기 한국사회가 공유했던 큰 목표, 즉 국가건설과 산업화, 민주화와 같은 차원의 높은 전략가치나 비전을 진지하게 모색하는 일이 절실하다.[1]

---

[1] 박명규, "남북정상회담과 녹색평화선언구상", 민화협 심포지엄 발제문. 2009.12; "21세기 한반도와 녹색평화," [녹색평화의 비전과 21세기 한반도] (서울대학교 통일평화연구소 창립4주년 기념학술회의, 2010.4.26, 대한상공회의소 중회의실A), pp. 7 – 14.

산업화와 민주화를 이룬 21세기 한반도는 어떤 비전을 갖고 앞으로 다가오는 백 년을 준비할 것인가. 산업화, 민주화와 같은 수준에서 21세기 한반도의 미래를 조망할 큰 전략적 목표나 비전이 무엇인지를 묻는다면 그것은 20세기 제국주의 유산인 분단문제를 해결하고 통일시대를 준비하는 일일 것이다. 남북 내부적으로 분단을 극복하고 통합된 한반도를 건설하는 일은 단연 향후 백 년을 의미 있게 만들 한반도의 시대적 과제다. 왜냐하면 분단된 한반도가 분단으로 치르는 비용, 즉 분단비용이 천문학적으로 증가하고 있어서 이 분단비용을 줄이지 않고서는 한국의 미래발전을 기대하기 어렵기 때문이다. 생각해 보면, 휴전선으로 갈라진 대한민국이 분단이 너무 오래 지속되고 분단체제에 익숙해져서 분단이 가져다주는 폐해가 얼마나 큰 것인가를 잊어버리고 살지만, 분단의 비효율성은 날로 커지고 있다. 이런 점에서 통합된 한반도를 건설하는 일, 즉 통일은 분단비용을 줄임으로써 대한민국이 새롭게 도약할 수 있는 절호의 기회가 된다. 실로 대한민국의 백년대계를 위한 시대적 과제가 아닐 수 없다.

한반도의 통일은 크게 네 가지 의미에서 세계 보편적 평화의 주제라 할 수 있다. 첫째, 한반도의 통일은 단순히 남북한 민족 간의 통합이라는 차원을 넘어서 이데올로기 갈등이 구조화된 환경을 어떻게 관리하고 극복해 나가며 지속가능한 평화를 구축할 것인가 라는 보편적 주제이기 때문이다. 세계적으로 민족 간, 종교 간, 계급 간 폭력적 갈등이 심화되고 있는 탈냉전 시대에 이러한 갈등을 해소하고 공동체의 구성원들이 평화롭고 행복하게 살 수 있는 사회를 건설하는 것은 세계가 염원하는 소망이다. 냉전의 처참한 전쟁을 치른 한반도가 이데올로기 대립과 대결을 극복하고 통일을 이룬다면 평화를 염원하는 세계인들에게 큰 희망을 줄 수 있을 것이다. 이런 점에서 통일은 평화의 방식과 내용을 담아내야 하며, 그럴 때에 한반도의 통일은 보편적 평화의 실현이라는 세계사적 의미를 지니게 된다.

둘째, 통일은 분단이라는 20세기 제국주의 식민유산을 척결하고 21세기 새로운 협력관계로 발전시켜 나가는 역사적 평화의 주제이기 때문이다. 역사적 관점에서 볼 때 한반도의 분단은 제국주의 식민지 전쟁 과정에서 발생한 문제로 20세기 침략과 강탈의 역사를 함축하고 있다. 분단이 아직도 남아 있다는 것은 강대국에 의해 강압적으로 분할된 20세기 제국주의 식민역사를 마무리하지 못했다는 것이다. 분단은 20세기 제국주의 식민전쟁으로 생겨난 유산이고 통일은 20세기 제국주의 유산을 해결하는 과정이다. 통일은 역사적 평화의 문제를 다루는 것이며 동북아 지역에서는 역사적 평화를 실현하는 과정이다. 이런 점에서 한반도 통일은 강대국에 의한 제국주의 식민역사를 마감하고 새로운 21세기의 평화와 협력의 역사를 만드는 일로 평화의 주제인 것이다.

셋째, 통일을 과정으로 볼 때 통일은 단회적 사건으로 끝나는 것이 아니라 지속가능한 평화를 만들어 가는 과정이기 때문이다. 통일은 평화협정 체결 이후 경제와 문화 등 물적, 인적 교류를 통해 협력해 나가는 과정이다. 이런 의미에서 통일과 통합을 구분하여 통일을 정치적 사건으로, 통합은 제도와 의식이 결합해 가는 과정으로 설명한다. 평화협정과 같은 법적, 제도적 절차로 평화가 시작될 수 있으나 호혜적이며 공감을 불러일으키는 더 나은 평화는 법과 제도를 넘어서는 문제이다. 통일을 통합의 과정으로 보면 통일은 바로 평화라 할 수 있다.

마지막으로, 세계에서 차지하는 한국의 위상을 고려할 때 통일은 그 자체로 세계사적 이슈이며 평화의 주제라 할 수 있다. 한반도 통일이 세계사적 보편성을 지닌 평화인 것은 통일의 이슈 자체에만 그치지 않는다. 그것은 21세기에 차지하고 있는 세계사적 위상 때문이기도 하다. 한국은 가장 단기간 내에 압축적인 경제성장을 이루었고 정치민주화와 복지제도도 비교적 빠른 시간 안에 성취하였다. 뿐만 아니라 축구, 골

프, 빙상, 양궁 등 스포츠 분야와 음악예술 및 영화 등 한류문화, 컴퓨터와 핸드폰 등 정보산업 분야에서 세계적 이목을 끌고 있다. 이처럼 세계적으로 유망한 분야에서 괄목할만한 성공을 보여주고 있는 한국이 '분단'이라는 정치군사적 장벽을 극복하고 공존과 타협으로 통일을 이룩한다면 무력충돌과 폭력적 갈등에 좌절하는 세계인들에게 희망과 기대를 안겨줄 것이다.

이런 여러 측면을 살펴볼 때, 한반도의 통일은 민족문제와 한반도 영역을 넘어서는 세계적이며 보편적인 평화의 주제이다. 특히 이데올로기 갈등이 구조화되어 있는 분단 상황에서 힘으로 평화를 지키는 소극적 평화 관념을 넘어서 관계개선을 도모하고 사회 전 영역의 역량을 증진함으로써 지속가능한 평화형성을 지향하는 적극적 평화로 나아가야 함을 생각하면 한반도 통일은 평화의 중요한 주제임에 틀림없다.

2. 분단평화에서 통일평화로!

분단평화의 이질성과 적대성

현재 남북한 관계를 분단평화로 규정할 때 분단평화는 여러 면에서 불안하다. 그 안에 심각한 이질성과 적대성이 존재하고 있기 때문이다. 통일평화는 서로 다른 이념체제를 받아들여 공존하는 것을 전제로 하는데, 남북한 주민들은 모두 사회의 여러 측면에서 남북 간 이질성이 매우 큰 것으로 인식하고 있다. 남한주민들은 선거방식(94.5%), 사회복지(95.3%), 언어사용(84.1%), 생활풍습(78.1%), 가족중시(51.0%), 돈중시(61.1%) 등에서 북한과 다르다고 인식하고 있다. 북한주민들도 남한에 대해 비슷한 이질감을 느끼고 있다. 북한주민들은 선거방식(97.2%), 사회복지(93.6%), 언어사용(92.7%), 생활풍습(82.5%), 가족중시(69.7%), 돈중시(72.5%) 등 모든 면에서 남북한 간의 차이가 '있다'고 응답하였다.[2]

이러한 심각한 차이와 이질성 인식은 2008년 이후 지난 몇 년 동안 큰 변화 없이 지속되고 있으며, 분단 76년이 지난 2021년 현재 남북 간 체제와 문화의 이질성은 심각한 수준이다.

통일코리아에서 남한과 북한이 직면하게 될 문화적, 심리적 갈등은 기본적으로 근대적 가치와 전통적 가치가 만남으로써 파생되는 문화적 이질성이다. '한국'의 현대적, 상업적 대중문화와 '조선'의 전통적, 폐쇄적 주체문화가 충돌함으로써 일종의 문화충격(culture shock)을 유발할 것이다. 남한에 입국하여 살고 있는 탈북민들은 대체로(80%) 만족하고 있으나, 가족과 떨어져 살아야 하는 데서 오는 심리적 문제, 남한사회의 경쟁이 너무 치열하여 생겨나는 문제 등으로 사회적응에 큰 어려움을 겪고 있다. 또 소통방식이 달라 차별과 무시를 당하는 등 남북 간 문화적 차이가 적응의 가장 큰 장애물이 되고 있다.3 남한사람의 입장에서도 탈북민을 사업동업자로서 40.36%가 꺼리고 있고, 결혼 상대자로서는 49.3%가 꺼리고 있다고 답하였다.4 통일코리아에서 남한사람들은 상상 이상의 낙후된 북한사회를 목격함으로써 갖는 충격과 충효사상, 장유유서, 남녀차별과 같은 유교전통적 가치관이 북한에 강하게 잔존하고 있다는 사실에 문화충격을 받을 수도 있다.

남북 간에 잠재해 있는 적대의식과 적대감정의 분출로 인한 대립과 갈등도 심각할 것이다. 이러한 적대의식의 기저에는 아직도 아물지 않은 한국전쟁의 상처가 크게 남아 있기 때문이다. 남한은 한국전쟁을 통해 82~85만 명이 사망한 반면, 북한은 120~130만 명이 사망하는 엄

---

2 김범수·김병로·김학재 외, 『2020 통일의식조사』, p. 108.
3 김학재·김병로·문인철 외, 『북한주민 통일의식 2019』, pp. 162−178.
4 위의 책, p. 205. 남한사람들은 탈북자들에 대해 약속을 잘 지키지 않는다, 자존심만 세운다, 힘든 일을 하려고 하지 않는다, 정부지원을 당연시한다, 겉과 속이 다르다는 등의 비판을 한다.

청난 경험을 하였다.5 그 결과 북한은 전사자, 피살자가 중심을 이룬 약 30%의 핵심군중이 사회의 상류층을 구성하고 있는데, 이들은 미제에 대한 적개심과 미제의 앞잡이로서의 남조선에 대한 적개심이 대단하다. 남북한은 전쟁으로부터 체제를 수호했고 또 해야 한다는 의식 때문에 아직도 자기체제 정체성의 상당부분을 반공(남), 반제(북)의 가치에 의존하고 있으며 적대의식을 재생산하고 있다.

북한은 2019년 12월 당중앙위 제7기 5차 전원회의에서 미국과의 회담을 중단하고 정면돌파전으로 '새로운 길'을 가겠다고 선언한 이후 2021년 1월 제8차 당대회를 개최하여 자력갱생을 재차 강조하고 나섰다. 2018년 4월 병진노선을 마감하고 경제건설에 총력을 기울이는 방향으로 전략노선을 전환하여 기대감을 주었으나, 결국 자력갱생 쪽으로 회귀하고 말았다. 수십년 간 구축해 온 경제-국방 병진노선을 일시에 개혁하기 쉽지 않고 폐쇄체제에 익숙해진 국가전략을 개방체제로 전환하는 일이 여간 어렵지 않음을 볼 수 있다.

북한 안에서는 경제개발에 대한 필요성과 주민들의 요구가 커지고 있고 경제성장의 여부가 정권의 안정화에 결정적으로 영향을 미칠 것이다. 최근 몇 년간 북한의 경제가 회복세로 돌아섰고 북한 안에서는 주민동원과 기술개발, 인센티브 부여 등 내부 자원을 최대한 활용하고 있고, 중국과 러시아의 경제협력과 지원을 기대하고 있다. 그러나 시장화가 진행되면서 빈부격차가 심화되고 경제적 불안정이 커지고 있다. 또 2013년 11월과 2014년 7월 신의주특구와 19개 경제개발구 신설을 시작으로 대대적인 경제개발 계획을 발표하고 있으나 핵문제로 인한 유엔의 제재가 여전히 진행 중이어서 중국과 러시아 자본 외에는 투자 유치가 쉽지 않다. 그렇다고 북한이 경제문제로 쉽게 주저 않을 것 같

---

5 김병로, "한국전쟁의 인적 손실과 북한 계급정책의 변화," 『통일정책연구』 제9권 1호(2000), pp. 219-242.

지는 않다. 북한은 전쟁의 직접적인 피해자들이 상류 핵심권력층을 구성하고 있고, 주민의 61.2%가 여전히 주체사상에 대한 자부심을 갖고 있기 때문에 내구력을 어느 정도 갖고 있는 상황이다.[6]

북한은 2020년부터 미국과의 양자협상을 중단하고 중국·러시아 등 다자협상 체제로 전환하고 있고 자력갱생을 통한 '정면돌파전'을 추구하고 있어서 한반도 문제 해결이 한층 어려워졌다. 중국은 이미 북한이 2차 핵실험을 단행한 직후 2009년 8월부터 북한에 대한 적극적 관여정책을 적극 추진하고 있다.[7] 북한에 대한 경제적 지원과 군사적 협력을 통해 북한을 안정시킴으로써 핵을 포기하도록 하겠다는 중국식 해법을 견지하고 있다. 북한의 핵·미사일 실험과 한미연합군사훈련을 둘다 중단하는 '쌍중단'과 평화협정체결·국교정상화 등을 북핵해결과 연계하는 '쌍궤병행' 정책을 제시하고 있다. 러시아는 북핵문제 해결을 평화협정과 북미국교정상화 이후로 미루는 3단계 해법을 제시하며 북한 편을 들고 있다. 이러한 동북아 정세로 볼 때 북한의 붕괴가능성은 높지 않고 붕괴한다 해도 그것이 통일로 이어질 가능성은 거의 없는 상황이다.

남북관계도 경색되어 있어서 통일 가능성을 언급할 상황은 아니다. 남북 간에 불가침과 교류협력을 규정한 기본합의서가 체결된 지 30년이 되고, 네 차례의 정상회담과 합의에도 불구하고 겨우 명맥을 유지하던 개성의 남북공동연락사무소조차 폐쇄되어 버린 상태이다. 분단 75년이 되었지만 적대관계를 근본적으로 해소하지 못한 채 대립적인 대치상태를 지속하고 있다. 냉전시기에 비해서는 여러 차원의 교류협력이 이루어지고 정상 간 대화도 이루어지는 등 남북관계가 개선된 것이 사실이나 여전히 휴전선은 군사적 긴장지대로 남아 있고 언제든지 무

---

6 김학재·김병로·문인철 외, 『북한주민통일의식 2019』(서울대학교 통일평화연구원, 2020), p. 106.
7 International Crisis Group, *Shades of Red* (2009.11).

력충돌이 가능할 수도 있는 정전상태가 유지되고 있다. 통일에 대한 미래를 기획하는 것이 결코 쉽지 않음을 말해 준다.

한국과 조선의 정체성

남북 간 인식의 차이는 통일평화의 미래기획에 더욱 심각한 장애 요소다. 남북한은 대한민국과 조선민주주의인민공화국이라는 나라이름을 갖고 있음에도 주변국의 눈을 의식하여 서로를 남과 북으로 부르고 있다. 사실 남북한은 1990년대부터 국명을 어떻게 호칭하느냐에 대해 오랫동안 논란을 빚어왔다. 한반도에 관한 학술대회에서 남한은 한반도라 부르고 북한은 조선반도라고 부르기 때문에 남북간 명칭사용에 대한 합의가 매우 어려웠다. 한민족에 대해서도 한민족과 조선민족 명칭사용을 서로 주장하여 갈등과 긴장이 있었다. 오랜 논의 끝에 '코리아반도', '우리민족'으로 합의하여 문제를 해결하였다. 북한은 '한'(韓)을 인정하지 않고 남한은 '조선'이라는 명칭사용에 대한 거부감을 갖고 있어서 '코리아'라는 영어명칭으로 합의를 본 것이다. 북한은 코리아의 영어명칭이 고려에서 시작되었으므로 우리말로는 고려라는 국호사용을 제안하고 있고, 영어의 코리아도 Korea가 아닌 Corea 사용을 주장한다. 그러나 남한에서는 '고려'라는 어휘가 워낙 '고려연방제'라는 북한쪽의 이미지로 각인되어 있어서 아직은 보편적으로 사용하지 못하고 있는 실정이다. 북한이 고려하는 용어를 먼저 제안하고 선점했다는데서 고려라는 용어를 선뜻 사용하는 것이 퍽 부담스러운 것 같다.

조선을 북한이라고 부를 때 '한'이 의미하는 것은 '대한민국'을 줄인 '한국'을 지칭하는 것으로 북한의 한국의 북쪽이라는 의미가 함축되어 있다고 볼 수 있다. 때문에 북한은 한국이나 남한, 북한처럼 '한'(韓)이라는 단어가 들어가는 용어를 인정하려 하지 않는다. 그것은 한국이 북한을 '조선민주주의인민공화국'으로 인정하기 거북스러운 것과 마찬가지이며, 북한이 우리를 '남조선'으로 부르는 것을 싫어하는 것과 같은 논리이다. 북한이 우리를 '남조선'이라고 부르는데 대해서는 우리를 사회주의 혁명의 대상으로 간주하는 듯하여 왠지 기분이 좋지 않다. 대한민국이라는 좋은 이름을 놔두고 굳이 조선이라고 부를 필요는 없을 것이다. 그러나 역사적으로 따지자면 북한이 한국을 조선이나 조선민족으로 부른다고 해서 기분 나빠할 이유는 없다. 일간지 조선(일보)과 한국(일보)에 대해서는 그러한 감정이 없음을 생각하면 국명으로서의 조선과 한국은 강한 이념적 성격을 띠고 있음을 느낄 수 있다.

조선과 한국의 명칭과 역사해석에 대한 갈등은 삼국시대와 직전 역사를 두고 가장 격렬하게 표출된다. 분단 이후 남한(한국)에서는 신라 중심의 역사해석을 내려왔다. 대한민국은 통일신라의 정통성을 이어받은 국가라는 점을 강조했다. 신라 중심의 역사해석을 강조하는 과정에서 신라의 정통성을 증명하는 삼한정통론 같은 역사해석을 부각하게 되었다. 그러나 북한은 고구려 중심의 역사해석을 한다. 고구려는 역사상 가장 강대하고 주체적이었던 역사로 서술하는 반면, 백제와 신라사는 철저히 계급적 시각을 기초로 서술한다. 특히 신라사는 외세에 의존한 반민족적인 역사로 간주하고 있다. 이런 고구려 중심의 역사인식은 고구려의 정통성을 증명하는 부여의 역사를 부각하는 흐름으로 발전하였으며, '후기신라'보다는 고구려 유민이 세운 발해를 중시하는 경향으로 이어졌다.

북한은 우리민족이 고조선 시기 이후 맥족(貊族) 혹은 예맥족(濊貊族)과 한족(韓族)으로 나뉘어 발전했다고 주장한다.[8] 고조선의 주류

---

8 사회과학원 력사연구소, 『조선전사2: 고대편』(평양: 과학백과사전종합출판사, 1991), pp. 10-13, 129-134, 180-182; 손영종·박영해·김용간, 『조선통사(상)』(평양: 사회과학출판사, 1991), pp. 33-43.

인 맥족이 예족을 흡수하여 북쪽지방에서 부여를 건국하고 정통성이 고구려, 발해, 고려로 이어진 것으로 본다. 한(韓)족은 서남쪽으로 내려와 진(辰)국을 건설하고 마한을 본거지로 하여 진한, 변한을 통치한 것으로 설명한다. 1994년 10월 단군릉을 복원하면서 단군의 아들이 부루, 부우, 부소, 부여 넷이 있었다고 주장하며, 맥족(부루)과 부여 등 단군의 역사화를 통해 북한이 정통성 확립을 시도하려고 하는 것이 아닌가 하는 생각이 들기도 한다. 해방 이후에 남북한이 각각 신라와 고구려 역사를 강조함으로써 서로 자기 쪽이 우리 민족의 정통성을 이어 오고 있다고 주장하고 있다. 비관적으로 보면 좁디 좁은 한반도 땅에 북방계 민족과 남방계 민족으로 갈라지게 되었고, 역사도 북쪽중심의 역사와 남쪽위주의 역사가 분열되는 불행한 상황에 처하게 된 것이다.

한반도의 남쪽과 북녘땅에 실재하는 '한국'과 '조선'은 각자 자기편에서 편리하게 부르는 '북한'과 '남조선'과는 매우 다를지 모른다. 북한사람들에게 남조선은 해방되어야 할 식민지이다. 그들의 눈에는 남조선의 학생과 노동자들이 연일 반정부 데모를 일삼으며 미국과 그 앞잡이들이 무력으로 정권을 지켜주지 않으면 당장이라도 붕괴하고 말 취약한 사회이다. 그런가 하면 남한사람들에게 북한은 수백만의 주민들이 굶주림으로 사망했고 극악한 인권유린이 자행되는 끔찍한 사회다. 이러한 불신과 두려움의 상대인식은 지리적으로 가장 가까이 위치하고 있으면서도 서로를 지구상에서 가장 멀리 존재하는 이국으로 생각하는 것이 현실이다.

통일평화, 왜 공전하는가?

당위적으로는 남북한 모두 통일을 헌법적 가치로 강조하고 있고 가장 중요한 국가목표로 설정하고 있다. 남한은 헌법 제4조에 "대한민국은 통일을 지향하며 자유민주적 기본질서에 입각한 평화적 통일정책을 수립하고 이를 추진한다"라고 규정하고 있고, 북한도 헌법 제9조에 "조선민주주의인민공화국은… 자주, 평화통일, 민족대단결의 원칙에서 조국통일을 실현하기 위하여 투쟁한다"라고 명시하고 있다. 관심이 비교적 적은 남한의 젊은 세대들도 '우리의 소원은 통일'이란 노래를 큰 부담 없이 함께 부르고 있고, 경제적인 어려움과 핵문제로 인한 국제적 압력을 받고 있는 북한도 '조국통일'을 절박한 민족적 과제로 내세우고 있다.

이러한 당위성과 비전에도 불구하고 남북한은 서로를 통일의 대상으로 바라보는 데 익숙하지 않다. 한반도의 남과 북에는 대한민국(한국)과 조선민주주의인민공화국(조선)이라는 국가적 실체가 존재하고 있으나, 남북한은 서로 나라이름을 제대로 부르는 것조차 꺼려하고 있는 실정이다. 그것이 대외적 시선을 의식하여 통일을 지향하는 과정에서 형성된 '특수관계'임을 드러내려 하는 것만은 아닌 것 같다. 서로의 실체를 인정하려 하지 않는 데서 오는 배타적 인식의 결과로 보이는 측면도 있다. 한국은 헌법 제3조의 "대한민국의 영토는 한반도와 그 부속도서로 한다"라는 규정으로, 조선(북한)은 헌법 제1조의 "조선민주주의인민공화국은 전체 조선인민의 리익을 대표하는 자주적인 사회주의국가이다"라는 조항을 들어 각자가 한반도의 유일한 합법적 국가임을 정당화하고 있다. '남북기본합의서'에서 "남과 북은 서로 상대방의 체제를 인정하고 존중한다"(제1조)고 합의했음에도 불구하고 실질적으로는 상대의 정치적 실체를 인정하지 않으려는 경쟁의식과 대립의식이 심각하다.

남북한이 만나는 공식적인 자리에서도 한국과 조선이라는 나라이름을 떳떳하게 불러주지 못하고 '남'과 '북'이라는 지리적 용어를 사용하고 있다. 한국과 조선이라는 호명을 꺼려하는 이유는 단순히 국가의 명칭이 다르다는 것 이상의 의미를 담고 있다. 그 안에는 역사와 민족의식, 정체성이 담겨져 있기 때문이다. 한반도 통일은 대한민국이나 조선민주주의인민공화국(북한)의 단순한 확장이 아니라 새로운 국가 정체성을 담은 거대한 국가변혁과정으로 진행될 것이다. 따라서 통일코리아의 비전을 논의하고 대안을 모색하는 작업은 한국과 조선의 정체성을 넘어서는 새로운 국가 정체성을 형성하는 과정이다.

한반도에 대전환을 가져올 듯 보였던 4.27판문점선언과 9.19평양공동선언, 역사적인 6.12 북미 싱가포르 선언이 1년도 못되어 좌초 위기에 놓였다. 남북의 지난 분단 역사 속에서도 이러한 약속은 여러 번 있었다. 7.4남북공동성명(1972)과 남북기본합의서(1991), 6.15공동선언(2000), 10.4선언(2007) 등 만남의 계기마다 화해와 협력을 다짐하며 평화의 의지를 보여주었다. 특히 북한과 미국의 싱가포르 선언은 한국전쟁 이후 70여 년간 지속된 적대적 대립을 청산하고 새로운 관계수립을 천명한 그야말로 역사적 화해의 순간이었다. 그러나 이러한 거듭되는 화해의 선언과 약속에서 불구하고 평화는 그다지 진전되지 않는 듯 보인다.

국가적 차원에서 추진하는 이러한 화해의 노력도 쉽지 않은 일이지만 사회 안으로 들어와 보면 그 현장은 더 심각하며 치열하다. 작금의 한국사회에 남남갈등의 상징으로 되어 있는 '태극기'와 '촛불'의 대립은 정치권에서부터 일반시민에 이르기까지 광범위하게 확산되어 있다. 분단을 다르게 경험하고 그 과정에서 다르게 형성된 세력들 간의 신념과 감정이 충돌하여 만들어내는 파열음일 것이다. 남북 이데올로기 분단의 갈등과 분열이 사회 내적으로 빚어낸 결과라 할 수 있다. 이러한 갈등을 해소하기 위해 국가적으로 '통일국민협약' 제정을 추진했지만 그 결과는 너무 부실하고 초라하다.

이와 같은 갈등과 분열은 한반도에 사는 사람만이 고민하는 주제는 아니다. 지구촌 곳곳에서 민족과 인종, 종교와 정견의 차이 때문에 끝없는 갈등과 대립을 거듭하고 있음을 본다. 세계의 여러 지역에 인종청소와 무차별적 테러의 위험이 여전히 존재하고 있고 자국우선주의와 극단적 세력이 정치적 지지를 얻고 있는 추세여서 불안과 위험은 날로 증대하고 있다. 평화를 갈망하는 한결같은 염원에도 불구하고 폭력적 갈등과 분쟁은 그치지 않고 있는 것이 엄연한 현실이다.

평화로 가는 길에 화해가 중요하고 더없이 필요하다는 사실에 많은 사람이 공감한다. 화해 없이 진정한 평화가 가능할까 라는 질문을 던져보면 화해의 중요성은 확연해진다. 적대적 관계를 해소하고 협력을 다짐하는 화해는 평화 실현을 위해 필연적으로 요청되는 과정이다. 그렇기 때문에 남북한도 계기마다 화해를 선언하고 협력을 약속하며 평화를 향한 의지와 열망을 과시하였을 것이다. 그러나 이러한 화해의 선언과 약속은 의미 있는 통일과 평화의 결과로 이어지지 못했다. 그렇다면 통일평화는 어떻게 가능한 것인가?

3. 통일평화의 3축모델

제2장에서 설명하였듯이 갈퉁은 1975년 평화에 관한 개념을 확장시켜 평화유지와 평화조성, 평화구축으로 평화의 개념을 설명한다. 갈퉁은 기존에 논의되던 평화유지(peacekeeping)나 평화조성(peacemaking)과는 다른 개념으로 피스빌딩, 즉 평화구축의 개념을 제시함으로써 평화의 지평을 확장하였다. 갈퉁에 의하면 평화유지는 일차적으로 파괴를 줄이는 데 초점을 맞추는 활동으로 대개는 중립적인 제3자의 군사력을 사용하여 휴전을 보장하고 모니터하는 조치를 의미한다. 다시 말하면, 평화유지는 서로 싸우고 있는 당사자들을 제3자가 개입하여 당사자들을 떼어놓고 싸움을 말리는 행위를 말하며 주로 군사적 개입을

통해 이루어진다.

반면, 평화조성은 중재와 협상을 통해 관련 당사자들의 상반된 목표와 이해를 화해시키는 활동을 지칭한다. 갈등하는 당사자들 간에 폭력을 중지하고 외교적 노력을 기울이도록 하는 것을 시작으로 비폭력적 대화를 하도록 독려하고 궁극적으로 평화협정을 체결하도록 하는 행위를 가리킨다. 이와는 달리 평화구축은 사회 내에 존재하는 구조적 갈등을 보다 장기적이며 지속가능한 평화로 전환시켜 나가기 위해 사회경제적 재건과 발전을 통해 평화로운 사회변화를 추진하는 포괄적인 활동을 의미한다.9 즉 평화구축은 폭력적 갈등이 어느 정도 해소된 이후에 발생하는 장기적 과정이며, 특히 평화유지와 평화조성이 이루어진 이후에 진행되는 평화과정(peace process)의 단계를 지칭한다.

평화유지(Peace-keeping)로서의 통일기획

통일을 실현하려면 가장 먼저 평화유지가 선결되어야 한다. 즉 싸우는 당사자들이 서로 싸우지 않도록 떼어놓는 분리와 격리가 필요하다. 분리와 격리를 통해 쌍방의 폭력사용을 중지시켜야 하기 때문이다. 이처럼 싸우는 당사자들을 물리적으로 떼어놓고 분리시키는 작업을 평화유지라 부른다. 쌍방 간 싸움이 치열할 때에는 서로 떼어놓고 분리시켜야만 평화가 보장된다. 평화유지는 일차적으로 파괴를 줄이는 데 초점을 맞추는 활동으로 대개는 중립적인 제3자의 군사력을 사용하여 휴전을 보장하고 모니터하는 조치를 의미한다. 즉 서로 싸우고 있는 당사자들을 제3자가 개입하여 당사자들을 떼어 놓고 싸움을 말리는 행위로

---

9 Johan Galtung. "Three Approaches to Peace. Peacekeeping, Peacemaking and Peacebuilding," Johan Galtung, *Peace, War and Defence: Essays in Peace Research.* Vol. 2(Copenhagen: Christian Ejlers), pp. 282−304. Hugh Miall, Oliver Ramsbotham and Tom Woodhouse. *Contemporary Conflict Resolution.* (Cambridge: Polity Press, 2003), p. 187.

주로 군사적 개입을 통해 이루어진다. 이런 점에서 평화유지로서의 통일코리아 기획은 통일의 기반이 되는 군사력 증강과 안보의 보장으로부터 시작되어야 할 것이다.

남한과 북한도 200만 명의 살육을 초래한 전쟁과 폭력을 더 이상 계속하지 않도록 떼어 놓기 위해 정전협정을 체결하고 물리적인 비무장지대(DMZ)를 설치하였다. 정전협정은 직접적이고 물리적인 폭력사용을 중단하기 위해 취해진 평화유지 조치인 것이다. 평화의 시각에서 보면 '정전'은 매우 소극적인 차원의 평화를 실현하기 위한 조치였지만, 살상이 심각하게 진행되는 상황에서는 가장 선차적이며 중요한 평화의 방편이었다. 따라서 '분단'과 '정전'은 소극적이기는 하지만 평화를 위한 중요한 출발점이 되는 것은 분명하며, 이런 점에서 이러한 기획을 '분단평화'라 불러볼 수 있을 것이다.

남북한이 군사력으로 유지하고 있는 힘의 균형은 어느 정도인가? 국방백서의 남북군사력 비교표에 의하면 재래식 무기를 숫자로만 보면 남한이 북한에 비해 열세에 있는 것으로 나타난다. 거기에 북한이 핵무기까지 보유하고 있으니 힘으로 유지하는 평화의 측면에서 불안정하다. 이러한 환경 때문에 2020년 7월 현재 61.2%의 국민들이 향후 북한이 무력도발을 할 가능성이 있는 것으로 불안해한다.[10] 그러나 실제로 남북한이 군사력 강화에 쏟아 붓고 있는 재정을 감안하면 재래식 군사력에서 남한이 결코 밀리지 않는다. 2020년 남한이 국방비로 배정한 예산은 50조 원(400억 달러)으로 북한의 5조 원(40억 달러) 혹은 최대 10조 원(80억 달러)과 비교할 때 5~10배의 차이가 난다. 이 정도 차이가 나는 재정을 30년간 지속적으로 투입했다고 가정할 때 장비의 현대화 측면에서 남북 간에 현격한 차이가 있을 것임은 분명하다. 남북 간

---

10 김범수·김병로·김학재 외, 『2020 통일의식조사』(서울대학교 통일평화연구원, 2021), p. 339.

경제력 격차가 50배 정도 벌어진 상황에서 핵무기를 제외한 재래식 군사력에서는 균형을 이루고 있거나 오히려 남한이 우세한 입장에 있다.

세계의 다른 분쟁지역과 비교해도 한반도의 평화유지는 잘되고 있는 편이다. 폭력적 갈등이 근래에 발생하여 아직 안정되지 않은 시리아나 장벽으로 보호되고 있는 팔레스타인이나 키프로스와 비교해도 한반도의 분단철책과 비무장지대는 세계의 다른 어떤 지역보다 무력갈등을 잘 관리하고 있다. 군사적 힘의 균형이라는 측면에서는 핵무기가 가장 위협적인 요인이 되고 있는데 이 문제는 미국의 군사력과 연합하여 균형을 이루는 전략이 현실적으로 필요하다. 비핵평화의 주제는 다음 장에서 다시 다루겠지만 미국의 핵전력과 핵협상이라는 외교적 수단을 활용하여 균형을 이루면서 평화조성과 평화구축의 다른 축을 돌려 기회의 창을 만들어 내야 한다.

여기서 주의 깊게 생각해 보아야 할 점은 평화유지만으로는 결코 지속 가능한 평화를 실현할 수 없다는 사실이다. 평화를 유지하기 위해 대부분의 국가는 군비를 증강하고 더 많은 병력을 확보한다. 평화유지의 본질적 목적은 더 이상의 싸움을 하지 않고 중단하자는 것이었는데, 서로에 대한 불신과 불안, 적대감정 때문에 평화유지의 본질을 잃어버리고 군사력을 더욱 증강하며 싸움준비를 더 철저히 해야 한다는 논리가 발전하게 되어 악순환의 늪에 빠지고 마는 것이다. 군비가 증강되면 증강될수록 평화를 유지할 수 있는 것이 아니라 긴장이 더 고조된다는 사실은 분명하다. 남북 간 군비경쟁이 치열해지는 가운데 북한은 경제력의 열세로 재래식 전력이 비대칭적으로 기울어지자 핵무기 개발을 통해 열세한 전력을 만회하고자 시도했다. 그 결과는 한반도를 초긴장 상태로 몰아넣었다. 한국인들의 76.1%가 북한의 핵무기에 대해 위협을 느끼고 있다는 조사는 평화유지가 얼마나 평화실현에 취약한가를 보여주는 대목이다.11

가장 심각하나 문제는 힘으로 유지하는 평화가 군사력을 바탕으로 힘의 균형을 유지하지만, 그 안에 사는 사람들의 삶은 늘 불안하고 점점 피폐해진다. 힘으로 평화를 유지하는 이스라엘과 팔레스타인, 인도－파키스탄 등 여러 지역에서 살고 있는 주민들은 언제 발생할지 모르는 폭력과 테러에 항상 긴장하고 스트레스를 많이 받는다. 그러한 나라에서는 학생들이 등교하거나 야외로 소풍을 나가는 경우에도 중무장한 군인들이 호위를 하지 않으면 안 된다. 상업지역에서도 마찬가지다. 모든 상점에 무장한 경비병이 배치되어 만약에 있을지 모르는 테러와 폭력에 대응해야 한다. 평화유지의 목적을 잃어버리고 군비증강에 집착하는 경우 더 심각하고 파괴적 결과를 초래한다.

　분단이 소극적이나마 평화적으로 관리되며 평화실현에 기여하는 작업이 되려면 자기를 보호하기 위해 물리적 보호 장치를 만드는 군비증강은 분단평화에 기여하는 방향으로 개선되어야 한다. 남북한이 군사대화를 통해 군비를 감축하고 전쟁을 방지할 수 있는 더 적극적인 조치들을 취해야 한다. 분단을 평화를 유지하는 소극적 조치에서 군사적 대화와 군축을 통해 보다 적극적인 평화를 만들어 갈 수 있도록 분단평화를 관리하고 개선하기 위한 대책이 필요하다.

　이런 점에서 평화유지와 분단평화의 문제를 개선하고 안정적인 통일평화로 나아가기 위해서는 평화협정 체결과 관계개선을 위한 조치들이 시작되어야 한다. 사실, 한반도에서는 정전협정만 제대로 지켜졌어도 평화협정에 버금가는 공고한 평화가 실현되었을 것이다. 정전협정이나 평화협정의 명칭이 중요한 것이 아니라 보다 공고하고 지속가능한 평화를 만들기 위한 실질적인 노력이 더 중요하다.

---

11 김범수·김병로·김학재 외, 위의 책, p. 356.

평화조성(Peace-making)으로서의 통일기획

평화조성으로서의 통일기획은 중재와 협상을 통해 관련 당사자들의 상반된 목표와 이해를 화해시키는 활동을 지칭한다. 갈등하는 당사자들간에 폭력을 중지하고 외교적 노력을 기울이도록 하는 것을 시작으로 비폭력적 대화를 하도록 독려하고 궁극적으로 평화협정을 체결하도록 하는 행위를 가리킨다. 평화조성으로서의 통일기획은 관계개선을 위한 회담과 관계개선을 위한 제도구축, 6자회담·4자회담 등의 다자안보체제, 그리고 남북관계 개선의 궁극적 지향점인 통일과 관련한 사안을 논의하고 추진하는 일이다.

평화조성으로서의 첫 관문은 현재의 정전협정을 평화협정으로 전환시키는 문제일 것이다. 이를 위해 정전협정의 당사국인 4자협의체를 구성해도 좋겠고 현재 중단된 6자회담을 재가동하는 것도 좋을 것이다. 평화협정 체결은 여러 방식이 가능하므로 한반도의 창의적 방안을 시도할 필요가 있다. 새로운 평화협정을 체결하는 데 따르는 주변국의 개입 여지를 줄이고 한국적 통일을 만들어 가기 위해서는 기존의 여러 선언과 남북기본합의서를 기초로 몇 개의 추가 문서를 만드는 방식으로 평화체제를 형성해 나가는 방법도 가능할 것이다. 기존의 남북협약에 최소의 조치들을 시행하는 방식으로 추진한다면 기본합의서 재확인 + 종전선언/교차승인 + 최소의 평화협정(정전협정의 공식 종결과 평화관리기구 명시) 등의 방식으로 평화체제 구축을 시도해 볼 수 있을 것이다. 혹은 기존의 여러 합의들을 종합 정리한 형태로 평화협정을 체결하는 방법도 가능하다.

남북관계 개선의 최종 목표점인 "어떤 형태의 통일"을 할 것인가는 어려운 주제이다. 흡수통일, 무력통일, 협상에 의한 통일 등 여러 형태의 통일이 있겠고 현실적으로 북한의 혼란과 붕괴가 발생하여 통일의 계기가 마련될 수도 있을 것이다. 그러나 북한붕괴의 경우 주변국가들 특히 미국과 중국 사이에서 협상을 통해 한반도 통일을 실현해 나가는 일은 결코 쉬운 일은 아닐 것이다. 그렇지만 어떠한 상황이 발생하더라도 한반도 통일은 남북한이 현재의 교류협력을 확대하고 대화를 지속하여 남북 연합단계로 진입하는 것으로부터 시작될 것이 확실하다. 남북연합이 점차 연방단계를 거쳐 통일국가로 발전해 나갈 것으로 예상하나, 평화조성을 위해서는 그러한 최종안을 상정하기보다 초기단계인 남북연합에 초점을 맞추어 통일방안을 논의하는 것이 현실성이 높다.

남북한이 실질적으로 통일논의를 하는 단계에 이르면 국호 문제와 통일의 방식이 가장 먼저 제기될 것이다. 통일의 방식은 2000년 6.15 정상회담에서 논의된 바 있는 낮은 단계 연방제냐 연합제냐 하는 데 대한 문제다. 국호는 대한민국과 조선민주주의인민공화국을 어떻게 통합할 것인가 하는 문제다. 한국과 조선의 국가정체성을 서로 포기하는 것은 상상하기 어려운 일이다. 한국에서 당 대 당 통합에서도 정체성을 절대 포기하지 않으려고 하는데 하물며 국가 간의 일이랴. 국가 대 국가의 통일은 이런 점에서 여간 어려운 일이 아닐 것이다.

현재 남한정부가 갖고 있는 민족공동체통일방안은 '통일국가'를 최종단계로 상정하고 있어서 당위성을 강조한 측면은 있으나 현실성에서는 문제가 있다. 북한이 흡수통일의 우려를 제기하며 반대하는 것은 물론 주변국에서도 과연 남한의 통일방안을 현실 가능한 대안으로 평가하고 있을지는 의문이다. 중국은 통일한국을 지지하지만 미군이 한반도에 주둔하는 한 통일을 찬성하지 않을 것이다. 중국은 2014년 3월 23일 네델란드 헤이그에서 가진 한중정상회담에서 "남북 양측의 자주적이고 평화적인 통일 실현을 희망한다"는 발언을 했는데, '자주적' 통일을 희망한다는 것은 통일한국이 미국의 군대를 주둔하도록 하는 상황은 인정하지 않겠다는 의미로 해석될 수 있다.[12] 중국은 미국의 군대가 철수

한다면 한국주도의 통일을 인정할 것이라는 입장을 조심스럽게 표명하고 있다는데, 실제로 그러한 입장이 실현되기는 쉽지 않을 것이다.

2020년 현재 남북한 주민들의 주변국 선호도는 매우 다르게 형성되어 있다. 남한은 미국에 대한 선호가 뚜렷한 반면, 중국에 대한 불신이 크다. 반대로 북한은 중국에 대한 선호가 높고 미국에 대한 불신이 크다. 남한의 미국선호도는 2020년에 67.8%를 기록하고 있는 반면, 북한은 중국에 대한 선호도가 65.1%로 매우 높다.13 북한의 이러한 중국편향성과 남한의 미국편향성이 존재하는 한 미국과 중국은 통일한반도에 대한 우려를 할 수밖에 없을 것이다. 주변국의 실질적인 이해관계가 다를 뿐 아니라 이처럼 남한과 북한이 주변국을 바라보는 의식지형도 다르게 형성되어 있는 상황이다.

그렇다면 남북연합을 통일의 잠정적 최종상태로 제안하는 것이 어떨까 하는 생각이다.14 현재 정부와 국가는 당장 추구해야 할 당면 과제로 '남북연합'을 선택하고 거기에 힘과 노력을 집중하는 반면, 통일국가의 여러 가능성을 열어두면서 미래의 국민들이 선택하여 통일을 성취하도록 맡겨두는 것이 합리적인 통일방안이 아닐까 생각한다. 이것은 마치 북한이 '연방제' 통일방안을 잠정적 최종상태로 제안하는 것과 같은 것이다. 남북연합을 잠정적 최종상태로 제안하면 북한도 흡수통일에 대한 두려움이 적어지고 적극 협력할 가능성이 있다. 주변국도 마찬가지로 남북한이 두 개의 국가가 공존하는 형태로 '남북연합' 통일방안

---

12 연합뉴스, 2014/3/24. 2013년 6월 한중정상회담에서도 시진핑 주석은 내외신 기자들 앞에서 "중국 측은 남북한이 관계를 개선하고 화해와 협력을 실현해서 궁극적으로 자주적 평화통일을 실현하는 것을 지지한다"는 발언을 했다.
13 김범수·김병로·김학재 외, 앞의 책, p. 408; 김학재·엄현숙·문인철 외, 앞의 책, p. 257.
14 김병로, "통일환경과 통일담론의 지형변화: 정부통일방안을 중심으로," 『통일문제연구』 제26권 1호(2014).

을 제시한다면 현실적으로도 받아들일 수 있을 것이다. 물론 남북연합이 엄밀한 의미의 두 개의 국가로 구성될지, 아니면 1국가 2체제로 운영할지 등은 통일방안의 보완·발전 논의에서 구체적으로 다룰 수 있을 것이다.

국가적 실체의 문제는 남북기본합의서와 유엔가입을 계기로 일단락되었으므로 이제 남한과 북한은 한국과 조선이라는 국호를 정식으로 사용하며 통일코리아를 준비해야 한다. 한국과 조선을 국명으로 사용하되 국제사회에서는 '분단국'이라는 점을 언제나 상기시키며 통일의 당위성을 확보할 수 있을 것이다. 또 한반도 안에서도 북한이 통일코리아의 국호로 제시하고 있는 '고려'를 받아들일 것인지, 아니면 한국과 조선의 국호를 통합적으로 제시하는 '대한조선'도 대안적 국호로 준비할 필요가 있다.15 대한민국의 프리미엄을 잃지 않으면서 북한의 조선 인민들을 포용하고 통일 후 통합에 기여할 수 있는 국호를 준비해야 한다. 이러한 노력과 준비가 없이는 통일평화의 실현이 어려울 것이다.

이러한 통일대안을 실행하려면 주변국들과의 외교, 즉 통일외교를 성공적으로 해내야 한다. 주변국들은 대체로 현상유지를 원하기 때문에 한반도 통일을 지지하지 않을 것이다. 그러나 독일의 경우와는 달리 한반도 주변국들은 적어도 공식적으로 한반도 통일을 반대하지는 않는다. 왜냐하면 독일은 2차 세계대전의 패전국으로 동서분할이 집행되었기 때문에 주변국이 독일통일을 공개적으로 반대했지만, 한반도의 경우에는 전쟁에 대한 책임이 없기 때문에 어느 주변국도 공개적으로 한반도 통일을 반대하지는 못한다. 이러한 도덕적 명분을 잘 활용하는 외교력을 발휘한다면 통일평화의 가능성을 내다볼 수 있을 것이다. 문제는 이러한 외교적 역량을 갖춘 인재를 어떻게 길러 내느냐 하는 것이

---

15 김병로, "고려 혹은 대한조선: 통일국가의 명칭에 관하여,"『통일정책연구』
제29권 1호(2020), pp. 89-114.

다.

평화구축(Peace-building)으로서의 통일기획

통일을 장기적 관점에서 준비하고 사회 여러 영역에서 작은 통일을 만들어 나가는 새로운 통일 상상력, 즉 평화구축으로서의 통일코리아 기획이 필요하다. 평화구축은 사회 내에 존재하는 구조적 갈등을 보다 장기적이며 지속가능한 평화로 전환시켜 나가기 위해 사회경제적 재건과 발전을 통해 평화로운 사회변화를 추진하는 포괄적인 활동을 의미한다. 즉 평화구축은 폭력적 갈등이 어느 정도 해소된 이후에 발생하는 장기적 과정이며, 특히 평화유지와 평화조성이 이루어진 이후에 진행되는 평화과정의 단계를 지칭한다.16

장기적 관점에서 통일을 기반을 조성하려면 제도적 차원의 준비와 의식차원의 준비가 필요하다. 제도적 준비란 통일의 엔진을 만드는 것과 같다. 통일을 추동할 수 있는, 통일의 이상을 제도적 틀에 담아 구현할 수 있는 성능 좋은 엔진이 필요하다. 통일엔진은 개성공단이나 남북대화기구와 같은 남북을 묶어주는 통합 메커니즘과 제도를 말한다. 유럽연합에서 볼 수 있듯이 경제공동체가 가장 강력한 통일과 통합의 엔진이 될 수 있을 것이다. 이를 위해서는 창의적 상상력이 절대적으로 요구된다. 개성공단은 한국형 통일프로젝트로 인정받고 있고 DMZ세계 평화공원도 창의적 통합엔진이다.

통일대안을 전체적으로 끌어갈 수 있는 유능한 리더십은 더없이 필요한 요소다. 집단과 개인들의 사정, 국가의 경제형편을 감안하여 통일의 속도를 조절하고 타협과 협상을 통해 통일을 추진해 나가는 정치지도자들의 리더십은 더없이 중요하다. 이러한 리더십은 국내의 자원을

---

16 김병로, "한반도 통일과 평화구축의 과제,"『평화학연구』제15권 1호(2014).

동원하여 통합역량을 증진하는 것 뿐 아니라 북한의 역량증진까지도 고려하는 통합적 시각을 필요로 한다. 북한 사회주의 경제체제의 전환과 시장경제개혁을 담당할 인적 자원, 통일한국의 지방행정 엘리트, 통일의 정체성을 통합적으로 이끌어 갈 수 있는 교육분야의 리더십이 마련되어야 하기 때문이다. 이런 점에서 통합적, 전망적 관점에서 미래를 준비하는 젊은 세대들의 통일리더십 형성은 매우 중요하며 시급하다.

그렇지만 위의 조건들이 갖추어졌더라도 연료가 없으면 자동차가 굴러가지 못하듯, 에너지의 공급이 불가결하다. 통일에너지란 통일에 대한 비전과 의지, 보다 나은 세상을 만들려는 구성원들의 열망을 말한다. 통일의지는 통일을 추동하는 동력이다. 서론에 언급했듯이 한국사회는 통일의 필요성에 공감하는 사람들은 44.3%이고, 통일을 시급한 의제로 인식하는 사람들은 10%에 불과하다. 어떻게 통일의 열망을 높여 나가느냐 하는 것이 중요한 문제다.

남한주민들의 통일의지도 중요하지만, 북한주민들의 통일에 대한 기대와 열망도 중요하다. 북한사람들이 대한민국을 통일의 미래로 받아들이고 있는지, 우리는 대한민국을 통일의 미래세상으로 만들어 가고 있는지 자문해 보아야 한다. 최근 '한류'가 북한에 확산되고 있으나 북한주민들은 대한민국을 제대로 알지 못하며 여전히 '남조선' 의식을 갖고 있다. 그뿐 아니라, 아직도 아물지 않은 전쟁의 기억과 고난의 행군의 아픈 상처를 어떻게 감싸 안을 수 있겠는가 하는 마음의 준비가 더 중요하다. "통일이 언제쯤 되느냐?"라는 질문도 이러한 우리의 마음준비와 북한사람들의 한국에 대한 호감도를 기준으로 시기를 가늠해 볼 수 있을 것이다. 독일통일에서 보았듯이 통일이 정치대화와 외교협상, 경제협력의 과정을 거쳐 진행되지만 궁극적으로 북한주민들이 남한을 선택함으로써 이루어진다는 점에서 통일구상의 핵심은 북한주민들의 마음을 얻는 데 초점을 맞추어야 한다.

4. 통일평화 구축의 실험 현장

안보-외교-통일의 3축 균형

한반도 평화실현을 하나의 과정으로 보면 평화유지, 평화조성, 평화구축은 모두 필요하다. 안보와 외교, 통일을 여기에 대입하여 보면 상응하는 역할이 어느 정도 비슷하다. 안보는 평화유지(peace-keeping)의 기능을 하고 외교는 평화조성(peace-making)의 역할을 한다면, 통일은 평화구축(peace-building)의 역할을 함으로써 상호 보완적으로 한반도 평화를 실현해 나가고 있다. 안보와 외교, 통일이 '한반도 평화'를 지탱하는 세 기둥이라 할 수 있다. 황금의 삼각모형(Golden Triangle)이라고 부를 수 있는 평화의 3축모델은 안보, 외교, 통일의 관계를 잘 보여준다. 그런데 여기서 중요한 포인트는 어떻게 이 평화의 세 활동을 균형 있게 추진할 것인가 하는 문제다. 즉 각자의 영역에서 평화를 위한 활동을 하도록 하면서도, 안보와 외교와 통일이 어떻게 균형을 유지할 수 있는가 하는 점이다. 특히 가장 뜨거운 쟁점이 되는 것은 평화유지를 어느 수준까지 하는 것이 평화조성과 평화구축에 도움이 되는가 하는 문제다.

안보는 분쟁하는 남한과 북한이 서로 싸우지 않고 안정과 평화를 유지하도록 하는 기초적인 역할을 하며, 외교는 법과 제도의 측면에서 더 안정되고 평화로운 체제를 만들어 가는 기능을 한다면, 통일은 이를 바탕으로 남북한의 두 당사자가 장기적으로 신뢰와 화합의 관계로 발전해 나가도록 적극적인 관계개선을 추구하는 노력을 의미한다. 따라서 한반도에서 공고하고 지속가능한 평화를 구축하려면, 자기를 지킬 수 있는 튼튼한 안보를 바탕으로 법적으로 안정된 제도를 만들기 위해 외교적 노력을 기울여야 하며, 보다 나은 관계를 만들려는 통일의 노력이 추진되어야 한다. 이런 점에서 통일과 외교, 안보는 한 축이라도 없으면 조화와 균형을 지탱할 수 없는 삼각대라 할 수 있다.

지난 30년 정부의 대북·통일정책을 돌아보면 이 3축모델의 균형을 제대로 유지하지 못하였다. 정부의 정책을 단순화하는 오류가 있을 수 있겠으나 각 정부는 대개 어느 한 축만을 강조하는 경향이 있었다. 김대중 정부와 노무현 정부에서는 통일 관련 활동과 기능이 매우 활발하였다. 그러나 이명박 정부 출범 초기 통일부를 없애고 조직을 축소하여 외교부에 붙여 놓는 작업을 추진하였다. 매우 구체적인 준비가 진행되었으나 사회적 반대 여론에 부닥쳐 통일부를 없애겠다는 계획은 포기되었다. 그러나 이명박 정부 내내 통일부는 실제적 역할을 거의 하지 못했다. 통일부에 대한 이해부족도 있었으나, 통일문제의 기능을 남북관계에 국한하여 보았고 그러다보니 통일문제는 북한에 끌려다니는 격이 되고 말았으니, 없애야 한다는 논리인 것이다. 통일문제를 국제적 관례와 기준에 맞게 추진하고, 북한도 국제적 규범을 따르도록 하겠다는 의도에서 통일문제를 외교부가 주관하도록 한 것이다. 이명박 정부는 통일보다 외교라는 틀로 한반도를 보았고 통일은 외교의 부속물이라는 사고가 강했다.

그런가 하면, 박근혜 정부 들어와서 안보에 대한 관심이 높아지면서 통일과 외교 분야의 강조가 약화되었다. 박근혜 정부는 초기에 '통일대박'을 강조했고 통일준비위원회를 결성하는 등 통일문제에 지대한 관심을 쏟는 듯 보였다. 그러나 2016년 2월 10일 개성공단을 전면 중단함으로써 10년간 쌓은 통일의 노력을 하루아침에 수포로 돌리고 말았다. 물론 개성공단을 전면 중단하는 결정을 하게 된 대부분의 원인이 북한이라 하더라도 개성공단 폐쇄를 단행한 것은 박근혜 정부다. 박근혜 정부가 통일 중심으로 가는 듯했지만 결국 안보를 중시하는 정책판단을 내린 것이다.

이명박 정부 하에서 금강산관광이 중단된 데 이어 박근혜 정부에서

257

는 개성공단 마저 폐쇄됨으로써 통일을 향한 작은 발걸음은 여지없이 뭉개지고 말았다. 이명박 정부 시기에는 통일부를 외교부 산하에 넣어 통일부를 해체시키려 하였다. 즉 이명박 정부시기에는 외교가 강조되었다. 그 이전 김대중 정부로 올라가면 당연히 통일이 다른 어떤 이슈보다 더 적극적으로 추진되었다. 사실 안보(security)의 개념도 국가안보에서 경제안보, 인간안보 등으로 확장되고 있어서 안보를 중시한다는 것이 구태의연한 태도는 아니다. 그것이 확장되고 있는 새로운 개념으로서의 안보를 포함하고 있다면 말이다. 그런데 여전히 20세기 안보의 개념을 바탕으로 21세기의 변화된 상황을 대처하려고 하니 문제가 커진다. 거기에는 물론 북한이 무모하게 핵무기를 개발하여 안보위협이 증대된 것도 중요한 원인이 있지만, 다른 관점에서 보면 그것에 대처하는 방식과 역량의 문제도 있다.

안보, 외교, 통일을 어떻게 조합하여 균형을 이루느냐 하는 문제는 통일 추진에서 중요한 이슈다. 우리나라는 휴전선을 잘 지키고 안전하게 관리하고 있으니 평화를 지키는 데는 어느 정도 성공했다고 볼 수 있다. 그러나 평화를 적극적으로 만들지는 못하고 있다. 북한이 핵실험을 하여 위협하고 있는 현실에서 지키는 평화의 한계는 벌써 드러나고 있다. 유엔은 제재를 가하고 북한은 또 미사일 실험으로 대응하는 악순환이 되풀이 되고 있다. 남북한은 평화조성을 위해 외교적으로 대화하고 화해하는 일을 조속히 추진해야 한다. 개성공단과 같은 경제협력을 하고, 이산가족을 교류하고, 스포츠와 음악예술 공연을 하면서 함께 느끼고 공감해야 한다.

평화유지를 위해 남북한은 전통적인 국가안보와 집단안보의 개념에서 달라진 환경과 도전에 대응하는 형태로 탈바꿈해야 한다는 점이다. 힘으로 평화를 지키는 평화유지 역할은 핵무기는 핵무기로 대응하는 '공포의 균형'이라든가, 무력에 대칭적 무력을 증강하는 세력균형 등의 개념으로 접근할 수 있다. 힘에는 힘으로 대응해야 할 필요성이 분명히 존재한다. 그러나 어느 정도까지 힘으로 맞대응할 것인가 하는 것은 전략적으로 판단해야 한다. 평화학의 시각에서 보자면, 상대를 완전히 제압할 정도로 무력을 증강하는 것은 바람직하지 않고 궁극적으로 지향하는 평화의 실현에도 도움이 되지도 않는다. 상대를 적절한 수준에서 제압할 수 있는 힘의 균형이 이루어졌다고 판단되면 바로 평화조성과 평화구축으로 나아가야 한다. 시쳇말로 나도 한 펀치 있고 너도 한 펀치 있으면 더 이상 힘을 키우는 것은 소모적이다. 대신 관계를 개선하고 평화조약을 체결하기 위한 외교적 대화와 법적 틀을 만드는 일을 시작해야 한다.

그와 동시에 경제, 사회, 문화 협력을 강화하는 평화구축 활동을 수행해야 한다. 장기적이고 지속가능한 평화를 만드는 길은 경제와 사회, 문화 등 생활공간에서 교류와 협력을 증진하는 방법 외에는 없다. 갈등하는 당사자가 서로 실제적인 도움을 얻을 수 있는 인적, 물적 교류와 협력, 지원이 필요한 것이다. 남북 간에도 갈등과 분쟁의 원인이 달라졌다. 냉전시기에는 이데올로기 경쟁과 적대적 대립이 싸움의 주요 원인이었다면, 탈냉전 시기에는 경제적 이해가 분쟁의 주요 원인이 되고 있다. 남북교류가 진행되고 교류를 통해 상호이익을 창출할 것으로 기대하고 있는 상황에서 그러한 기대가 좌절됨으로써 새로운 갈등과 분쟁이 나타나고 있다. 물론 이러한 갈등이 이데올로기 경쟁과 대립을 완전히 벗어날 수는 없고 경제적 이해와 정치적 갈등이 복합적으로 얽혀 나타난다. 2014년이나 2017년 갈등을 보더라도 북한은 경제와 군사를 동시에 해결하려는 목적이 보인다. 이런 점에서 한국의 안보개념을 북한과의 경제적 갈등 요소를 반영하는 범주로 확장해야 한다.

통일과 안보는 다분히 모순적 관계의 속성이 있으므로, 평화라는 더 높은 가치와의 관계에서 설명하지 않으면 모순된 상황에 부닥쳤을 때

빠져 나올 수 있는 논리가 궁해진다. 따라서 통일과 안보를 양자적 관계로 직접 설명하기보다 상위의 개념인 평화라는 가치를 매개로 하여 통일과 안보를 설명함으로써 모순과 부조화를 어느 정도 해소할 수 있기 때문이다. 통일과 안보를 동전의 양면과 같은 것이다. 동시에 중요하다 해도, 실제적으로 안보는 분단관리와 남북관계에 소극적이며 방어적인 역할을 하게 되고, 통일은 탈분단과 적극적인 관계개선을 추구함으로 양자 간의 긴장과 갈등은 불가피한 측면이 있다. 따라서 인류가 갈망하는 가장 이상적인 가치인 평화를 한반도에 실현하기 위한 핵심적인 수단이 안보와 통일이라는 방식으로 설명함으로써 각자의 역할과 기능을 충분히 인정해주는 입장을 취해야 할 것이다.

무력사용은 언제나 부당한가 – 북한의 평화개념

평화는 폭력의 사용과 반비례한다. 실제적 맥락에서 평화는 폭력사용을 줄이는 과정이다. 폭력은 평화에 저해되지만, 무력사용이 언제나 부정되는 것은 아니다. 시대적 상황과 역사적, 문화적 맥락에 따라서는 정당방위나 정의로운 전쟁이 가능하기 때문이다. 안중근 의사의 이토 히로부미 저격을 폭력이 아니라 정당한 무력사용이라고 하는 것도 시대적, 역사적 맥락에서 해석되기 때문이다. 비폭력과 정당한 폭력사용에 관한 양측의 주장들은 양 극단으로 치우칠 우려가 크다. 지혜는 바로 이 양자 사이에서 상황과 역사 사회적 환경을 고려하여 최대한 객관적인 판단을 하여야 한다. 따라서 같은 사례라 하더라도 시공간이 어디인가에 따라 평가는 달라질 수 있다.

폭력 혹은 무력사용의 주제가 나오는 것은 한반도 평화의 문제가 북한문제를 다루고 있기 때문이다. 북한은 항일무장투쟁 등 무력혁명을 정당한 것으로 강조하며 자위라는 개념으로 설명한다.17 북한의 『조선말사전』은 평화를 "① 전쟁이나 무장충돌 같은 것이 없는 상태, ② 분쟁이나 반목이 없이 화목한 상태"로 정의한다.[18] 평화를 전쟁이나 폭력이 없는 상태로 평범하게 정의하고 있다. 전쟁이나 폭력이 없는 상태를 평화로 정의한다면, 전쟁과 폭력에 대해서는 어떤 정의를 내리고 있을까? 전쟁과 폭력의 개념을 살펴보면, '전쟁'은 "일정한 정치적 및 경제적 목적을 실현하기 위하여 나라들 사이에서나 계급들 사이에서 벌리는 폭력수단에 의한 조직적인 무장투쟁이나 무장충돌"로, '폭력'은 "적대되는 계급이나 세력을 뒤집어엎거나 내리누르기 위하여 행사하는 무력행사를 비롯한 온갖 강제적인 힘"으로 각각 규정한다.[19] 폭력을 "혁명적인 세력이 반동적인 세력에게 가하는 혁명적인 폭력과 반동세력이 인민들의 혁명적인 진출을 억누르거나 다른 나라를 침략하고 략탈하는데 리용하는 반혁명적 폭력이 있다"고 구분하고, 반동세력을 타파하기 위한 폭력투쟁과 폭력혁명은 좋은 의미로 해석한다.[20]

사전적 의미로 보면, 평화와 혁명을 위해 폭력사용을 정당화하는 태도를 엿볼 수 있다. '폭력투쟁'은 "착취계급의 반동정권을 때려부시고 새 정권을 세우기 위하여 일떠선 혁명세력이 진행하는 조직적인 무장투쟁이나 무장폭동과 같은 폭력에 의거하는 투쟁"으로, '폭력혁명'은 "낡은 착취계급과 착취사회를 뒤집어엎고 새 사회, 새 제도를 세우기 위하여 손에 무장을 들고 수행하는 혁명"으로 설명한다. "근로인민대중의 정권전취를 위한 결정적 투쟁 형태이며 착취계급을 청산하기 위한 계급투쟁의 최고 형태"로 폭력혁명을 규정하기 때문에 혁명을 위해서는 폭력수반도 가능함을 시사한다.[21] 워낙 혁명을 "인민대중의 자주성

---

17 김병로, "자위(自衛)로서의 평화: 북한의 평화개념," 평화학연구, 제20권 3호 (2019), PP. 7－31.
18 과학백과사전출판사, 『조선말사전』(평양: 과학백과사전출판사, 2004), p. 1271.
19 위의 책, p. 966, p. 1277.
20 위의 책, p. 1277.
21 위의 책, 같은 곳.

을 옹호하고 실현하기 위한 조직적인 투쟁 또는 그 투쟁을 통한 사회 발전에서의 근본적인 변혁"이라는 좋은 뜻으로 해석하고 있는 터라 혁명과 평화를 위한 방법은 모든 가능성을 열어두는 것 같다.22

『철학사전』에도 "착취제도를 뒤집어엎고 근로인민대중의 자주성을 실현하기 위한 혁명투쟁을 벌이는데서 기본으로 되는 것은 폭력투쟁이다… 근로인민대중은 오직 폭력투쟁을 통하여서만 반동적인 착취계급을 타도하고 국가주권을 장악할 수 있다… 평화적 방법만으로는 혁명투쟁을 성과적으로 진행할 수 없으며 최후승리를 이룩할 수 없다"고 설명한다.23 김일성도 "로동계급은 착취계급의 권력기구를 뒤집어엎고 자기의 정치적 지배를 확립하기 위한 투쟁에서 혁명적 폭력이 없이는 승리할 수 없습니다"라고 강조했다.24

혁명과 투쟁에 대한 이와 같은 긍정적 인식 때문에 무장투쟁에 대해서도 매우 긍정적인 입장을 취하고 있다. 특히 민족해방투쟁에서 무장투쟁은 가장 결정적인 형태라고 인식한다. 무장투쟁에 대한 이러한 긍정적 인식은 항일무장투쟁이라는 역사적 경험이 중요한 배경이 되었을 가능성이 크다. 민족해방투쟁에서 결정적 승리를 이룩하기 위해서는 "상비적인 무력에 의한 유격투쟁을 기본형식으로 하면서도 혁명의 결정적 시기에는 전 인민적 폭동을 결합할 줄 알아야 한다."고 말한다.25

그런가 하면, 평화주의에 대해서는 매우 부정적으로 평가한다. 북한의 『철학사전』은 평화주의를 "제국주의에 아부굴종하면서 정의의 전쟁도 포함한 전쟁일반을 반대하고 무원칙한 평화를 주장하는 반동적인 사상이나 태도"로, 평화주의자는 "평화만을 주장하는 사람, 혁명적 원칙을 저버리고 부정과 투쟁하기를 꺼리며 덮어놓고 사이좋게 지내려는

---

22 위의 책, p. 1339.
23 사회과학출판사 편, 『철학사전』(평양: 사회과학출판사, 1985), p. 577.
24 김일성, 『김일성저작집 22권』(평양: 조선로동당출판사, 1983), p. 413.
25 사회과학출판사 편, 『철학사전』, p. 235.

사람"으로 정의한다.26 이 말 속에는 평화에 대한 북한의 생각이 적나라하게 드러난다. 즉 평화를 실현하기 위해 평화적 수단을 사용해야 한다는 주장에 대해 명백히 반대하고 있는 것이다. 정의를 위해서는 폭력을 수반하는 전쟁도 가능하다는 단호한 의지를 엿볼 수 있다. '혁명적 원칙'을 관철하기 위해서는 어느 정도의 마찰과 갈등은 불가피하다, 싸움을 두려워하지 않아야 한다는 의미가 포함되어 있다. 폭력의 사용을 계급투쟁의 최고 형태로 표현하는 이러한 개념과 '정의로운 전쟁', '정의를 위한 전쟁'이 가능하다는 말에서 북한이 평화를 어떻게 이해하고 있는가를 분명히 알 수 있다.

5. 무엇이 문제인가: 화해의 중요성

3축모델의 방법으로 통일평화를 실현하려면 남북 간에 진지한 화해의 노력이 병행되어야 한다. 통일평화를 추동하는 동력은 경제적 요인, 국제적 협력 요인 등 여러 요인을 지적할 수 있겠으나 남과 북 사이에 진지한 화해가 무엇보다 선행되어야 할 것이다. 한반도 통일평화를 위해 필요한 화해는 북한과의 화해가 가장 기본이 되겠지만, 한국사회에서 언급되는 다른 영역의 화해, 즉 식민지 유산의 청산 및 극복과 관련한 화해, 한국전쟁과 권위주의 정부 하에서 이루어진 국가폭력 희생자들과의 화해, 사적 인간관계에서 겪는 상처로부터의 해방 및 트라우마 해소 차원에서 논의되는 화해도 있다.27 한반도의 갈등해소와 화해의 문제는 각 영역이 배타적으로 존재하는 것이 아니라 서로 중첩되고 혼

---

26 위의 책, p. 1271.
27 박명규, "평화와 화해: 책임정치와 심정윤리의 간극과 긴장," 『용서와 화해에 대한 성찰: 한반도 분단과 통일을 중심으로』(제57차 KPI 한반도평화포럼, 2018.3.19.).

재되어 있다. 20세기 식민통치 유산으로 남겨져 있는 남북분단의 문제는 식민지 유산의 청산과 직결되어 있으며, 분단체제 하에서 분단을 명분으로 국가가 인권을 유린하고 폭력을 자행하고 있기 때문이다. 이러한 분단의 정치사회적 환경은 전쟁의 트라우마를 가진 남북의 구성원들에게 심대한 스트레스와 불안을 주고 있어서, 크게 보면 한반도에서 화해는 분단의 문제를 어떻게 접근하고 다루느냐 하는 주제와 직결되어 있다.

그간 남북이 화해의 노력을 기울이지 않은 것은 아니다. 1972년 '7.4 남북공동선언'과 1991년 12월 13일 합의한 남북기본합의서, 2000년 6.15공동선언과 2007년 남북관계발전과 평화번영을 위한 10.4선언, 그리고 2018년 4.27판문점선언, 9.19평양선언까지 남과 북이 화해를 실천하기 위한 여러 제안을 하고 협력을 추진하였다. 그때마다 남북 간에 가로 놓인 갈등과 골 깊은 감정이 작동하여 대화가 깨어지고 말았지만, 상호인정과 미래 협력의 필요성에 대해서는 많은 부분 공감이 이루어졌다.

특히 관계회복과 화해의 첫걸음으로서 중요한 상호인정 부분에 관하여서는 남북이 국가 수준에서 어느 정도 인정하는 조치를 취하였다. 1991년 12월에 타결된 '남북기본합의서' 제1조는 "남과 북은 서로 상대방의 체제를 인정하고 존중한다"라고 명시하였다. 물론 이러한 합의가 아직은 후속 조치들이 수반되지 않아 기반이 취약한 상태다. 시민사회 수준으로 내려오면 남과 북에서 각각 54%와 50%의 주민들이 상대를 서로 힘을 합쳐 협력해야 할 대상으로 인식한다.[28] 남북에서 절반

---

28 2019년의 경우, 남과 북에서 각각 10.8%와 29.3%가 상대를 '적'으로, 17.0%와 11.2%는 '경계' 대상으로, 13.5%와 6.0%는 '지원' 대상으로, 54.0%와 50.0%는 '협력' 대상으로 인식하였다. 서울대학교 통일평화연구원이 연례적으로 실시하는 한국인 대상 『통일의식조사』와 북한이탈주민 대상 『북한주민의식조사』 참조.

이상의 시민들이 상대의 존재를 인정하는 상황으로 화해의 첫걸음은 뗀 셈이다. 분리와 융합의 측면에서도 남과 북이 분단평화에 머물지 않고 통일을 통한 평화로 나아가야 한다는 통합의식을 갖고 있다는 측면에서도 화해의 잠재력은 크다.

그러나 여러 측면에서 남북한은 아직 구체적으로 화해를 진전시키지 못하고 있다. 화해의 시작은 과거에 대한 잘못을 서로 인정하며 미안하다고 말하는 사과에서 비롯된다. 화해를 위해서는 남과 북이 서로 분단의 피해자라는 인식을 공유하고 피해자의 관점에서 상호 피해를 인정하며 미안하다는 말을 건네야 할텐데, 그 부분에 관하여 아직 구체적인 조치가 취해지지 않고 있다. 이런 면에서 남북한은 아직 화해의 첫걸음조차 떼지 못했다. 한국전쟁으로 200만 명이 살육을 당하는 과정에서 남과 북이 전쟁을 어떻게 겪었는지 각자 피해자의 입장에서 진지하게 경청하는 과정이 전혀 없다.[29] 남과 북의 지도자가 화해의 선언을 하는 자리에서도 과거 한국전쟁 당시 서로에게 많은 피해를 주었다는 사실을 인정하지 않고 있다. 남한의 현충원과 북한의 애국열사릉을 상호 방문하여 상대 피해에 대해 조의를 표하며 화해의 의지를 드러낼 필요가 있다. 남북의 화해를 진전시키기 위해서는 나의 피해만이 아니라 상대의 피해를 이해하고 인정하는 과정이 선행되어야 한다.

이를 위해서는 진실확인 작업이 무엇보다 중요하다. 진실확인 작업 과정에서 중요한 것은 지금까지의 방식처럼 누가 전쟁을 먼저 일으켰는가 하는 차원의 사실 확인이 아니라, 누가 피해를 입었는가 라는 피해자의 관점에서 진실확인 작업이 이루어져야 한다. 남과 북이 입은 피해를 서로 정확히 파악하면 몰랐던 사실을 알게 되고 이해와 공감을 불러일으켜 사과의 단계로 나아갈 수 있게 된다. 사실 남과 북은 한국

---

29 김병로, 『다시 통일을 꿈꾸다: 한반도 미래전략과 '평화연합' 구상』(서울: 모시는 사람들, 2017), pp. 173-177.

전쟁을 각자의 관점에서 어떻게 겪었는지 국가수준이나 시민사회 수준에서 전혀 이해하지 못하는 상황이다. 양측 모두 자기의 피해만 학습하고 있을 뿐 상대의 피해는 전혀 모른다. 자기의 피해가 너무 커서 상대의 피해를 알아볼 여유가 없었던 탓일 수도 있고, 상대의 피해를 파악해 보려는 시도 자체가 '불온'한 것으로 오해받을 염려 때문에 엄두를 내지 못했던 탓도 있을 것이다.30

진실확인 다음에는 서로에게 가한 피해에 대해 사과하는 절차가 있어야 한다. 남북한은 국가적 차원에서 공식적으로 사과를 한 적이 없다. 묵시적으로는 서로가 피해자라는 사실을 공감하면서도 공식적으로 드러내기를 꺼린다. 6.15공동선언이나 판문점선언 등 남북의 국가적 선언에서도 과거의 잘못에 대한 인정이나 사과보다는 미래지향적 관계개선과 협력을 약속하는 내용으로 구성되어 있다. 과거에 대한 진정성 있는 사과가 없기 때문에 약간의 갈등이 부딪쳐도 관계가 금방 깨어지고 만다. 사실 남북 간에는 무엇을 어떤 수준에서 사과해야 하는지도 진지하게 성찰해볼 여유가 없었던 것 같다.

제3장 화해이론에서 살펴보았듯이 과거의 잘못을 어느 정도로 공개해야 화해에 도움이 되는가는 문화와 정치적 상황에 따라 다를 수 있다 하더라도 최소한의 진실을 밝히는 작업은 매우 중요하다. 한국전쟁의 학살문제와 전후 지속된 KAL폭파, 천안함 사건 등 북한의 도발에 대해 그에 상응하는 처벌을 내리지 않으면 미래에 비슷한 문제가 되풀이 될 우려가 있으므로 일벌백계의 차원에서 반드시 처벌하여 폭력의 남용을 억제해야 한다는 주장도 일리가 있다. 그러나 진실을 밝히는 작업이 어느 정도 가능할 것인가는 가늠하기 어렵고, 진실과 정의가 화해에 얼마만큼 도움이 되는지는 여전히 논쟁적이다. 이런 점에서 진실화

---

30 김병로·서보혁, 『분단폭력』(서울: 아카넷, 2016).

해위원회를 통해 '진실을 밝히되 용서한다'는 회복적 정의의 정신으로 진실·정의를 자비·평화와 융합하는 방식을 견지하는 것이 도움이 될 것 같다.

또 지난 시기를 돌아보면 국가지도자 수준에서는 여러 공동선언으로 화해의 노력을 진행하였으나 중간지도자 수준이나 풀뿌리 지도자 및 시민사회의 참여가 부재하였음을 볼 수 있다. 제주 4.3사건과 광주5.18 민주화항쟁 등 국가폭력 갈등이 시민의 참여를 바탕으로 진상조사와 보상을 진행하며 화해를 성공적으로 추진한 것과는 대조적이다. 사실 국가지도자 수준에서는 앞으로도 평화조약 체결이나 통일국가 구성이 머지않은 장래에 가능할 수도 있다. 그러나 그러한 국가 간 협약이 시민사회의 동의를 어느 정도 받고 있는가를 따져보면 전국민적 혹은 시민적 합의를 장담하기 어렵다. 국가수준에서는 평화조약을 체결한다 하더라도 시민사회가 분열되어 있어 그것을 받아들이지 않으면 국가나 정부 간 평화조성은 평화를 가져오는 것이 아니라 오히려 또 다른 갈등과 분쟁을 초래할 뿐이다.

이런 점에서 화해를 실행할 수 있는 역량강화는 매우 중요하다. 국가지도자 차원에서도 그렇고 시민사회에서도 화해를 가능하게 하는 개인적, 집단적, 제도적 역량은 절대적으로 필요하다. 화해를 해야 한다는 당위성에는 공감하지만 그것을 실행할 역량이 갖추어져 있지 않으면 통일평화는 가능하지 않다. 남북이 과거의 폭력으로 입힌 파괴와 상처를 용서하는 높은 단계의 화해로 나아가려면 국가와 시민사회 역량이 훨씬 축적되어야 한다. 용서를 통한 화해의 증진을 위해서는 레더라크가 주장하는 도덕적 상상력, 즉 폭력의 악순환을 거듭하는 기존 관행을 타파하고 완전히 새롭고 건설적인 관계의 유형을 만드는 역량 증진이 필요하다.

09

비핵평화의 길 — 복합 평화체제

1. 평화체제의 다중적 의미

탈냉전 이후 한반도에 전쟁 위기가 반복적으로 있어 왔지만, 전쟁 일보 직전까지 갔던 2017년 하반기의 불안한 상황은 남과 북의 군사적 대립 해소가 시급하며 중요한 문제임을 상기시켜 주었다. 남북한이 탈 냉전 이후 교류와 협력 관계를 확대하며 남북기본합의서와 6.15공동선언, 10.4선언, 4.27판문점선언, 9.19평양선언 등의 합의를 도출하고 지뢰제거와 GP폭파 등 군사적 긴장완화의 상징적 조치를 취했음에도 불구하고 남북의 대립과 갈등은 여전하다. 1999년 이후 줄곧 북방한계선 (NLL) 문제를 제기하며 서해에서 군사적 충돌을 야기해 왔고, 김정은 집권 이후 '경제 — 핵 병진노선'으로 핵위협을 고조시켜 왔다. 북한의 이러한 시도가 내부결속을 기하려는 정치적 의도가 없지는 않겠지만, 한반도가 불안한 정전상태임을 환기시키며 미국으로 하여금 평화협상에 응하도록 하는 전략적 의도도 있다. 특히 북한이 핵보유를 선언한 이후에는 평화협정 체결 의도를 더욱 강하게 드러내고 있다.

한반도의 안보와 평화에 대한 관심은 지난 몇 년간 김정은 위원장이 남한 및 미국과의 협상에 적극 임하며 주변국과 정상회담을 잇따라 추진함으로써 최고조로 높아졌다. 2018년 3월 중국과 첫 정상회담을 시작으로 4.27남북정상회담과 6.12싱가포르 북미정상회담을 개최하였다. 중국과는 벌써 다섯 차례의 정상회담을 하였고 남북 및 북미 간 각각 두 차례, 그리고 2019년 4월에는 러시아와도 정상회담을 개최하였다. 2019년 2월 하노이 북미정상회담이 실패로 돌아갔으나 북한과 미국 모두 판을 완전히 깨는 데는 큰 부담을 느끼고 있어 답보상태가 이어지고 있다. 중국의 대북 관여정책에 대응하여 미국도 아시아에 전략적 재개입 정책을 펴고 있어서 이러한 대립이 북한의 비핵화와 평화체제 논의를 얼마나 촉진 또는 억제할 것인지 예단할 수 없으나, 향후 몇 년간 한반도 평화체제 문제는 뜨거운 이슈로 부상할 가능성이 높다.

세계적 냉전이 종식되면서 남·북·미 간의 불가침조약 체결, 정전협정을 평화협정으로 대체하는 등의 문제가 오랫동안 논의되어 왔다. 하지만 이 논의과정이 한반도의 진정한 평화를 위해서라기보다는 각 관련 당사국의 이해관계가 반영된 정치적 레토릭의 성격이 강했다. 남과 북, 미국과 중국 등 관련 당사자들은 나름대로 비핵화의 개념을 다르게 갖고 있고 한반도 평화체제의 아이디어들이 어떠한 과정을 통해 실현될 수 있는가에 대한 조건들을 다르게 구상하고 있어서 돌파구(breakthrough)를 찾지 못했다. 1997년부터 진행된 4자회담과 2003년부터 진행된 6자회담이 실패로 돌아갔고, 2018년부터 진행된 북미양자협상도 결국 파국을 맞고 말았다. 이런 점에서 볼 때 각국의 이해관계를 진지하게 검토하고 관련 당사국이 상호 합의·타협할 수 있는 새로운 평화구상과 이행전략이 필요하다.

평화체제(peace regime)는 일반적으로 전쟁의 법적 종결 및 전쟁방지와 평화유지를 위한 제도적 장치를 말한다. 따라서 평화체제를 구축한다는 의미는 이 같은 제도적 장치를 마련함으로써 정전상태를 평화상태로 전환하고 상호 적대적 관계를 초래했던 긴장요인을 해소함으로써 항구적 평화정착을 위한 제도적 발전을 실현하는 행위라 할 수 있다. 이미 지난 2005년 9.19 공동성명(4항)에서 "직접 관련 당사국들이 적절한 별도 포럼에서 한반도의 항구적 평화체제에 관한 협상을 가질 것"을 명시함으로써 한반도 평화체제 구상이 시작되었고, 2007년 2.13 합의에서 5개의 실무그룹(Working Group)의 하나인 '동북아 평화·안보체제' 그룹이 러시아의 주관 아래 한반도 평화체제 구축 문제를 담당하기로 하였다. 그러나 6자회담이 중단된 상태에서 2018년 6월 북미양자 협상을 통해 '지속적이고 안정적인 평화체제'를 구축하기로 합의하였다.

오코노기 마사오 교수는 한반도 평화체제는 두 가지 의미를 띠며 논의되고 있다고 평가한다.[1] 하나는 정치, 경제, 외교적 측면에서 보다 넓게 접근하는 영역이 있고, 다른 하나는 군사안보적 의미로 좁게 해석하는 접근이 있다는 것이다. 전자는 북미관계 및 북일관계 정상화와 같이 동북아 평화와 안보 형성에 필요한 정치적, 외교적 논의를 의미한다. 남북한 간의 적극적인 대화와 협력도 마찬가지로 이러한 넓은 의미의 평화체제를 형성하는 데 매우 중요한 요소이다. 군사안보적 의미의 평화체제는 북한의 미사일 프로그램과 미사일 수출을 금지한다든가 전통적 군사태세 같은 사항들을 말한다.

제도적 측면에서는 한반도 비핵화 협정, 남북기본합의서의 실질적 이행, 종전선언과 한반도 평화협정 등의 선언 및 조치들이 필요할 것이

---

1 Masao Okonogi, "Building a peace regime on Korean Peninsula," Developing a Peace and Security Framework in Northeast Asia (held by Atlantic Council of the United States and the East Asia Foundation, April 2010).

며, 평화협정의 주체와 체결방식, 협정의 기본내용, 이행방법, 평화협정 관리기구 등에 대한 구체적 방안도 필요할 것이다. 그러나 평화체제 논의가 실행 가능하려면 복합적 평화구조가 필요하며 이러한 방안과 아이디어를 바탕으로 이를 추동할 수 있는 대전략이 있어야 한다. 현재 논의되는 사안들에 국한되어서는 돌파구를 만들기 어려우며, 보다 큰 틀에서 상호 교환하거나 양보하는 대타협의 방안을 찾아야 한다. 이 장에서는 비핵화 문제로 답보 상태에 있는 평화체제 논의를 진전시킬 수 있는 새로운 구상은 무엇이며 이를 실행할 수 있는 방법은 무엇인지 살펴본다.

2. 복합화 시대 한반도 평화체제 논의

평화체제 논의의 역사

평화체제(peace regime)는 한반도에서 전쟁의 위험이 상존하는 정전 상태의 불안한 상황을 종식시키고 공존과 평화의 상태가 지속되는 구조를 의미한다. 따라서 평화체제를 구축한다는 것은 정전상태를 평화상태로 전환하고 상호 적대적 관계를 초래한 긴장요인들을 해소함으로써 항구적 평화정착을 위한 제도적 장치를 마련하는 행위를 말한다.[2] 즉 평화체제는 안보군사적 차원에서 평화의 제도를 만들고 남북관계와 대외관계에서 이를 보장하는 제도적 발전이 이루어진 상태로 규정할 수 있다. 이런 맥락에서 평화체제는 현재의 정전협정을 평화협정으로 대체하는 논의에서부터 이에 필요한 외교문제 해결에 이르기까지 그 내용이 확장되어 왔다.

역사적으로 보면 정전협정을 평화협정으로 전환하기 위한 논의가 가

---

2 허문영 외, 『한반도 비핵화와 평화체제 구축전략』(서울: 통일연구원, 2007), p. 7.

장 먼저 시작되었다. 한국전쟁이 발발한지 3년이 조금 지난 1953년 7월 27일, 정전협정이 체결되었으며, "휴전협정이 서명되고 발효된 이후 3개월 이내에 한반도 문제의 평화적 해결과 외국군 철수를 협의하기 위해 고위급 정치회담을 개최한다"는 「정전협정」 제4조 10항의 규정에 따라 참전국들은 1954년 4월 26일~6월 15일 사이에 제네바 정치회담을 개최하였다.3 제네바 정치회담은 별다른 결실을 거두지 못하고 끝나고 말았으나, 이 자리에서 북한은 "외국군대의 철수와 남북군대의 축소"를 조건으로 남북평화협정을 제안하였다. 이 제안은 정전협정을 항구적인 평화협정으로 전환하기 위한 첫 번째 시도였다는 점에서 의미를 갖는다.

제네바 정치회담 최종회의 이후 북한은 주한미군의 철수를 전제로 한 남북평화협정을 주장해 오다가 1974년 3월 최고인민회의 제5기 3차 회의에서 북·미 평화협정 체결을 제안하였다.4 남측은 1974년 1월 '남북간 상호불가침협정'을 제안함으로써 협정의 당사자를 남과 북으로 명확히 하였으나, 평화협정 대신 불가침협정을 맺자고 주장하였다. 남과 북은 협정의 형태와 당사자 문제를 두고 대립된 견해를 유지하였다. 1984년 1월 북한은 북·미 평화협정과 남북 불가침선언의 병행체결을

---

3 제네바 정치회담에는 한국전쟁에 참전한 유엔군측 15개국(남아공 제외)과 소련, 중국, 남·북한 등 모두 19개국이 참가하였다. 문성묵·신범철, "평화공동체 구상: 조건과 시기,"『북한의 '위기' 담론과 탈분단의 공동체적 상상력』(북한연구학회 2011년 봄 정기학술회의, 2011.4.22, 이화여대), p. 28. 휴전협정에 반대했던 이승만 정부는 당초 제네바 정치회담에도 참석하지 않겠다는 입장을 나타냈지만, 미국 측의 끈질긴 참가요청으로 참가하게 되었다. 강인덕·송종환 외,『남북회담: 7.4에서 6.15까지』(극동문제연구소, 2004), p. 52, 문성묵·신범철, "평화공동체 구상: 조건과 시기," p. 28에서 재인용.
4 조성렬, "한반도 비핵화와 평화협정의 연계 배경과 전망: 북핵문제의 포괄적 해법을 위한 시사점,"『북한연구학회 춘계학술회의 발표논문』(2010.4.9.), 문성묵·신범철, "평화공동체 구상: 조건과 시기," p. 28에서 재인용.

주장했으며 이를 위한 3자회담을 제안하였다. 북한의 이러한 주장은 1992년 2월 「남북 사이의 화해와 불가침 및 교류·협력에 관한 합의서」 (「남북기본합의서」)를 통해 남북 간에 '불가침합의'가 관철된 것으로 이해되고 있다. 따라서 북한은 남은 과제는 북·미 평화협정 체결이라고 주장하고 있고, 남측은 1990년 8월부터 남북평화협정 체결을 공식적으로 주장하고 있다.

1990년대 초부터 북한의 핵문제가 불거지면서 평화체제 논의는 뒷전으로 밀리는 분위기였다. 다행히 1994년 제네바 합의로 핵문제가 봉합된 후 평화체제 논의는 남과 북, 미국과 중국이 참가하는 4자회담의 틀에서 논의되었다. 1996년 4월 한미 정상회담에서 공동 제의하고 북한이 이를 받아들임으로써 1997년부터 시작된 4자회담은 '긴장완화'와 '평화체제'라는 분과위원회를 설치하고 평화체제 문제를 다루었다. 하지만 주한미군의 철수와 북·미 평화협정을 의제화하자는 북한과 군사적 신뢰구축 조치를 논의하자는 한·미의 주장이 맞서 별다른 성과를 거두지 못한 채 제5차 본회담을 끝으로 4자회담은 중단되고 말았다.[5]

2002년 10월 북미 간 대립이 다시 격화되어 북한이 핵무기 개발을 공식화하기에 이르자, 북한의 핵문제를 협의하기 위한 6자회담이 시작되었다. 2003년 7월 6자회담의 시작으로 평화체제 논의는 새로운 국면으로 발전하였다. 즉 북핵문제와 한반도 비핵화 문제가 평화체제 구축의 선결조건으로 부상하였다. 비관적 시각으로 보면 핵문제라는 장애물에 막혀 평화체제 논의가 후퇴했다고 볼 수도 있으나, 낙관적 관점에서 보면 북핵문제가 더욱 심각해짐으로써 역설적으로 평화체제의 필요

---

5 2000년 10월 12일 조명록 조선인민군 차수와 올브라이트 미 국무장관 간의 회담에서 합의된 「미·북 공동커뮤니케」에는 "조선반도에서 긴장상태를 완화하고 1953년의 정전협정을 공고한 평화 보장체계로 바꾸어 조선전쟁을 공식 종식시키는데서 4자회담 등 여러 가지 방도가 있다는데 대하여 견해를 같이 하였다"고 밝히고 있다.

성이 더 높아졌다고 볼 수도 있다. 2005년 「9.19 공동성명」에서 '직접 관련 당사국들'은 '적절한 별도 포럼'을 개최하여 "한반도의 영구적 평화체제에 관한 협상을 가질 것"을 합의함으로써 평화체제의 필요성이 구체적으로 언급되었다. 2006년 북한의 핵실험 이후 2007년의 「2.13 합의」와 「10.3 합의」에서 5개 분과위원회 중 하나로 동북아 평화·안보 체제 실무그룹을 결성하고, 이를 위한 별도의 「한반도평화포럼」의 개최에 합의했다.

그러나 북핵 시설의 불능화와 대북 중유제공 약속의 불이행이 맞물리면서 평화체제 논의는 다시 중단되었고 한반도평화 포럼은 아직 제 기능을 발휘하지 못하고 있다. 2009년 5월 북한의 2차 핵실험이 단행되었고 이에 대응하여 유엔안보리가 북한에 대한 군사·금융 제재인 1874호 결의안을 채택함으로써 비핵화 논의는 완전히 중단되었다. 김정은 집권 이후 2013년 2월과 2016년 1월 및 9월, 2017년 9월까지 여섯 차례의 핵실험을 감행하였으나 그때마다 유엔과 미국으로부터 거듭된 제재를 받았다. 2018년부터 북한이 비핵화 의지를 표명하고 핵실험장 폭파로 그 의지를 과시하며 2018년 6월 미국과 평화체제 구축에 합의하였으나 2019년 2월 하노이 회담의 결렬로 답보상태에 있다. 북한은 핵협상의 대가로 안보리 대북제재 결의안 2397호를 포함한 제재 해제를 요구하며 맞서고 있다.

한반도 평화체제의 쟁점

지금까지 한반도 평화체제 구축을 논의하는 과정에서 제기된 의제를 종합하면 평화협정 체결, 군사적 긴장완화와 신뢰구축, 한반도 비핵화 문제의 세 영역으로 발전해 왔음을 알 수 있다. 남북분단과 정전상태를 종식하고 평화체제를 구축하는 데 있어서 가장 핵심적 과제가 평화협정, 남북 간 긴장완화와 신뢰구축임에도 불구하고 북핵문제가 불거짐으로써 한반도 비핵화가 가장 시급한 현안으로 대두되어 있다. 비핵화라는 풍랑을 만나 평화체제라는 배가 뒤집힐 것인가, 아니면 풍랑으로 인해 배가 더욱 빨리 갈 것인가 가늠하기 어렵지만, 현재로서는 상당한 걸림돌이 되고 있는 듯 보인다.

평화체제를 위해 첫째로 다루어야 할 의제는 비핵화 문제다. 한반도 평화체제의 관련 당사국은 당장 발등에 떨어진 비핵화의 불을 끄기에 정신이 없다. 현재 한반도 평화체제 논의에서 가장 큰 장애물이 바로 핵문제 해결, 한반도 비핵화의 문제다. 가장 해결하기 어려운 과제이면서 이 문제를 간과하고 평화체제를 진전시키기 어렵게 되어 있다. 과거 4자회담과 6자회담이 바로 한반도 비핵화를 목표로 시작된 다자간 회담체다. 그간 6자회담에서 합의된 '9.19공동선언', '2.13합의', '10.3합의'에 따르면, 핵시설 동결, 핵시설 불능화·신고, 핵폐기의 3단계 해법이 마련되었고, 각 단계에 따라 북한이 취해야 할 조치들과 미국 등 관련 5개국이 이행해야 할 조치들이 맞물려 있으며 동시행동 원칙으로 약속을 이행하도록 되어 있었다. 2019년 2월 진행된 북미양자협상에서는 북한이 먼저 핵시설 명단을 제출해야 한다는 미국의 입장과 제재 해제를 요구하는 북한의 입장이 첨예하게 대립하며 합의점을 찾지 못했다.

2007년 10.3합의에서 비핵화를 위한 1단계 조치로 북한은 핵시설 불능화와 핵프로그램 신고를 하고 나머지 5개국은 백만 톤의 중유를 제공하며 미국은 테러지원국 명단을 해제하기로 했다. 2008년 6월 북한의 영변 핵시설 냉각탑 해체에 부응하여 미국은 같은 해 10월 테러지원국 명단에서 북한을 해제하였다. 그러나 불능화라는 개념이 "폐쇄·봉인"에 그치느냐 아니냐, 또 신고대상인 "현존 핵계획"에 고농축우라늄(HEU) 프로그램이 포함되느냐 아니냐를 두고 서로 의견일치를 보지 못하고 있다.6 이러한 갈등으로 인해 북한에 대해 대적성국 교역법 적용 종료 과정이 진행되지 않고 100만 톤 상당의 중유지원 약속도 완결되지 못했다. 이러한 상황에서 2009년 5월 북한의 핵실험으로 유엔의 제재 결의안 1874호가 채택되었고, 북한은 대북제재 결의안 철회를 대화의 전제조건으로 요구했다. 2019년 북미회담에서도 대북제재 해제 요구와 핵시설 리스트 제출 요구가 대립하면서 출구를 찾지 못하였다.

두 번째 의제는 군사적 긴장완화와 신뢰구축 문제다. 비핵화 문제가 다자회담을 통해 해결해야 할 문제라면 남북간 군사적 긴장완화와 신뢰구축의 문제는 남북관계의 차원에서 주도적으로 해결할 수 있는 의제다. 현재 남북 간에는 「남북기본합의서」와 「한반도비핵화선언」이 나와 있고, 4.27판문점선언과 9.19평양공동선언 및 9.19군사분야합의서가 체결되어 있기 때문에 기존에 합의된 문서들을 준수하면 된다. 남북기본합의서에는 남북군사공동위원회 구성·운용 및 비무장지대의 평화적 이용, 단계적 군축 실현, 군사직통전화 설치·운영 등이 포함되어 있다.[7] 9.19평양공동선언에는 "비무장지대를 비롯한 대치지역에서의 군사적 적대관계 종식을 한반도 전 지역에서의 실질적인 전쟁위험 제거와 근본적인 적대관계 해소로 이어나가기로" 합의하고, 부속합의서

---

6 불능화(Disablement)는 동결(Freeze)과 폐기(Dismantlement)·해체(Disassembly)의 중간단계로 완전한 폐기도 아니고, 재가동이 불가능한 것도 아닌 중간 상태로 해석된다. 또 신고대상인 '현존 핵계획'에 대해 김계관 외부성 부상은 2007년 7월 '영변 핵시설'로 제한하고 이를 해체하는 대가로 경수로 지원을 요구했다.

7 남북기본합의서 제12조와 13조에는 남북군사공동위원회 구성 및 운용, 대규모 부대이동과 군사연습 통보 및 통제, 비무장지대의 평화적 이용, 군 인사교류 및 정보교환, 대량살상무기와 공격능력 제거, 단계적 군축 실현, 군사직통전화 설치, 운영 등이 포함되어 있다. 남북기본합의서의 불가침부속합의서는 수도권 안전보장지대 설정, 군사분계선 일대 무력증강 금지, 우발적 무력충돌방지, 불가피한 침범 시 대피의 보장 등을 언급하고 있다. 두 차례의 남북 정상회담에서는 국방장관 회담의 개최, 불가침 의무 준수, 정전체제 종식 및 평화체제 구축 노력, 서해평화협력특별지대 설치, 문산－개성간 철도 화물 수송 등이 다루어졌고, 두 차례의 국방장관회담에서는 DMZ에서의 군사역량 철거, 전쟁포로 송환 및 인도, 북핵 불능화 및 폐기 추진 등이 논의되었다.

로 군사분야 합의문을 채택하였다. 여기에는 4.27판문점선언에 명시된 비무장지대의 실질적 비무장화, 서해 평화수역 조성, 군사당국자회담 정례화 등을 구체적으로 이행하기 위한 후속 조치를 합의하였다. 이 합의에 따라 비무장지대 안의 GP를 폭파하고 지뢰를 제거하였으며, 군사분계선으로부터 5km 내의 포병 사격훈련과 연대급 이상 야외기동훈련이 전면 중지되고, 해상에서는 포사격과 기동훈련을 중지하고 해안포와 함포의 포신 덮개 설치 및 포문폐쇄 조치를 취하기로 하였다.

물론 여기에는 남북이 국내적으로 정비해야 하는 국가보안법과 로동당 규약전문 및 형법과 같은 제도개혁의 문제도 포함되며 개별 구성원들의 평화 지향적 의식전환도 필요하다. 그러나 현재 남과 북은 천안함과 연평도 사건을 계기로 격돌하며 군사적 긴장과 감정이 쌓여 있고, 사과와 재발방지 약속 등에서 아직 명쾌한 의사를 표명하지 않고 있다. 이런 측면에서 보면 평화의 과제를 문서화하는 작업도 중요하지만 합의한 내용을 어떻게 실천하는가 하는 문제가 더 중요함을 알 수 있다.

마지막 의제는 정전협정을 평화협정으로 대체하는 문제다. 평화협정의 의제와 관련해서는 일반적으로 국경의 획정, 군축을 포함한 분쟁 예방 및 해결 방안, 포로 및 난민의 지위, 채무관계의 정리, 기존 조약의 적용문제 등이 논의된다.[8] 따라서 남북평화협정에서도 전쟁상태 종료 및 정전협정 대체, 비무장지대의 평화지대화, 해상경계선 획정, 유엔사의 해체와 주한미군의 지위 조정, 그리고 새로운 평화관리기구를 규정하는 내용이 포함되어야 할 것이며, 남북의 주권, 영토보전, 정치적 독

---

8 평화협정 사례와 관련하여 자세한 내용은, 신범철, "탈냉전기 평화협정 관행을 통해 본 한반도 평화협정에의 시사점," 『서울국제법연구』 제14권 2호 (2007. 12.) 참조. '독일문제의 최종 종결 조약'은 통일독일의 영역(제1조), 군축(제2, 3, 5조), 군사동맹 문제(제6조), 전승국의 권리와 책임 소멸(제7조) 등으로 구성되었다. 통일연구원, 『한반도 평화체제: 자료와 해제』(통일연구원, 2007), pp. 358–366.

립성의 내용도 담아야 할 것이다.

평화협정 체결은 남북 이외에 관련국의 협의가 필요하므로 정전협정 당사국 간 4자회담이나 6자회담의 '한반도평화포럼' 등의 논의가 필요할 것이며, 한반도의 비핵화 및 북미수교의 진전과 맞물려 이루어질 것이다. 북한과 미국은 2018년 6월 12일 한국전쟁 이후 처음으로 정상회담을 개최하여 비핵화와 평화체제 구축에 합의하였다. 평화협정 체결의 방법에 관하여는 아직 구체적인 논의가 이루어진 것은 없다. 평화조성의 측면에서 보면 평화협정 체결 이전에 상징적 의미의 종전선언 또는 평화선언도 가능하다. 종전선언은 정치적 선언의 성격이 강하다는 점에서 북핵 불능화와 연계하여 추진하며 평화체제 구축의 본격 출발의 의미로 활용할 수 있다. 평화협정이 체결되면 미군철수 문제가 논의될 것인데, 미군의 지위는 유엔관할의 평화유지군으로 변경하여 평화협정의 이행을 보장하는 역할을 담당하게 될 것이다.

평화체제에 관한 관련국의 입장

(1) 남한

남한은 1974년 1월 '남북 간 상호불가침협정안' 제의를 시작으로 1976년 '남북 당사자 해결원칙에 입각한 정전협정 대체방안 모색 용의' 표명 등 남북 간 평화협정 체결을 지속적으로 주장하였다. 1990년 8월에 노태우 정부는 '남북평화협정'을 공식적으로 제안한 바 있고, 김영삼 정부는 1995년 8월 남북당사자 해결, 기존 남북합의서 존중, 관련국 협조와 뒷받침 등 '한반도 평화체제 구축 3원칙'을 제시하였다. 김대중 정부는 보다 구체적으로 남북 간 화해협력, 미일의 대북관계 개선, 북한의 대외개방 환경 조성, 비핵화 및 재래식 군비통제, 정전체제의 평화체제로의 전환 등 5대 추진과제를 제안하였다.

이러한 논의를 바탕으로 노무현 정부는 평화체제 구축을 위한 단계적 해결 방안을 내놓았다. 즉 1단계에서 북핵문제의 해결과 평화증진 가속화, 2단계에서 남북협력 심화와 평화체제의 토대 마련, 3단계에서 남북 평화협정 체결과 평화체제의 구축 등 단계적 방안을 제시하였다.[9] 문재인 정부 역시 한반도 평화협정 체결을 통해 견고한 평화구조를 정착시키겠다는 것을 정책목표로 내걸고 있다.[10] 남북 간에는 남북기본협정을 체결하고 한반도 분단과 관련된 직접적인 당사국들이 참여하는 평화협정을 체결하는 것으로 구상하고 있다. 그러나 평화협정 체결을 위해서는 북핵문제가 진전이 있어야 하고 평화경제 조성을 통해 한반도 신경제공동체를 단계적·포괄적으로 병행해 나간다는 전략을 취하고 있다.

   (2) 북한

   북한은 1954년 이래 '남북평화협정' 체결을 주장해오다 1974년부터 "북·미 평화협정" 체결을 제안하였다. 1984년에는 "남북 불가침 공동선언 및 북·미 평화협정 병행체결"을 요구하였고, 1992년 「남북기본합의서」로 '남북불가침' 합의가 되었다고 보고 이후 북미평화협정 체결을 다시 주장하고 있다. 1994년 4월 북미 평화협정 체결과 정전기구를 대체할 '새로운 평화보장체계 수립'을 제기한 이후, 5월 「조선인민군판문점대표부」를 설치하고 정전협정을 무력화하는 조치를 취함으로써 평화체제 체결을 위한 대화에 나서도록 미국을 압박하였다.[11] 북한은 평화체제의 당사자를 기존에는 북한과 미국이라고 주장하였으나, 2007년 10월 제2차 남북정상회담에서 '종전선언' 관련 합의에서 "직접 관련된 3자 또는 4자"라는 표현을 함으로써 남측을 평화체제의 실질적인 당사

---

9 허문영 외, 『한반도 비핵화와 평화체제 구축전략』, pp. 35 – 38.
10 통일부, 『문재인의 한반도 정책: 평화와 번영의 한반도』(서울: 통일부, 2017).
11 1993년 4월 중립국감독위원회에서 체코 대표단을 철수시킨데 이어 1995년 2월 폴란드 대표를 철수시켰고, 1994년 12월 군사정전위원회로부터 중국군 대표를 철수시켰다.

자로 인정했다고 할 수 있다.

북한은 또한 비핵화나 다른 어떤 문제보다 평화체제 수립을 요구하고 있다. 북한은 정전체제를 평화체제로 전환하게 되면 "핵문제의 발생 근원으로 되고 있는 미국의 대조선 적대시 정책과 핵위협이 없어지는 것으로 되며, 그것은 자연히 비핵화 실현에로 이어지게 될 것이다"라고 주장한다. 이를 위해 먼저 평화체제를 수립하고 그 다음 북·미 관계정상화를 이룩하며, 최종적으로 한반도 비핵화를 이루어 나간다는 계획을 갖고 있다. 북한은 2016년 7월 6일 정부대변인 성명으로 한반도 내 미국 핵무기 공개, 핵무기와 기지 철폐 및 검증, 핵타격 수단 한반도 미 전개 담보, 대북 핵 불사용 확약, 미군 철수 선언 등 다섯 가지 조건을 비핵화의 조건으로 제시하기도 하였다.12 북한은 미국의 대북 적대시 정책 포기와 한미군사훈련 중단을 지속적으로 요구하고 있는 가운데, 2019년 북미평화협상에서는 유엔 안보리의 대북제재 해제를 비핵화 진전의 대가로 강력히 요구하였다.

(3) 미국과 중국의 입장

미국은 2005년 9.19 공동선언에서 관련 당사국간 별도의 포럼을 통한 한반도 평화체제 협의를 제안한 후, 2006년 9월 한미 정상회담에서 북핵 해결을 위한 '공동의 포괄적 접근'에 합의하였다. 2006년 11월 미국의 부시 대통령은 한반도 비핵화를 전제로 북한과 한국전 '종전선언'의 가능성을 언급했으며 2007년 2.13합의에서 평화체제 협의를 재확인하였다. 2018년 이후 북미양자협상에서는 북한의 완전한 비핵화 약속 이행을 요구하며 특히 핵시설 관련 명단 제출을 먼저 이행해야 함을 강조하며 핵문제가 만족할만한 수준으로 해결되기 전까지는 유엔 안보리의 대북제재 결의안 2397호를 유지한다는 입장이다.

---

12 "미국과 남조선당국의 '비핵화' 궤변은 조선반도 핵화의 전도를 더욱 험난하게 만들뿐이다," (조선민주주의인민공화국 정부 대변인 성명, 2016.7.6.).

중국은 평화협정 논의 과정에 미군철수 문제가 거론될 것이므로 평화협정 체결 추진을 적극 지지하고 있다. 비핵화 문제는 핵무기 문제와 평화적인 핵에너지 이용이라는 두 측면에서 보고 있으며, 4자회담이나 6자회담의 틀 내에서 이 문제를 다루고자 하고 있다. 즉 기본적으로 한반도 평화체제는 남북간의 문제라기보다는 정전협정의 당사자이자 미군문제가 걸려 있어 4자회담이라는 다자안보협의체를 통해 해결해야 한다는 관점을 견지하고 있다. 2011년 중국은 비핵화 실무의제의 주관국으로서 6자회담 재개를 위해 남북대화, 북미대화, 6자회담의 순으로 대화를 진전시키자는 3단계 해법을 제시하였고, 2018년 평화프로세스가 진행되는 과정에서는 '쌍중단 쌍궤병행' 해법을 내놓았다. 즉 북한의 핵·미사일 실험과 한미연합군사훈련을 동시에 중단하고, 북한의 비핵화와 북미관계정상화 및 평화협정 등을 병행적으로 풀어나가자는 입장이다.

3. 복합 평화체제 구상

한반도 비핵화와 평화협정(Peace Treaty) 체결

현재 북미양자협상의 결렬로 대화의 채널이 완전히 단절되어 있는 상황에서 비핵화를 위한 대화와 협상의 돌파구를 어떻게 만들 것인가에 대한 해법을 내놓기는 쉽지 않다. 어느 수준으로 어떻게 하는 것이 비핵화인가에 대한 견해도 다르고 관련국 간 신뢰(Trust)가 없는 상태에서는 더더욱 해답을 찾기 어렵다. 우선 북한·중국이 생각하는 비핵화와 한국·미국이 생각하는 비핵화의 개념이 다르다. 한미는 북한의 핵능력을 완전히 제거하는 것을 목표로 하지만, 북한과 중국은 한반도에서 미국의 핵사용을 가능성을 완전히 제거하는 것을 목표로 하기 때문이다. 한미는 북핵폐기라고 주장하지만, 북중은 미국의 핵위협 제거에 무게를 둔다. 이른바 한반도 비핵화, 혹은 한반도 비핵지대화를 주장한다.

또 하나는 비핵화의 방법론이 다르다. 북한과 중국은 철저히 미국과의 상호주의로 북한 비핵화를 진행한다는 입장이다. 북한만 일방적으로 하지는 않겠다는 것이다. 한미는 북한이 먼저 하거나 최대한 양보하더라도 일괄타결을 주장하고 있지만, 북한은 단계적으로 추진해야 하고, 동시병행의 원칙으로 진행해야 한다고 주장한다. 따라서 비핵화는 북한쪽에서 동결 → 불능화 → 해체 → 폐기 순으로 간다면, 미국은 그에 상응하는 한미연합군사훈련 중단 → 대북제재 해제 → 관계정상화 → 미군철수 등 한반도 평화체제 구축을 위한 조치들을 취할 것을 요구한다. 뿐만 아니라 미국은 '불가역적'(CVID) 비핵화를 요구하는데 대응하여 '항구적'(permanent) 평화체제 구축 요구로 맞서고 있다. 이처럼 관련국이 첨예하게 대립하고 있는 상황에서는 어떠한 묘안도 실효를 거두기 어렵다.

이처럼 문제가 앞뒤로 꽉 막혀 해결의 기미가 전혀 보이지 않는 상황에서는 두 가지 방법으로 해법을 찾아볼 수 있을 것이다. 하나의 해법은 문제를 합의 가능한 수준으로 좁혀보는 방법이고, 다른 하나는 문제의 범위를 더 확장함으로써 새로운 길을 찾는 방법이 있다. 한반도 평화체제 문제에서도 이러한 해법을 적용해 본다면, 지금까지 나온 기존의 제안들을 합의 가능한 수준으로 재구성해 보는 한편, 이를 더 넓은 범주로 확대함으로써 새로운 우회로 내지 창의적 대안을 찾아보는 것이다. 먼저 문제의 쟁점을 좁혀보자.

한반도 평화체제의 문제를 풀기 위해서는 복합적인 과정이 필요하다. 즉 한반도 평화체제 구축에 필요한 과제들을 열거하자면 가장 대표적으로 과거 6자회담의 5개 실무그룹이 추진하던 한반도 비핵화, 북·미 관계정상화, 북·일 관계정상화, 경제 및 에너지 협력, 동북아 평화·

안보 체제 등의 문제를 꼽을 수 있다. 이러한 국제적 이슈만이 아니라 남북 간 군사적 긴장완화와 신뢰구축 등 남북한이 선결해야 하는 사안들도 있다. 이러한 많은 과제들이 해결되는 과정의 어디쯤에서 정전협정을 폐기하고 평화협정을 체결해야 한다. 정전협정을 평화협정으로 대체하는 문제는 한반도 평화체제를 구성하는 가장 단순하면서도 결정적인 사안이라 할 수 있다.

평화협정을 남북 간에 체결해야 하는지, 북미 간에 체결해야 하는지에 대해서는 관련국 간에 이견이 있고 평화 프로세스에서 어느 시점에 체결해야 하는가에 대한 문제도 일치된 의견은 없으나, 평화협정 안에 전쟁상태의 종식, 불가침 및 무력불사용, 경계선 설정, 분쟁의 평화적 해결, 내부 문제 불간섭, 상호 체제 존중, 기존 합의 준수 및 이행 문제 등이 포괄적으로 규정되어야 한다는 데 대해서는 이의가 없을 것이다.[13] 유엔사 해체와 주한미군 철수, 정전협정 당사자 자격과 작전통제권 문제, 정전협정과 서해북방한계선(NLL) 등 북한이 줄곧 요구하고 있는 민감한 사안들도 평화협정 안에 담아야 할 것이다. 이는 평화협정이 체결되기 이전에 이러한 남북간 및 관련국 간에 얽혀 있는 여러 군사적 문제들은 해결해야 함을 의미한다.

이렇게 보면 평화협정을 체결하기 이전에 정전체제 해체를 위해 해결해야 할 과제들이 더 중요할지 모른다. 북한의 핵무기 협상이 가시적으로 진전되어야 하며, 남북 간에 군사적 긴장완화와 신뢰구축이 선행되어야 한다. 북핵문제의 해결, 즉 한반도 비핵화 문제에 대해서는 과거의 '9.19공동선언', '2.13합의', '10.3합의'와 2018년에 합의한 '4.27판문점선언', '9.19평양공동선언', '6.12싱가포르선언' 등에서 합의한 내용을 이행해야 한다. 미국이 단계적 해법을 거부하고 있지만 큰 틀에서는

---

13 김동명, "한반도 평화체제 구상," 『통일과 평화』 3집 1호(2011), p. 100.

동결→신고→폐기의 3단계로 진행하는 것은 당연하며 단계적 로드맵 안에서 구체적인 내용들을 합의해 나가야 한다. 과거 여러 차례의 협상 경험과 2019년 2월 북미 양자 간 요구사항이 명확히 드러났으므로 이제는 지금까지 제기된 여러 사안들을 어떤 조합으로 해법을 모색할 것인가의 문제만 남아 있다.

평화협정이 체결되려면 남북 간에도 군사적 긴장완화와 신뢰구축 조치가 선행되어야 한다. 남북 간 군비통제가 실현되어 한반도에 군사적 긴장이 해소되고 UN을 포함한 국제사회가 객관적으로 한반도에 전쟁 재발 위험이 없다고 판단하는 수준의 군사적 신뢰가 형성되어야 할 것이다. 이러한 군사적 신뢰가 형성되면 유엔 안보리가 유엔사 해체를 결의하여 법적 측면에서 평화협정 체결에 걸림돌을 제거해야 할 것이다.[14] 또한 종전선언이나 평화선언과 같은 정치적 행위를 통해 평화체제 구축의 본격 출발 의미로 활용할 수 있다. 관련국 특히 북한과 미국은 '종전선언'을 발표함으로써 냉전체제의 종식을 상징화할 필요가 있으며, 남북한 당국도 '남북평화선언'을 천명함으로써 평화협정 체결을 지원할 수 있을 것이다.

그러나 현재 북한이 핵무기를 포기할 가능성이 없고 남북 및 북미협상이 교착상태에 있는 상황에서 한반도 평화체제 논의의 돌파구를 찾기 위해서는 문제의 범주를 더 넓게 확장함으로써 가능한 해법을 모색할 필요가 있다. 만약 북한정권의 핵무기 개발 포기가 단기적으로 불가능하고 북한 민주화가 진전되어 실용주의 정권이 들어설 때에만 가능하다고 판단되면 한반도 평화체제를 견인하는 새로운 대안을 적극 모색해야 할 것이다. 바로 중장기적 시각에서 한반도 공간평화를 확대하

---

14 유엔사는 안보리 결의 84호(1950.7.7.)에 의거, 한국전 참전 16개국을 총괄하는 통합사령부로 설립되었으므로, 한반도에 군사적 신뢰가 공고화되었다고 판단될 경우 유엔 안보리가 유엔사 해체를 결의해야 할 것이다.

여 복합적으로 풀어 나가는 체제를 갖출 필요가 있다.

구체적으로 경제·에너지 협력을 기반으로 한 경제평화의 공간과 인권·녹색가치를 기반으로 한 사회평화의 공간, 생태·환경을 기반으로 하는 평화지대를 활성화하여 한반도 평화체제를 복합적으로 구축해 나갈 필요가 있다. 이러한 방법이 비록 더디게 느껴질 수 있으나 가장 빠른 우회로를 찾음으로써 결과적으로 목표에 더 빨리 도달할 수 있는 해법이 될 수 있다. 한반도 평화체제가 궁극적 목표로 삼고 있는 지향을 다시 한 번 성찰해 보고 비핵화와 평화협정 체결, 교차승인 등 한반도 평화체제 문제를 견인할 수 있는 경제평화, 사회평화, 평화지대의 복합구조를 어떻게 발전시켜 나갈 것인가를 강구해볼 필요가 있다.

식량·에너지 협력에 기반한 경제평화(economic peace)의 확대

지금까지 논의된 비핵화와 평화협정은 평화체제를 구축하는 데 있어서 핵심적인 요소이지만, 이러한 평화체제가 성공적으로 만들어지기 위해서는 군사적 조치만으로는 불충분하며 외교와 경제, 문화적 지원이 필요하다. 특히 경제협력과 에너지 협력을 바탕으로 한 경제평화의 창출은 평화체제를 공고히 하는 유력한 기반이 된다. 현재 평화체제 논의가 수렁에 빠져 있는 이유도 정치군사적 이슈에만 묶여 있기 때문이다. 북핵문제와 비핵화 해결의 의미와 수준이 각각 다르고 단시일 내에 성취하기도 어렵다. 평화체제란 정전상태를 종식하고 지속가능한 평화의 구조를 만드는 작업인데, 우리 사고의 범주를 넓혀 비핵화를 촉진할 수 있는 지혜를 다각도로 강구해 보아야 한다.

북한의 핵문제가 원자력 에너지의 확보와도 관련이 있으므로 북한에 대한 개발협력을 함께 도모하는 것이 한반도 평화에 매우 중요하다. 단기적으로 북한에 식량난을 개선하는 농업협력과 인프라를 구축하는 개발원조를 제공하여 생존과 안정을 보장해야 한다. 또한 관련국들 간 자유무역협정(FTA)을 추진하여 평화체제의 이행을 촉진해야 한다. 남한은 2015년 중국과 합의한 중국과의 FTA를 비준·발효하고 북한과의 교역을 늘리기 위해 개성공단과 같은 경제특구를 확대해야 하며 중장기적으로 한중일 자유무역지대를 창설함으로써 북한 경제의 활성화와 남북관계의 개선을 도모한다.15 이는 결과적으로 한반도 평화에 기여할 것이다. 또 아시아 평화은행을 창설하여 이 지역의 분쟁예방이나 인간 안보적 위기 해결을 위한 기금으로 사용하며 특정지역의 천재지변과 전염병 등에 대한 지원을 담당하도록 한다. 북한에 대한 경제제재가 한반도의 긴장을 더욱 고조시키고 있는데 북한과 국제금융체제와의 협력을 지원하여 한반도의 평화와 안정을 추구해 나가야 할 것이다.

경제성장에 필요한 에너지 자원의 확보는 평화와 안보에 매우 중요한 요소다. 국가의 발전과 경제성장을 위해서는 에너지 자원을 충분히 확보해야 하고 핵·원자 에너지의 활용은 필수적이다. 북핵문제 자체도 에너지 문제와 밀접하게 연관되어 있으므로 북핵 문제 해결 방식에 따라 동북아 에너지 협력의 형태가 직접적인 영향을 받을 수 있다. 현재 북한과 관련된 에너지 이슈는 크게 핵개발 문제, 북러 가스관 협력 사업, 자체경수로 건설 문제, 그리고 에너지 부족에서 야기되는 경제위기 등을 들 수 있다.16 이런 경제·에너지 협력사업에 북한의 참여는 한반도의 평화와 동북아 안보에 긍정적인 기여를 할 수 있을 것으로 평가된다. 따라서 북한이 포함된 에너지 협력 프로젝트를 추진하여 북한으로 하여금 역내 국가들과 더불어 건설적이고 평화롭고 상호이익을 도모할 수 있는 계기를 제공해야 할 것이다.

이와 같이 경제·에너지 협력에 기반한 경제평화의 구조를 확대하면 비핵화 프로세스에 필요한 다음 단계의 조건들을 충분히 만들어 낼 수

---

15 김규륜 외, 『신아시아 외교와 새로운 평화의 모색 Ⅱ』(서울: 통일연구원, 2010), pp. 227－229.
16 김규륜 외, 위의 책, p. 230.

있다. 중국이 지난 10년 동안 추진한 대북 경제협력의 확대도 경제평화의 창출이라는 점에서 한반도 평화체제에 긍정적 기능을 하고 있다. 역대 남한 정부가 구상한 대북 경제지원 사업이나 5대 경협프로젝트, 현 정부의 한반도 신경제지도 등은 비핵화와 평화체제 실현에 있어서 경제평화의 유용성과 필요성을 인식하고 있기 때문이다. 그러나 여전히 경제지원과 에너지 협력의 기반이 핵포기를 견인해 낼 수 있을까에 대한 우려도 존재한다. 이러한 우려는 남북 간에 근본적으로 신뢰가 없기 때문인데, 평화체제를 단번에 만들 수 없는 상황에서 사회평화 및 경제평화의 구조를 확대하고 남북의 신뢰형성을 지속하면 비핵화의 촉진으로 효과가 나타날 것이다.

인권·인도주의를 기반으로 한 사회평화(social peace)

전통적으로 평화체제의 틀 안에 다룬 문제는 주로 국가안보와 관련된 주제들로 당사자 간 이해관계가 첨예하게 부딪혀 공감대를 찾기 어려운 이슈들인 경우가 많다. 그러나 오늘날 세계는 점점 크고 무거운 주제보다 개개인의 안전과 삶의 질과 같은 연성적 주제에 더 많은 관심을 갖고 있다. 자연재해와 전염병, 빈부격차, 기아와 빈곤 등의 인도주의 이슈들이 바로 그런 것들인데, 이는 인류사회가 지구적 차원에서 공동으로 대처해야 하는 보편적 과제이다. 이 인도주의 이슈는 사람의 생명과 생존을 보장하며 사람들 사이의 연대를 형성하는 사회평화의 요소들이라 할 수 있다. 평화체제를 구축하려는 궁극적인 목표가 인간의 생존과 생명보호에 있다는 점에서 보면 인도주의 협력에 입각한 사회평화의 제도화는 "사람 중심의 평화체제"를 만드는 작업인 것이다. 전통적 평화체제가 소극적 평화를 목표로 하는 것이었다면 사회평화의 요소들은 적극적 평화(positive peace)를 형성하는 조건들이다.[17] 인도

---

17 김규륜 외, 앞의 책, p. 74.

주의 협력은 행위자간에 최소한의 신뢰(Trust)를 형성함으로써 대화와 협력을 증진하는 최적의, 최고의 효과적 수단이 된다.

남과 북은 '인도주의 위기'에 공동으로 대처하는 평화의 제도화가 필요하다. 진정한 평화는 자연재해와 문명의 '위험'으로부터 인간의 생명을 보호하고 집단생존을 보장할 때 실현된다. 이런 점에서 질병과 빈곤, 기아와 인신매매 등 인간안보와 인도주의 문제를 해결하는 일은 평화의 실현을 위해 필수적이다. 특히 코로나19바이러스나 메르스, 지카 등 신종 전염병은 심각한 불안과 위험을 야기하고 있다. 이러한 문제는 인도주의 견지에서 남과 북, 그리고 동북아 국가들이 힘을 모아 해결해야 할 공동의 과제다. 북한의 경제상황이 점점 악화되고 물적 기반이 약화됨에 따라 재난·재해, 전염병 확산을 관리·통제하는 기능이 현저히 떨어져 있다. 이러한 인도주의 위기는 남과 북 어느 쪽에 발생해도 다른 한편이 직접적인 위험에 놓일 수 있는 공동의 과제들이다. 최근 국제적으로도 기후변화와 신종코로나19 같은 전염병 등에 대처하기 위해 글로벌협력체제가 강화되고 있는 만큼, 남북 간에도 이러한 재난과 위험, 인도주의 위기를 공동으로 해결하기 위한 남북 간 인도적 협력증진이 매우 필요한 시점이다.

남과 북은 이러한 필요성을 인식하여 인도주의 위기에 적극 협력함으로써 한반도의 경제·안보 위험을 줄여 나가야 할 것이다. 잦은 홍수피해와 인공재난에도 공동으로 대처하기 위한 공동대책 기구를 운영해야 한다. 이러한 재난·재해를 공동으로 대처하고 협력하기 위해 남북이 '민족재난·재해 공동대책위원회' 혹은 '한반도 재난·재해 공동대책위원회'를 구성하는 방안을 생각해 볼 수 있다. 북한이 보건의료나 재난·재해를 관리할 물적, 재정적 역량이 심각한 상황이어서 남북 간에 인도주의 협력을 통한 사회평화의 제도화는 매우 시급하다.

남북공동의 재난·재해 협력기구는 북한의 재난·재해 발생 시 신속하게 지원할 수 있다는 점에서 남북공동의 위기관리 기구라고 할 수 있다. 인도주의 지원과 협력은 북한주민의 생명을 보호하는 응급처방임을 넘어서 한반도 평화체제를 내실화하는 중요한 기제로 작용한다. 이러한 인도주의 협력은 민족의 재난에 함께 동참함으로써 화해를 도모하고 핵문제 해결에도 긍정적 영향을 줄 것으로 기대된다. 뿐만 아니라 남북 간 신뢰와 민족정서를 형성함으로써 한반도 비핵화와 평화체제 실현에 실질적으로 기여하게 될 것이다.

4. 복합 평화체제의 이행 전략

평화체제가 구축되기 위해서는 정전협정을 평화협정으로 전환하는 정치적, 법적, 군사적 조치가 핵심요건이라 할 수 있으나, 그 조건이 성숙하려면 경제협력과 인권·생태평화의 활용이 복합적으로 진행되어야 한다. 이러한 복합적 평화체제는 남북한과 미국, 중국, 일본, 러시아 등 주변국과 함께 만들어 가야 하지만, 남북 간에 가장 우선적으로 추진할 필요가 있다. 남북한이 상호공존을 위한 경제협력을 확대하고 재난·재해, 전염병 등 인도주의 위기에 공동으로 협력하며 DMZ의 평화적 이용을 활성화함으로써 남북 간 상호신뢰 구축과 군사적 긴장완화를 촉진할 수 있을 것이다. 북한이 핵무기를 좀처럼 포기할 것 같지 않은 상황에서 경제협력과 인도적 지원, 평화지대의 활용이 북핵문제 해결에 얼마나 실제적인 도움을 줄 것인가에 대한 회의가 없지는 않겠지만, 비핵화 문제가 단기일에 해결될 기미가 보이지 않는 현 시점에서 이러한 복합적 접근을 통해 한반도 평화체제 구축을 시도해 나가야 할 것이다.

주지하다시피 중국은 이미 경제협력을 통한 북한 비핵화라는 중국식 해법을 구사하기 시작했다. 중국은 2009년 북한의 핵실험 이후 북한의 군사적, 경제적 안정화를 통한 비핵화라는 정책을 제시하고 지난 10년

간 양국의 경제, 군사 협력을 강화해 왔다. 2008년 8월 김정일 건강 악화로 인해 북한정세가 불안정해지고 2008년 12월 심각한 금융위기를 겪고 있는 미국의 대북압박정책을 마냥 따를 수만은 없다고 판단하고 경제협력을 통한 군사문제 해결을 서둘러 추진하였다. 핵문제로 인해 나진·선봉 지역과 황금평 개발과 북한 내부의 에너지 자원개발 사업이 진척이 없으나 북한의 경제규모가 워낙 작아 중국에 흡수될 우려도 없지 않다. 이에 대해 북한은 국산화 정책을 추진하여 중국에 의존하는 비중을 줄이기 위해 많은 노력을 기울이고 있다. 그러나 중국의 적극적 개입 정책은 경제, 군사, 문화의 여러 영역에서 교류와 협력을 확대함으로써 북핵문제 해결에 기여하는 긍정적 역할을 할 것이다.

남북 간 경제협력과 특히 에너지 협력은 비핵화 프로세스의 다음 단계를 견인하는 데 필수 과제로 다가온다. 중국과 북한의 경제협력이 확대되고 있는 가운데 한중 FTA 발효와 북한의 경제특구 확대, 한중일 자유무역지대 및 아시아 평화은행 창설 등을 통해 경제평화를 확대해 나간다면, 상호이익을 바탕으로 안정된 평화의 구조가 형성될 것이다. 비핵화와 평화체제가 불가피하게 경제·에너지 문제와 연계되어 있으므로 정책의 실효성을 높이려면 경제협력과 지원정책과 긴밀한 연관 속에 추진해야 할 것이다. 탄탄한 경제협력의 기반이 없이는 정치군사적 안정이 미봉책에 불과하며 경제력이 뒷받침되지 않고서는 사회평화도 이룰 수 없다. 이런 점에서 남북이 경제교류와 협력을 비핵화 및 평화체제와 병행하여 추진해 나가야 한다.

남북한과 주변국 간 신뢰가 없는 상황에서 문제를 풀 수 있는 방법은 복합전략을 구사하는 것이다. 군사, 경제, 인도주의(사회) 등 3개의 복합적 평화체제를 남북 간, 북미 간, 6자 간 관계에 순차적 또는 동시적으로 적용해 볼 수 있을 것이다. 중국이 제안하고 있는 남북대화, 북미대화, 6자회담(혹은 4자회담)의 수순으로 문제를 푸는 방법도 복합전

290
한반도發 평화학

략이라 할 수 있다. 6자회담이 중단되고 비핵화 협상이 공전하고 있는 상황에서 평화체제를 추동하려면 남북한 간 및 주변국가들 간의 다차원적인 신뢰형성과 협력을 병행하지 않으면 안 된다. 가장 시급히 선행되어야 할 문제가 바로 남북 간 대화와 평화의 구조 형성이다. 이 문제만 하더라도 단선적으로 해결할 수 없는 많은 난제를 안고 있다. 남북한이 초보적인 군사적 신뢰가 없는 상황에서는 인도주의 문제나 인간안보, 위기관리 등에 필요한 협력을 통해 최소한의 신뢰를 형성해야 할 필요가 크다. 질병과 빈곤, 남북의 재난·재해에 공동으로 협력함으로써 남북 간 사회평화의 구조가 형성될 수 있고, 이러한 사회평화의 구조는 접경지역의 평화적 이용 공간을 확대하며 군사적 긴장완화와 신뢰 구축을 견인할 수 있을 것이다.

남북 간의 초보적인 신뢰가 형성되면 다음 단계로 한중, 한러 간, 그리고 북미, 북일 간의 신뢰형성을 위한 조치들을 시행해 나갈 수 있을 것이다. 특히 북한과 미국·일본은 외교관계 개선을 위한 대화를 시작해야 한다. 그러나 남북대화를 북미대화나 북중협력 사이의 선후관계로 못박을 필요는 없다. 현재까지의 로드맵에 의하면 북한 비핵화의 진전에 따라 미국, 일본과의 관계개선을 위한 대화를 시작하도록 되어 있는데 이 문제 역시 기계적으로 되는 것이 아니다. 이러한 상황에서 북미, 북일 간에도 인도주의 위기에 대한 공동대응과 경제협력 강화, 평화지대의 개발과 참여 등을 통해 신뢰를 쌓음으로써 대화의 기반을 다져야 한다. 현재 유엔의 대북경제재재가 발효 중이어서 어떠한 대화와 협력도 불가능하지만, 여기에서도 최소한의 인도주의 위기에 대한 협력은 그 필요성에 공감할 수 있을 것이다. 지진과 화산폭발 등 자연재해와 인공재난에 공동 대처하고 전염병과 기아 문제에 대해 협력함으로써 사회평화의 구조를 우선적으로 만들어야 한다. 사회평화로 형성된 최소한의 신뢰를 바탕으로 비핵화 이행과 적성국교역법 종료를 실행해 나갈 수 있을 것이다. 다음 단계의 비핵화 진전에 대비하여 경수로나 태양광 등 다른 형태의 경제·에너지 협력을 추진해 나가야 할 것이다.

남북관계와 북미·북일 관계가 개선되면 관련국들이 모여 평화체제의 문제를 종합적으로 논의하는 단계로 발전된다. 남과 북 및 관련국은 4자회담이나 6자회담을 통해 비핵화 3단계 이행을 추진해 나간다. 인도주의 협력과 경제지원, 평화지대의 활용을 통해 불신의 관계의 제재의 상태를 신뢰와 교류의 구조로 변화시켜 나가야 한다. 진전된 사회·경제·지대의 복합공간 네트워크 속에서 4자회담이나 6자회담 관련국은 북한의 비핵화 프로세스 단계에 따른 지원과 협력을 지속해 나가는 한편, 남과 북은 군사적 긴장완화와 군축을 일정 수준으로 진전시킴으로써 비핵화를 견인한다. 이와 같이 경제, 사회(인도주의), 군사 등 각각의 영역에서 신뢰를 쌓고 복합 평화구조를 연결하여 평화의 체제로 발전시켜 나가야 한다.

이러한 복합 패키지(package) 방식은 동서 간의 이념대립이 첨예했던 냉전시기에 유럽에서 추진했던 헬싱키협정(Helsinki Accord)에서 시사점을 얻을 수 있다. 헬싱키협정은 이념대립의 갈등구조 속에서 다차원적으로 사회문화 이슈를 접근함으로써 국제협력 내지 지역협력을 통해 평화·경제·인권 문제를 포괄적으로 해결한 대표적인 모델로 인정받고 있다.18 특히 헬싱키협정은 냉전갈등 속에서도 동서진영이 군사와 안보가 경제 및 사회, 인권 문제와 불가분의 관계에 있음을 인식하고 합의를 도출해냈다는 점에서 중요성을 지닌다. 이데올로기적 갈등이 치열했던 냉전시기에 동유럽과 서유럽이 유럽안보협력회의(CSCE)라는 다자간 안보·협력을 통해 정치·군사, 경제 및 인권문제를 포괄적으로 해결함으로써 유럽통합의 토대를 구축하였다. 안보문제를 풀기 위해

---

18 John Fry, *The Helsinki Process: Negotiationg Security and Cooperation in Europe.*(Washington, DC: National Defense University Press, 1993).

경제와 문화, 인도적 사안까지 모든 문제를 포괄적으로 논의하는 복합회의체였다. 한반도처럼 이념대결이 아직도 첨예한 상황에서는 헬싱키 협정 이행 사례가 평화체제 해결의 돌파구를 찾는데 많은 시사점을 줄 것으로 생각된다.

남북의 경우에도 안보문제와 경제협력, 인도주의 협력을 통합패키지로 만들어 영역 간의 문제를 상호보완적으로 풀어 나가야 할 것이다. 헬싱키협정에서는 제1부 안보문제, 제2부 경제·과학·기술협력문제, 제3부 인적접촉·정보·문화·교육 문제를 상호 간의 패키지 교환 방식으로 해결하였다. 한반도 통일과정에서도 핵문제와 경제협력, 인도주의 문제를 복합적 패키지 딜로 해결하는 방식을 구상할 필요가 있다. 당사자의 정치적 이해관계가 맞물려 좀처럼 양보하거나 타협하기 쉽지 않은 상황에서는 오히려 논쟁의 범위를 확대하여 판을 더 키워보는 것도 하나의 방법이 된다. 더 넓은 시각에서 문제를 바라보면 해법이 보일 수도 있기 때문이다. 소련은 유럽의 현상고착과 국경불가침(제1부) 및 경제교류(제2부)에 관심을 가졌으며, 서방측은 인권존중과 자결원칙(제1부) 및 인도적 협력문제(제3부)에 관심을 갖고 있었다. 북한도 현재 정권유지, 안보문제를 심각한 불안요인으로 느끼고 있는 상황이므로 안보문제와 경제협력, 인도주의 문제를 연계하여 해결해 나갈 수 있을 것으로 생각된다.

각 단계별로 평화체제 논의가 진전되는 상황에 따라 거기에 맞는 경제정책을 추진해 나갈 수 있을 것이다. 가장 먼저 정치군사적 측면에서 남북한과 미국, 중국 등 관련 국가의 정상들이 한국전쟁의 종식을 공식적으로 국제사회에 선언하고 남북한 간에는 평화선언을 한다. 이미 지난 2018년 6월 미국의 트럼프 대통령이 한반도 비핵화를 전제로 북한과 한국전쟁의 종결과 평화체제 협상을 합의한 바 있어서 실현성이 매우 높다. 이러한 평화협정을 시작으로 하여 비핵화와 외교적 관계정상화, 경제협력과 인도적 지원, DMZ의 구조전환 등의 문제를 포괄적으로 풀어나가는 복합정책을 추진할 수 있을 것이다.

중국 북경대 국제대학원 왕지스(王緝思) 원장은 이미 10년 전 북핵문제 해결에 장기간이 소요될 것으로 보고 지속적인 외교접촉과 경제협력, 인도적 지원을 실시하여 김정은 정권이 개혁의 길로 가도록 유도하여 핵무기를 포기하게 하는 장기적 방안을 추진해야 한다고 주장한 바 있다.19 이 방안 역시 국제사회가 대북 외교접촉, 경제교역, 인도적 지원 등을 통해 북한이 스스로 핵계획을 포기하도록 한다는 '경제－안보 －인도주의 교환모델'인 셈이다. 이런 점에서 핵문제 해결에 상응하는 경제협력과 인도주의 협력을 점진적 패키지 방식으로 풀어가는 폭넓은 이행 방안을 구상해 볼 필요가 있다. 스탠포드 대학의 핵물리학자 해커 박사도 북한 비핵화가 일단 시작한다 해도 최소 10년을 걸릴 것이라고 말한다. 핵문제 자체를 협상하는 데만도 시간이 필요하다. 따라서 초기 단계에서는 인도주의 협력을 바탕으로 신뢰를 쌓고 경제협력을 확대하여 핵문제 해결과 평화체제 구축에 필요한 물적 조건들을 준비하는데 집중해야 할 것이다.

5. 비핵평화를 넘어

한반도 평화체제 논의는 역사적으로 평화협정 체결, 군사적 긴장완화와 신뢰구축, 한반도 비핵화의 세 영역으로 확대되었다. 평화협정 체결의 과제가 가장 핵심적인 의제임에도 불구하고 북핵문제가 불거짐으

---

19 김정일 위원장이 20여 년에 걸쳐 어렵게 개발한 핵무기를 포기할 가능성이 없다며 북핵문제는 1~5년 안에 해결될 수 없는 20년 이상의 장기적인 과제로 보아야 한다고 말한다. 왕지스, "북핵문제 및 당면 한·중 관계(朝核問題 与當前中韓關係)", 『2010 한·중 평화포럼: 한중 양국 전략적 협력동반자 관계의 새로운 비전』, 민주평통자문회의 주최, 2010년 9월 28일, pp. 49－50.

로써 한반도 비핵화에 모든 초점이 쏠려 있다. 비핵화를 위한 3단계 청사진과 해법이 제시되어 초기 단계 조치들이 진행된 적도 있으나 불능화 해석과 농축우라늄계획의 포함 여부에 대한 의견 차이로 중단되었다. 지난 몇 년 간 북미협상에서는 북한 핵시설 범위와 제재 해제 문제를 두고 한 치의 양보도 없이 대립하고 있다. 한반도 평화체제의 역사적 경험에서 볼 수 있듯이 평화체제는 공동성명이나 평화협정과 같은 직접적 의제(주로 법률적 문제)도 중요하지만, 평화의 합의를 도출하는 데 필요한 포괄적 환경의 조성이 무엇보다 중요하다. 이런 점에서 과거에 5개의 실무영역으로 논의되었던 북미대화, 북일대화의 진전과 경제·에너지 협력, 다자평화체제 등이 동시병행으로 진전되어야 평화체제가 성공적으로 형성될 수 있다.

이런 점에서 인도주의와 경제, DMZ 영역에서의 협력을 통한 복합 평화구조의 창출을 통해 평화체제를 견인하는 한반도 평화체제의 새로운 구상이 필요하다. 자연재해와 전염병, 기아와 빈곤 등 남과 북, 그리고 관련국이 공감하고 있는 인도주의 위기와 위험 문제에 대한 협력을 통해 상호신뢰를 쌓고 사회평화를 제도화해 나가야 한다. 또 관련국들 간 FTA를 추진하고 동북아 에너지 협력에 북한의 참여를 독려하며 남북 간 경제협력 사업을 추진함으로써 경제·에너지 협력에 기반한 경제평화의 구조를 확대해 나가야 한다. 경제, 사회(인도주의)의 확대는 평화체제의 물리적 기반을 공고히 하며 구성원의 생명과 삶의 질을 높이고 평화의 공간을 확장함으로써 한반도 평화체제 구축에 기여할 것이다.

북한의 비핵화는 단순히 북한의 비핵화가 아니라 한반도 냉전체제의 근본적인 전환이자 해체를 의미한다. 정전협정을 평화협정으로 대체하는 동북아 질서의 큰 변화이며 미국과 중국의 패권경쟁의 중심사안이다. 여러 국제정치학자들은 이 지역 패권 교체기에 전쟁으로 치달을 가능성이 높음을 경고한다. 그러나 한반도는 지금까지 세계인들이 예상하지 못하는 기적적인 성과들을 보여주었다. 산업화와 민주화를 짧은 시간 안에 성취했고 스포츠와 예술 분야에서 한류를 세계적으로 확산하고 있다. 세계가 갈구하는 평화의 문제도 한국과 조선, 코리안들은 예상을 뛰어 넘는 해결책을 강구해 낼 수 있을 것이다.

　세계화의 심화와 정보통신의 발달로 평화에 대한 관심은 국경을 초월하는 문제로 변모하고 있으며, 평화체제에 참여하는 행위자가 국가만이 아니라 비국가 영역으로 확대되고 있다. 동북아시아는 물론 한반도에서도 장기적으로 국가차원의 역할도 중요하지만 새로운 비국가 행위자들이 지구적 네트워크를 조직하여 연성권력이 강조되는 방향으로 변화할 것이다. 또한 전통적인 안보의 이슈만이 아니라 경제협력과 에너지 문제, 자연재해와 전염병, 빈곤과 환경 문제로 그 범위가 넓어지고 있다. 한반도 평화체제는 이러한 21세기적 상황에 능동적으로 대처하는 의미 있는 제도가 되어야 하며 복합적 기획력을 발휘하여 지혜롭게 준비해야 한다. 새로운 평화체제의 구상이 남과 북에 전쟁의 위험을 제거하고 구성원들의 생명과 인권을 보장하며 한반도 평화를 구현하는데 작은 기여나마 할 수 있기를 기대한다.

공간평화의 기획 — 한반도형 통일실험

1. 공간기획을 통한 평화구축

평화공원(Peace Park)

접경지역보호구역(TBPA)은 하나 이상의 국가 또는 하위 국가기구의 경계에 걸쳐 있는 생태보호구역이다. 이러한 지역은 TFCAs(transfrontier conservation areas) 또는 평화공원으로도 불린다. 국경보호구역은 전 세계에 여러 형태로 존재하며 다양한 이유로 설치되었다. 식량과 수자원 확보, 동물이주 패턴 보존 등이 국경보호구역을 설치하는 주요 이유이지만, 이를 통해 이웃 국가들의 관광과 경제발전 및 친선을 도모하며 주민들이 쉽게 여행할 수 있도록 하는 것도 목적이다.

접경지역보호구역(TBPA)으로 만들자는 이러한 개념은 지난 30여년간 빠르게 발전해 왔다. 그 결과 전 세계적으로 보호구역으로 지정된 접경지대가 1988년 59개에서 2007년 현재 170개로 확대되었다.[1] 이

---

1 Saleem H. Ali, *Peace Park* (Cambridge, MA: The MIT Press), p. 14.

접경지역의 보호구역은 단순히 환경보호지역으로 기능할 뿐 아니라, 분쟁지역의 갈등을 해소하는 역할도 담당한다. 특히 갈등이 종결된 이후 그 갈등에 휘말렸던 국가와 국가, 국민과 국민을 이어주는 가교 역할을 한다. 이런 점에서 접경지역보호구역은 평화공원(Peace Park)의 역할을 하는 것이다.

국제적으로 처음으로 평화공원을 조성한 사례는 1932년 미국과 캐나다 접경지역에 만들어진 워터톤-글래셔 세계평화공원(Waterton-Glacier International Peace Park)이다. 양국은 1932년 이 공원을 제정하는 법을 통과시켰다. 이 법이 통과되기 까지는 평화공원 조성을 요구하는 몬타나 및 알버타 로타리 클럽의 공동결의가 영향을 미쳤다. 양국은 우호적 관계를 발전시키기 위해 같은 해 비슷한 목적의 세계평화정원도 노스다코다와 마니토바 사이에 설립하였다.

그러나 이러한 접경지역 보호지대 설치는 보다 심각한 무력갈등을 해소하기 위한 직접적인 수단으로 공간을 활용하는 구상, 즉 환경평화구축의 전형적인 유형이라 할 수 있다. 아직 폭력적 갈등의 해결 기제로 접경지역보호구역 제정 방안이 국제사회에서 본격적으로 활용되지는 못하고 있으나 평화구축을 위해 보호구역과 환경지대를 설치하는 구상은 매우 효과적이다. 평화공원은 국경획정과 관련한 첨예한 갈등이 발생했을 때 관련국 간의 평화적 협력을 통해 갈등을 해결할 수 있는 유력한 수단이 될 수 있다. 평화공원은 관련국 간 신뢰와 협력을 증진함으로써 갈등해결의 엄청난 잠재력을 지니고 있다. 문제는 평화공원이 갖고 있는 이러한 갈등해결의 잠재력을 어떻게 실현시키느냐 하는 점이다. 평화공원이 환경보호를 넘어서 평화에 기여하는 효과적인 수단으로 작동하기 위해서는 효과적인 거버넌스 모델이 필요하고, 정치적 의지와 헌신이 필요하다.

1998년 페루-에콰도르 평화협정이 바로 그러한 사례다. 무력갈등을 해결하기 위해 창안한 접경지역보호구역의 첫 대표적 사례는 에콰도르와 페루 사이에 설치한 코르딜레라 델 콘도르(Cordillera del Condor) 지역이다. 수십년 간 갈등을 빚어온 두 나라 사이의 영토분쟁은 1995년 2월 평화협정으로 해결하였는데, 양국이 분쟁지역에서 군대를 철수하고 대신 군대의 지원과 도움을 받아 생태평화공원을 조성한 것이다. 이 과정에 아르헨티나, 브라질, 칠레, 미국 등 네 나라가 보장을 하는 방식을 취하였다. 1997년 11월 양국은 통상해운협정, 국경통합협정, 상호안보협정, 완전한 국경획정 등 4개 분야에 관한 '브라질선언'(Declaration of Brasilia)에 합의하였다. 1998년 2월 첫 3개 의제에는 합의했으나 완전한 국경획정을 두고 갈등이 발생하여 에콰도르가 300명의 군대를 재배치하는 상황으로 비화되었다. 1998년 10월 9일 양국의 대통령과 클린턴 미국 대통령이 회동하여 4개의 보장국가가 국경을 획정한다는 평화협정에 서명하였고, 그 지역을 보호지역으로 지정하도록 하였다.

1998년 10월에 서명한 타협안은 통상 및 항로 협정, 양국 개발촉진에 필요한 국경 통합, 분쟁 예방을 위한 안보협정, 국경선 획정 등 4개 분야의 의제였다. 국경선 획정의 경우 양국이 빌 클린턴 미국 대통령에게 경계선을 획정해 줄 것을 요청하여, 미국이 위성영상 분석을 통해 정확한 경계선 획정안을 제시하여 합의함으로써 해결되었다. 평화협정의 내용 중 양국이 이 지역을 보전지역으로 지정한다는 것을 포함하였다.

원래 양국은 자국 국경의 안쪽을 국립공원으로 지정하여 별도로 국립공원을 설치하려는 계획을 갖고 있었는데, 여러 국제기구와 단체가 참여하고 중재하여 양국을 통합하는 생태환경지역으로 만든다는 구상을 추진하였다. 2000년 Conservation International과 국제열대목재기구(ITTO)가 에콰도르와 페루의 지역보존단체 및 지역사회와 협력하여 하나의 관리체계를 만들었고, 그 결과 2004년에 콘도르 – 쿠투쿠 보호지역(Condor-Kutuku conservation corridor)을 설치하기에 이르렀다.2 이 사건을 계기로 평화공원에 관심을 갖고 있던 많은 사람들이 다른 분쟁지역에도 이러한 평화공원을 설치하여 문제를 해결하려는 희망을 갖게 되었다.

평화공원은 적대국 간의 협력과 교류를 촉진하고 지역주민의 생계를 향상시키며 긍정적 상호작용을 증진함으로써 평화로운 국제관계를 돕는다. 콩고와 르완다, 우간다 사이에 있는 비룬가(Virunga)지역이나, 엘살바도르와 온두라스 사이에 있는 트리피니오(Trifinio)지역, 그리고 위에 언급한 에콰도르와 페루 사이의 코딜레라 델 콘도르(Cordillera del Condor) 지역을 대표적인 접경지역 평화공원으로 꼽을 수 있다. 또 태국 방콕의 샌티팝(Santiphap) 공원, 히로시마 평화공원, 나가사키 평화공원, 캐나다 몬트리올의 평화공원, 시애틀의 평화공원 등이 있다. 캐나다 브리티시 콜롬비아와 미국 시애틀 사이에는 평화아치공원(Peace Arch Park)이 있다.

화해기념, 환경관리, 경제발전 - 평화공원의 세 차원

세계적으로 평화공원은 크게 3가지 의미를 담고 있다. 첫째는 화해평화의 기념으로서 평화공원이다. 전쟁의 아픔을 기억하고 치유하며 평화의 가치를 되새기는 상징 공간으로서의 의미다. 갈등해결 수단으로 환경보호지대를 개발한다는 구상은 매력적인 아이디어다. 자연보호(conservation)와 갈등해결이라는 두 요소를 어떻게 충족시킬 수 있을까? 자연과학적인 요소와 사회과학적인 요소를 융합하고 조화시킨다는 것은 쉽지 않은 일이다. 평화공원은 이 어려운 두 필요를 동시에 충족해야 하는 어려운 과제다. 역사적 의미가 있는 지역에 상징 건축물과

---

2 *Ibid.*, pp. 9-10.

조형물, 전쟁희생자 기념물과 묘비, 관련 기록물 전시관 등을 포함하는 평화기념공원(Peace Memorial Park)을 조성하는 작업이 구체적인 예라 할 수 있다.[3]

평화공원은 대체로 관련국 사이에 군사화된 분쟁을 감소시키고 화해를 증진한다고 평가한다. 그러나 관련국 간 치명적인 분쟁은 낮추지만 여러 소소한 갈등은 오히려 커진다는 주장도 있고, 국가차원의 긍정적 역할과는 달리 그 지역주민들에게는 실제 혜택이 별로 돌아가지 않는다는 비판적 평가도 동시에 존재한다.[4]

남북 사이에 놓여 있는 DMZ에 세워지는 평화공원은 가장 먼저 과거 전쟁의 상처와 아픔을 기억하고 추모하는 장소가 되어야 할 것이며, 이러한 상징을 바탕으로 생태환경 보호와 지역경제 활성화를 함께 고려하는 미래지향적 기획이 되어야 할 것이다.

둘째는 생태환경 관리지역으로서의 평화공원이다. 대립·갈등이 있는 접경에서 양자가 함께 자연환경의 혜택을 누릴 수 있도록 생태자원을 보호하고 발전시키는 것이다. 생태역사박물관의 형태로 조성할 수 있다. 세계자연보호연맹(IUCN)은 평화공원을 생물다양성과 자연자원 및 연계된 문화자원을 보호 유지하면서 평화와 협력을 촉진하기 위해 만들어진 접경보호지역으로 정의한다. 비무장지대는 개발이 안 되어 있어서 야생동물을 위한 보호구역이기도 하다. 이런 점에서 DMZ는 국경보호구역이자 생태환경을 보고이기도 하다.

2003년 세계자연보호연맹(IUCN)은 세계접경보호네트워크(the Global Transboundary Conservation Network)를 설립하여 접경보호지역 평화공원을 5개 유형으로 구분하고, 2007년 전 세계적으로 227개의 접경보호

---

3 박은진. "DMZ세계평화공원과 접경지역의 미래," 『이슈&진단』(No.104), 경기개발연구원(2013.7.17.), p. 8.

4 https://en.wikipedia.org/wiki/Transboundary_protected_area (검색일: 2019.4.10.)

지역 목록을 발표했다.[5] 5개 유형의 접경보호지역 평화공원은 다음과
같다.

표 10-1 접경보호지역 평화공원 유형

유형	내 용
1	2개 이상의 보호지역이 접경에 걸쳐 있는 경우, 가장 일반적인 유형으로 접경생물권 보호지역 등 다수 사례
2	접경 보호지역들 사이에 보호지역이 아닌 지역까지 모두 포함하여 하나의 평화공원 조성
3	보호지역들 사이에 낀 지역은 제외하고 떨어져 있는 보호지역만 포함, 지리적으로 격리되어 있지만 생태적인 문제를 공유하고 공동관리
4	한쪽에서 보호지역을 먼저 시작하고 아직 공식적인 동의는 없지만 반대쪽 국가까지 보호지역을 확장할 것으로 기대하는 경우, 과도기적 단계
5	한쪽은 보호지역이고 다른 쪽은 보호지역이 아니지만 상대국가를 고려, 유사한 토지이용관리를 할 경우

자료: 박은진/ IUCN 세계접경보호네트워크 홈페이지(http://www.tbpa.net/); Saleem H.
Ali, "Introduction," *Peace Park*, pp. 7-8.

   셋째는 지역경제 발전공간으로서의 평화공원이다. 지역경제를 활성
화시키면서 상호협력을 촉진하는 공간으로서 평화공원을 조성한다. 평
화공원를 지역경제 활성화와 연계하려면 다양한 행위자가 참여해야 한
다. 양국 정부는 물론이고 국제기구와 NGO, 기업과 지역주민 등 여러
행위자의 관심과 참여가 필요하다. 이러한 사업을 재정적으로 지원하
기 위한 별도의 재단을 만드는 작업도 도움이 된다. 1997년 2월 1일
안톤 루퍼트(Anton Rupert)는 네델란드 베른하르트(Bernhard) 왕자와
넬슨 만델라(Nelson Mandela)와 함께 모잠비크, 짐바브웨, 남아공 사이

---

5 https://translate.google.co.kr/translate?hl＝ko&sl＝en&u＝
  https://en.wikipedia.org/wiki/Transboundary_protected_area&prev＝sear
  ch (검색일: 2019.4.10.)

의 초국적보호지역(TFCAs) 설치 지원을 위한 비영리단체인 평화공원재단을 설립했다. 이 재단의 지원으로 생태관광 협력과 지역갈등 및 대립 해소가 촉진되어 평화공원 운동을 크게 고무시켰다.

평화공원의 조성이 관련 당사자들의 화해와 갈등 해소에 기여함은 물론 이러한 협력이 지역경제를 활성화하는 데까지 이어지려면 해외공여국(foreign donor)의 역할도 중요하다. 환경보호프로그램을 추진하는 과정에서 이해 당사국 간의 중재역할을 잘 함으로써 관계를 증진시켜 나갈 수 있다면 양국 간 실질적 협력으로 발전할 가능성이 높기 때문이다. 갈등해소와 환경협력이 바탕이 되어야만 지역주민들이 실질적인 혜택을 누리는 사회경제 협력이 가능해진다.

평화공원 조성으로 갈등해결은 어떻게 가능한가?

지금까지 환경보호가 갈등해결의 수단으로 활용될 수 있다는 논지를 전개하였지만, 실제로는 종종 환경보호를 위한 노력이 더 많은 갈등을 유발하는 경우가 허다하다. 자연과학적 측면에서 논의해야 할 환경문제를 사회과학적 주제인 갈등해결의 수단으로 사용한다는 것 자체가 무리하게 작용할 수 있기 때문이다. 대개의 평화공원 조성 프로젝트가 갈등해결의 유용한 수단이 된다고 주장하는 사람이나 조직에 의해 기획되는 경우가 많은데, 이들은 종종 생태적 문제는 심각하게 고려하지 않은 상태에서 첨예하게 대립하는 다른 갈등을 해결하는 데만 초점을 맞추는 경향이 있다.

그러나 생태환경 측면에서 보면 이러한 해결방법은 적절하지 않으며 다른 요인들을 개입시키지 말고 자연과학적 관점에서 문제를 해결해야 한다고 주장한다. 과학적 측면을 무시한 채 관련 당사자 간 갈등해결에만 몰입하면 그 결과는 환경보호를 위해 바람직하지 않을 것이 뻔하기 때문이다. 그런데 이러한 환경주의자들의 주장은 원주민들의 입장에서 보면 삶의 현실을 고려하지 않고 너무 이상적인 목표만을 제시하는 경우가 대부분이어서 원주민들과 또 다른 갈등과 마찰을 빚는 경향이 존재한다. 원주민들은 아무래도 환경보호의 측면보다는 경제적으로 얼마나 이익이 되는가의 시각에서 문제를 보기 때문에 환경보호보다는 개발을 선호한다.

따라서 갈등해결과 환경보호, 개발이라는 세 차원의 목표를 어떻게 조절하고 조정해 나갈 것인가 하는 주제가 뜨거운 쟁점이다. 앞에서 평화공원이 화해평화기념, 생태환경관리, 지역경제발전이라는 세 차원의 기능을 띠고 있다고 설명하였는데, 그 세 차원의 기능과 목표가 서로 상충되는 것이다. 환경문제를 갈등해결의 자원으로 동원하려 할 때에는 환경보호와 개발을 어느 정도의 비중을 두고 문제를 풀어가야 할 것인가 하는 부분을 심각하게 고려해야 한다. 이 부분에서 긴장과 갈등이 새롭게 발생하며 이 갈등을 제대로 해결하지 못하면 문제는 더 복잡해진다. 환경주의자들의 이상론과 개발주의자들의 현실론을 적절한 수준에서 조정하고 통합하는 것이 갈등해결을 위한 평화공원 조성의 핵심이라 할 수 있다.

2. 공간구성을 통한 평화기획 개성공단

개성공단은 남북한이 함께 공존할 수 있는 길을 찾기 위해 북한의 군사력이 집중되어 있던 지역에서 군대를 철수시키고 남한의 자본을 투입하여 만든 창의적 경제협력 공간이다. DMZ, 즉 비무장지대는 남북한간의 민족상잔과 분단의 아픔을 대변하는 공간이다. 200만 명의 군인과 민간인이 목숨을 읽은 6.25전쟁, 한국전쟁의 폭력적 상흔이 상징화되어 있는 곳이다. 1천만 이산가족의 슬픔과 눈물이 깃들여 있는 곳이다. 지금도 남북한의 180만 군대가 집결해 있고 엄청난 화력이 집중되어 있는 위험한 곳이다. 평화구축을 위해서는 공간의 활용과 제도, 레짐의 창의적 구상은 필수적이다. 선을 긋는 것은 언제나 갈등을 만들어 낸다. 인간사회에 그어진 선들은 자기의 영역을 지키기 위한 보호장치들로 끊임없이 갈등과 다툼을 만들어 낸다. 선을 공간으로 전환하여야 많은 문제들이 해결된다. 선을 긋고 갈등하는 집단의 이해관계를 해소하려면 기존의 틀에 얽매여서는 안 된다. 초월의 방법이나 창의적 접근이 아니고서는 불가능하다. 개성공단은 남북의 군사적 대립과 갈등이 상징화되어 있는 DMZ 인근에 공단을 조성하고 왕래할 수 있는 철도와 도로를 건설함으로써 남북한의 화해와 평화의 공간구축을 시도한 것이다. 이런 점에서 한반도에서 6자회담과 같은 기제는 평화유지 혹은 평화조성에 필요한 제도라고 한다면, 개성공단 프로젝트나 DMZ 세계평화공원 조성 같은 프로젝트는 지속가능한 평화, 즉 평화구축을 위한 창의적 공간구상 전략이라 할 수 있다.

개성공단은 경제적 측면에서 남북한 모두에게 가시적이며 실질적인 혜택을 가져다주는 사업으로 간주되었다. 남한의 입장에서 개성공단은 필요성이 매우 컸다. 경제위기로 인해 중소기업의 어려움을 겪고 있는 남한의 산업에 개성공단은 새로운 돌파구를 열어줄 수 있다는 기대를 주었다. 북한에게는 가장 직접적으로 노동력을 활용한 인건비 외화벌이를 들 수 있다. 북한 노동자를 5만 명으로 잡고 월 100달러로 계산하면 매월 5백만 달러(약 50억 원)의 외화소득이 발생한다. 개성공단이 본격 가동될 경우, 북한은 공단개발효과 0.9억 달러, 공단운영에 따른 연간 1.5억 달러 가량의 효과를 얻을 것으로 추정된다.[6] 이처럼 개성공단은 북한에게 경제적 이익을 줄 뿐 아니라 남한의 기업에게도 새로운 기회로 부상하고 있어서 남북한이 서로 필요로 하는 사업이다. 개성공

---

6 조봉현, "전환기의 새로운 개성공단 발전방안," 『KDI북한경제리뷰』 2010년 2월호, p. 25.

단이 정상적으로 가동되면 남한경제의 공단개발효과는 24.4억 달러, 공단운영에 따른 효과는 44.2억 달러에 이를 것으로 추산된다.7

개성공단은 제품을 생산하는 공장의 집결지라는 차원을 넘어 남북협력을 위한 여러 차원의 의미가 내포되어 있는 곳이다. 비무장지대(DMZ)를 사이에 두고 철저히 단절되어 있는 남북한이 이 지역에서만은 접촉과 대화를 지속하고 있다. 또 공단을 운영하기 위한 전력공급과 자재를 운반하기 위한 통행협상이나 통신문제도 개입되어 있다. 뿐만 아니라 노동자들의 월급을 지급하고 필요한 대금을 주고받기 위한 재정금융 체계도 갖추어져 있다. 통일 이전 동서독이 베를린 문제 때문에 통행과 통신, 통관 문제를 끊임없이 논의해야 했던 상황과 비슷하게 개성공단은 남북한 사이에 지속적인 대화를 촉진하는 교류의 공간이 되고 있다.

그런가 하면 공단은 하나의 생활공간으로 형성되어 있다. 남북한 근로자 간에 작업과 식사가 격리되어 있어서 공식적인 접촉은 차단되어 있으나 휴식시간을 비롯하여 점심시간에도 남북한 근로자들 사이에 대화와 교류가 자연스럽게 이루어지고 있다. 공단 안에 있는 병원에서는 연인원 30만 명의 북한 근로자를 진료하였고 최근에는 부속의료원을 개원하여 운영하고 있다. 개성공단에서 북한사람들은 현대적인 공장과 기계, 시설을 접하고 기업체에서 제공하는 간식과 복지혜택을 받으며 간접적으로 남한의 문화를 접촉한다. 개성공단은 작업과 생활의 복합공간으로서 발전해 가고 있다.

한 때 120여 기업체가 공장을 가동했고 여기에서 생산되는 제품은 연간 4억 6천만 달러를 넘었다. 공단에서 일하는 북한 근로자는 2014년 3월 현재 5만 2천 명으로 가동이 중단되기 전 5만 3천 명 수준을

---

7 조봉현, 위의 글, 같은 곳.

회복했다. 이 근로자들을 위해 운행하는 276대의 버스가 개성시내와 공단을 오가는 출퇴근 시의 모습은 가히 장관이다.

남북을 잇는 열린 공간

개성공단은 기존의 남북한 분단과 경계의 개념을 완전히 바꾸어 놓았다. 개성공단이 들어서기 전까지 남북한 간의 경계는 비무장지대였다. 남북한은 비무장지대를 사이에 두고 철저하게 대결하고 대립하는 체제로 인식되었다. 실제로 DMZ를 지나 남북을 오가는 일 자체가 거의 불가능했다. 그러나 금강산관광과 개성공단 사업이 시작되면서 비무장지대가 개방되었다. 대결과 대립의 남북 간 경계는 협력과 협조의 지대로 바뀌었다. DMZ를 통과한다는 것은 유엔의 법적 관할권을 부분적으로 허가 받는다는 점에서 유엔사령부의 개입을 필요로 하며, 정전협정의 당사국인 중국과 미국의 협의도 필요로 한다. DMZ와 관련된 사안은 정전협정당사자인 유엔과 중국, 북한이 합의하고 동의해야 하는 사항이므로 이들과의 사전 협의가 필요하다. 또 현실적 측면에서 DMZ안에 설치되어 있는 수백만 개의 지뢰제거 문제와 군사력의 해체와 재편이 필요한 일이다. 이를 위해서는 남북한 국방당국이 협력하지 않으면 안되며 북한과 다양한 법적, 제도적인 합의가 필요하다. 뿐만 아니라 국내적으로도 환경보전과 지역개발, 토지분쟁 등의 문제를 포괄하는 특별법을 제정하고, 친환경적인 종합관리계획 및 자연환경보전 종합계획의 수립이 필요하다.

개성공단은 단지 공업단지로 끝나는 것이 아니라 관광과 이산가족 상봉과 같은 남북협력을 도모하는 활동을 병행하여 시너지 효과를 만들어 내는 공간이다. 가장 기본적으로는 남북한 간 경제협력을 통해 상호이익을 창출하는 목적으로 시작되었다. 그러나 개성은 역사의 고장으로 고려시대의 유물과 정신문화의 정수가 여러 곳에 남겨져 있어서 이러한 역사성을 활용하면 많은 관광자원으로 이용할 수 있다. 개성시에는 고려시기의 만월대와 성균관, 남대문, 선죽교 등 역사유물들이 보존되어 있어 역사학연구에 귀중한 자료가 되는 유물이 잔존하고 있다. 또한 공단에 민속촌, 테마파크, 영상단지 등 문화시설을 건설한다면 평화와 협력의 공간으로 손색이 없을 것이며, 이산가족면회소 등 남북교류협력 기능을 담아낼 수 있는 유리하나 조건을 갖고 있다.8 불행하게도 2020년 6월 개성에 있던 남북공동연락사무소가 폭파되고 말았지만 개성공단에는 2005년부터 10월부터 남북경제협력협의사무소가 운영되어 남북경제협력추진위원회 회의와 남북 기업인들의 투자상담 장소로 활용되었다.

이처럼 비무장지대는 한반도와 동북아시아의 이해관계가 복합적으로 얽혀 있는 곳이어서 DMZ를 뚫고 개성공단을 건설한다는 것은 여러 나라, 여러 기관들의 협력과 지원을 필요로 한다. 이상적으로는 평화협정이 체결되어 군사적 대치와 긴장이 완화되어야 이러한 일들이 순조롭게 진행되겠지만, 그 전까지는 개성공단 사업과 같은 프로젝트를 진행하면서 평화협정에 필요한 작은 일들을 하나하나 해결해 나가는 것도 좋은 방법이 될 수 있다. 평화협정을 한몫에 다 해내려고 하다보면 시간이 꽤 오래 걸릴 것이다. 따라서 개성공단이나 금강산관광, 평화공원 조성 등의 프로젝를 구체적으로 추진하는 과정에서 필요한 군사협력을 하다보면 한반도 평화가 실질적으로 구축될 수 있다. 평화협정을 체결한다고 평화가 보장되는 것이 아니다. 유럽국가들이 평화협정 체결을 통해서가 아니라 정치, 경제, 군사, 사회, 문화적인 포괄적 신뢰구축 조치와 군비감축을 통해 냉전을 종식시키고 평화를 이룩한 사실에 주목해야 한다. 이런 점에서 한반도 평화협정 체결 문제에 대해 고

---

8 이상준, "개성공단의 합리적 개발을 위한 과제,"『국토논단』(2007), p. 112.

정관념에서 벗어나 이러한 구체적인 평화사업들이 모여서 실질적인 평화를 구축하는 '한반도형 평화체제' 구상도 고려해 보아야 한다.

공간구성의 정치

개성공단은 서울에서 70km, 휴전선 비무장지대로부터는 얼마 떨어져 있지 않은 곳에 위치하고 있다. 개성공단을 처음 방문하는 사람들은 공단의 위치가 휴전선과 너무 가까이 있다는데 놀란다. 비무장지대 북한 끝자락에 있는 북한 출입경사무소를 통과하면 바로 눈앞에 보이는 곳에 개성공단이 조성되어 있다. 개성공단이 들어서기 전 개성시 개성공업지구 부근은 군사분계선에서 불과 5~6㎞밖에 떨어지지 않은 북한의 군사요충지였다. 때문에 북한은 최정예 기갑사단인 인민군 6사단과 장사정포 여단, 2개의 보병사단을 개성 이남에 전진 배치시키며 이 지역을 서울 공격의 교두보로 확보했다. 하지만 2003년 공단이 건설되면서 기갑부대 등 핵심전력 대부분이 모두 개성 이북으로 이전하면서 전략적 요충지를 내주고 후퇴하는 격이 되었다. 당연히 북한 군부가 강하게 반발하였다고 하는데, 김정일 위원장이 군부를 설득하고 남북한이 큰 틀에 합의하면서 이 지역의 군사시설을 후방으로 이전하고 개성공단을 건설한 것이다.

개성공단 부지의 위치는 북한군 2군단 6사단이 있던 지역이다. 공단 조성 전과 후에 북한군의 배치 상황에서 명확히 드러난다.[9] 공단 지역 바로 북쪽은 송악산이고 남쪽은 진봉산인데 각각 북한군 최고사령부와 군단사령부 감시소가 위치하고 있다. 북한군으로서는 송악산과 진봉산에 엄청난 자금과 인력을 투자해 개발해 놓은 지하갱도 시설을 포기하고 더 북쪽으로 전선사령부를 후퇴시켰다는 것이다. 군사적 관점에서

---

9 『신동아』, 2005년 2월호.

보면 개성북쪽으로 이전함으로써 개전과 동시에 북한군의 공격을 상당 시간 동안 지연시킬 수 있는 효과를 갖고 있는 셈이다.

휴전선 비무장지대 사이에 두고 남측 출입경사무소에서 북한으로 건너가기 위해서는 비무장지대 4km 길이에 조성되어 있는 도로를 지나야 한다. 이 도로는 유엔사령부로부터 남한이 폭 200m 넓이의 회랑에 대한 법적 관할권을 이양 받아 남북한이 함께 운영하고 있는 협력 공간이다. 이러한 구조는 금강산을 왕래하는 경우도 마찬가지다.

북한의 개성은 중국의 선전의 지정학적 위상과 닮아 있다. 중국 선전은 중국 경제특구 제1호로 덩샤오핑이 개혁개방의 첫 시금석으로 1980년에 추진한 도시다. 경제특구로 지정되기 전인 1979년 중국의 선전은 31만의 작은 농어촌 도시에 불과하였으나 2007년에는 861만 명의 대도시에 1인당 주민소득 2만2천 달러(2011년)로 한국과 비슷한 수준으로 성장하였다. 중국이 선전을 경제특구로 선정한 배경은 발달한 시장경제 체제인 홍콩이 가까이에 위치해 있어서 인프라와 자본을 손쉽게 지원받을 수 있다는 지리적 조건 때문이었다. 서울과 가장 가까운 거리에 있어서 통행과 통상이 원만히 이루어진다면 발달된 남한으로부터 자본과 기술을 지원받을 수 있는 유리한 지리적 위치를 점유하고 있다. 2000년 현재 개성시 인구는 40만 명으로 남자가 18만 명, 여자가 22만 명 정도로 추산된다. 개성시에 거주하는 주민 중 개성공단에 투입된 인력이 있겠지만 2014년 현재 일하고 있는 5만 명의 북한 노동자를 모두 개성거주 주민으로 채우지는 못했을 것이다. 외부에서 공급되는 인력이 개성시에 거주해야 하므로 공단의 발달과 더불어 개성시도 발전할 것으로 기대된다.

한반도형 통일모델

나아가 개성공단은 한반도 및 동북아의 평화를 도모하는 기제로도 구상되었다. 개성공단을 건설하고 남북을 관통하는 철도와 도로를 연결하는 사업은 단순한 경제사업이 아니라 매우 중요한 정치군사적 신뢰구축 조치이기도 하다. 북한과 전혀 신뢰가 없는 상태에서 개성공단 사업은 상호신뢰를 조성하는 대단히 중요한 기제다. 또한 개성공단을 국제적으로 발전시키면 동북아의 안정과 평화에도 기여할 것이다. 한국 정부에 따르면, "개성공단은 그 의미를 확대하면 남북경제공동체로 가는 징검다리로서 한반도 안정과 번영은 물론 동북아 지역 내 안정과 협력으로 연결될 수 있을 것이다."**10** 요컨대, 개성공단은 비단 남북 간 경제적·군사적 관계뿐 아니라 동북아 국제정세 전반에서 중요한 의미를 갖는다. 휴전선 비무장지대 안에 평화공원을 만들고, 동북아평화협력구상을 통해 중국과 러시아가 함께 경제발전을 도모한다. 한반도가 안고 있는 군사적 불안을 정치적 리더십으로 해소할 수만 있다면 한반도는 그야말로 세계적인 발전의 핵심지대가 될 것이다. 북한이 핵무기를 보유하고 핵전쟁을 불사하겠다며 위협하고 있는 상황에서 이러한 계획은 망상처럼 보이지만, 개성공단이 남북협력의 가능성을 열어주었다.

김정일 위원장도 개성공단을 이러한 평화의 기획으로 바라보고 있었음을 알 수 있다. 즉 "그때가 되면 (개성공단이 완성되면) 남과 북은 평화공존하며 군축이 이루어질 것"이라며 "우리도 군대를 감축하여 노동력을 공급할 수 있을 것"이니 안심하라고 했다고 한다.**11** 한반도의 평화가 법적인 평화체제가 아니더라도 경제협력을 통해 실질적인 평화를 구축할 수 있다는 생각을 갖고 있었다. 남북정상회담에서도 김정일은 "서쪽의 경의선을 중국횡단철도와 그리고 동쪽의 동해선을 시베리아횡단철도와 연결하면 조선반도가 '평화지대'가 될 수 있어요. 부산에서 시베리아횡단철도와 중국횡단철도를 통해 유럽으로 물동량이 오가는데 어떻게 여기서 전쟁이 벌어질 수 있겠습니까"**12**라고 말하기도 했다.

---

10 통일연구원, 『2005 통일백서』(서울: 통일연구원, 2006), p. 118.
11 임동원, 『피스메이커』(서울: 중앙북스, 2008), p. 467.
12 임동원, 위의 책, p. 613.

개성공단은 대표적인 평화의 공간, 또는 크게 보아 평화공원(Peace Park)이라 불러도 좋을 것이다. 평화를 만드는 방법, 특히 지속가능한 평화를 구축하는 방법으로 공간 활용의 구상은 평화연구에서 자주 언급되는 보편적인 전략이다. 독일통일 과정에서도 의도적으로 한 것은 아니지만, 베를린의 공간적 위치는 동서독의 화해와 평화를 구축하는 데 결정적인 역할을 하였다. 동서독 분단 상황에서도 베를린의 지리적 위치 때문에 교통교류, 통신교류와 같은 교류와 상호협력의 환경이 조성되었다. 사람들 간의 교류와 소통을 증진하는데 있어서 지리적 위치와 공간적 역할은 매우 중요하며, 이런 점에서 개성공단이 남북한의 협력과 상호이익을 창출함으로써 한반도의 지속가능한 평화를 구축하는 핵심적인 역할을 담당하고 있다.

한반도의 개성공단은 지리적 위상과 기능으로 보면 중국의 선전(深川)이나 독일의 베를린을 연상시킨다. 중국의 선전은 홍콩 자본주의 경제를 가장 가까이에서 활용하는 경제성장의 거점으로 활용되었으며, 독일은 1946년 분단되었지만 베를린 문제 때문에 동서독은 통행 및 통신 협상과 기술적 문제들을 끊임없이 함께 논의하는 공간으로 활용되었다. 개성공단도 발전된 한국의 시장경제를 손쉽게 활용할 수 있는 위치에 있을 뿐 아니라, 공단으로의 출입과 통신, 송금 문제 등 기본적인 문제들을 부단히 대화하고 토론하는 장이 되고 있다. 이런 점에서 개성공단 건설은 통일의 작은 걸음 하나를 내딛은 셈이다. 홍콩과 중국의 일국양제(一國兩制)의 통일실험에서 선전이 차지하는 비중을 감안할 때 개성이 한반도 통일의 새로운 동력을 제공할 수도 있을 것으로 기대된다. 베를린의 지리적 위상은 독일의 노력과는 상관없이 국제정치적 조건으로 주어졌지만, 개성공단은 남북한이 협력하여 만든 창의적 공간이라는 사실을 유념할 때 개성공단의 의미는 참으로 크다. 서로 전쟁을 한 남한과 북한이지만 협력하며 함께 화해와 통일, 평화를 이룰 수 있다는 가능성을 보여주었다. 비록 2016년 2월 폐쇄됨으로써 의지가 퇴색하고 말았지만, 독일은 10년 간 유지된 것만으로도 놀란다. 통일 이전 이러한 협력사업 추진을 못했을 뿐 아니라 감히 생각조차 해보지 못했다며 개성공단에 대해 칭찬을 아끼지 않는다. 이런 점에서 개성공단은 분단 한반도의 새로운 실험이며 공존과 협력, 평화와 통일을 희망케 하는 소중한 한국적 자산이다.

개성공단이 남북한 통일기획의 전형적인 모델이 되는 이유는 바로 상호이익에 근거한 협력을 바탕으로 하고 있기 때문이다. 통일을 추동하는 핵심 동력이 민족의식에서 점차 상호이익과 실리로 바뀌고 있다. 시간이 지날수록 남북한 간에는 통일의 당위성이 점점 약화되고 있는 반면 국가 및 자신에게 어떤 실제적인 이익이 돌아오는가 하는 데 대한 관심이 높아지고 있다. 통일로부터 기대하는 이익은 남한보다 북한이 월등히 높은 것으로 평가된다. 2019년의 경우 남한주민은 61.9%가 통일이 남한에 이익이 될 것이라고 보고 있고 자신에게 이익이 될 것이라는 인식은 30.9%로 낮다.[13] 반면 북한주민은 북한에 도움이 된다는 의식이 100.0%이며 개인에게도 이익이 된다는 응답이 95.7%로 매우 높다.[14] 북한주민은 민족의식에 기반하여 통일을 원하고 있지만 그만큼 통일을 계기로 경제적 이익을 얻을 수 있을 것이라는 기대를 강하게 갖고 있다. 통일을 해야 하는 이유를 많은 사람들이 실리적 관점에서 바라보고 있다는 것은 향후 통일의 방향이 경제적 상호이익이라는 관점에서 기획될 필요가 있고 개성공단 모델을 적극 원용해야 할 필요가 있다. 개성공단은 이런 점에서 남북한이 희망하는 가장 유력한

---

13 김학재·강채연·김범수 외, 『2019통일의식조사』(서울: 서울대 통일평화연구원, 2020), pp. 332−333.
14 김학재·김병로·문인철 외, 『북한주민 통일의식 2019』(서울: 서울대 통일평화연구원, 2020), pp. 194−195.

통일모델을 제시하고 있는 셈이다.

3. 피스투어리즘 - 관광을 통한 평화

분쟁지역이나 갈등지역에 평화공원을 조성하거나 관광을 통해 평화를 창출한다는 아이디어는 파격적이다. 금강산에서 관광을 통해 남북 간 화해와 협력을 도모하겠다는 시도가 먼저 있었는데, 관광이나 생태 환경공원 조성 같은 것은 분쟁지역이나 갈증지역에서 평화를 증진시키는 방법으로 유엔(UN)이나 세계관광기구가 시도하였다. 유엔은 "관광은 평화로의 여권"이라는 슬로건을 1967년 국제관광의 해에 지정하였고 2001년 서울 총회에서 관광과 평화에 관한 선언문을 채택한 바 있다. 그러나 휴전선과 같은 위험한 지역에 공업단지를 건설하겠다는 구상은 쉽게 나올 수 있는 아이디어가 아니다. 통일을 이미 성취한 독일도 통일 이전에 수많은 교류와 협력이 동서독간에 있었지만 양국이 함께 공단을 건설하여 운영해보려는 생각은 하지 못했다고 한다. 물론 독일의 경우에는 지리적 조건이 주변 여러 나라로 연결되어 있어서 상대적으로 폐쇄된 남북한과 같이 두 나라 간의 경제협력 필요성이 절실하지 않았던 때문이기도 하다. 어쨌든 갈등분쟁 지역에 공업단지를 건설하여 평화를 실현하겠다는 발상은 매우 독특하며 한국적 상황과 환경에서 나온 창의적 평화구상이라 할 수 있다.

관광을 통해 평화를 창조한다는 피스투어리즘은 평화를 향한 개인의 희망을 여행과 교육을 통해 새로운 경험과 결합시킨다. 개인과 집단은 자신이 갖고 있던 정보를 현장에서 확인하고 그것을 지식으로 전환시켜 현재와 미래의 성격을 다시 생각하고 세계에서 자신의 위치를 민감하게 깨닫는다.[15] 이런 방식으로 피스투어리즘은 분쟁 후 사회에 관련 집단 간 상호이해와 화해, 사회통합, 지속가능한 발전을 도모하면서 평화구축에 기여한다. 더욱이 남북한처럼 서로 전쟁까지 벌였던 상대의 지역을 방문하여 성찰하는 일은 상호이해를 넘어 상호의존을 높이고 공동체 의식을 조성해 협력을 증진하고 결국 평화를 구축하는 성과를 가져온다.

이런 점에서 1998년 11월 시작된 금강산 관광은 한반도 평화구축의 획기적 사건이다. 2008년 7월 북한군에 의한 남한 관광객의 피살로 전면 중단되는 아쉬움이 있지만 10년 간 지속된 금강산 관광은 200만 명의 관광객을 동원하며 남북의 긴장완화와 화해증진에 큰 기여를 하였다. 이 사업 역시 개성공단 사업과 마찬가지로 고 정주영 명예회장의 남다른 관심과 비전이 있었기 때문에 가능하였다. 「남북교류협력법」이 채 제정되기도 전인 1989년 1월 24일 정주영 회장은 국내 경제인으로는 최초로 북한을 방문하였다. 당시 노태우 정부가 천명한 '7.7선언'의 분위기 속에서 북한의 정치국 서기이며 조국평화통일위원회 위원장인 허담의 초청으로 정회장의 방북이 성사되었다. 정회장은 평양에서 남북경제협력의정서를 체결하고 금강산 공동개발과 시베리아 개발을 위한 조사작업도 합의하였다. 이 방문에서 정주영 회장은 특히 자신의 고향인 강원도 통천군 송전면 아산리를 57년 만에 방문하여 고향 일대를 남북한이 공동 개발하는 데도 합의하였다. 정주영 회장은 1998년 6월과 10월 두 차례에 걸쳐 소떼 1000마리를 지원하며 금강산관광의 문을 열었다.[16]

금강산 관광이 남북 간 긴장완화와 화해증진에 끼친 영향이나 경제

---

15 김기석·서보혁·송영훈, 『금강산 관광: 돌아보고 내다봄』(서울: 진인진, 2018), p. 76.

16 현대그룹은 1980년대 말 대북사업을 시작할 당시 재일동포 2세인 요시다 다케시(吉田孟) 신니혼산교(新日本産業) 사장의 도움을 받았으며 이러한 인연으로 요시다 사장을 통해 남북정상회담을 주선하기도 하였다. 임동원, 『피스메이커』(서울: 중앙북스, 2008), p. 27.

적 효과에 대해서는 이미 여러 곳에서 논의되었으므로 상세한 설명은
하지 않으려 한다.17 북한의 핵개발을 돕는다는 우려를 제외하면 모든
면에서 평화증진의 효과가 크다. 금강산 관광지 자체가 북한의 군부대
가 있었던 곳으로 이 지역을 관광지로 개방하여 200만 명의 관광객이
왕래했다는 사실은 군사적 긴장완화에 큰 기여를 하였다. 비무장지대
안에 있는 해금강은 북한 군인의 안내를 받아 관광을 한다. 비무장지대
를 버스로 통행하는 것도 평화증진에 지대한 도움이 된다. 한편에서는
무장군인들이 대치를 하고 있고 그 사이를 알록달록한 등산복을 입은
남한의 관광객들이 군인들과 대화를 주고받으며 여행을 한다는 것은
그 자체로 남북의 대립과 갈등을 완화하는 역할을 한다.

북한으로서는 관광사업을 주로 경제적 필요성 때문에 추진하고 있
다. 김정은 정권이 가장 심혈을 기울여 추진하고 있는 분야가 바로 관
광이다. 특히 대북제재가 작동하고 있는 현 상황에서 북한이 경제 활성
화를 위해 가장 기대를 걸고 있는 부분이기도 하다. 관광은 현금을 바
로 확보할 수 있어서 집권 통치세력에게는 매력적인 수단이다. 1980년
대 사회주의 국가들이 경제난을 타개하기 위해 활용했던 전형적인 수단
이었다. 과거 경제개발에 완전히 실패한 사회주의 탄자니아(Tanzania)의
경우도 킬리만자로(Kilimanjaro)산을 관광지로 이용하여 외화획득을 시
도했을 만큼 외화획득의 지름길이라는 인식이 강하다.18

북한도 체제의 '폐쇄성'을 최대한 활용하여 외화를 쉽게 벌어들일 수
있는 관광에 기대를 걸고 있다. 북한은 경제제재 해제가 현실적으로 어
려운 상황에서 유엔의 제재 대상에 저촉되지 않는 관광을 통해 외화를

17 김기석·서보혁·송영훈, 『금강산 관광: 돌아보고 내다봄』(서울: 진인진, 2018),
   pp. 103–116.
18 James H. Weaver and Alexander Kronemer, "Tanzanian and African
   Socialism," *World Development.* Vol. 9, No.9/10 (1981), p. 847.

확보하고 난국을 돌파하겠다는 전략을 구사하고 있다. 김정은 위원장은 "조선이 경제발전을 하려면 외국투자를 받아야 하는데 지금 미국이 제재를 가하는 상황에서 방법이 많지 않다. 현재 외화를 벌 수 있는 쉬운 방법은 관광이다. 관광객을 대폭적으로 늘려 관광을 발전시켜야 한다"고 강조했다.[19]

2016년 5월에 개최되었던 북한의 제7차 당대회에서도 관광에 대한 강조가 이어졌다. 조선노동당 중앙위원회 사업보고에서 김정은 위원장은 "경제개발구들에 유리한 투자환경과 조건을 보장하여 그 운영을 활성화하며 관광을 활발히 조직하여야 합니다"라며 관광을 강조한 바 있다. 이를 위해 원산·금강산, 백두산 등을 비롯하여 여러 곳의 관광개발구를 추진 중이다.

실제로 2018년에 대북제재로 무역에서는 심각한 타격을 입었으나 관광 사업으로 상당 부분 만회한 것으로 평가된다. 2018년 한 해만해도 북한을 방문한 외국인 관광객은 130만 명이며, 중국 관광객만 120만 명에 달한다. 중국인 관광객 1인당 300달러를 소비한 것으로 계산하면 연간 3억 6천만 달러를 벌어들인 셈이 된다.[20] 일본의 아사히신문은 중국정부가 2019년에 북한으로 가는 관광객 수를 500만 명으로 늘리라고 각 여행사에 지시했다며 이러한 지시가 2019년 5월 시진핑 주석의 방북 이후 이루어졌다고 보도하기도 했다.[21]

북한의 이러한 야심찬 구상이 경제적 목적에서 출발한 것이기는 하지만, 군사적 긴장완화와 사회문화적 이해를 증진함으로써 전반적으로

---

19 태영호, 『3층 서기실의 암호』(서울: 기파랑, 2018), p. 299.
20 정은이, 『북미정상회담의 '컨벤션 효과'와 '무역외수지'』(통일연구원 현안분석 온라인시리즈 2019−04), p. 7.
21 한국일보, 2019.8.20. https://www.hankookilbo.com/News/Read/201908 201526735836?did = DA&dtype = &dtypecode = &prnewsid = (검색일: 2019.8.23.)

한반도 평화구축에 기여함은 분명하다. 안타깝게도 최근 발생한 코로나19사태로 북한이 기대를 걸고 추진했던 관광사업이 결정적인 타격을 받아 크게 위축된 상황이다. 앞으로 북한의 관광사업이 어떻게 될지, 남북 간 관광협력은 어떻게 재개될지 관심이 높아지고 있다.

4. 사회문화공간과 평화구축

분단 75년의 남북관계 역사를 돌아볼 때, 남북교류의 물꼬를 트게 된 계기는 흥미롭게도 1988년 서울올림픽이었다. 공산권과 외교관계가 없던 한국은 88서울올림픽을 앞두고 공산주의 국가의 참가를 이끌어 내기 위해 공산권에 대한 문호개방을 천명하는 '7.7선언'을 단행하였다. 이듬해인 1989년 이른바 '북방정책'의 일환으로 '남북교류협력법률'을 제정하였고, 이로써 '국가보안법'을 넘어선 남북교류협력시대를 열 수 있었다. 정치도, 경제도 허물지 못한 이념의 높은 벽을 체육이 허물었던 것이다. 1989년 남북교류협력에 관한 법제화가 마련됨으로써 법에 근거한 안정적인 사회문화 교류가 시작되었다.

주지하다시피 1980년 모스크바 올림픽 경기는 바로 전년도에 소련의 아프가니스탄 침공을 비난하며 자본주의국가들이 보이콧을 함으로써 공산진영의 참가국들만으로 치러지는 수난을 겪었다. 1984년 LA올림픽에는 이에 대한 보복으로 공산주의 국가들이 불참함으로써 반쪽짜리 올림픽으로 전락하는 수모를 겪었다. 올림픽을 통해 선진국 도약을 꿈꾸던 남한은 공산주의국가와 외교관계가 맺어져 있지 않았고 미국의 속국이라는 비판도 받고 있던 터라 정치적 난관에 봉착하였다.

이러한 상황에서 1988년 막 출범한 노태우 정부는 서울올림픽을 성공적으로 치르기 위해 공산권에 문호를 개방하는 '북방정책'을 올림픽 개막을 두 달 앞둔 시점에서 이른바 '7.7선언'을 발표하였다. 이런 점에서 공산권에 대한 남한의 개방은 세계적 탈냉전에 영향을 받아 수동적으로 취해진 조치가 아니라, 오히려 동유럽과 세계적 탈냉전을 추동하는 능동적이며 전격적인 행동이었다. 올림픽을 성공적으로 치른 남한은 약속한대로 북방정책을 실천하기 위해 1989년 2월 헝가리와의 수교를 시작으로 동유럽 국가와 관계정상화 및 구소련(1990), 중국(1992)과 수교, 남한과 북한의 유엔가입(1991.9), 남북기본합의서 체결(1991.12) 등 일련의 정치외교적 조치를 취하였다. 이러한 변화의 흐름 속에서 북한과의 관계개선을 위해 '남북교류협력법'을 제정(1989.9 지침, 1990.6 법제정)하였다.

이런 맥락에서 보면 한국사회에서 통일환경을 바꾸고 담론을 주도한 것은 정부라 할 수 있으나 정부를 추동한 요인은 남북 간 정치대화나 경제협력, 종교계의 요구가 아니라 흥미롭게도 문화스포츠 이벤트였다. 물론 당시 군부독재에 대한 국민들의 거센 비판이 일고 있었고 지지기반이 취약한 노태우 정부가 시민사회의 민주화 요구를 수용하여 공산주의에 대한 개방과 통일논의를 허용한 측면도 없지 않겠으나, 노태우 정부가 이러한 결행을 하게 된 배경은 올림픽이라는 국제스포츠 행사를 성공적으로 치르기 위한 측면이 강하였다. 전 국민적 관심사였던 올림픽의 성공적 개최는 정권의 지지기반을 확고히 할 것이 분명했기 때문이다. 이런 측면에서 보면 국민들의 문화적 관심과 요구가 한국의 냉전적 통일담론의 지형에 일대 변혁을 일으켰다고 해도 과언이 아니다.

그로부터 30년이 지난 2018년, 평창동계올림픽이라는 체육경기를 통해 한(조선)반도에 평화와 협력의 물꼬를 튼 계기가 다시 조성되었다. 북한에서 46명의 선수단이 참가하는 것을 계기로 남북 선수단의 공동입장과 여자아이스하키 단일팀 구성 등 협력이 재개되었다. 북한에서 함께 내려온 230여명의 응원단과 140여명의 예술단 공연은 지난 10여년 멀어졌던 남북의 마음을 일시에 하나로 묶어주었고,

평양으로 올라간 남측 예술공연단 역시 약간의 이질성에도 불구하고 음악이라는 소재를 통해 얼어붙은 서로의 마음을 녹일 수 있었다. 이러한 과정을 통해 '4.27판문점선언'과 '9월 평양선언'이 타결되어 '9.19군사합의'까지 이루어졌다. 한반도 평화실현을 위해 정치적 대화도 중요하고 경제협력도 필요하지만, 체육과 예술, 음악 등 사회문화 협력이 더없이 중요한 수단임을 공감하는 시간이었다.

브래드포드대학의 톰 우드하우스와 짐 휘트만은 스포츠와 음악의 평화구축에 기여하는 역할에 대해 관심을 표명하면서 남북 간 스포츠와 음악, 학자 간 교류의 중요성을 강조하였다. 남북학자 간 교류와 스포츠 교류에도 많은 관심을 표명하였다. 특히 북한이 스포츠 경기에 출전한 남한이 다른 나라와 경기할 때 어떤 태도를 취하는지 궁금해 하였다. 2017년의 경우 남한주민들은 북한과 미국이 월드컵 경기를 한다면 북한팀을 응원하겠다는 응답이 45.3%, 미국팀을 응원하겠다는 응답이 17.8%, 양팀 모두 응원한다는 응답은 13.6%, 어느 팀도 응원하지 않겠다는 응답은 23.4%로 나타났다. 스포츠가 남북통합과 평화구축에 중요한 요소가 되기도 하고, 전반적인 협력과 공감의 분위기가 스포츠 공간에서 나타나기도 한다는 점에서 한반도 평화형성을 위해 스포츠 교류도 유용하다.

한반도 통일과 남북갈등 해소를 위해 이론적, 방법론적으로 제안을 한다면 북아일랜드의 예가 매우 적합할 것 같다. 갈등이 오랫동안 구조화되어서 해결하기 쉽지 않은 점이 그렇고, 같은 민족이 서로 다른 이념(종교) 때문에 갈라져 갈등하고 있는 현실이 그렇다. 이러한 경험에 비추어 보면 평화협정을 타결하는데 많은 시간과 노력이 소요되었는데 한국에도 이 경험이 도움이 될 것이다. 평화협정을 준비하는데 꽤 오래 걸렸고 여러 차례 회담이 있었다. 북아일랜드의 경험에서 보면 다양한 형태의 대화와 교류가 매우 중요하다, 정치대화에서부터 경제협력, 학술교류 등 다양한 교류와 대화가 진행되었다. 모든 대화의 네트워크가 평화협정을 체결하는데 도움을 주었을 뿐 아니라 평화협정이 체결된 이후에는 이러한 교류와 협력이 더 필요하였다. 지속적인 대화의 네트워크가 평화협정 체결과 이행에 실질적으로 필요하다.

사회문화교류 확대와 분화

1989년 남북교류협력에 관한 법제화가 마련됨으로써 국가보안법 시대를 넘어서 '남북교류협력법시대'가 열렸다. 법에 근거한 안정적인 사회문화 교류가 시작된 것이다. 남측의 입장에서 보면 1989년 이전까지의 교류를 불법이라고 말할 수는 없지만, 통치권적 차원에서 초법적 형태로 교류가 이루어졌다. 1950년대와 60년대에는 북한이 '대남호소문' 형식으로 남측에 제안을 해왔으며, 1971년 9월에는 남북적십자 간의 접촉이 이루어지면서 분단이후 최초로 사회문화교류가 이루어졌다. 그러나 1973년 6월 남북 간의 정치대화가 단절된 이후 실질적인 진전이 없다가, 1984년 9월 북한의 수재민구호품 제의를 남측이 수용함으로써 교류가 재개되었고 이에 힘입어 1985년 9월 '남북 이산가족 고향방문 및 예술공연단 교환방문'이 실현되었다. 남북분단 40년 만에 처음으로 이루어진 의미 있는 사회문화교류였다. 그러나 이러한 교류는 법에 근거하기보다는 '초법적'으로 이루어진 특별교류였다.

남북교류협력법이 제정되어 북한주민 접촉과 남북왕래가 법적으로 보장된 이후에야 비로소 사회문화의 교류가 양적으로 늘어났다. 탈냉전의 세계적 흐름 속에 1990년 '남북고위급회담'이 개최되었으며 1991년 12월 '남북기본합의서'가 채택되어 사회문화 교류가 정치대화 및 남북경협과 함께 제도화된 틀 내에서 추진되는 새로운 전기가 마련되었다. 남북교류를 실질적으로 지원하기 위한 남북협력

기금(90.8)을 조성하고 '남북 사회문화 협력사업에 관한 규정'을 제정(97년)함으로써 사회문화 분야의 협력기반을 갖추었으며, 남북정상회담(00.6)을 계기로 예술공연과 스포츠 교류, 민족공동행사 등 전반적인 사회문화 교류가 봇물 터지듯 이루어졌다. 그 결과 분단 이후 1989년 이전까지 40여년 동안 남북을 왕래한 사람들은 총 1,151명에 불과하였으나, 1989년 이후 20년 동안 54만 명이 방북하였으니, 사회문화 교류의 역사는 1989년 이후에 시작되었다고 보아야할 것이다.

특히 김대중 정부의 출범과 2000년 6월의 남북정상회담을 계기로 사회문화 교류는 양적 확대를 가져왔다. 몇십 명 혹은 몇백 명에 불과하던 방북자가 1998년부터 3천, 5천, 7천 명으로 늘어났고, 2002년에는 1만2천 명, 2006년에는 10만 명으로 늘었으며, 2007년에는 17만 명에 이르렀다. 양적으로만 본다면 가히 폭발적인 증가라고 할 수 있다. 게다가 1998년 11월부터 시작된 금강산관광을 통해 193만 4천 명, 2007년 12월부터 시작된 개성관광을 통해 8만5천 명이 북한을 왕래한 사정을 감안하면 사회문화 교류는 6.15공동선언 이후 엄청난 양적 성장을 가져온 셈이다.

교류의 범위도 초기에는 이산가족 상봉이나 상징적 예술공연, 스포츠 교류에 머물렀으나 점차 학술, 교육, 언론, 종교, 교통 등 다양한 분야로 확대되었다. 교류가 활발히 진행되었던 2008년 7월까지 교육학술 264건(17,007명), 문화예술 152건(2,427명), 체육 311건(5,085명), 언론출판 290건(2,899명), 종교 390건(8,466명), 관광·교통(금강산, 개성 관광객 제외) 7,352건(104,655명), 과학기술 72건(398명)으로 확대되었다. 2010년대에는 남북관계 경색으로 교류가 활발하지는 않았지만 개성만월대 남북공동발굴조사와 겨레말큰사전 공동편찬사업은 지속되고 있고, 학술·교육 분야에서는 두만강포럼과 국제

고려학회, 울란바타르 프로세스 미팅 등 국제회의를 통해 교류가 지속되었다.[22]

스포츠와 문화 교류도 국제활동을 통해 간접적인 교류가 이루어졌다. 북한은 2012년 런던에서 개최된 제20회 하계올림픽에 11개 종목에서 51명의 선수를 출전시켜 금메달 4개와 동메달 1개로 20년 만에 올림픽 사상 최고의 성적을 거두었고, 북한 여자축구팀은 2017년 동아시안컵에서 3회 연속 우승을 하는 성과를 거두었다. 음악부문에서는 프랑스에서 정명훈 서울시립교향악단 예술감독의 지휘 하에 북한의 은하수 관현악단이 프랑스의 라디오 프랑스 필하모닉 오케스트라와 합동공연을 가졌다. 2014년 10월에는 북한 인사 3인이 아시안게임 폐막식에 인천을 방문하여 전격적인 남북교류가 이루어지기도 하였다.

문화예술교류와 평화구축

일반적으로 음악과 스포츠 등 문화적 활동과 기제는 지속가능한 평화를 구축하는 강력한 자원으로 사용된다. 또 박물관과 극장 같은 문화적 기제 역시 공고한 평화를 구축하는데 없어서는 안 되는 긴요한 자원이다. 2008년 10월 교토에서 개최된 제6회 평화박물관 국제회의에서 볼 수 있듯이 '평화박물관' 건립은 갈등하는 당사자들 간 화해하고 평화를 촉진하는데 훌륭한 문화적 수단이 되고 있다. 극장이나 전시관도 마찬가지로 사람들의 지각과 이해, 감성을 변화시키는 강력한 수단으로 기능한다.

이스라엘과 팔레스타인 간, 그리고 북아일랜드와 아일랜드 간의 갈등을 해소하고 평화를 형성하는데서 오케스트라와 재즈와 같은 음악의 역할은 매우 컸다.[23] 남아프리카공화국에서 '애국가'나 미국에서 1960

---

22 통일부, 『2017 통일백서』(통일부, 2017) pp. 64−67, 『2018 통일백서』(통일부, 2018), pp. 70−76.

년대 인권운동 당시 "우리 승리하리"라는 음악은 그 사회의 구성원들 사이에 화해와 소통을 촉진하는 문화적 도구로 활용되었다. 최근에는 음악이 '음악치료'라는 방식으로 개인과 집단의 정신질병을 치료하는데 실제적으로 활용되기도 한다.

문화예술교류는 민족의 하나됨을 전달할 수 있는 가장 효과적인 교류방법이다. 문화예술공연을 통해 느끼는 민족적 감정과 자부심은 남북한이 한 핏줄이며 한겨레이고 유구한 역사와 문화를 지닌 민족이요 겨레임을 확인시켜주기 때문이다. 남북교류가 막 시작하던 시기에 음악예술교류는 단연 선두에서 교류를 이끌었다. 1990년 평양과 서울에서 각각 개최된 「통일음악회」와 리틀엔젤스의 평양공연(98.5), 평화친선음악회(99.12), 평양소년예술단의 서울공연(00.5), 평양교예단의 서울공연(00.6), 북한의 조선국립교향악단의 서울공연(2000.8)으로 남북을 왕래하며 공연을 추진하였다. 2001년에는 남원 시립국악단이 평양봉화예술극장에서 춘향전을 공연(2001.2)했고, 민족옷 전시회(2001.6), 남북공동사진전 '백두에서 한라까지'(2001년 6월 평양, 8월 서울) 등이 성사되었다. 2002년 이후에는 KBS 교향악단 평양공연(2002.9)이 성사되어 평양 봉화예술극장에서 단독공연 및 북한과 합동공연을 실시했다. 또 '2002 MBC 평양 특별공연'(2002.9)에는 윤도현 등 남한의 신세대 대중가수가 참가하는 공연을 생중계함으로써 남북 간 문화이질성을 극복하는데 기여하였다. 2003년 KBS 평양노래자랑(2003.8)이 있었고, 류경정주영체육관 개관기념 공연(2003.10)에서는 설운도, 이선희, 조영남, 베이비복스, 신화 등의 가수가 출연했다. 2018년에는 평창동계올림픽을 계기로 북한에서 함께 내려온 230여명의 응원단과 140여명의 예술단 공연이 몇 차례 공연으로 남

---

23 Ramsbotham, Woodhouse and Miall *Contemporary Conflict Resolution* 3rd edition., (Cambridge: Polity Press, 2011), pp. 349–350.

북의 마음을 일시에 하나로 묶어주었고, 평양으로 올라간 남측 예술 공연단 역시 약간의 이질성에도 불구하고 음악이라는 소재를 통해 얼어붙은 서로의 마음을 녹일 수 있었다. 이러한 민족의식과 감정은 통일과정에서 전쟁적대감이나 정치이념의 이질성, 생활방식 차이 등으로 인해 공동체로부터 이탈하려는 갈등의 원심력을 끌어당기는 통합의 구심력으로 작용할 것은 분명하다.

문화예술교류를 실시하는 과정에서 반드시 동질성을 확보해야 한다는데 집착할 필요는 없다. 남북한 간에 서로 달라진 문화예술을 이해하고 받아들임으로써 이질성을 다양성으로 인정하는 가치와 태도를 병행하여 형성해 나가야 한다. 장르와 내용이 전혀 다른 북한예술을 잘못된 것으로 여기거나 배타적으로 간주할 것이 아니라 단순한 차이 혹은 다름으로 이해하고 이를 다양성으로 조화 · 발전시켜 나가는 노력이 필요하다. 이러한 맥락에서 남북한은 향후 동질적 감정을 제고하되 이질적인 것을 수용하는 차원에서 문화예술교류를 추진해야 한다. 남북한이 예술공연을 개최한다고 하면 대개 전통예술을 연상한다. 그러나 이번 정상회담 기간동안 북한이 보여준 북한의 예술은 전통예술에 사회주의와 민족적인 것을 가미한 색다른 형태의 예술이었으며 전통적이면서도 지루함이 없는 현대적인 것이었다. 따라서 민족동질성을 회복하려는 목적에서 전통예술을 교환하려는 남한의 의도는 빗나갈 우려가 있다.

남북 사회문화 공동체는 현실적으로 남과 북에서 향유되고 있는 문화를 포괄적으로 수용하여 발전시켜 나가야 하므로 남북의 문화적 이질성을 다원성으로 융합 · 발전시키려는 노력이 절실히 필요하다. 이를 위해서는 전통문화만이 아닌 현재 남북에서 지배적인 대중예술의 교류사업을 적극 추진해야 한다. 북한의 젊은 층에 큰 인기를 얻고 있는 모란봉악단의 서울초청공연을 추진하거나, 북한에 인기 있는 남측의 가

수들의 방북공연을 추진할 수 있을 것이다.

이러한 문화예술 활동은 기본적으로 인간의 창의력과 상상력이 발휘되는 영역이다. 갈등해결과 평화구축을 위해 냉철한 이성과 분석이 필요하지만 그와 동시에 정서와 감성 요인도 중요하며 딱딱해진 의식구조와 제도를 상상력과 창의력으로 이완시키고 자유롭게 하는 기술과 지혜의 발휘가 매우 중요하다. 남북 간 문화예술 교류는 이런 점에서 남북의 문화와 사회에 깊이 자리 잡고 있는 불신과 적대, 문화적이고 구조적인 폭력의 근원을 해소함으로써 한반도의 평화구축에 결정적으로 기여하는 요소이다.

이처럼 문화예술 교류는 한편으로는 민족의식과 민족적 유대감을 창출함으로써 민족동질성을 바탕으로 한 평화문화 창출에 기여할 수 있으며, 다른 한편으로는 상호 이질적인 문화를 이해하는 능력을 제고함으로써 평화의식 형성에 기여한다. 물론 실제로 남북 간 접촉과 교류가 잦아지면 갈등적 요소가 불거질 개연성도 있다. 그럼에도 불구하고 문화예술 교류는 남북 구성원들에게 공통적 경험을 기억하게 하고 상징화하여 통합의 구심점을 제공함으로써 문화공동체로 묶어주는 역할을 한다. 이러한 역사적 경험을 토대로 구성원들은 그들만의 독특한 감정을 갖게 된다. 구성원들의 공통된 경험은 공유가치가 되고 이는 집단정체성과 사회적 유대감과 신뢰(trust)를 형성함으로써 공동체적 일체감을 형성하게 되기 때문이다.24 이러한 활동은 결과적으로 남북 간 평화구축을 강화하는 기능을 한다.

스포츠교류와 평화구축

올림픽경기와 월드컵축구와 같은 체육경기는 두말할 필요 없이 평화를 형성하는 유력한 자원이다. 유럽통합이 경제적 필요성으로 시작하

---

24 Emile Durkheim, *The Division of Labor in Society* (New York: Free Press of Glencoe, 1964), p. 49.

였지만 주민들의 정서적 통합을 도모하는 데는 유럽프로축구가 중요한 역할을 하고 있음은 주지의 사실이다. 체육교류는 이념갈등이 가장 적고 동류의식을 높일 수 있는 가장 좋은 협력분야이다. 이념갈등의 소지가 가장 적은 분야인 만큼 교류협력의 실현가능성도 높기 때문에 체육분야의 교류를 중점적으로 개발할 필요가 있다.

남북한은 일찍이 체육 분야에서 축구팀의 평양, 서울 교환경기를 실현시켰고 탁구단일팀을 구성하는 등 우호적인 분위기에서 교류를 추진했다. 1990년 10월 평양과 서울에서 「남북통일축구대회」 개최, 「세계탁수선수권대회」(91.4)와 「세계청소년축구선수권대회」(91.6) 등에 단일팀으로 출전한 경험이 있고, 2000년 시드니 올림픽 공동입장, 2001년 세계탁구대회 단일팀 출전, 2002년 부산아시안게임과 2003년 대구유니버시아트대회, 2014년 인천아시안게임 등에 북한선수단이 참가하여 국제경기를 통해 남북교류가 이루어졌다. 2018년 평창 동계올림픽에는 여자 아이스하기가 남북단일팀으로 출전하는 스포츠 협력이 있었다.

남북 국민 모두 관심을 갖는 축구경기나 농구·야구 교환경기, 집단체조·교예공연은 남북화합을 도모하는데서 다른 어떤 분야보다 더 크게 기여할 것으로 생각된다. 이런 측면에서 단군역사, 일제식민지 경험, 김치와 한복, 씨름·윷놀이 등의 민속놀이, 전통가치와 윤리 등 동질적 문화자산을 교류함으로써 민족적 긍지를 높이고 화합과 공감대를 확대해 나가는 한편, 젊은 층이 공감할 수 있는 남북의 현대예술과 체육경기를 적극 교류하는 정책을 추진할 필요가 있다. 남북한 국민 모두 관심을 갖는 스포츠 교류는 민족화합을 도모하는 데 있어서 다른 어떤 분야보다 더 크게 기여할 것으로 생각된다. 북한이 필요로 하는 재정적 지원을 활용하여 다양한 교류협력사업을 지속적으로 발굴하여 성사시켜 나갈 수 있을 것이다.

한편 2018년 9월 평양공동선언에 합의한 대로 2023년 하계올림픽의 서울-평양 공동개최를 적극 추진해야 한다. 체육경기가 이념을 초월하여 인류의 협력과 평화를 도모하는 축제이므로 올림픽경기와 월드컵 축구 등 체육대회를 남북 간 평화구축에 유력한 자원으로 활용할 필요가 있다. 아시아국가의 올림픽 개최는 그 나라의 국력과도 일정한 관련성을 갖고 있다. 도쿄(1964년)와 서울(1988년), 베이징(2008년)으로 이어지면서 20년의 시차를 두고 올림픽이 개최되었다. 이러한 흐름은 그 나라의 경제발전 성과와 밀접한 관계를 갖고 있다. 올림픽 경기를 계기로 경제적 도약을 구가했을 뿐 아니라 평화의 흐름을 형성할 수 있었다. 이미 2020년 도쿄, 2024년 파리에 이어 2028년 LA로 확정되었다. 2032년 평양-서울 공동올림픽을 개최하여 올림픽을 한반도의 평화와 번영의 계기로 만들어 나가기를 기대한다.

보건환경 및 재난협력과 평화구축

작금의 세계는 이상기후와 환경재해로 인해 인류의 생존이 심각하게 위협을 받고 있는 시대다. 인간이 문명을 창조하기 위해 건설한 원자력 발전소와 핵무기, 환경오염과 생태계의 파괴는 이제 인간과 문명을 위협하고 있으며, 지진과 화산폭발과 같은 자연재해 또한 수천년의 문명을 일시에 삼켜버릴 수 있는 거대한 위협으로 다가오고 있다. 울리히 벡(Ulrich Beck)의 지적처럼 현대사회가 발전하면 발전할수록 인간이 직면하게 될 인공적인 재난의 위험성은 더 커질 수밖에 없음을 직감한다. 근간에 발생한 일본의 원전사고를 겪으면서 자연재해로 인해 인류 문명이 순식간에 망가질 수 있다는 것과 가공할만한 인공재난이 얼마나 우리의 삶에 가까이 와 있는가를 새삼 실감하게 된다.

거듭되는 경제난과 식량난으로 2천4백만 북한주민들의 삶은 과거 15~20년 전에 비해 더 열악해진 것으로 평가된다. 특히 식량부족과 질병 등으로 빈민층 주민들의 생활 불안정은 심각한 상황이다. 2019년 북한의 1인당 국민소득은 약 1,317달러로 한국(3만4천 달러)의 1/25에 불과하며, 인구의 1/4인 500만~600만 명의 주민이 매우 열악한 생활 환경에 놓여 있다.[25] 북한 중앙통계국이 2009년 12월 유엔에 비공개 제출한 북한의 인구센서스 보고서에 의하면, 1993년과 비교할 때 출산율은 인구 1,000명당 21명→20명으로 다소 떨어진 반면, 사망률은 14명→19명으로 오히려 늘어났다. 그 결과 평균 기대수명도 72.7세→69.3세로 떨어졌고 특히 산모사망률은 출산 10만 명당 54명→77명으로 30%나 급증했다.[26] 북한당국의 공식발표에 의하면 2001년 전후로 결핵환자와 말라리아 등 전염성 질환자가 각각 51,000명, 30만 명이나 될만큼 식량난과 경제침체로 인한 북한주민들의 보건의료 실태는 매우 열악하다.[27] 이러한 보건의료 실태는 세계에서 가장 빈곤한 국가들의 수준에 해당한다. 이러한 문제들을 공동으로 해결하기 위한 대북지원과 협력사업을 논의함으로써 남북 보건의료 교류를 활성화해 나갈 수 있을 것으로 기대된다.

21세기 들어 이러한 인간의 생명과 생태, 환경에 대한 관심에 높아지고 있는 것도 바로 이 까닭이다. 군사력 중심의 전통적인 안보 개념에서

---

[25] Democratic People's Republic of Korea, *Democratic People's Republic of Korea Voluntary National Review on the Implementation of the 2030 Agenda for the Sustainable Development* (June 2021), p. 29. 2019년 현재 인구는 25,448,350명, 2020년 식량생산량은 552만 톤 등이며, 영양부족상태는 2017년에 비해 개선된 것으로 보고했다.

[26] DPRK Central Bureau of Statistics, *DPR Korea 2008 Population Census National Report* (Pyongyang: Central Bureau of Statistics, DPRK, 2009); DPRK Central Bureau of Statistics, *Tabulation on the Population Census of the Democratic People's Republic of Korea* (31 December 1993) (Pyongyang: Central Bureau of Statistics, DPRK, 1995).

[27] 대북협력민간단체협의회·대북지원민관정책협의회, 「대북지원 10년 백서」(서울: 대북협력민간단체협의회, 2005), p. 180.

굶주림과 빈곤, 질병, 환경과 생태, 재난, 테러 등 인간의 생명을 위협하는 각종 위험으로부터 인간의 생명을 보호해야 한다는 인간안보(human security)의 필요성에 점점 더 많은 사람들이 공감하고 있다. 갈수록 예측 불가능한 이상기후와 자연재해의 거대한 위력 앞에 인류가 공동으로 대처하지 않으면 공멸한다는 불안이 존재한다. 재난·재해 및 환경재앙으로부터 인류를 보호하기 위한 이러한 노력은 어떤 사상이나 이념, 종교, 인종을 초월하여 지구사회가 함께 지혜를 모아야 할 시대가 된 것이다.

남북이 이제는 과거와는 다른 새로운 각오로 남북의 재난·재해에 공동으로 협력하는 노력을 기울여야 한다. 지난날 남북 간에 다툼으로 긴장이 생길 때마다 이산가족이라는 인도주의 문제로 관계의 물꼬를 트곤 했다. 이제 가족문제를 넘어서 전지구적 문제를 함께 고민할 시기를 맞고 있다. 이상기후로 인한 홍수피해, 북한의 산림훼손과 핵문제로 발생할 수 있는 인공재난, 화산폭발로 인한 자연재해 등에 남북이 함께 대처해야 할 필요가 커졌다. 북한지역에서의 재난은 그 영향이 북한에만 그치는 것이 아니라 남한에까지 직접적으로 미치기 때문에 남북 간에 보다 적극적인 대책과 협력이 필요하다. 북한지역이 아니라 중국의 원전에서 사고가 발생한다해도 남과 북은 모두 방사능의 직격탄을 맞게 될 것이기 때문에 남북 간 협력은 필수적이다. 국제적으로도 신종코로나, 메르스, 지카, 구제역, 조류인플루엔자(AI) 같은 전염병 등에 대처하기 위해 글로벌협력체제가 강화되고 있는 만큼, 남북 간에도 이러한 재난과 위험, 생태·기후 문제를 공동으로 해결하기 위한 재난·재해 협력증진이 매우 필요한 시점이다.

남북 간 재난·재해 협력채널이 없는 상황에서 특정 지역에 천재지변이나 인공재난을 당하면 구호와 지원이 늦을 수밖에 없다. 자연재해와 인공재난의 가능성이 커지고 있는 이때에 남북의 공동협력은 필수 불가결한 과제라 아니할 수 없다. 현 단계에서 당장 할 수 있는 일은 북한의 재난·재해에 긴급구호 및 복구활동을 지원함으로써 민족협력을 도모하고 한반도의 경제·안보 리스크를 줄여나가는 것이다. 북한에 자연재해나 인공재난이 발생하면 이에 대처할 수 있는 신속한 장비 및 재정 지원과 구호, 관리체계 지원을 위한 공동노력이 필요하다. 북한 식량난의 원인이 되기도 하는 잦은 홍수피해를 줄이기 위해, 또는 홍수 발생시 수해복구를 위해 남북이 공동으로 대처해야 한다. 남측에 피해를 주고 있는 임진강 하류의 범람과 수해방지를 위해서도 남북이 협력해야 한다.

5. DMZ 평화지대화

평화지대(peace zone)

평화체제의 구성에서 공간, 즉 평화지대의 역할은 대단히 중요하다. 평화지대란 국가 간에 군사적 충돌이나 전쟁을 방지하고 긴장을 완화함으로써 인위적으로 평화를 보장하기 위해 접경지 등에 설치한 특정 지역을 의미한다.[28] 분쟁 가능성 있는 국가 간에 평화지대를 건설하여 평화의 기본 거점을 만들고 이 거점을 토대로 평화를 확대하면 지속가능한 평화체제를 구축해 나갈 수 있다. 이런 점에서 평화구축을 위해서는 평화지대 건설을 통한 접근을 모색해 볼 필요가 있다. 독일은 분단 시기 및 통일 이후까지 접경지역을 평화적으로 개발·이용한 대표적인 사례라고 할 수 있다.[29]

비무장지대(DMZ)는 생태자원이 풍부한 생태계의 보고로 국제적으로도 희귀생태자원의 가치를 인정받는 지역이다. 반세기가 넘는 기간 동

---

28 손기웅 외, 『접경지역의 평화지대 조성을 통한 남북교류 활성화 방안(Ⅰ)』 (서울: 통일연구원, 2009), p. 19.
29 손기웅 외, 위의 책, pp. 73-212.

안 잘 보존된 생태자원은 세계인의 관심이 되고 있으며 관광자원으로
서의 가치가 충분히 있다. 이 지역의 생태계를 효율적으로 관리하면 국
가적인 브랜드로 성장시킬 수 있다. 우수 생태자원을 체계적으로 관리
하여 관광자원으로 활용하고, 남북 공동이익을 증진시킬 수 있는 사업
을 우선적으로 추진하여 북한이 사업에 참여하도록 하면 국제적으로
코리아의 평화 브랜드를 상품화할 수 있다.

이런 점에서 DMZ 전 지역은 유네스코의 생물권보전지역으로 지정
될 수 있는 보고이다.[30] 이를 위해 남북이 합동조사를 실시하고 남북이
공동으로 관리하도록 한다. 비무장지대를 포함한 접경지대를 평화적으
로 이용하는 방안에는 군사협력과 공유하천 개발·이용, 환경, 문화 등
여러 사업이 있다.[31] 이와 같은 주제는 남북이 공동으로 관심을 가질
수 있는 주제이고 관련 사업이 추진될 경우 단기간 내에 가시적인 성
과를 보여줄 수 있는 사업들이다. 비무장지대는 군사정전협정에 의해
설치된 특수지역이기 때문에 남북의 국내법이 아닌 정전협정이라는 국
제법을 준수하여 조사가 이루어져야 할 것이다. 따라서 여기에는 정전
협정 당사국이 참여하는 다국적 협력이 이루어져 한반도 평화를 촉진

---

30 환경부는 2008년 9월 "비무장지대 평화선언"을 통해 비무장지대 일원에 생
태평화공원을 지정하겠다고 발표하였다. 생태평화공원의 지정은 남북 평화
화합을 도모하고 남북간 긴장완화를 통해 남북환경협력의 토대를 구축하고
장기적인 관리방안을 제시하는데 목적을 두고 있다. 김영봉, "녹색평화의 시
각에서 본 DMZ의 활용," 『통일과평화』 제2집 1호(2010), p. 90.

31 군사협력으로 활용할 수 있는 부분은 접경지역에서의 우발적 충돌방지 제도
화, 남북 유해 공동발굴 추진 등이며, 공유하천 분야는 임진강유역, 북한강
유역 및 한강하구 지역의 평화적 활용이 가능하다. 환경분야로는 환경관련
국제연구교육기관 설립, 호랑이 이동통로 개설, 동부 비무장지대－설악－금
강연계 접경생물권 보전지역 지정, 2014년 제12차 유엔생물다양성협약총회
남북공동 유치단 구성 및 비무장지대 개최 등을 열거할 수 있다. 그 외에도
문화협력과 해양분야 개발·협력, 북중러 접경지역 다자간 개발 등 다양한
사업을 추진할 수 있다. 손기웅, 위의 책 참조.

하게 된다. 그러나 DMZ 내의 군축문제는 남북이 합의하여 언제든지 시행할 수 있는 부분이므로 남북군사공동위원회를 통해 해결할 수 있을 것이다.[32] 비무장지대 안에 평화지대를 활성화한다면 한반도의 긴장 완화와 신뢰구축, 그리고 평화체제의 형성에 크게 기여하게 될 것이다.

평화지대는 비무장지대와 접경지역에 국한하지 않고 해상으로까지 확대되어야 한다. 과거에 발생한 서해상의 군사적 충돌로 많은 인명의 희생이 있었음을 기억한다. 2009년 11월 대청해전과 2010년 천안함·연평도 사건, 2015년 목함지뢰 사건 등은 남과 북의 군사적 대립 해소가 매우 시급하며 중요한 문제임을 상기시켜 준다. 남북 간에 갈등을 빚고 있는 북방한계선(NLL)의 재설정 문제도 더 이상 미루지 말고 평화의 지대로 발전시키기 위한 공동의 노력을 기울여야 한다. 남과 북은 10·4합의에 선언한 바와 같이 서해상에서 충돌을 방지하고 공동어로 수역을 지정하여 서해의 분쟁지역을 평화지대로 설정하기 위한 군사회담을 추진해야 한다.

비무장지대를 포함하는 남북 접경지역의 평화적 이용을 실질적으로 추진하는 경우, 남북이 남북관계를 평화공존의 단계로 진전시키고자 하는 의지가 있다고 판단할 수 있다. 왜냐하면 비무장지대야말로 남북 쌍방이 정치, 군사, 경제, 환경, 문화 등 모든 분야에서의 국가적 이해관계가 복합적으로 얽히며 첨예하게 대립하고 있기 때문이다. 따라서 비무장지대와 접경지역, 서해 분쟁수역에서 평화지대의 지정과 확대·발전은 평화공존을 향한 출발점이라는 측면에서 평화체제의 성공을 위한 전제조건이라 할 수 있다.[33]

---

32 박영호·정영태·조민·조한범·허문영, 『한반도 평화정착 추진전략』(서울: 통일연구원, 2003), pp. 77-82.

33 손기웅, 『접경지역의 평화지대 조성을 통한 남북교류 활성화 방안(Ⅲ)』(서울: 통일연구원, 2010), p. 4.

DMZ평화벨트 구상: 개성-판문점-철원-금강산

DMZ를 평화지대로 전환하기 위한 정부차원의 노력이 계속되어 왔는데, 최근 DMZ국제평화지대화를 추진하고 있다. 지역차원의 협력 메커니즘이 부재한 동북아 지역에서 다자주의 제도를 모색해 볼 수 있는 곳이 바로 한반도다. 정부가 비무장지대의 유네스코 세계문화유산 등재 등을 추진하고 한반도의 평화와 안전을 실질적으로 보장하기 위한 다자안보체제를 구성하고 그것을 DMZ 안에 기구화하여 DMZ를 국제평화지대로 전환시켜 나가는 구상을 천명한 것이다. 유엔의 평화기구를 한반도 DMZ 내에 유치하여 한반도를 평화지대로 상징화하는 작업을 추진할 필요가 있다.

DMZ와 관련하여 국내에서 평화지대 조성논의가 처음 제기된 것은 1971년 유엔군 수석대표였던 로저스 소장이 제시한 4개 항의 DMZ 비무장화 방안이다. 그 후 1972년 7.4남북공동성명으로 논의되기 시작하여 1982년 민족화합을 위한 20개 항의 시범사업으로 북한에 DMZ의 평화적 이용 모색을 제안한 바 있다.34 국제사회에서는 1979년 세계자연보전연맹(IUCN)이 제안한 이후 1992년 유엔환경계획(UNEP)과 함께 DMZ국제자연공원 조성을 제안하였으며 설악산과 금강산 연결 평화공원 조성에 지속적인 관심을 표명하고 있다.35

---

34 박은진, "DMZ세계평화공원과 접경지역의 미래," 『이슈&진단』 No.104(경기개발연구원. 2013), p. 3.
35 박은진, 위의 글, p. 3.

표 10-2 1990년대까지 DMZ의 비무장화와 평화적 이용 관련 남한의 제안

1971년 유엔군대표 로저스 소장의 DMZ 비무장화 방안	① 쌍방이 합의된 지역으로 군사인원 철수 ② 군 정전위 군사시설 파괴조치 ③ 전체 DMZ의 비무장화 ④ 무장인 원의 비무장지대 출입금지 등 4개 항
1982년 민족화합을 위한 20개항 시범사업 DMZ관련 7개항	①서울·평양 간 도로를 연결·개통 ② 설악산과 금강산을 자유관광지역 공동지역으로 개방 ③ 판문점을 통한 외국 인 자유왕래 ④ 자유로운 남북 공동어획 구역 설정 ⑤ 비 무장지대 내 공동경기장 건설 ⑥ 비무장지대 내의 동식물 자연생태계 공동학술조사 ⑦ 남북한 간 군사적 긴장완화 를 위한 비무장지대 내 군사시설 완전 철거
1989년 노태우 대통령 '한민족공동체 통일방안'	경의선 철도를 연결하는 '통일역사', 남북이산가족의 '만 남의 광장', 민족문화관과 남북학술교류센터 등, 남북상품 교역장, 운동경기장, 종교인들의 공동집회소 등의 평화구 역을 남북 간 합의와 성과에 따라 추가 설치하여 제2, 제 3의 평화시를 건설, DMZ 전체로 확대
1991년 남북기본합의서 채택 이후 남한의 DMZ 개발 구상 제안	남한이 판문점 서쪽의 DMZ에 50-100만 평 규모의 코 리아 평화공단 설치 제안, 북한이 해주일대 300만 평 규 모로 수정 제의. 그 외 남북 송유·가스관 건설, DMZ 내 남북합작 정유공장 및 화력발전소 건설, 합작 원자력발전 소 및 핵폐기물처리장 추진, DMZ 산림자원 이용계획 수 립, 남북한 관광자원 연계개발 구상, 천연자원 및 농산물 교류센터 조성 등

자료: 박은진, "DMZ세계평화공원과 접경지역의 미래," 『이슈&진단』(No.104), 경기개발연구원 (2013.7.17.), p. 3.

남북이 평화조약을 체결하고 대내외적으로 평화를 실감하게 하려면 DMZ의 가시적 형태변화는 필수적이다. 6.25전쟁의 상흔은 한반도 전 역에 존재하지만 전쟁 이후 70년이 넘도록 대립과 갈등의 상징공간이 된 DMZ를 평화의 공간으로 조성할 필요가 있다. 문재인 정부가 추진 하는 DMZ국제평화지대화 사업의 일환으로 뉴욕과 제네바에 이어 아 시아에 유엔의 평화기구를 유치함으로써 비무장지대를 명실상부한 비 무장지대, 평화의 상징적 공간으로 자리매김해 나갈 수 있을 것이다.

북한은 남한의 DMZ평화공원 조성 제안을 분단고착화 시도로 인식, 정치·군사적 신뢰와 체제보장이 선행되어야 한다고 주장한다. 2004년 DMZ의 세계유산 등재 추진 계획에 대해 북한은 "한반도의 분단을 영구히 고착화시키고 이를 돈벌이에 활용하는 것"으로 강하게 비판했다. 또 2012년 남한이 추진한 남측 DMZ와 인접지역의 유네스코 생물권보전지역 지정 신청에 대해서도 반대의사를 표명하였고, 박근혜 정부가 제안한 DMZ세계평화공원에 대해서는 "겨레에 대한 모독"이라고 비난하였다. 그러나 DMZ평화공원 조성에 대한 북한의 반대는 평화공원 자체에 대해 반대한다기보다는 박근혜 정부가 정치·군사적 문제에 대해 적극적이지 않았기 때문이었을 가능성이 크다. 이런 점에서 DMZ평화공원에 관한 종합계획을 가지고 북한과 협상하면 실행 가능성은 충분이 있다.

남북 간에는 이미 금강산관광과 개성공단 개발 사례가 있고 판문점이 열려 있으므로 그 연장선에서 철원을 개발하여 평화벨트 조성을 추진할 수 있다. DMZ는 현재 유엔사령부가 관할하는 지역이어서 DMZ를 사용하려면 유엔사령부로부터 법적, 행정적 허가를 받아야 한다. 금강산관광 사업과 개성공단 개발 당시에도 가장 먼저 유엔사령부로부터 허가를 받았다. 그 허가권을 가지고 북한과 협상을 하는 순서로 진행한다. 금강산관광과 개성공단 조성 당시에는 유엔사로부터 DMZ내 각각 100m, 250m의 폭으로 사용하도록 허가를 받았고, 허가 받은 공간에 남북을 관통하는 도로와 철도를 연결하였다.

따라서 DMZ평화벨트도 우선 유엔사령부로부터 공원조성 규모를 어느 정도로, 어느 지역에 할 것인가에 대해 허가를 받은 후, 북한과 구체적인 협상을 해나갈 수 있을 것이다. 혹은 남북한 당국과 유엔사 3자가 함께 협의기구를 구성하여 사업을 추진하는 것도 좋은 방안이다. DMZ내 평화공원은 남북한만이 아니라 국제기구와 주변국 및 관련국이 참여하는 국제교류의 공간이 되어야 할 것이다.

앞서 살펴본 바와 같이 남아프리카공화국이 초국경보호지역(TFCAs)을 설립하기 위해 1997년 평화공원재단을 설립하여 다국적 협력을 안정적으로 추진한 바 있다. 1997년 2월 1일 안톤 루퍼트(Anton Rupert)는 네덜란드 베른하르트(Bernhard) 왕자와 넬슨 만델라(Nelson Mandela)와 함께 모잠비크, 짐바브웨, 남아공 사이의 접경 평화공원 지원을 위해 비영리단체인 평화공원재단을 설립했다. 이 재단의 지원으로 생태관광 협력과 지역갈등 및 대립 해소가 촉진되어 평화공원 운동을 크게 고무시켰다. 이런 점에서 남북접경지역에서 유사한 사업을 추진하려면 추진위원회를 별도로 설치함은 물론 이 사업을 재정적으로 지원할 수 있는 평화공원재단을 설립하는 작업이 큰 도움이 될 것이다.

DMZ내 평화벨트를 조성하면 한반도의 군사적 긴장 완화와 평화 분위기 조성에 매우 큰 효과를 가져올 것이다. 평화벨트 조성 방향은 DMZ평화공원의 기본 접근법으로 제안한 몇 가지 기본방향을 참고할 만하다.36 첫째, 초기에는 평화기념공원 개념으로 시작하고 점차 생태환경 및 지역발전을 포함한 융합적 평화공원으로 단계적 확대가 필요하다. 둘째, DMZ가 갖고 있는 생태, 역사, 문화, 사회의 다양한 특성을 고려하고 자원으로서 가치보존 및 활용 요구를 반영하는 복합적 콘텐츠의 발전이 필요하다. 셋째, DMZ 내부 거점과 연결할 수 있는 남북한 접경지역 연계 거점을 개발하고 거점 지역들 간 연계망을 구축하여 외연을 확대하는 방식으로 추진해 나간다. 넷째, DMZ 내부 거점 조성과 DMZ 외부 기반조성의 우선순위를 정치·군사적 상황변화에 따라 탄력적으로 선택하고 쌍방향의 발전전략을 동시에 추진한다.

---

36 박은진, 위의 글, pp. 11-12.

어떤 콘텐츠를 어떤 방법으로 만들 것인가.

DMZ, 즉 비무장지대는 남북한 간의 민족상잔과 분단의 아픔을 대변하는 공간이다. 200만 명의 군인과 민간인이 목숨을 읽은 6.25전쟁, 한국전쟁의 폭력적 상흔이 상징화되어 있는 곳이다. 1천만 이산가족의 슬픔과 눈물이 깃들여 있는 곳이다. 지금도 남북한의 180만 군대가 집결해 있고 엄청난 화력이 집중되어 있는 위험한 곳이다.

남북한 간의 대립과 갈등이 상징화되어 있는 DMZ가 화해와 평화의 공간으로 변화될 수 있을까? 한반도 분단의 상징인 DMZ를 세계 평화와 화해의 공간으로 바꾸기 위한 구상과 전략은 오래 전부터 있었다. 2004년 7월 'DMZ포럼 국제회의'에서 넬슨 만델라 전 남아공 대통령은 남아공의 평화공원 사례를 언급하며 한반도에서도 DMZ를 평화적 공간으로 전환하기 위한 'DMZ프로젝트'를 제안했다.

세계적 평화공원이 시사하는 바는 갈등하는 당사자들이 함께 참여해야 한다는 것이다. 갈등해소의 방안으로 공간을 만들고 거기에 갈등 당사자들이 함께 참여하는 것이다. 갈등을 완화하는 방법은 공간을 만드는 것이다. 이런 점에서 'DMZ세계평화공원'을 만든다면 여기에는 남북한 주민들이 함께 참여해야 한다. 물론 세계인들도 함께 참여하는 평화의 공간으로 만들어 가야 하겠지만, 일차적인 당사자는 남한과 북한이다.

따라서 혹여 한국 정부가 북한이 협력을 하지 않기 때문에, 혹은 협력을 이끌어 내기 어렵기 때문에 우리 쪽에다 우리만의 것으로 먼저 만드는 그러한 일을 해서는 안 될 것이다. 냉전시대에는 상호 간 교류와 소통이 없던 시기였으므로 대화와 협력이 불가능하고 또 체제경쟁도 필요한 때였으므로 한쪽에다 우선 건설하는 것도 의미가 있었으나, 지금은 남북한 간 대화와 교류의 경험이 있고 노력하면 얼마든지 대화채널을 확보할 수 있는 상황이므로 남북한이 함께 이 일을 시작해야 한다.

이러한 평화구축을 위해서는 공간의 활용과 제도, 레짐의 창의적 구상은 필수적이다. 선을 긋는 것은 언제나 갈등을 만들어 낸다. 인간사회에 그어진 선들은 자기의 영역을 지키기 위한 보호 장치들로 끊임없이 갈등과 다툼을 만들어 낸다. 선을 공간으로 전환하여야 많은 문제들이 해결된다. 선을 긋고 갈등하는 집단의 이해관계를 해소하려면 기존의 틀에 얽매여서는 안 된다. 초월의 방법이나 창의적 접근이 아니고서는 불가능하다. 이런 점에서 한반도에서 6자회담과 같은 기제는 평화유지 혹은 평화조성에 필요한 제도라고 한다면, 개성공단 프로젝트나 DMZ평화벨트 조성 같은 프로젝트는 지속가능한 평화, 즉 평화구축을 위한 창의적 전략이라 할 수 있다.

문제는 평화벨트 구상에 담을 콘텐츠다. 생태공원, 평화박물관 등 여러 보편적인 아이디어와 한국적 상황을 연결하여 적극적 평화를 구축하는 내용들로 채워질 수 있도록 노력해야 할 것이다. 평화애호 의식 정도로 매우 추상적이거나 감상적인 내용으로 채워진다면 실질적인 한반도 평화를 구축하는 데는 크게 기여하지 못할 것이다.

방법론에 있어서는 코로나와 같은 비대면 시대에는 발달된 한국의 IT기술을 활용하여 온라인을 적극 활용할 필요가 있다. 이산가족 상봉의 경우 이미 화상상봉을 추진한 바 있다. 인터넷과 정보통신기술이 발달한 현대사회에서는 오프라인에서 이루어지는 교류와 만남도 중요하지만, 온라인에서 소통하고 교류하는 것도 큰 도움이 된다. 이런 점에서 음악과 예술, 스포츠 등 문화활동과 이산가족 면회소처럼 인적 교류, 나아가 상호이익을 창출하는 경제활동까지도 온라인을 활용한 공간평화의 구축은 그 중요성이 점점 커지고 있다.

평화학의 아버지 요한 갈퉁은 '평화지대'를 만들기 전에 4가지 질문을 던져보라고 권유한다. 첫째, 그 평화지대에서 무엇을 하고자 하는가? 둘째, 지금 무엇이 진행되고 있는가? 셋째, 과거 좋았던 때는 언제인가? 넷째, 가장 두려워하는 것은 무엇인가? 이러한 질문을 던져보면서 가능한 방법을 찾기를 권유한다. DMZ 평화벨트의 핵심 콘텐츠는 현재의 DMZ를 조금이라도 '비무장' 지대로 전환시키는 것이다. 남북한이 무장을 내려놓고 화해와 평화를 도모할 수 있는 분위기를 만들어야 한다. 그렇게 하려면 평화벨트 프로젝트 안으로 북한을 끌어 들여야 한다. 과잉 군사화되어 있는 북한이 군사력 증강에 집착하지 않고 군축과 비무장, 나아가 평화구축에 협력할 수 있는 환경과 제도를 만들어 나갈 수 있는 계기로서 평화벨트를 북한과 함께 만들어 나가야 한다.

이런 맥락에서 DMZ평화벨트는 기존에 개발되어 있는 개성, 판문점, 금강산 지역을 새로 조성할 철원의 역사·문화 공간과 연결하여 개성 – 판문점 – 철원 – 금강산을 잇는 평화지대로 확장해 나가야 한다. 이를 위해 동서해안 전용 고속도로, 이산가족센터, 재난·재해 공동기구 등 창의적 공간과 레짐 설계를 활용할 수 있을 것이다.37 DMZ에서 남북이 평화공간을 창출하는 작업은 남북 간에 얽혀 있는 실질적 이해갈등과 감정을 동시에 해결하는 의미 있는 평화구축 수단이다. 남북 간에 현존하는 갈등을 상호이익을 창출하는 방식으로 해결하려면 트렌센드와 같은 초월적 방법이 아니고서는 불가능하다.

DMZ를 평화공간으로 바꾸어 나가려면 남북한만이 아니라 다원적 복합네트워크로 기획해 나가야 한다. 21세기 한반도 환경은 중국과 미국, 일본 등 주변국가와 매우 긴밀한 협력관계로 바뀌어 있어서 주변국가 네트워크에 북한을 끌어들여오는 방법도 구상할 필요가 있다. 오늘날 통일은 지금까지 우리가 생각하고 있던 것과는 다른 여러 선택지가 있으므로 더 이상 고정적인 과정으로 상상되어서는 안 되며 통일의 미래체제 역시 다양하고 창의적인 것으로 설정될 필요가 있다. 안중근이

---

37 김병로, 『다시 통일을 꿈꾸다: 한반도 미래전략과 '평화연합' 구상』(모시는 사람들, 2017), pp. 162 – 170.

『동양평화론』에서 제안한 아시아의 평화회의나 무역금융기구, 공동 교육기구 같은 제도들을 DMZ에 설립하는 방안을 적극 추진해야 한다.

유엔평화대학과 유엔의 평화관련 기구, 나아가 유엔본부 가운데 하나를 DMZ에 유치하는 방안 등 비무장지대를 활용하여 한반도의 평화는 물론 아시아의 평화까지 실현할 수 있는 방법을 고안해 내야 한다. 제네바, 빈, 나이로비에 이어 서울에 유엔본부가 설립된다면 동북아와 세계평화에 큰 기여를 하게 될 것이다. 평화는 결국 이처럼 치열하게 갈등하는 현장에서 창의적인 방법이 아니고서는 해법을 찾기 어렵다. 한국이 지금까지 해왔던 경제발전과 정치민주화, 음악과 스포츠, 영화 등 예술영역에서 독보적 모델을 만들었듯이, DMZ현장에서 만들어가는 호혜적 평화공간이 결국 한반도發 평화의 독창성을 결정지을 것이다.

종장

한반도發 평화학의
미래

한반도發 평화학의 미래

1. 한반도發 평화학의 지향점

평화는 보편적이지만 각 나라와 사회가 처한 역사적, 문화적 맥락에 따라 주된 평화의 주제는 다르다. 북아일랜드나 이스라엘처럼 종교가 평화를 깨뜨리는 주된 이슈가 되는가하면, 보스니아와 르완다처럼 종족과 민족이 주된 갈등의 원인이 되기도 한다. 그런 시각에서 보면 한반도에서 평화를 깨뜨리는 주된 원인은 분단이며, 한반도 평화연구의 핵심주제는 이 분단극복의 경험, 즉 한반도의 통일실험이다. 한반도의 통일실험은 수백만의 살상을 초래한 전쟁을 겪은 두 집단이 화해하며 협력하여 하나의 통합된 국가공동체를 형성할 수 있는가를 묻는 실험이다. 한반도의 통일은 이런 점에서 평화를 갈망하는 인류에게 그 희망을 어디까지 품을 수 있는가를 보여주는 실험장이다.

평화의 주제는 세계적 경험과 보편이론의 시각에서 조망해야 하지만 그 보편적 평화의 주제가 한반도의 고유한 평화의 주제인 분단과 결합되어 있지 않으면 추상적 수준의 논의에 그치고 만다. 전쟁과 폭력의 경험으로 인한 정신적, 심리적 두려움과 원한이 높은 상태에서 2중, 3중의 철책을 치고 있는 현실과 괴리되어서는 평화의 문제에 접근할 수 없을 것이다. 또 북한의 핵문제가 뜨거운 쟁점이 되어 있는 현실에서 핵과 관련한 안보문제와 전쟁억지, 평화협정 등의 문제를 다루는 것은 중요하고 불가결한 한반도발 평화의 주제라 할 수 있다. 그러나 이 주제 역시 단순한 안보논리로만 접근하지 않고 경제·사회·지대를 평화의 공간으로 기획·연계하는 서구의 경험과 이론에 귀를 기울어야 한다.

그런가 하면 구조 및 제도의 차원과 함께 생활사적 삶의 영역을 동시적으로 포착하는 통합적, 복합적 접근이 필요하다. 인간의 삶과 생활세계의 공간을 배제한 구조분석도 곤란하고 제도적 변수를 무시한 인간론적 접근도 불충분하다. 구조와 의식, 제도와 문화를 함께 아우르는 통합적이고 복합적인 관점으로 한반도발 평화학을 수행해야 한다. 한반도발 평화학은 단일한 구조나 제도를 달성하는 문제가 아니라 새로운 가치와 삶의 양식, 집합적 아비투스의 전면적 전환을 동반하는 복합적 상호작용이자 상승적 교호 과정의 문제이기에 더욱 그렇다.

무엇보다 남북 간의 분단과 체제의 대립성을 이해하지 않고서는 비핵평화와 통일평화 가치의 한반도적 특수성이 온전히 해명되지 못한다. 통일평화, 비핵평화, 공간평화가 한반도에서 평화패러다임으로 자리 잡지 못한 이유를 이해하기 위해서는 제도화된 평화부재의 중층적 차원과 남북분단의 복합적 구조가 실은 남북 상호 간의 대립적 규정과 상호 연루 속에서 이루어진 것임을 상기할 필요가 있다. 남북한의 지배 이데올로기, 제도와 구조 및 대결적 정책과 체제의 발전에 남북 상호 간의 배제와 대결 및 영향과 규정, 전이의 차원이 존재함을 인식해야 할 것이다. 여기에 바로 분단 일국적 관점을 넘어서 한반도와 지구세계를 아우르는 통합적 관점이 요청된다.

평화형성과 통일문제의 상호연관성에 대해 연구하려면 창의적인 접근이 요구된다. 평화형성이 보다 세계사적이고 보편적 지향을 갖는다면 통일은 보다 한반도 특수적 과제다. 한반도 상황에서는 평화를 포괄적으로 구상하지 않는 통일이나 통일을 적극적으로 사고하지 않는 평화 모두 적실성을 얻기 어렵다. 해외에서 이루어지고 있는 세계 보편적인 평화학이 한반도에 접맥되기 위해서는 매우 지혜로운 통일학과의 결합이 필수적이다. 이런 점에서 본다면 한반도발 평화학은 통일학과 평화학을 접목하는 작업이며 한반도적 상황을 경험적 자원으로 하여 창조적인 21세기 문명적 비전을 인류 앞에 내놓는 지적 실험이기도 하다.

이런 점에서 한반도 차원의 문제와 맥락을 고려하면서 세계와 소통 가능한 보편적 평화학을 구성하려 할 때 세 하위 축을 중심으로 분석적인 연구와 실천이 가능함을 살펴보았다. 남북화해의 통일평화, 탈위험 녹색지향의 비핵평화, 그리고 생활세계의 호혜적 공간평화가 그것이다. 이 세 가지는 한국적 상황에서 세계로 발신할 수 있는 독창적인 평화의 주제이고 각각이 의미를 갖고 있지만, 중요한 것은 이 세 영역의 평화가 독립적으로 존재하는 것은 불가능하다는 점이다. 통일평화는 남북 간의 적대적 대립을 해소하고 건설적이며 협력적인 관계로 발전시켜 나가는 평화조성의 기능을 하는 반면, 비핵평화는 한반도에서 힘의 균형을 유지하여 물리적 폭력에 대응하는 평화유지 기능을 하고, 공간평화는 지속가능한 평화의 조건을 만들어 가는 평화구축 기능을 수행한다. 따라서 이 세 영역의 평화활동은 이론적 논의에서도 강조하였듯이 동시 병행적으로 진행되어야만 시너지 효과를 창출할 수 있다. 이들의 구체적 내용과 상호관련성에 대한 탐구는 한반도형 통일실험을 통해 앞으로 지속적으로 최적점을 찾아가야 한다. 관점에 따라 강조되는 순서와 비중이 똑같지 않겠지만 이들 가치는 앞으로 한반도의 미래를 준비하는 종합적 기획과 전략의 핵심요소로 수용될 만하고 또 그래야 한다.

평화형성에서 중요한 것은 평화의 3축모델이 시사하듯 평화를 힘으로 유지하면서 거기에 올인하지 않고 관계개선을 위해 평화를 만들어 가는 외교적 노력과 그 평화조성을 추동하기 위한 경제·사회·문화적 공간평화를 구축을 동시 병행하는 것이다. 따라서 이 책이 주목하는 것은 한반도발 평화학의 주제로 제시한 통일평화와 비핵평화, 공간평화를 어느 정도로 균형을 맞추며 세 축을 움직여 나가야 할지, 제도구축과 화해, 대량살상무기의 제거, 녹색발전, 평화경제, 스포츠·문화예술 교류 등 구체적인 공간평화 전략을 어떻게 조합하여 소모적 대립을 피하고 시너지를 발휘할 수 있는 평화의 해법을 찾아야 할 것인가 하는 점이다.

3축의 균형점과 최적점이 어디인지는 지속적인 실험으로 찾아가야 하겠지만, 이 책이 강조하는 것은 세 축을 동시에 움직여 나가야 한다는 점이다. 평화가 실현되지 않는 대부분의 이유는 평화를 힘으로 지켜야 한다는 안보불안 쏠림 현상 때문이다. 한반도에서도 비핵평화에만 올인하는 경향이 존재한다. 평화를 유지하기 위해 물리적 힘이 필요하므로 적절한 군사력은 필요하다. 그러나 그 군사력은 관계개선과 평화조성의 공간을 만들기 위해 일정 시간 버텨주는 살바싸움 수단으로 사용함을 목표로 해야 한다. 그러지 않고 힘으로만 평화를 지키려고 하면 더 이상의 진전은 불가능하다. 군사적 균형을 어느 정도 유지하는 동안 지체하지 않고 관계개선을 위한 대화와 협상을 시도해야 한다. 그와 동시에 경제협력과 여러 사회문화 및 인도주의 교류를 추진하면서 호혜적 공간을 만들고 이렇게 형성된 평화의 공간을 활용하여 통일평화와 비핵평화의 축을 움직일 수 있는 기회의 창을 열어가야 한다.

갈등해결 과정에서 사람마다 지향하는 가치가 달라 해법을 찾기 쉽지 않다. 앞에서 살펴보았다시피 실체적 변화를 추구하는 정의와 관계를 중시하는 평화 사이에서 어떻게 문제를 해결해야 하는가는 참으로 어려운 주제다. 사회에는 일반적으로 실체적 변화를 중시하는 정의파가 있고 관계를 중시하는 평화주의자가 공존하고 있어서 두 입장을 통합하기 쉽지 않다. 이런 고민 끝에 정의로운 평화(just peace)나 회복적 정의 등의 개념을 착안하여 적용하고 있으나 현장에서 그것을 실행해 나가기란 여간 어려운 일이 아니다. 그런가하면 한반도 분단이 야기하는 갈등은 갈등의 실질적 내용을 해결하는 것도 쉬운 주제는 아니지만, 그 문제를 해결한다고 하여 평화가 완성되는 것은 아니다. 갈등의 실질적 내용의 이면에 깊게 깔려 있는 감정과 트라우마를 처리하는 일은 그보다 더 큰 주제여서 해결하기 쉽지 않다. 그 뿐 아니라 이 둘 사이에 어떤 우선순위로 문제를 풀어야 하는가의 해법도 간단치 않다. 그리고 이러한 문제들이 국가적 수준과 시민사회의 수준에서 다르게 진행된다는 점도 단순해법이 아닌 복합전략을 구사해야 함을 말해준다.

한반도發 평화학은 통일평화, 비핵평화, 공간평화라는 평화의 복합구성을 지향하는 연구로 세 영역의 평화가 중첩적으로 형성되어 나갈 뿐 아니라, 각 영역에서도 제도와 가치, 체제와 의식의 두 측면을 아우르는 복합적 작업이다. 이 점에서 한반도發 평화학은 종합적이면서 동시에 기존 연구의 폐쇄적 틀을 넘어서는 창조적 성격을 지닌다. 평화가 21세기형 새로운 삶의 양식의 기초가 되고 통일시대를 이끌어갈 가치 지향이 될 수 있을 뿐 아니라 다양한 정책과 대응들을 조율하고 성찰하는데 필요한 지적 준거점이 될 수 있다는 적극적인 개념으로서 한반도發 평화학을 발전시켜 나가야 한다.

이런 의미에서 통일평화나 비핵평화, 공간평화는 한반도를 넘어서 동북아 지역의 모든 국가들이 공유할 수 있을 정도의 포괄적이고 문명적인 규범권력으로 그 위상이 높아져야 한다. 20세기 세계사에서 유래를 찾기 어려울 정도로 국가형성, 산업화, 민주화를 달성한 한국의 역랑을 바탕으로 동족 간 전쟁, 이념적 갈등, 교류와 협력의 경험, 평화를 향한 창의적 노력에 대한 진지한 성찰을 수행한다면 21세기 전인류 공동체에 공감을 불러일으킬 보편적 가치를 충분히 만들어낼 수 있을 것이다. 제국주의의 폐해를 비판하고 민족주의의 한계를 넘어서며 근대 문명의 장단점을 모두 포괄하는 높은 차원의 성찰적 능력과 비전을 평화라는 가치를 중심으로 만들어낼 수 있지 않을까 기대하는 것이다.

2. 개방과 포용: 내 안의 장벽을 허물어야

한반도에서 발신하는 평화학의 주제는 보다 근원적으로 인간의 삶에서 분단과 장벽이 만들어 내는 폭력의 문제로 귀결된다. 분단철책으로 수백만의 가족이 찢긴 채 살고 있는 현실이 이제는 그다지 고통스러운 일로 느껴지지 않는다. 다수의 사람들이 분단장벽 안에서 안전과 편안함을 느끼고 있지만, 상실의 아픔을 간직하고 있는 사람들도 여전히 있다. 장벽 안쪽 사람들의 안전과 편안함을 추구하기 위해 일시적으로 취한 조치들이 편리함에 익숙해져 그 안에서 고통 받고 있는 사람들의 절규를 외면한다면 그 개인 또한 분단폭력에 동참하고 있는 셈이다.

수년 전 납북자 가족의 어머니 한 분을 만나서 대화를 나눈 적이 있다. 1970년대 말 고등학생이던 아들이 실종되었는데 그 아들이 북한으로 납치되었다는 사실을 10년 후에 알게 되었다. 그리고 그 아들이 북한에 살아 있다는 소식을 듣게 되었다. 그 어머니는 아들을 찾기 위해 백방으로 뛰어 다니며 호소하고 있었는데, 그 어머니의 말씀을 듣고 많은 생각을 하게 되었다. 어머니의 말에 의하면, 북한에서는 자기 아들이 월북했다고 주장하고 있고, 남한의 인권단체에서는 납북되었다고 주장하며 대립하고 있는데, 사실 자신은 자기 아들이 납북되었건 월북을 하였건 별 관심이 없다는 것이다. 우선 아들이 살아 있다고 하니 천만 다행이고 유일한 소원은 아들을 한번 만나보고 싶다는 것이다. 그 어머니에게 납북이냐 월북이냐를 따지는 것은 부질없는 일이었다. 정의를 위해 납북이냐 월북이냐를 밝혀내기 전에 어머니에게 아들을 만나게 해주는 것이 우선해야 한다는 점을 깊이 깨달았다. 정의와 평화는 모두 필요하나 때로는 순서가 있고 강약이 필요하였다. 분단과 전쟁이 만들어낸 이 아픈 역사가 21세기 분단 한반도를 살아가는 사람들의 마음에 아물지 않은 채로 남아 있기 때문이다.

이런 점에서 분리와 장벽의 문제는 결국 내 안에 있는 마음의 장벽과 연결된다. 내 안에 있는 거대한 수용소가 문화적 차이에 담을 쌓고 나와 생각과 지향이 다른 사람들은 가둔다. 담을 쌓고 나와 타자를 구분하며 나와 다른 사람, 정치적 신념이나 종교적 신앙, 경제적 수준이나 사회적 신분이 다른 사람들을 구분하고 잔인하게 질식시킨다. 문화적 차이를 대하는 사람들의 태도도 그렇고 국내의 진보─보수 갈등처럼 정치적 신념이 다른 사람을 대하는 태도도 마찬가지다. 이념분단에 익숙한 한반도에서는 다른 문화적 차이보다 자기와 다른 정치적 신념을 받아들이는 것이 무척 어렵다. 그만큼 이념분단의 벽이 높고 단단하게 쌓여 있다는 의미일 것이다.

분단철책과 비무장지대 주변사람들은 상실과 아픔을 가장 가까이서 경험한 곳이다. 한때 동서남북을 이어주며 화려하게 번창하던 도시 철원은 지금 흔적조차 찾기 힘든 폐허가 되었다. 번성하던 그 문명은 흙과 먼지로 변하였고 그 위에 수풀만이 무성하다. 폐허는 과거를 떠올리면 아픔이고 눈물이고 그리움이지만, 그래서 그 눈물과 상실과 그리움이 지금도 여전하지만, 오랜 세월을 뚫고 나온 한 포기의 풀과 자연의 생명을 보노라면 희망을 보기도 한다. 빼꼼히 비켜나온 오늘의 이 생명이 미래의 희망으로 자라날 것이기 때문이다. 이 작은 생명 안에서 미래를 살아갈 젊은 세대들의 가능성과 희망을 보고, 그래서 볼품없는 한 포기의 풀이 이처럼 아름답다고까지 할 수 있을 것이다.

한반도는 분단장벽이 남과 북에서 어떻게 작동했는가를 보여주는 실험장이기도 하다. 종속이론과 해방신학이 유행하던 한때 선진자본주의 국가와 단절하고 자립적이며 폐쇄적인 국가발전모델이 세계를 휩쓸던 시절이 있었다. 북한은 이런 이론에 최적의 사례로 간주되고 초기의 성과는 동유럽과 전세계의 이목을 집중시켰다. 그러나 오늘날 단절적이며 극단적 폐쇄체제를 구축한 북한의 결과는 참담하다. 남한보다 더 월등하게 빠른 속도로 발전을 구가했던 북한은 75년이 지난 지금 세계에서 가장 빈곤한 국가로 전락하고 말았다. 그렇게 된 구체적 과정과 역사를 한마디 말로 증명하기는 어렵겠지만 크게 보면 단절과 고립이 어떤 결과를 초래했는지 단번에 볼 수 있다.

남한은 분단초기 정치적 분열과 자본주의 세계체제에의 종속 피해로 많은 혼란을 겪었으나, 그 혼란과 갈등이 경험과 자산으로 축적되자 순식간에 세계 초유의 발전국가로 발돋움할 수 있었다. 다른 세계와 타문화와의 접촉이 갈등과 불편함을 만들어내지만, 그러는 동안 구성원들을 각성하게 만들어 상호 배움과 학습의 기회를 얻게 된다. 그러한 활동은 결과적으로 사회를 건강하게 만들고 문화를 풍요롭게 발전시킴을 짧은 남과 북의 역사에서도 볼 수 있다.

거대한 제국을 천년동안이나 유지하였던 로마의 힘도 바로 포용과 개방성이었다. 시오노 나나미는 『로마인이야기』에서 로마가 천년간 제국을 지속할 수 있었던 이유를 개방과 포용으로 설명한다. 영국은 400년간 해가 지지 않는 나라를 이루었고, 독일은 300년간 세계 강국으로, 미국은 200년 동안 세계를 지배하고 있는데, 로마가 천년의 제국을 유지할 수 있었던 이유는 바로 이민족에 대한 수용과 포용이었다. 로마제국에 기여한 어떤 사람에게도 차별하지 않고 시민권을 부여하여 함께 공존할 수 있는 개방성을 유지하였다. 열린 마음, 포용하는 삶이었다.

남과 북이 두려움과 원한의 장벽을 내리고 서로 교류하며 통일로 나아가야 하는 이유는 바로 여기에 있다. 남과 북이 현재의 편안함을 유지하기 위해 현상태를 유지하기로 결정한다면 더 이상 발전과 번영은 기대할 수 없다. 장벽은 당장의 두려움으로부터 안전과 편안함을 보장해 준다. 때문에 장벽은 단기적으로 필요하다는 주장이 설득력을 얻을 수 있다. 그러나 시간이 지나면 그 장벽의 효용성은 급격히 감소한다. 강성했던 스파르타가 몰락한 것도 결국 폐쇄성 때문이었다. 시간이 흐를수록 장벽의 효용성은 현저히 떨어진다. 우리에게 조금 불편하고 수고가 따르더라도 불편한 이웃인 북한과 자주 만나고 함께하려는 노력을 해야 한다.

한반도의 통일평화는 바로 이와 같은 개방과 포용을 전제로 해서만 가능하다. 한국과 조선의 이질적 요소들을 받아들이고 불편한 감정을 받아 내려는 삶의 결단이 없이는 불가능하다. 담을 쌓아 분리하고 북한을 담장 밖으로 몰아낸다면 그것은 결과적으로 우리내부의 역동성을 떨어뜨릴 뿐 아니라 전반적인 발전도 이루지 못한다. 평화는 결코 저절로 오지 않는다. 희생을 각오하는 사람들에 의해, 안주하던 장벽을 허물고 밖에 있던 사람들을 안으로 포용할 때 평화는 이루어진다. 장벽을 낮추고 교류하고 소통해야 한다. 나와 생각이 다른 사람들을 수용하고 포용하는 자세를 가져야 한다. 팀 먀살(2020: 346)의 주장대로 차이와 분리의 문제를 해결할 방책은 언제나 타협이다. 분단이 만들어 낸 아픔과 상처를 치유하고, 더 나은 미래를 위해, 공동의 발전을 위해 담을 내리는 결단이 필요하다.

통일 이후의 삶을 예견해 볼 때 가장 염려스러운 것은 서로 다른 생활경험, 이질적 가치관과 의식구조를 가진 남북한의 주민들이 함께 살아가면서 각자 자기의 주장이나 의견, 생활양식만을 고집하고 앞세울 때 발생할 개인적, 사회적 대립과 갈등을 어떻게 극복하고 사회적 통합을 원만히 이루어 나갈 것인가 하는 문제이다. 남북한 간에 분단과 전쟁, 대립으로 인해 사람들 내면 깊은 곳에 자리 잡고 있는 적대적 감정과 상처들을 치유하지 않으면 남북한의 통일미래는 결코 낙관할 수 없을 것이다. 따라서 통일은 사람 안의 통일, 사람 안의 평화로부터 시작되어야 하며, 통일교육은 바로 이러한 사람의 문제로부터 출발해야 한다.

이런 점에서 한반도의 통일과 평화를 위해 체제와 제도의 준비도 필요하지만 그에 못지않게 문화와 심성의 준비도 필요하다. 독일통일의 경험에서 보듯 정치·경제적 측면에서는 통일을 이루었지만 동서독 주민간의 심리적 장벽은 쉽게 극복되지 않는 것임을 알 수 있다. 체제와 제도적 차원에서 하나의 국가를 이루었다 하더라도 인간 내면의 생각과 감성이 대립과 분열의 상처입은 상태로 존재하는 한 원만한 공동체를 이룩할 수 없다. 통일 후에 예상되는 이같은 문제점을 방지하고 각종 사회적 관계나 인간관계에서 야기될 분쟁과 대립을 원만히 해결해 나갈 수 있는 길은 결국 통일체제의 구성원 모두가 평화롭게 더불어 살아갈 수 있는 태도와 민주적 행위규범을 체득할 수 있도록 하는 평화교육을 강화하는 것이라 생각한다. 이런 점에서 남북한 주민의 삶 속에서 평화의 가치와 평화의 아비투스를 지향하는 교육을 통일교육의 출발점으로 삼아야 할 것이다.

3. 피스꼬레아(Peace Corea)의 상상력

해묵은 20세기의 이데올로기 갈등에서 벗어나 21세기 평화의 가치로 접근하여 한반도를 통일하고 남북을 통합하는 일은 당면한 우리에게 뿐 아니라 인류에게도 새로운 희망과 기대를 주는 긴요한 과제이기도 하다. DMZ를 생태·평화 공간으로 조성하여 한반도를 세계적인 평화의 상징으로 발전시킨다든가, 남북으로 흩어진 이산가족이 가족가치로 결합함으로써 통일한국을 휴머니즘의 보편가치로 발전시켜 나가는 일은 세계적인 이슈가 될 것이다. 통일은 결국 한반도의 통합 과정이 세계적 보편담론과 얼마나 소통할 수 있느냐 하는데 그 성패가 달려 있기 때문이다.

한반도의 군사적 긴장과 불안이 고조되고 있는 시점에서 우리는 한반도의 평화를 기대하며 통일 미래를 내다보고 있다. 북한의 불안정과 남북의 비대칭성이 심화되고 있고, 미중 간의 패권경쟁은 한반도를 더욱 불안하게 만들고 있다. 이러한 상황에서 무엇보다 중요한 것은 한국과 조선(북한) 역사와 민족과 정체성을 하나로 통합할 수 있는 창의력과 상상력이다. 여기에는 통일을 통한 지속가능한 평화실현이라는 '통일평화'의 상상력이 필요하다. 밀즈(C.W. Mills)가 말하는 사회학적 상상력, 호르위츠(I.L. Horowitz)가 주장하는 민주적 상상력, 그리고 레더라크(J.P. Lederach)가 강조하는 도덕적 상상력을 동원해야 한다. 이러한 상상력을 바탕으로 통일평화와 비핵평화를 실현할 수 있는 창의적 공간과 제도를 모색해 나가야 한다.

이를 위해 평화유지와 평화조성, 평화구축의 적극적 기획을 통해 최적의 안보를 유지하는 가운데 정치적 대화와 외교활동을 통해 연합통일정부를 구성하고 이를 제도적으로 지원하는 다각적인 평화구축 활동을 펴나가야 한다. 이 과정에서 통일의 꿈과 비전을 잃어가고 있는 이 시대에 통일열망이라는 연료를 어떻게 지속적으로 공급할 것인가, 통일이 대한민국과 한반도에 가져올 기회와 이익을 상상하며 통일에너지를 축적하는 문제는 중요하다. 뿐만 아니라 불가능하게 보이는 비핵평화의 길을 공간평화의 기획으로 어떻게 만들어 나가느냐는 더 힘든 주제이다. 창의적 아이디어와 공간평화의 기획으로 새로운 길을 열어가야 한다. 이러한 한국인들의 독창적인 실험과 경험이 한반도에서 발신하는 평화학의 가치를 높여줄 것이다.

레더라크(J.P. Lederach)의 주장처럼 폭력을 극복하는 것은 도덕적 상상력을 만들고 동원하고 구축하는 능력에 의해 형성되듯이, 한반도 통일을 준비하는 사람들은 분단갈등을 극복할 수 있는 창의적 대안을 모색하며 우리의 문제를 끊임없이 인류의 문제로 인식하는 상상력을 연습을 해야 한다. 우리의 적대적 대상을 포함하여 우리자신들이 관계의 망(web of relationships)에 놓여 있다는 생각, 양극단에 치우치지 않고 동시병행하는 복합성에 대한 관심, 창조적 행동에 대한 신념, 새로운 대안에 내포되어 있는 위험을 감수하려는 태도를 가질 때 이러한 상상력은 가능하다.[1]

냉전시기 30년이라는 짧은 시간에 가장 빠른 경제발전과 정치민주화가 어떻게 가능한가를 보여준 한국은 탈냉전의 30년간 과학기술과 정보화, 스포츠와 음악·영화 등 예술 영역에서 세계의 이목을 끌고 있다.

이제 우리에게 남은 과제는 분단으로 높이 쌓인 장벽의 극복이다. 통일평화, 비핵평화, 공간평화의 복합적 사유와 기량을 발휘하여 피스코리아, 평화코리아의 과제를 해결해야 한다. 피스코리아의 상상력이 그 어느 때보다 필요한 시점이다.

세계인들이 분단코리아에서 평화코리아로 가는 기대가 결코 작지 않다. 이러한 시점에서 한국이 분단을 극복하고 통일을 이룬다면 평화를 갈망하는 인류의 미래에도 큰 희망을 줄 수 있을 것이다. 전쟁과 빈곤으로 각인되었던 한반도가 경제기적과 민주화에 이어 통일까지 이룬다면 피스꼬레아(Peace Corea)라는 새로운 평화브랜드 한류를 만들어 낼 수 있게 될 것이다. 이런 점에서 산업화와 민주화를 성공적으로 이룬 대한민국은 이제 평화의 관점에서 통일을 준비하기 위한 학술적, 정책적 역량을 모으고 실천해 나가야 할 것이다.

---

1 John Paul Lederach, *The Moral Imagination: The Art and Soul of Building Peace.* (New York: Oxford University Press, 2005), p. 5.

이러한 통일과 평화의 상상력과 창의력은 오늘날 한반도 안에서 벌어지는 갈등과 혼란을 벗어나게 하는 유일한 방법이 아닐까 싶다. 사람들의 사고와 시각을 갈등하는 한국적 현실에만 두지 않고 세계와 미래를 동시에 볼 수 있도록 배려함으로써만 통합의 가능성을 내다볼 수 있기 때문이다. 치열하게 갈등하는 한반도, 그 안에서 제도와 사람을 나누어 보고 또 함께 볼 수 있는 눈이 열린다면 세계인의 공감을 충분히 얻을 수 있을 것이다. 세계적으로 경제적, 문화적 한류의 트랜드가 형성되고 있듯이, 통일을 계기로 화해와 소통, 갈등해결과 치유의 한반도형 평화 모델을 브랜드화하여 새로운 '한류'를 창조할 수 있기를 기대한다.

참고문헌

갈퉁(Galtung, J.) 지음. 이재봉 외 옮김. 2000. 『평화적 수단에 의한 평화』. 들녘.

과학백과사전출판사. 2004. 『조선말사전』. 평양: 과학백사사전출판사.

구갑우. 2007. 『비판적 평화연구와 한반도』. 마니타스.

국립국어원. 『표준국어대사전』. http://stdweb2.korean.go.kr/search/List_dic.jsp

김규륜 외. 2010. 『신아시아 외교와 새로운 평화의 모색 Ⅱ』. 통일연구원.

김기석·서보혁·송영훈. 2018. 『금강산 관광: 돌아보고 내다봄』. 진인진.

김동명. 2011. "한반도 평화체제 구상," 『통일과평화』 3집 1호.

김범수·김병로·김학재 외. 『2020 통일의식조사』. 서울대학교 통일평화연구원, 2021.

김병로. 1992a. "남북한 사회경제 발전모델의 비교(Ⅰ)," ≪北韓研究≫ 제3권 제1호.

_____. 1992b. "남북한 사회경제 발전모델의 비교(Ⅱ)," ≪北韓研究≫ 제3권 제2호.

_____. 1994. "남북한 사회경제 발전전략의 비교," 『남북한 정치의 구

조와 전망』. 한울.

_____. 1999. 『북한의 지역자립체제』. 통일연구원.

_____. 2000. "한국전쟁의 인적 손실과 북한 계급정책의 변화," 『통일 정책연구』 제9권 1호.

_____, 2013. "분단효과와 비평화," 서울대학교 평화인문학연구단 편, 『평화인문학이란 무엇인가』. 아카넷.

_____. 2014a. "통일환경과 통일담론의 지형변화: 정부통일방안을 중 심으로," 『통일문제연구』 제26권 1호.

_____. 2014b. "한반도 통일과 평화구축의 과제," 『평화학연구』 제15권 1호.

_____. 2016. 『북한 조선으로 다시 읽다』. 서울대학교출판문화원.

_____. 2017. 『다시 통일을 꿈꾸다: 한반도 미래전략과 '평화연합' 구 상』. 모시는 사람들.

_____. 2019. "자위(自衛)로서의 평화: 북한의 평화개념," 『평화학연구 』, 제20권 3호.

_____ 외. 2013. 『한반도 분단과 평화부재의 삶』. 아카넷.

김병로·서보혁. 2016. 『분단폭력』. 아카넷.

김승국. 2008. 『마르크스의 「전쟁·평화」론』. 한국학술정보.

김영봉. 2010. "녹색평화의 시각에서 본 DMZ의 활용," 『통일과평화』 제2집 1호.

김일성. 1983. 『김일성저작집 22권』. 평양: 조선로동당출판사.

김학재·강채연·김범수 외. 2020. 『2019통일의식조사』. 서울대 통일평 화연구원.

김학재·김병로·문인철 외. 2020. 『북한주민 통일의식 2019』. 서울대 통일평화연구원.

김학재·엄현숙·문인철 외. 2021. 『북한주민 통일의식 2020』. 서울대 통일평화연구원.

라이스, 콘돌리자 저. 김태현·유근복 옮김. 2008. 『독일통일과 유럽의 변환: 치국경세술 연구』. 모음북스.

레더라크, 존 폴 지음, 김동진 옮김. 2012. 『평화는 어떻게 만들어지는 가』. 후마니타스.

마샬, 팀. 이병철 옮김. 2020. 『장벽의 시대: 장벽, 나누고 가르고 가두 다』. 바다출판사.

문성묵·신범철. 2011. "평화공동체 구상: 조건과 시기" (북한연구학회 춘계학술회의, 이화여대, 4.22).

민족통일연구원. 1995. 『1995년도 통일문제 국민여론조사 결과』. 민족 통일연구원.

박명규. 2009. "남북정상회담과 녹색평화선언구상", 민화협 심포지엄 발제문.

_____. 2010. "21세기 한반도와 녹색평화," 『녹색평화의 비전과 21세 기 한반도』(서울대학교 통일평화연구소 창립4주년 기념학술회 의, 4.26, 대한상공회의소 중회의실A).

_____. 2018. "평화와 화해: 책임정치와 심정윤리의 간극과 긴장," 『용 서와 화해에 대한 성찰: 한반도 분단과 통일을 중심으로』(제57 차 KPI 한반도평화포럼, 3.19.).

박신배. 2011. 『평화학』. 프라미스키퍼스.

박영호·정영태·조민·조한범·허문영. 2003. 『한반도 평화정착 추진 전략』. 통일연구원.

박은진. 2013. "DMZ세계평화공원과 접경지역의 미래," 『이슈&진단』 No.104. 경기개발연구원.

박주화. 2019. 『한반도 평화연구(2): 평화담론과 평화인식의 간극과 함 의』. 서울: 통일연구원.

백낙청. 1998. 『흔들리는 분단체제』. 창작과비평사.

사회과학원 력사연구소. 1991. 『조선전사2: 고대편』. 평양: 과학백과사
  전종합출판사.

사회과학출판사 편. 1985. 『철학사전』. 평양: 사회과학출판사.

서보혁. 2019. 『한국 평화학의 탐구』. 박영사.

서울대 통일평화연구원. 2013. 『평화인문학이란 무엇인가』. 아카넷.

성혜랑. 2000. 『등나무집』. 지식나라.

손기웅 외. 2009. 『접경지역의 평화지대 조성을 통한 남북교류 활성화
  방안(Ⅰ)』. 통일연구원.

_____. 2010. 『접경지역의 평화지대 조성을 통한 남북교류 활성화 방
  안(Ⅲ)』. 통일연구원.

손영종·박영해·김용간. 1991. 『조선통사(상)』. 평양: 사회과학출판사.

손주철. 2012. 『평화학 입문』. 성광문화사.

신범철. 2007. "탈냉전기 평화협정 관행을 통해 본 한반도 평화협정에
  의 시사점," 『서울국제법연구』 제14권 2호.

신창민. 2012. 『통일은 대박이다』. 매일경제신문사.

아렌트, 한나. 김선욱 역. 2006. 『예루살렘의 아이히만: 악의 평범성에
  대한 보고서』. 한길사.

아렌트, 한나 지음. 이진우·태정호 옮김. 1996. 『인간의 조건』. 한길사.

양창석. 2011. 『브란덴부르크 비망록: 독일통일 주역들의 증언』. 늘품.

왕지스. 2010. "북핵문제 및 당면 한·중 관계(朝核問題与當前中韓關
  係)," 『2010 한·중 평화포럼: 한중 양국 전략적 협력동반자 관
  계의 새로운 비전』(민주평통자문회의, 9.28).

이상준. 2007. "개성공단의 합리적 개발을 위한 과제," 『국토논단』 통
  권 307호.

이승훈. 2019. "화해의 조건: 동감과 용서의 정치성," 『현상과 인식』
  43(1).

이종석. 1995. 『현대북한의 이해: 사상 체제 지도자』. 역사비평사.

이찬수. 2016. 『평화와 평화들: 평화다원주의와 평화인문학』. 모시는사람들.

이해완. 2018. "용서와 화해, 그 불가능에서 가능성으로 가는 길," 전우택·박명규 외. 『용서와 화해에 대한 성찰』. 명인문화사.

임동원. 2008. 『피스메이커』. 중앙북스.

일본평화학회편집위원회 편. 1987. 『평화학: 이론과 실제』. 문우사.

전국역사교사모임. 2002. 『살아있는 한국사 교과서 2권: 20세기를 넘어 새로운 미래로』. 휴머니스트.

전우택·박명규 외. 2018. 『용서와 화해에 대한 성찰』. 서울: 명인문화사.

정주진. 2017. "갈등해결, 지향해야 할 가치와 철학"
https://peaceconflict.or.kr/234 (5.22)

젱하스, 디터. 김민혜 옮김, 임홍배 감수. 2016. 『지상의 평화를 위하여: 인식과 추측』. 아카넷.

조봉현. "전환기의 새로운 개성공단 발전방안," 『KDI북한경제리뷰』 2010년 2월호.

조성렬. 2010. "한반도 비핵화와 평화협정의 연계 배경과 전망: 북핵문제의 포괄적 해법을 위한 시사점," 『북한연구학회 춘계학술회의 발표논문』(4.9).

클라우제비츠, 칼 폰. 맹은빈 역. 1990. 『戰爭論(Vom Kriege)』. 일신서적.

차승주. 2019. "평화·통일교육의 핵심 내용으로서 '화해'에 대한 시론적 고찰," 『평화학연구』 제20권 3호.

천자현. 2013. "화해와 국제정치: 화해 이론의 발전과 중일관계에 대한 비판적 적용," 『국제정치논총』 제53집 2호.

토다 키요시 저. 김원식 옮김. 2003. 『환경학과 평화학』. 녹색평론사.

통일부. 2017. 『문재인의 한반도 정책: 평화와 번영의 한반도』. 통일부.

_____. 2017. 『2017 통일백서』. 통일부.

_____. 2018. 『2018 통일백서』. 통일부.

통일연구원. 2006. 『2005 통일백서』. 통일연구원.

하영선 편. 2002. 『21세기 평화학』. 풀빛.

허문영 외. 2007. 『한반도 비핵화와 평화체제 구축전략』. 통일연구원.

_____ 외. 2007. 『한반도 평화체제: 자료와 해제』. 통일연구원.

Ali, Saleem H. ed. 2007. *Peace Park. Cambridge*, MA: The MIT Press.

Barash, David P. and Charles P. Webel. 2018. *Peace & Conflict Studies*. Fourth Edition. Los Angeles, CA: Sage Publications, Inc.

Boutros－Ghali, Boutros. 1995. *An Agenda for Peace*, New York: United Nations.

Democratic People's Republic of Korea, Democratic People's Republic of Korea Voluntary National Review on the Implementation of the 2030 Agenda for the Sustainable Development (June 2021).

Durkheim. 1964. *The Division of Labor in Society*. New York: Free Press of Glencoe.

Eatwell, Roger and Wright, Anthony, eds.. 1993. *Contemporary Political Ideologies*. Bolder, CO: Westview Press.

Fry, John. 1993. *The Helsinki Process: Negotiationg Security and Cooperation in Europe*. Washington, DC: National Defense University Press.

Galtung, J., Jacobsen, C. G., & Brand—Jacobsen, K. F. 2002. Searching for peace: the road to Transcend. London: Pluto Press.

Galtung, Johan. 1975a. *Peace, War and Defence: Essays in Peace Research*. Vol. 2. Copenhagen: Christian Ejlers.

_____. 1975b. "Three Approaches to Peace. Peacekeeping, Peacemaking and Peacebuilding," Johan Galtung, Peace, War and Defence: Essays in Peace Research.

_____. 2001. "After Violence, Reconstruction, Reconciliation, and Resolution," in Mohammed Abu—Nimer eds., *Reconciliation, Justice Coexistence: Theory & Practice*. New York: Lexingon Books.

_____. 2011. "Transcend: Methods and Solutions," Alternate Focus (January 26.).
https://www.youtube.com/watch?v=j0KHBhrbffQ (검색일: 2013.12.20).

_____. 2013. "The Four Components of Peace," Civil Peace Lecture, The Archbishop Desmond Tutu Center for War and Peace Studies, Liverpool Hope University (1.28., The Capstone Theatre).
http://www.youtube.com/watch?v=JcqPOlqdRrg(검색일: 2013.12.20.).

Haugerudbraaten, Henning. 2011. "Peacebuilding: Six Dimensions and Two Concepts," Institute for Security Studies,
http://www.iss.co.za/Pubs/ASR/7No6/ Peacebuilding.html (검색일: 11.3.).

Horowitz, Irving Louis. 2009. *The Idea of War and Peace: The Experience of Western Civilization.* Third Edition. New Brunswick, NJ: Transaction Publishers.

International Crisis Group. 2009. *Shades of Red* (November)

Kelman, Herbert C. "Reconciliation from a Social — Psychological Perspectives," in Arie Nadler, Thomas E. Malloy and Jeffrey D. Fisher eds., *The Social Psychology of Intergroup Reconciliation.* New York: Oxford University Press, 2008.

Lederach, John Paul. 2005. *The Moral Imagination: The Art and Soul of Building Peace.* New York: Oxford University Press.

_____. 1997. *Building Peace: Sustainable Reconciliation in Divided Societies.* Washington, D.C.: USIP.

Long, William J. and Peter Brecke. 2003. *War and Reconciliation: Reason and Emotion in Conflict Resolution.* Cambridge, MA: MIT Press.

Maiese, Michelle. 2003. "Peacebuilding"(September). http://en.wikipedia.org/wiki/ Peacebuilding

Mills. C.W. 1959. *Sociological Imagination.* New York: Oxford University Press.

Miall, Hugh, Oliver Ramsbotham and Tom Woodhouse, *Contemporary Conflict Resolution.* Cambridge: Polity Press, 2003.

Okonogi, Masao. 2010. "Building a peace regime on Korean Peninsula," Developing a Peace and Security Framework in Northeast Asia (held by Atlantic Council of the United

States and the East Asia Foundation, April).

Pfennig, Werner. 2015. "Germany United Since 25 Years — Korea Since 70 years Still Divided Some Questions and Critical Remarks Based on Experiences Made in Germany," 「독일의 통합경험과 한국」(서울대학교 국제문제연구소 전문가회의, 1.27., 롯데호텔).

Ramsbotham, Oliver, Tom Woodhouse, Hugh Miall, 2011. *Contemporary Conflict Resolution.* 3rd edition. Cambridge: Polity Press.

Reychler, Luc., 2001. "From Conflict to Sustainable Peacebuilding: Concepts and Analytical Tools," in Luc Reychler and Thania Paffenholz, eds. *Peacebuilding: A Field Guide.* Boulder, CO: Lynne Rienner Publishers, Inc.

Rist, Ray C. 1994. *The Democratic Imagination: Dialogues on the Work of Irving Louis Horowitz.* New Brunswick: Transaction Books.

Schirch, Lasa. 2004. *The Little Book of Strategic Peacebuilding.* PA: Good Books.

Smith, Dan. 2004. *Towards a Strategic Framework for Peacebuilding: Getting their Act Together.* Oslo: International Peace Research Institute.

Stanford Encyclopedia of Philosophy. 2015. "Reconciliation," Stanford Encyclopedia of Philosophy (May 11), https://plato. stanford.edu/entries/reconciliation/ (검색일: 2018.11.20.),

Staub, Ervin and Daniel Bar—Tal. 2003. "Genocide. Mass killing and Intractable Conflict: Roots, Evolution, Prevention and Reconciliation," in Leonie Huddy, David O. Seas and Jack S. Levy eds., *The Oxford Handbook of Political Psychology*. New York: Oxford University Press.

Stephenson, C. M. 2008. Peace studies, overview. In L. R. Kurtz (Ed.), *Encyclopedia of violence, peace, & conflict* (2ed.). Amsterdam; London: Elsevier.

Yoder, Carolyn. 2005. *The Little Book of Trauma Healing: When Violence Strikes and Community Security Is Threatened.* Intercourse, PA: Good Books.

인 명 색 인

사 항 색 인

375
사 항 색 인

사 항 색 인

저자 소개

김병로(金炳魯, Philo Kim)는 성균관대학교 사회학과를 졸업하고 미국 인디애나주립대학교(Indiana St. Univ.) 대학원에서 사회학 석사, 럿거스대학교(Rutgers – The State Univ. of New Jersey) 대학원에서 사회학 박사학위를 받았다. 통일연구원 선임연구위원 및 북한연구실장, 아신대학교 교수 및 북한연구소장을 거쳐 현재 서울대학교 통일평화연구원 교수로 재직 중이다.

주요 경력으로는 제22대 북한연구학회 회장, 국가정보원·국방부 자문위원, 민주평통 상임위원, 민화협 정책위원, KBS통일방송연구 자문위원 및 국제고려학회 서울지회 사무국장, *North Korean Review* 편집위원을 역임하였고, 현재 통일부 정책자문위원, 평화나눔재단 공동대표, *Journal of Peace and Unification Studies* 편집위원으로 활동하고 있다.

저서로는 『북한, 조선으로 다시 읽다』, 『북한의 지역자립체제』, 『북한사회의 종교성』, 『개성공단』(공저), 『분단폭력』(공저), 『탈사회주의 체제전환과 북한의 미래』(공저), *Two Koreas in Development*, 『다시 통일을 꿈꾸다』, 『그루터기』(공저), 『평화의 여러 가지 얼굴』(공저)을 비롯하여 90여 권의 단행본과 80여 편의 논문이 있다.

한반도發 평화학
- 통일이 평화를 만나다 -

초판발행	2021년 11월 30일
지은이	김병로
펴낸이	안종만 · 안상준
편 집	장유나
기획/마케팅	김한유
표지디자인	박현정
제 작	고철민 · 조영환
펴낸곳	(주)**박영사**
	서울특별시 금천구 가산디지털2로 53, 210호(가산동, 한라시그마밸리)
	등록 1959. 3. 11. 제300-1959-1호(倫)
전 화	02)733-6771
f a x	02)736-4818
e-mail	pys@pybook.co.kr
homepage	www.pybook.co.kr
ISBN	979-11-303-1420-4 93340

copyright©김병로, 2021, Printed in Korea

정 가 22,000원